广西新增硕士学位授予单位立项建设经费资助

九州文库

语文思维学

张朝昌

著

九州出版社
JIUZHOUPRESS

图书在版编目（CIP）数据

语文思维学 / 张朝昌著 . -- 北京：九州出版社，
2022.11

ISBN 978-7-5225-1397-3

Ⅰ.①语… Ⅱ.①张… Ⅲ.①语文教学—教学研究
Ⅳ.①H19

中国版本图书馆 CIP 数据核字（2022）第 216164 号

语文思维学

作 者	张朝昌 著	
责任编辑	蒋运华 沧 桑	
出版发行	九州出版社	
地 址	北京市西城区阜外大街甲 35 号（100037）	
发行电话	（010）68992190/3/5/6	
网 址	www. jiuzhoupress. com	
印 刷	唐山才智印刷有限公司	
开 本	710 毫米×1000 毫米 16 开	
印 张	19	
字 数	360 千字	
版 次	2023 年 1 月第 1 版	
印 次	2023 年 1 月第 1 次印刷	
书 号	ISBN 978-7-5225-1397-3	
定 价	98.00 元	

序一

　　改革开放以来，我国的语文教育迎来了春天，然而不少语文教育研究者将目光放眼西方世界，其理论层出不穷，在表面上似乎刷新了旧有的母语教育思维理论，可事实证明并非如此。语文教育要与世界母语教育接轨，其学术前沿的平等对话、教学理论的更新重构，这不是一蹴而就的。过去的语文教育总是在心理上被动接收所谓的西方"新理论"，甚至视西方理论为尚，没有自己的语文思维（母语思维），亦缺乏自身的理论建构。即使从 20 世纪 90 年代末至今，有语文教育者或研究者偶尔关注语文思维，也有失其理论性与实践性、本土性与世界性、科学性与系统性、反思性与变革性的有机结合，更鲜有基于母语与文化、民族与教育的语文思维探究。这对我们语文思维学理论的重构与重建无疑产生了负面影响，不得不令人深思。我国的语文教育要繁荣兴旺，首先得理直气壮而自强自立，思西方之未思，想前贤之未想，创先人之未创，也许才能阔步前行。这倒不是说我国的语文教育没有思维理论，亦不是说我们没有语文思维教育的研究。可问题在于我们原有的语文思维理论大多为个人经验与随感，缺乏起码的语文课程与教学论思维基础。诚然，作为学术探究，应百花齐放、百家争鸣，但若只停留在肤浅与浮躁的层面上，那就无法从根本上改革我国的语文教育。

　　本书植根于我国语文思维教育之土壤，从中西方思维及思维学理论视野审视我们当前的语文教育，主要特点见于：一方面重视重整语文与思维的基本概念，构建语文思维，包括语文课程思维、语文教学思维乃至语文哲学思维等方面的分析框架；另一方面通过对语文与思维及思维学的学理性阐释和评析，拓展了语文教育研究的理论向度；此外，在多元视野中审视了当前语文思维和语文思维教学的逻辑关联，其扎实而独树一帜的研究，无疑形成了一部填补我国语文思维学研究理论空白的力作。总而言之，该书熔重说理、重反思、重逻辑、重建构、重科学与严谨于一炉，其条分缕析而层层深入的说理方法、理性冷静的批判性反思、海纳百川式的研究领域、独辟蹊径的研究视角以及清晰明快的研究思路，具有丰富的思想性、浓厚的学术性和理论与实践的双重要义。张朝昌的治学态度、研究能力、学术观点乃至人格修养等，值得一鉴。

孙绍振

2022 年 7 月 26 日于福建师范大学

序二　用思维的杠杆把语文教学翻转过来

一位哲人说过：如果给我一个支点，我可以翘起整个地球。这揭示了科学的力量。科学是历史前进的杠杆，是推动人类改造世界的革命力量。朝昌的《语文思维学》杀青了，可喜可贺！这为语文学科教学，特别是语文思维教学增添了新的理论元素，注入了新的生机活力。也可以说，他是在为翻转语文教学寻找一根新的杠杆。

在人的智力结构中，思维居于核心地位，是整个智力活动的最高调节者，给各种智力活动以深刻的影响。人类依靠思维能力去认识世界、改造世界，创造了光辉灿烂的物质文明与精神文明。

面临21世纪的挑战，世界经济竞争更为激烈。当前的经济竞争主要是科技竞争，科技竞争表现为教育竞争，归根结底是思维的竞争。只有具备先进的科学的思维，才能在竞争大潮中立于不败之地。思维的重要性也就决定了思维学研究的必要性。我们就要站在这样的高度来认识建构思维学的价值和意义。朝昌研究语文思维学有他自己的特点。

一、对思维学的研究突出了语文学科特点

一般思维与学科思维是共性与个性的关系，一般思维是所有学科思维的共性，这些共性是寓于学科思维之中的，各个学科思维应渗透着一般思维。在学科思维中培养一般思维是应有之义，但对一般思维的培养要通过具有学科特点的学科思维来培养。比如，数学是通过培养具有数学学科特点（数与形及其相互关系）的数学思维（数学抽象、数学建模、数学运算、数据分析等）来自然而然地实现形象思维、抽象思维等一般思维的培养的，学科特点明显。物理学科中的科学思维，化学学科中的证据推理与模型认知，生物学科中的理性思维，政治学科中的理性精神，历史学科中的历史价值观，地理学科中的综合思维，艺术中的创意表达等核心素养全是思维素养，它们都无不打上学科的烙印。那么语文学科的思维素养其独特性表现在哪里呢？我们的专家和一线教师很少去

思考，因此，他们的思维研究和训练往往缺乏一种语文味。

在一次骨干教师培训会上，一位语文名师来为大家做思维教学报告，这位老师把网球名将李娜成长、成熟的酸甜苦辣的奋斗历程以文字和视频的方式呈现给学生，让学生沉醉其中，然后针对这些内容设置了以下三个问题。

1. 李娜成功的前提条件是什么？

2. 李娜的成功给我们什么启示？

3. 李娜的成功历程能不能复制？请加以论述。

然后一节课就引导学生去思考和回答这几个问题。

这堂课究竟训练了学生什么样的思维能力却说不清楚。如果认为训练了学生的想象能力，但具体如何进行想象却没有指导、归纳、总结。如果认为训练了学生的推理能力，但推理的方式、结构、条件等老师却没有给予点拨。如果说训练了学生的比较思维能力，但比较的原因、条件、目的、方式等却没有深入挖掘。退一步来说，我们就假设这堂课起到了训练学生思维的作用，所培养的思维也是一般思维，但这种训练和语文有何关系，关语文什么事？我看，把它放在德育课来研究可以，甚至把它放在体育课来研究也行。

针对当前语文思维教学缺乏语文味的弊端，朝昌对思维学的研究始终从语文学科的特点出发。语文的学科特点是语言文字的运用，即关于语言文字运用的思维才是语文思维，这一点恰恰被很多老师忽略了。朝昌认为："从本质上看，语文思维学是语言思维和文字思维理论与实践应用的完美结合。它既有语言或言语的基本属性，又有文字符号的再现性、表征性和形象性特质。"朝昌还指出"语文思维学以洗练的语言、理性的思考、辩证的眼光，基于本土而融通中外，反映语文现象，解决语文问题，创新语文特色，展现语文风格，彰显语文气派"等。

我觉得这些理解是很有见地的。思维必须借助语言为其工具。语言进入运用层面就成了言语，言语能力的核心是思维能力，也可以说是心智能力。也就是人的大脑借助语言进行思维的心智活动能力，其形式是内隐的。孟子说"心之官则思"，那"心"实际上是指脑，就是说脑是思维器官；俗话说："言为心声"，这也说明思维的物质外壳是语言，思维过程就是语言文字的运用过程。语言与思维是一对孪生的姐妹，是难解难分的。以抽象思维为例，概念、判断、推理，这思维的三大基本形式都要以语言为依托，概念依靠语词来表达，同一语词可以表达不同概念，同一概念又可用不同语词来表达。判断靠语句来表达，单句表简单判断，复句表复合判断。推理要借助语段来表达。就形象思维而言，在语文教学中主要是就文学作品教学而言（当然也不排斥其他文体），文学本来就是语言艺术，语言艺术本来就是形象思维的外化。形象思维的特点是创作与鉴赏离不开形象，形象借助想象和联想，想象和联想借助感情来推动。但构成形象思维的形象、想象、联想、感情这四大要素无一不是语言的结晶。可见思维和语言是谁也离不开谁的。语言是思维的载体，思维存在的物质形式就是语言。"在天愿作比翼鸟，在地愿为连理枝。"我们说调整语言，实际上就是调整思维。人凭借思维进行语言交际靠的是听读说写。听和读都是接收信息，把接收的信息传入大脑，再通过大脑对接收的语言信息的译码进行加工处理，就可以对接收的口头或书面的语言信息有所领悟。说和写是告诉别人思维的结果，大脑思考问题用的是内部语言，对内部语言进行思维加工，然后借助说或写把思维的结果转化为外部语言。可见，听读说写就是把语言转化为言语的实践活动，也就是大脑的思维活动。语文教学就是要让学生在思维活动中形成和发展听说读写的言语能力，在听说读写的言语实践活动中去发展学生的思维能力。

要想发展学生的语言，就必须重点发展学生的思维，而要发展学生的思维，又必须重视发展学生的语言。思维素养和语言素养同等重要，二者缺一不可。因此，语文学科既是一门语言学科，又是一门思维学科。语文学科的素质教育，应该是语言、思维、人文素质教育的统一。语文教材是一种综合性的教育资源，它的内涵丰富多彩，每篇课文所涉及的思维能力训练点是很复杂的。学习语文的步骤是"识记、理解、应用、创新"。语文考试涉及的能力层级是识记与理解、分析与综合、鉴赏与评价、运用与探究等。所有这些，没有哪一项能离得开思维的参与。"识记"就是识别与记忆，无论是识别还是记忆，都是要动脑筋、想办法的，这本身就是思维。识别需要判断，判断就是抽象思维的三大基本形式之一。联想是记忆中的联想，就是思维的认知加工方式。理解也需要思维，理解不是一般的知道与了解，它是一种深层次的领会，它要根据已知来推究未知，既要知其然，又要知其所以然；既要知道是什么，又要知道为什么。比如从阅读理解来看，无论是对立意选材的领会，到对遣词造句的认识，再到对布局谋篇的探讨，每一个理解环节都是思维的具体运用。文章写了些什么？为什么要写这些而不写那些？怎么写的？为什么要这样写而不那样写？这些理解的功夫不就是思维的功夫吗？语文的听说读写活动均是思维的表达与应用活动。思维的逻辑性、严密性、发散性、深刻性等都会影响语文能力的运用。且不说作文，包括口头的和书面的，这本身就是一种创新工程。至于创新之于阅读，强调的是个性化，要读出自己的感受，要有独特见解，作者用一致之思，读者各以其情而自得，这就形成多元解读的态势，这就要引导学生从文本中读出"我"来。语文教育不应该只是教给学生知识性的东西，而是要引导学生发现"我"、表述"我"、追问"我"、显现"我"，在对"自我"与"他我"的领悟过程中去觉知存在。读者理解作品归根到底是在自我理解。自我理解的过程就是创新思维在阅读中的运用过程。荣格认为：歌德在《浮士德》中所创造的浮士德精神是埋藏在每一个德国人灵魂深处的东西，因此不是歌德创造了《浮士德》，而是《浮士德》创造了歌德，歌德不过是帮助它产生而已。这说明德国人在阅读《浮士德》的时候，是在观照和肯定自己身上的浮士德精神。创新思维的作用还在于要引导学生在阅读中利用作品的召唤结构和学生的期待视野对作品作多元解读，进行二度创作。这种活动就需要创新思维的高度参与。探究能力的本质就是思维能力。探究性首先是问题性，需要学生有问题意识，问题意识是指思维的问题性心理品质。由于思维总是与问题连接在一起，而问题既是思维的起点，又是思维的动力，还是思维的终点。所以越来越多的心理学家认为：问题也是思维的重要特征之一。由此可见，"学习语文"与"发展思维"之间是相辅相成、彼此促进的。学习语文，提高能力的过程融合着思维历程。也就是说整个语文学习的过程，都烙印着思维运行与发展的轨迹。从这个角度来分析，发展思维能力其实是语文课程内在要求所决定的。

由此，朝昌立足语言文字的运用，开发出相应的语文思维内容，使语文学科中的思维素养有了训练的内容，也只有这样，才不至于使语文学科的思维素养训练落空。

二、为语文思维教学探索了新的理论观点

早在 20 世纪初，有关思维学的研究就已经在欧美国家取得了惹人注目的成果。尤其是在创造性思维理论研究方面成果喜人。吉尔福德于 1950 年出版的《创造能力》，是在西方心理学界被视为在研究创造性思维方面开了先河的著作。在这方面的研究还出现了许多学派，大体上树立了各自的理论标志。如格式塔学派的整体关系说、联想主义的组合观念说、精神分析派的升华作用说、人本主义的自我现实化说等等。在中国，首先提出研究思维科学理论的是钱学森，继他之后，1984 年，召开了全国思维科学讨论会，高士奇在会上指出："思维科学是培养人才的科学。""国家与国家的竞争是科学的竞争，是技术的竞争，但归根结底是人才的竞争。而要培育一个人成才，很重要的一个因素在于思维，在于科学的思维。"之后，在国内便有不少学者开展了对思维科学的研究。逐步形成了一个较完整的思维科学体系。这个体系涉及：思维的主体与客体、主体思维的基本类型、主体思维活动的基本方式，尤其是对创新思维、模糊思维的本质、特征及实践意义进行了探讨。

　　语文思维教学是在语文教学中运用思维学理论来培养学生良好的思维品质和各种思维能力的教学。但在语文界对于培养学生思维能力的思维学理论却很少有人作广泛深入的关注，其研究是比较薄弱的。

　　我认为，语文思维教学涉及的思维学理论至少包括9个方面：1思维及思维教学研究的概况，这是语文思维教学研究的基础和客观依据。2思维是多门学科的研究对象，各学科从自身的特点出发对思维概念的诠释都打上学科色彩的烙印。学术界从哲学、逻辑学、心理学、美学的角度对"思维"这一概念作了诠释，并在此基础上，就"思维"的概念从宏观上作出了新的定义。"思维"这一概念是语文思维教学研究的中心概念，是语文思维教学研究的逻辑起点或者说是理论支撑点，由此而衍生出语文思维教学研究形成的概念系统。因此必须弄清学术界对思维概念的重新定义。3思维的基本特点，涉及思维的心理特质、语言形式，思维的间接性、概括性、问题性、差异性、多元性，这是对"思维"这一中心概念的思想内涵作更深层次的剖析，为进一步理解思维学其他理论作铺垫。4思维的分类。思维学是在科学提供的具体知识的基础上根据各种思维的内容、特征、功能，对思维进行归类。这为我们的语文教育思维品质的培养和思维能力的训练确定具体对象与目标提供依据。5思维的心理与非心理机制。大脑是思维的载体，观察是思维的知觉，记忆是思维的凭借，注意是思维的前提，社会是思维的土壤，语言是思维的外壳。6思维机体的资质特点，即思维的针对性、广阔性、深刻性、敏捷性、灵活性、严密性、独创性、批判性、逻辑性。7思维的结构系统。思维能力的本质就是思维结构的优化、思维结构的思想内涵、思维结构的构成因素等。8思维的认知加工方式。思维是人的大脑对客观事物的间接的概括的差异性的反映，这种反映有着复杂的认知加工过程。它具体表现为当客观事物作用于人脑时，人脑便要对各种信息进行分析、综合、比较、分类、抽象、概括、具体化、系统化、想象、联想，这些也就是思维的认知加工方式。9思维的基本形态。根据不同的标准对思维分类，那是为了更好地认识思维的内容、特征、功能，但在思维形态中最基本的还是形象思维、抽象思维、辩证思维、直觉思维、创新思维、发散思维、聚合思维。至于发散思维，它是提出新问题、解决新问题、开拓人类认识新领域这种创新思维的主要结构成分，它又包括横向思维、纵向思维、逆向思维、侧向思维、分合思维、克弱思维、信息交合思维、头脑风暴思维、颠倒思维等，有的发散思维还可以细分，比如颠倒思维就可以分为上下颠倒、左右颠倒、前后颠倒、大小颠倒、动静颠倒、快慢颠倒、有无颠倒、是否颠倒、正负颠倒、主次颠倒等。

　　以上便是进行语文思维教学必须掌握的思维学基本理论。遗憾的是语文界研究思维教学的专家学者和一线教师们，对上述理论缺乏深入的了解，或者是一知半解、若明若暗，甚至是一团漆黑。因此，他们对学生思维形成和发展的轨迹，对语文思维教学的基本策略，对语文教学中培养各项思维能力的基本原则，对在各种语文教学活动中培养思维能力的具体途径和方法，对语文教师如何适应思维教学的新要求等等的思考，就缺乏科学的理论支撑。如果我们不能加快思维理论研究的进程，尽快改变语文思维教学理论的不太完善、不够成熟的状况，理论的缺陷就会遏制语文思维教学前进的步伐，语文课程改革就很难有突破性的进展。

而朝昌的《语文思维学》对于以上9个方面的思维学理论都做了深入探究，并且在其中一些领域能有自己的真知灼见，甚至发展了前人的思想观点。比如：本书研究积极倡导"大语文""新语文""大教学""新思维"的语文教学观，努力摆脱旧有语文思维教学观念的影响、困惑和束缚，鼓励语文教育者或执教者须潜心投入语文思维科学的理论与理念研究之中，夯实语文思维学的相关理论，并科学结合具体的语文教育教学实践，合理设计语文教学环节，创新语文教学情境，重构语文教学内容，活施语文教学策略，从而形成具有理念新、观点新、内容新、方法新的语文思维教学风格，铸牢新语文思维教学的学科体系、话语体系、国际体系和学术体系。运用语文思维科学及语文思维教育科学研究的相关理论与理念，对学习者进行语文思维品质、思维能力的训练与培养，从而为语文思维学的实践应用开辟新思路、拓展新视野、探寻新方略。

本书的编写还具有新、深、精、活、实之特点。特别是"新"的体现是比较充分的，就是对旧有的思维学理论及与之相关的理论见解做了新的认知与阐释，并囊括了中外有关思维学及相关学科理论研究的新成果、新理念，使本书在思维学、思维教育学和语文思维学理论方面，相比于同领域以往的有关著作显得更全面、更完善、更深入。

以上这些无不说明朝昌在为语文思维教学探索新的理论观点。

"矮人看戏何曾见，却是随人说短长"，由此观之，本专著的作者可不是"随人说短长"的看戏矮人，他不人云亦云、不拾人牙慧，在关于思维理论的研究中既虚心学习借鉴前人的研究成果，又不为前人的研究成果所羁绊，而有所发现、有所发展。清人彭兆荪言："要以我用书，勿为书所绊"；宋人黄庭坚说，"随人作计终后人，自成一家始逼真"；宋人戴复古也说，"须教自我胸中出，切忌随人脚后行"。这些至理名言都说明创新的重要，本书的研究就正好印证了古人的这些说法。

三、为语文思维教学端正航向提供指路明灯

当前，我国正在深入开展建国以来第八轮基础教育课程改革，这次改革可以说是一场风暴、一次洗礼、一次新的教育启蒙，甚至可以说是一次涅槃。其旨归是要在我们国家更好地开展以培养学生创新精神和实践能力为重点的素质教育。随着教改的不断深入发展，人们对语文教学中良好思维品质以及各种思维能力的训练、培养也越来越引起广大语文教师们的普遍重视。特别是修订后的高中语文课程标准把思维素养作为语文核心素养后，许多教师已在自己的教学实践中对如何培养学生养成良好的思维习惯和优良的思维品质，如何在思维教学中把握科学性、整体性、系统性、层次性，究竟要训练学生哪些思维能力以及如何训练这些思维能力，思维训练又有哪些正确的方法和有效途径等方面，都做了一些有效的探索，积累了一定的经验，丰富了语文思维教育的方法。但是，由于长期以来传统的语文教学过于注重接受学习的思想观念对教师的消极影响与束缚，加之"学生要分、教师要绩、学校要名"，为这"三要"而施教的应试之风盛行。教师看得清，但站不稳、顶不住。因此师生都被绑上以升学为唯一目标的战车。疲劳轰炸的题海战术弄得师生疲于奔命、穷于应付。这就导致许多教师在思维训练中，常常明显地表现出种种不良的状况：教学片面、简单、肤浅、散乱。有时只单一地进行一些启发训练，而没有把思维训练与思维的主体（学生）及其他综合因素相结合，只重"教"而不重"学"，以致学生的思维不论在深刻性、严密性还是在独创性、广阔性方面，都显现出一种相当混沌的状态，存在着不少欠缺。特别是实施新课程对于培养学生思维能力又提出了新要求。但在如何实施这些新要求方面，取得的实践经验未能很好地总结、出现的实际问题未能很好地解决、步入的教学误区未能很好地纠偏……此外，实施新课改以来，我国的中小学语文教材，虽然在重视基础、培养能力、发展智力、提升学生语文素养方面已经做了较为重大的改革，但课标提出培养学生思维素养的要求在教材的编写中缺乏必要的思路，没有很好地考虑中小学生语言发展与思维发展的规律，没有确定与这些规律相适应的各个阶段思维培训的基本任务和训练目标，没有从识字与写字、阅读与写作、口语交际以及综合性学习实践活动的教学要求出发，实现语言训练与思维训练的有机结合，以形成循序渐进的训练序列。所有这些，便使得语文思维教学偏离了正确方向。

针对以上存在的种种问题，本专著从语文与情感思维、语文与理性思维、语文与创新思维、语文与逻辑思维、语文与聚散思维、语文与顺逆思维、语文与意识思维、语文思维的特殊性等八个方面，运用思维科学和思维教育科学研究的

相关理论来总结对学生进行思维品质和各种思维能力培养的经验和教训，从而为语文思维教学和教材编写提供更为充分的理论依据和行之有效的方法与途径。

四、为语文思维教学达到应有的高度插上腾飞的翅膀

语文教学处于低谷状态的突出表现就是未能引导学生很好地挖掘出听说读写及综合性学习实践活动中最本质的东西——思维。以阅读教学为例，有些教学从形式上看，好像也开展了自主、合作、探究式的学习活动，然而，自主是信马由缰，合作是形式主义，探究是层面底下。课堂虽然也热热闹闹，但热闹的背后却是肤浅。老师不能很好地运用思维学相关理论来激活学生的思维，引导学生与文本作深层次的对话，只在语言表面现象上兜圈子、打外围战，未能深挖出语言现象背后隐含的情感意绪。如果能把朝昌《语文思维学》的理论观点运用于语文教学的设计之中，那一定能使语文教学活起来，飞起来。

比如说，本著作在"语文的逻辑思维"一章论述了"概括思维"与"比较思维"，这个理论可以帮助学生在阅读教学中透过现象看本质，可以帮助学生在阅读中就题材、体裁、风格、构思、手法、语言等方面的继承借鉴关系比其同、究其异、寻其合、追其分。以孙犁《荷花淀》为例，其中，小韦庄游击组长水生很想把区上报名参军的消息告诉妻子，又怕过早地触动妻子的心扉，勾起妻子的离情别绪，于是，欲言又止、欲说还休。料事精细的水生妻从丈夫说话神情有些异样、支吾其词中，感觉出丈夫一定有什么隐情，于是就问了一句："怎么了，你？"这句问话"看似寻常最奇崛，成如容易却艰辛"，这可是体现孙犁语言艺术匠心的神来之笔。可是，对这句情味最足的问话，有的老师居然觉得没有讲头，学生居然觉得没有学头，不屑一顾。有老师顶多只问学生这是一个什么句式？学生回答"这是一个倒装句"，就这样蜻蜓点水似的一掠而过。假如用概括和比较的思维认知加工方式来激活学生的思维，从句子的组合规则分析入手，就能帮助学生品出问句中的情味来。其实，老师可设计一问题："水生妻为什么不问'你怎么了'，而要问'怎么了，你'"？就是说，课文是这样问的，能不能那样问？让学生做比较性的换位思考，从而明白"怎么了，你"就是"你怎么了"的倒装，倒装之后用逗号隔开，使本来短促的语气显得更加急促，"怎么了"也在倒装中得到强调，这就把水生妻渴望知道丈夫的隐情，但又不得而知的急不可待的心情表达出来了。而这急不可待的心情恰恰体现了妻子对丈夫的关爱。像上面这样的教学就是对文本的深度解读，就是高层次的语文教学，究其原因就是用了从现象中去发现事物本质的概括思维认知加工方式，也用了比较的思维方式进行换位思考，就是假设出一种问法与课文的问法形成

比较，从句子组合规则的对照中去释放文本的情感意绪。

本著作论述了语文的情感思维，其中对形象思维中想象这一认知加工方式，从理论上作了透彻的剖析，而且还深入应用层面，独辟蹊径地为在语文教学中怎样运用形象思维理论指路导航。这个理论就可以用来设计阅读教学。以杜甫《兵车行》教学为例，其中"去时里正与裹头，归来白头还戍边"句，一些老师和学生都觉得语言浅显易懂，没什么咀嚼头。文本解读时将其轻飘飘地放过去了。其实语浅而意不浅，对"白头戍边"的惨象，诗人并没有作正面描写，给读者留下一个艺术空白，凡艺术均有空白，绘画的虚笔，建筑的借景，音乐旋律的歌拍，电影、电视的空镜头，书法的笔断意连，文学作品的模糊性，均是艺术空白，它给欣赏者以无限广阔的想象空间，造成更大的刺激效果，这是对读者的一种召唤和等待，召唤读者在其可能范围内充分发挥再创造的才能。对《兵车行》中这两句诗，教师就要引导学生在对全诗作整体把握的基础上，让学生自定一个场面，比如"强征入伍""战死沙场"等，通过想象，对"白头还戍边"加以扩展，着重描写白头戍边的悲惨，来反映不义之战给百姓带来的深重灾难，来控诉武皇开边政策的残忍。比如这样写：你惨死在敌人的利剑下，两眼还直勾勾地望着遥不可及的家乡。雪花为你蒙上一层厚被，陪伴你长眠的只有那无声的冷月、凛冽的朔风、露天的白骨……像这样的文本解读就应该是形象思维的运用，能有效地训练学生的想象能力。

以上教例说明，如果按朝昌《语文思维学》的理论来设计教学，就能为语文思维教学达到应有的高度插上腾飞的翅膀，也就是用思维的杠杆翻转语文教学。

朝昌正当好年华，学术生命力十分旺盛，他的理论研究始终根植于实践又指导实践。作为语文战线上的一名老兵，我为他在语文教学研究上取得的丰硕成果由衷地高兴。值得肯定的是在语文思维学研究领域，他是独树一帜的。还望朝昌锲而不舍，如切如磋，如琢如磨、相信在不久的将来，他一定会取得更加辉煌的研究成果。"百尺竿头须进步，十方世界是全身"，我正期待着朝昌新成果的诞生。

刘永康

2022 年 8 月 1 日于成都

目 录
CONTENTS

绪　论

　　语文思维与语文学科及其教学有着千丝万缕的本质联系，然而，思维与思维学的基本概念如何界定？语文与思维和思维学之间有什么内在的必然联系？这是摆在语文核心素养背景下不得不思考的重要问题。语文思维的研究视野、哲学范畴、现代理念以及语文与各种思维间的辩证关系乃是本书理应揭开的神秘面纱。诚然，语文思维学即研究关于语文思维的学说，它既是一种认识论，极力考察语文学科领域新的研究点与应用点；同时亦是一种方法论，是人们认识语文、革新语文的方法的理论。语文学科自 20 世纪 90 年代以来，以卫灿金教授的《语文思维培育学》为代表的理论与实践研究，激起了语文思维探究的热潮，掀开了语文思维学研究的崭新扉页，语文学界开始关注学习者语文思维品质及其能力的培植与涵育，便使之焕发了青春。本书试图在已有研究基础之上，对语文思维学的理论与实践进行深化探索而达成新的研究成果。

一、语文思维学的根本特质

　　语言文字是一个民族进步的根基和灵魂，是一个国家繁荣兴旺的文化象征，亦是沟通古今中外文明、文化与科学的桥梁和纽带。语文思维学与其他各门学科相互交织、相互渗透，已形成了一个有机的整体，处于开放性与多元化并存的学科思维体系之列。从本质上看，语文思维学是语言思维和文字思维理论与实践应用的完美结合。它既有语言或言语的基本属性，又有文字符号的再现性、表征性和形象性特质。从宏观视角审视，语文思维学是人类母语思维发展的结晶，自柏拉图到黑格尔，自奥古斯丁到尼采，自哥白尼到弗洛伊德，再现了从古希腊至后现代主义的文学、哲学、科学及思想学的理论体系。而从微观层面探寻，语文思维学是华夏汉民族母语思维升华的心灵写照，它标志着汉民族的千年文明与文化，是华夏炎黄子孙文学、哲学、史学、美学、逻辑学等思维科学发展与繁荣的生命精髓。语文思维学被视为一门尚在建立之际的独立新兴学科，它关注的是整个人类世界语言文字的生成与发展、开拓与创新，是人类认识、反映和表现客观世界的思维理念与思维范式。科学家钱学森指出，在整个思维科学体系中，最重要的基础科学是思维学。可见，语文思维学亦是整个人类思维科学体系中最基础、最重要的基础科学之一，其理论体系的建构与完善，对思维科学中的其他各门学科思维产生积极影响。语文思维学应是形象与抽象、理论与实践、审美与创造、内容与形式的融合与统一。当然，语文思维学重在探究语言文字的思维形式、思维理念、思维方法等，它与汉民族的人生观、世界观、价值观、爱情观、教育观以及伦理道德观息息相关。语文思维学的学科性质既有理论特质，亦有实践特质，它是一门新兴的且富有应用性的交叉学科。语文思维学的根本特质还在于，考察、洞彻和透视语文内涵，叩问、建构和厚植语文土壤，体悟、审思和揭示语文生命。诸如其语文学科范式、学术品性、思维路径、语言生态、文化气象、思想符号、心智情愫等，无不流淌生活的诗意，飘溢生命的诗意，呈现生态化的诗意。语文思维学以洗练的语言、理性的思考、辩证的眼光，基于本土而融通中外，反映语文现象，解决语文问题，创新语文特色，展现语文风格，彰显语文气派。

二、语文思维学研究的意义追问

恩格斯指出："一个民族想要站在科学的最高峰，就一刻也不能没有理论思维。"钱学森认为："思维科学只研究思维的规律和方法。"由此可见，思维理论、思维规律及思维方法是思维科学的重要基石。《义务教育语文课程标准（2011年版）》在课程基本理念中重点强调"发展思维"，旨在提升学习者的语文核心素养；又在课标总体目标中明确指出："在发展语言能力的同时，发展思维能力，学习科学的思想方法……"《普通高中语文课程标准（2017年版，2020年修订）》也在课程性质和基本理念中分别提出"'发展思辨能力，提升思维品质''促进学生思维能力的发展与思维品质的提升'"，尤其在该"课标"的"学科核心素养"部分特别强调"思维发展与提升"等，无不渗透着语文思维学基本理论与理念的应用与培养。基于语文新课标的相关要求可知：语文思维学的理论研究和实践应用，旨在突出培养学习者的语文思维能力及其品质中的重要性与必要性。语文中听、说、读、写能力的形成、发展和培育，均需要思维理论、思维理念、思维视野、思维素养及思维能力的支撑。学习者思维素质的高低直接影响到其语文核心素养的优劣。由此，语文思维学的重要意义体现于促进学习者思维能力和语文核心素养提升与培育的同时，催生了语文思维学理论的发展。

首先，促进学习者思维能力的提升。语文思维是学习者智力与能力发展的重要构成元素。在语文学习能力的提升中，语文思维始终处于重要位置。语文教育的根本目的是既要掌握丰富的语言文字知识，更要培育学习者的思维能力和思维品质。语文思维是一个心理活动的认知、加工、审美、判断、培植及涵养的过程，是人类富有想象与情感、多元与综合的思维特质。语文思维培养即让学习者通过对语文素材的思维加工与训练，进而获得语文的审美体验与洞见，并掌握语文思维方法而提升其思维能力。学习者语文思维能力的培养，其实就是他们在语文学习过程中对汉语思维理论、思维理念、思维范式的建构和运用，从而形成了富有联想与想象、情感与审美、判断与抽象等诸方面具有语文特质的思维品性及思维能力。语文思维学视野下培养学习者的语文思维能力，并非孤立存在，而是多种思维能力的综合反映。它不仅具有其他思维能力的普遍性、共识性，亦拥有语文学科思维的独特性、新颖性，是学习者听说读写等语文思维的内在核心能力的综合体现。毋庸置疑，语文思维学理论、理念及其方法，是学习者语文思维能力生成的基石及核心所在，学习者对语文的感悟、认知、想象、概括、归纳及判断力等，都是其语文思维能力的表现，极大地促进了学习者语文学科思维能力的发展与提升。

其次，助力于学习者语文核心素养的培育。学习者语文思维品质和能力的发展与提升是语文学科核心素养培育的重要组成部分。由此，学习者语文思维的培养有利于他们语文核心素养的培育与形成。语文学科核心素养是学习者的思维能力、思维品质、思维效度、思想价值等方面的整体反映，语文学科不仅要求提升学习者的外部行为能力，更重要的还须培育学习者的内在思维素养和思想素质。新课标将"思维"视为语文学科核心素养的重要组成部分，其内涵界定与语言、审美、文化既相互联系又有本质区别，它是语文核心素养内涵和外延的丰富与扩展，即核心的核心。语文思维学理论与理念的运用，是执教者与学习者语文学科思维在理性认知和实践操作层面的一种综合素质提升，是每一个学习者达成自我发展、融入社会生活所必须的基础与前提。不言而喻，语文思维学的研究，既能有效培养学习者的语文思维，又助力于学习者语文核心素养的培育。

另外，催生了语文思维学理论的发展。语文思维学的研究，旨在升华语文教育者和语文学习者的思维理念与思维方式。语文思维学理论的发展，须植根于语文学科各领域发展过程之中，要树立大语文的教育观、教学观、学习观、逻辑观、辩证观，全面融入科学思维的理论范畴和方法论视野，注重对学习者思维理念的养成与建构。语文教学中，应紧密结合高考语文的基本要求而与时俱进，合理运用各种思维方式塑造学习者的语文思维理论素养，从而形成其理性意义上的语文思维学。从本质上看，语文学科教学与实践的过程，就是凝练教育者和学习者语文思维理论与理念的过程，其教学设计、教学方略、教学引导、教学拓展及教学目标的达成等，无不蕴涵着丰富的思维理论与理念。尤其是随着语文新课标、新课程、新课改、新高考的不断涌现，语文学科思维理论的发展亦前所未有，彰显出中国式的语文学科体系、话语体系和学术体系。

三、语文思维学的研究对象

每门独立学科都有自身明确的研究对象，语文思维学既是思维学的分支学科，亦是正在创建的应用性新兴学科。为此，理应明确该学科特殊的研究对象。顾名思义，语文思维学是研究语文思维的科学，它主要关注的是语文思维的发生、发展及其理论体系建构与应用。概言之，语文思维学是一门以语文思维的基本意涵、特质、形态、规律及方法为主要研究对象，同时亦探究语文思维的实践应用及观点构建等问题的科学。

首先，语文思维学基本理论的探究。语文思维学是研究关于语文思维的基本学说。语文思维是在语文教育教学中运用思维学理论与理念，来培育学习者的各种思维能力和思维品质的动态过程。语文思维学的基本理论包括：思维与思维学的基本概念，即思维的源与流、纵与横、思维类别与心智、思维体系与观念等意蕴；语文与思维的内在逻辑，即语言思维场、文字思维角、语文思维核等内涵；语文与思维学的本质联系，即语文思维研究视野、哲学范畴、现代理念及构建体系等原理；语文与各种思维形态、思维方式间的必然关联，即语文与情感思维、理性思维、创新思维、逻辑思维、聚散思维、顺逆思维、意识思维、系统思维及批判性思维等思维形式的意义建构、教学范式和思维功效。"思维"一词是语文思维学研究的核心概念、逻辑起点和理论基石，由此而引申出语文思维及其教学研究的概念系统。本书试图从文学、史学、哲学、美学、逻辑学、教育学、心理学的角度对"思维"概念作阐释，并探寻了思维的基本特质、心理特征、基本形式以及思维的间接性、概括性、差异性和多元性等思想内涵，为进一步透视思维学的根本内涵奠定了理论基础。思维学即思维科学，是在一定的科学知识基础上，所进行的思维对象、思维特征、思维功效及其原理等的探究。思维学可分为形象思维学、抽象思维学和灵感思维学三大组成部分。这又为我们深入揭示语文思维学的基本原理、理念体系和实践运用提供有力依据。基于思维的情感性，本书将思维划分为：动作思维、意象思维和形象思维。依据思维之理性，将思维划分为抽象思维、辩证思维和立体思维。立足思维的创新性，把思维区分为直觉思维、灵感思维和创造思维。凭借思维的逻辑性，把思维区分为分析思维、比较思维和概括思维。根据思维的聚散性，将思维细分为发散思维和聚合思维。立足思维的顺逆性，将思维细分为顺向思维和逆向思维。基于思维的意识性，把思维划分为显意识思维和潜意识思维。考虑思维的特殊性，将思维又细分为系统性思维、批判性思维等思维类型。思维的产生来源于其内在的注意、观察、记忆、兴趣、意志、想象等心理动机，以及外部的言语、社会、自然等环境影响。由此，本书将相关研究建立在内在的思维动机和外在的思维环境视域下，植根思维土壤，探究思维认知，洞悉思维素养，构建思维理论，进而透射语文思维的广阔性、批判性、深刻性、灵活性、敏捷性、逻辑性和独创性等思维品性。优化思维结构，考察思维意涵，揭示思维成因，整合思维的分析与综合、比较与分类、抽象与概括、联想与想象、具体化与系统化的认知加工方式。再现语文思维的基本形态，洞彻语文思维的主要内容、根本特质和基本功效，开拓语文思维学理论认知的新领域、新方略及新路径。语文思维学的基本理论是思维学理论与理念在语文教育教学实践中的具体运用，为此，本书将其理论研究贯穿于语文思维教学实践之中，应然获得事半功倍之效。

其次，语文思维学实践应用的考察。语文思维学理论的研究，其目的在于语文思维教学的实践应用。在新课标的语文核心素养背景下的语文教学，学习者的语文思维能力和思维品质的培养乃是重中之重。事实上，诸多执教者已在自己的语文教学实践中，对训练与培养学习者良好的思维习惯、思维品质、思维能力，以及在语文思维教学中对其科学性、系统性、整体性、有效性的把握等方面，都做了较为成功的探索与经验积累，极大地丰富了语文思维学的实践应用。然而，由于执教者长期深受旧传统的语文教学观念、教学模式的消极影响，加之社会对学校以升学率、平均分、排名次等价值认同理念的束缚，致使执教者在语文教学中对学习者的思维训练，常处于教学思维的单一化、片面化和肤浅化，而缺乏对学习者语文思维的广阔性、深刻性、严谨性、创新性和批判性品质的锻炼与培育等。由此，亟须运用语文思维科学及语文思维教育科学研究的相关理论与理念，对学习者进行语文思维品质、思维能力的训练与培养，从而为语文思维学的实践应用开辟新思路、拓展新视野、探寻新方略。在研究语文思维学的实践应用方面，本书主要从两方面入手：一方面是从语文阅读与写作思维教学的角度，探究语文思维学的实践应用。学习者语文思维的形成与发展，得力于语文阅读与写作教学过程中的思维训练与培育，其研究目的在于强化语文思维学研究的针对性、实践性、科学性和有效性。在语文教学实践中，灵活运用相关的思维学理论知识着力训练学习者阅读与写作等方面的思维能力。

并在教学中遵循语文思维规律、优化语文思维训练，使执教者和学习者能把握语文阅读与写作思维的基本特点，而得到综合的、广泛的、整体的、深刻的语文思维训练。诚然，学习者语文思维训练要紧密结合他们的身心发展规律，注重营造良好的教学氛围，培养高尚的道德情操，激发其审美情趣，涵育其质疑精神，重在训练学习者的语文思维品质及其能力。在语文阅读与写作思维教学实践中，本书倡导"建构阅读思维与写作思维一体化教学体系"的语文思维教学观。阅读与写作是语文教学的核心任务，在语文教学中实现学习者思维的真正训练，要从"读写"开始，合理创设读写平台，通过读写思维锻炼提升学习者的语文思维品质。另一方面从语文思维的教学原则与方法层面，探究语文思维学的实践应用。在语文教学中训练和培养学习者的各种思维能力与品性，需要遵循一定的基本原则。这是融入本书研究内容的亮点之一。该书着重研究了语文情感思维（动作思维、意象思维、形象思维）、语文理性思维（抽象思维、辩证思维、立体思维）、语文创新思维（直觉思维、灵感思维、创造思维）、语文逻辑思维（分析思维、比较思维、概括思维）、语文聚散思维（发散思维、聚合思维）、语文顺逆思维（顺向思维、逆向思维）、语文意识思维（显意识思维、潜意识思维）、语文的特殊性思维（系统性思维、批判性思维）。将各种思维形式渗透于语文教学实践，并合理应用语文思维学的相关理论知识、原理准则、方法途径，凸显理论与实践相结合，方法与内容相统一的教学原则与方法，将思维训练与培植真正深入教学土壤，定然柳暗花明。

另外，语文思维教学观的建构。语文新课程、新课标、新高考给语文教育者和研究者提出了新的挑战。本书研究积极倡导"大语文""新语文""大教学""新思维"的语文教学观，努力摆脱旧有语文思维教学观念的影响、困惑和束缚，鼓励语文教育者或执教者须潜心投入语文思维科学的理论与理念研究之中，夯实语文思维学的相关理论，并科学结合具体的语文教育教学实践，合理设计语文教学环节，创新语文教学情境，重构语文教学内容，活施语文教学策略，从而形成理念新、观点新、内容新、方法新的语文思维教学风格，铸牢新语文思维教学的学科体系、话语体系、国际体系和学术体系。

四、语文思维学的研究特点

本书基于现有关于语文思维学的研究成果，从整体的逻辑框架和思维结构上体现出其科学性、前瞻性、思想性、创新性及理论性与实践性，彰显新的学术理念、学科视野、教育理念、教学方法和理论体系。其研究熔铸了科学与思想、理论与实践、传统与现代、国内与国际的思维观、母语观、教育观、教学观等，着力凸显其新、深、精、活、实之特点。"新"是对旧有的思维学理论及与之相关的理论见解做了新的认知与阐释，并囊括了中外有关思维学及相关学科理论研究的新成果、新理念，使本书在思维学、思维教育学和语文思维学理论方面，相对于同领域以往的有关著作显得更全面、更完善、更深入。"深"就是在力求运用思维学及与思维学相关的文学、哲学、史学、教育学、心理学、逻辑学、解释学、文艺学、语言学、解读学、语文学科教学论以及系统论、管理论、控制论、范式理论、接受美学、人本主义、后现代主义等理论来科学地诠释与解决语文思维学中的种种理论和实践问题，突出其理论研究的深度。"精"旨在干净利落而科学严谨，力求语文思维学理论与具体的教学实践紧密结合，彰显其理论的针对性、实效性和可操作性。"活"即大量运用典型的语文教学案例进行分析，使语文思维学理论的研究与学习者的语文思维能力培养天然融合而相得益彰。"实"则是充分运用科学的教学方略和教学手段，让语文思维学理论在具体的语文教育教学实践中真正实现对学习者思维品质和思维能力的发展与提升，使思维教学的理论研究落地生根而枝繁叶茂。这不仅丰富、完善和发展了思维学及语文思维学理论，为语文课程、语文课标、语文教学的理论研究奠定坚实基础，亦为学习者思维能力的培养和语文核心素养的提升提供新思路、新视点、新方略。

综观前述，无论从思维与思维科学、语文新课程与新课标的角度，还是从古今中外母语思维教学的层面考察，语文思维学的理论研究与实践应用，都能在一定程度上尝试探索语文文本、语文教学与思维理论建构、思维能力培育之间的本质联系，并试图找到符合语文思维培育的科学规律。通过对语文思维学的深入研究，无疑夯实了语文学科教学论的理论基础，为当下的语文思维学发展、学习者语文思维能力提升及语文核心素养的涵培掀开崭新的一页。

第一章 思维与思维学

思维是灵魂的自我谈话。

——柏拉图

思维：源与流

所谓思维是指基于表象和概念的认知活动，如分析、综合、判断和推理的过程，包括逻辑思维、图像思维、创造性思维（灵感、直觉、洞见）、逻辑思维及非逻辑思维等。思维是人类认知活动的一种高级形式，而智力的核心是思想活动的过程，在此过程中，人脑对客观事物进行抽象理解并指导实践。思维的作用不仅在于积极地理解客观世界，而且在于它所获得的理性知识，以引导人们有意识地、积极地更新和改造客观世界。

思维是受试者对信息的积极操作，如收集、检索、传输、存储、删除、比较、分类、转换、整合及表达等。根据马克思主义哲学，思维的主体是人，思维客体是指主体的思维客体，包括本人。自然界中的动物，如狗和猫，也具有思维能力，但它们还不够先进。诸如机器人和计算机之类的人工智能产品，无论多么高级，都是人脑的产物，它们也没有思维的能力。思维的基本特征在于：

其一是概括性。思维的前提是人们在头脑中已形成或掌握了相关概念。掌握概念就是分析、综合和比较一类事物，从事物中提取共同的、必不可少的属性或特征，并对它们进行概括。概括是智力素质的基础，例如思维活动的速度、灵活的转移程度、广度与深度及其创作过程。苏联心理学家鲁宾斯坦认为迁移就是概括。概括性越高，知识体系越强，转移越灵活，必须发展的智力和创造能力就越强。

其二是间接性。间接性是思维对基于知识和经验的客观事物的间接反应。首先，思维可以利用知识和经验来反映不直接影响感觉器官的事物及其属性或联系。譬如，若你清晨醒来，发现庭院及屋顶全白了，那么你可判断昨晚下雪了。其次，基于知识和经验的思考可以反映出无法直接感知的事物及其属性。换言之，思维继承并发展了知觉和记忆的认知功能，但远远超出了其极限。思维的间接性使人们能够揭示无法感知的客观事物的本质属性及内在规律。最后，思维可基于现实的知识和经验无休止地拓展。假设、想象力、理解力等都基于这种间接思维，这种思维的间接性使思维能够响应实践并指导实践。

其三是逻辑性。逻辑的特征反映了思维是一种抽象的理论认知，表明思维过程所具有的基本形式和方法，是按照一定的规律发生的。社会实践是形成概念的条件和基础，使人们产生了丰富的感知经验，促进了人类认知活动的加深并产生了概念。基于概念，进一步构成了判断与推理。判断是对思维对象正面（肯定）或负面（否定）的思维形式，以句子的形式表达。判断是思维的一种形式，但与句子不同：判断是思维形式，句子是言语形式；相同的判断可以用不同的句子表达；并非所有句子都表达判断，例如"周几"这句话不能判断事物。判断不仅反映了思维的过程，而且表达了人们的情感和欲望。如"我爱中国""我想家"等。判断还可显示人们对事物的评价，人们使用某种标准可作出自己的评判与认知。推理是一种思维形式，可以从一个或多个已知判断中得出新的判断。归纳推理和演绎推理是推理的两种主要形式。在归纳推理中，从事实开始并进行概括，以解释所观察事物之间的关系并得出一般性结论。从一般到个别，将理论和原则应用于具体是演绎推理。概念、判断和推理是思维的基本形式。

其四是深刻性。思维的深刻性是人类大脑基于感知材料，经历了思维过程，由表及里、去伪存真，使大脑中的认知过程发生突变而导致泛化产生概括。由于这种概括，人们已经掌握了事物的本质、事物的整体性和事物的内在联系，并认识到了事物的规律性。在这个过程中，个人表现出深远的差异。思维深刻性集中在善于对问题进行深入思考，掌握事物的规律和本质以及预测事物发展的未来。

思维源于怀疑、困惑或不信任。思维的出现不是基于"普遍原则"，而是由某些特定的事物诱发和产生的。要求儿童或成人在总体上进行思维而不考虑自己的经历中存在的某些困难，这些困难会使他们感到困惑和难以平静下来，就像在建议他们脱鞋、放松身体一样，毫无意义。在这个世界上确实会有许多不合逻辑、不合理和出乎意料的事情，而此时此刻，一个人的思维方式将决定他的生活质量和精神状态。思维来源于人们从中思考问题的"源头"，包括判断的最终依据及最好条件等。普通人思维中的一小部分源于自身，而其中大多来自外界。伟大圣贤的思维主要源于他本人，一小部分来自外界。

思维发展是个体认知发展的一个方面。个体发展的过程，从直观的行动思想到具体的形象思维，再到抽象的逻辑思维。儿童的早期思维发展是以最初条件反射建立的原始形式，对象的持久性和使用工具来解决问题是其思维发生的特质。年轻人的直觉思维发展经历了从直觉动作到直觉表象再到直觉语言的概括三阶段。从儿童至少年再到青年时代，经历了直觉行动思维、具体形象思维和抽象逻辑思维的基本过程，整个思维的发展都是以语言的发展为前提条件，由低级向高级不断运动、变化发展的。但是个体思维的发展是不平衡的，主要表现在思维品质、思维水平、思维材料及思维个体差异上。如表 1-1 所示。

表 1-1　青少年思维发展的基本特点

年龄	思维特征
1-2 岁	直观动作思维
3 岁	直观的言语概括和图片中的具象思维
4-5 岁	特定图片或外观思维
6 岁	初步发展抽象逻辑思维
7-9 岁	具体形象思维
10-12 岁	基于经验的抽象推理思维
13-15 岁	开始发展理论抽象逻辑思维
16-18 岁	理论抽象推理和辩证推理思维呈稳定趋势

人类思维的发展是人类认知与再现客观事物、解释与理解自然现象、掌握与体悟客观对象、分析与评价客观现实的一种思维素养。其思维能力从具象到抽象、从简单到复杂、从感知到理性发展。由此，这种思维活动就是人类主体

的活动，其思维过程是遵循人的身心发展规律的。在人类探索自然宇宙和生命世界的历程中，思维无处不在，小到生活中普通问题的解决方案，大到科学奥秘的探索。

为了更清楚地理解人类思维的发展轨迹，理应洞见思维的"源"与"流"。所谓"源"是指思维的基本"规律"和思维之"道"，它是相对固定的。所谓"流"是指思维作为人类意识的心理活动，它总是处在不断运动变化和发展中，呈现出一种细密的线序过程，即思维"流"。反映了思维的基本"方法"和思维之"术"的进展流程，它们以不同的方式呈现，反映思维规律，揭示思维本质。思维之"源"，"源"自规律；思维之"流"，"流"于方法。从人类思维发展的唯物主义基本观点出发，已形成了许多基本的结论性思想建构。无论是"源"还是"流"，都必须符合辩证唯物主义的世界观和方法论，并能动地反映客观世界本质特点及内在规律。规律性的认知和结论将引领思维的发展，并以其思维规律统领着思维发展的基本脉络。

思维的基本规律是概括的、抽象的，人类应善于运用这种规律性的认识挖掘思维信息，便抽象出普遍的思维规律，通过不断的积累、提炼与整合，并熟练地将这些思维规律应用于具体的社会生活实践之中。思维的基本方法来源于学科的基础知识，只有运用知识才能发展思维，建构各种知识与思维的必然联系。理论的迁移运用是人类思维范式凝练的重要基石，其思维的系统性、严密性体系的构建，贯穿于理论思维与实践思维辩证发展的全过程。思维之"源"与思维之"流"在现实生活中，是相互交织、互为因果、相得益彰、共生共长的。思维之"源"推动思维之"流"不断迈进，即思维规律促进思维方法的改善；思维之"流"反作用于思维之"源"，即思维方法验证思维规律的合理性与正确性。二者辩证统一而交互作用。

思维的"源"与"流"承载着各自不同的本质特征，彰显规律与方法的哲学意蕴，反映了人类认识、考察和透悟客观物质世界从现象到本质的普遍规律与进步方略。譬如民族文化乃思维之"源"，兴国策略乃思维之"流"等。无"源"则无"流"，有"流"必有"源"。这正是哲学家海德格尔理念中的"存在"之说。

在马克思看来，"源"与"流"是辩证统一的思维视界，而这种辩证统一基于人类对客观事物的认知与理解，即知性与理性意义的建构。康德最早提出知性与理性的概念，唤醒人们的心灵感应、知性透视和理性审思。通过感应、知性和理性的思维过程，人类逐步积累、沉淀、反思与总结认知规律，抽象其根本方法，进而形成世界观和方法论。诚然，知性是有限的，理性则是无限的，这就要秉持"扬弃"哲学观，用批判的眼光看待形而上的知性思维。黑格尔认为思维"源"与"流"的辩证运动，感性是直观思维，知性是抽象思维，唯有理性才是辩证的、合理的。人类对客观世界的认识是有限的，而对有限客体的认知不是真理，我们不能用有限的认知范畴去掌握无限的真理。理性应该是深刻的、全面的、公认的，起决定性作用的，因此它应是科学的、哲学的、辩证的。"源"是无限的，而"流"是有限的，无限以有限为基础，既包括有限，又以有限凸显自身的存在。可见，"源"与"流"在知性与理性中"存在"，在否定与肯定中"栖息"，既对立又统一。思维的"源"与"流"从知性到理性的彼岸世界，流淌着一条思维之河、生命之河，它摒弃了纯粹的经验主义和形而上学的世界观与方法论，以动态的、自然的、发展的视角审视客观事物，揭示其内在联系和本质规律，从而树立客观、全面、公正、辩证的思维观。黑格尔还指出把握思维辩证运动规律的逻辑方法应是从抽象到具体的思维方法。思维区别于一般的认知之处正是在于它能对客观事物进行从"源"到"流"、从知性到理性的思维考察。所谓思维考察，即是把握客观事物本身的必然规律，是建立在理性基础之上的世界观和方法论。思维并非来源于一般意义上的知识与技能，而是通过人脑对客观事物的考察、反映、概括、判断、抽象，提炼出来的科学观和视界观。否则，思维对象就永远是思维的彼岸世界，无从揭示客观事物的本质规律。概言之，唯有通过反映和揭示客观事物之"源"，才能洞彻其内在本质之"流"。思维的"源"与"流"是客观事物辩证发展的逻辑形式和逻辑范畴，达成从具体到抽象、由抽象到具体的哲学观。正如马克思所认为的那样，我们不能从具体到具体、从抽象到抽象、从理性再到理性，任何事物的发展都是运动的、变化的、相对的，绝不是一种唯一的、永恒的和无限的。理性主义思想的光辉也许只照亮某一时代、某个角落、某种人……只有饱经风霜而历尽沧桑经得起历史与现实考验的"理性"也许才能成为"真理"，成为真正的"源"与"流"。那些片面的、故弄玄虚的、有限的思维范畴，是经不起时间检验的、形而上的，要坚持事物发展的本质观、哲学观、宇宙观，用"源"的规律性考察与"流"的方法论，以"流"的方法论审视"源"的规律性，让规律之"源"彰显方法之"流"，令方法之"流"洞见规律之"源"。其辩证思维观，无疑是达致关于自然宇宙和生命世界最普遍规律的思维方法。"源"是抽象的，而"流"是具体的，从抽象到具体的辩证思维方法，是建立在从理性到感性层面的基础之上的，这必须以实践为前提，离开实践就不存在真正的理论，也就没有真正意义上的思维之"源"与思维之"流"。当然，这是马克思辩证思维的逻辑起点。

　　"源"与"流"的存在是规律性与方法论的思维存在，决定了思维发展与提升的必然性与特殊性，但不能将此视为"绝对理念"或"绝对精神"的化身，因为人是个体的，其思想、其思维是有限的、待塑的。思维的"源"与"流"所承载的客观化的认知或经验不是包罗万象的，如果把理性的思维凌驾于个人思维之上，那是极端片面的、狭隘的、毫无意义的。思维之"源"具有统一性与完整性，而思维之"流"拥有多元性和开放性。二者既"统一"又"开放"，构成了完整而多元的思维认知体系。思维的存在不可还原为知识，它既源于知识又高于知识，是对知识的具体感性上升到理性抽象的思维存在。没有绝对的具体感性思维，也没有绝对的理性抽象思维。他们无疑是思维"源"与"流"的再现与存在，是客观世界本质规律与科学方法的"合一"，是"存在"与"合理"的辩证"统一"。在此，马克思一贯坚持辩证唯物主义的思维观，主张实事求是、理论联系实际，用科学的、发展的眼光看待世界、审视人生，描绘辩证的逻辑思维图式，进而揭示思维之"源"与思维之"流"。不言而喻，马克思的辩证思维观是我们探索思维的"源"与"流"的理论基础，因为马克思的思维方法是运动的、前进的、充满生机的。不能用先验的分析方法去代替理性的思维理念，正如恩格斯所指出的："原则不是研究的出发点，而是它的最终结果，这些原则不是被应用于自然界和人类历史，而是从它们中抽象出来的；不是自然界和人类去适应原则，而是原则只有在适合于自然界和历史的情况下才是正确的"①。从一个侧面揭示了思维的"源"与"流"之辩证关系。

　　思维的产生与发展，来自一种从社会现实整体到生命个体和从生命个体到社会现实整体相互联系、交互作用的思维方法。考察这种方法的由来便是探寻思维前世今生的"源"与"流"，不可孤立地、单调地讨论思维之"块"，而应整体地、综合地追问之"根"，不能仅以个人的非理性的"存在的特殊方法"去考究普遍意义上的"内在规律"，更不能武断地将自己的心理认知思维方式强加于具有共性的思维范式之上。思维概念的诞生应然遵循着辩证法的基本规律，并与客观事物和现实生活不可分割地联系着，换言之，思维的源泉就是人在社会实践中对客观事物反映的结果。思维的基本规律源于思维方法，而思维的基本方法又反作用于思维规律，思维规律与思维方法无不源于现实生活。如果说规律是理性之"源"，那么方法则是智慧之"流"，规律与方法须通过理性认知和智慧方略而实现思维的再现。

----

　　①　［德］恩格斯：《反杜林论》，人民出版社，1970年，第32页。

考察东西方思维的源头，不难发现东方的思维是东方文明的象征，主要以中国为代表，而中国的思维主要源自博大精深的华夏文明与文化，而西方的思维则大多来自古希腊文明，西方的思维源于"概念"，而中国传统思维则来自"形象"，于是形成了东西方思维方式上的差异性。两者既对立又统一，相辅相成而互为补充。然而，无论是东方文明，还是西方文明，文明依然是人类思维产生的源头活水。掀开世界史的一页，追问思维的"源"与"流"，人类文明与河流有着千丝万缕不可分割的必然联系。世界四大河流（伊拉克等地的两河流域、巴基斯坦与古印度的印度河和恒河流域、古埃及的尼罗河流域、中国的黄河流域和长江流域）孕育了宏富厚重的古老文明与文化。从古希腊到后现代，沿河两岸的民族逐渐主导了那些地方的哲学、科学、宗教思想和历史进程。如公元前 8 世纪的古希腊人创造了希腊字母，影响了整个西方文明；而古老的中华民族创造了典型的华夏文化，形成独具特色的中华文明等。因此，西方思维来自西方文明，东方思维则源于东方文明，在所有的文明领域，中西文明差异甚大，自然形成了中西思维方式上的极大差异。

西方文明中的概念思维，是西方思维诞生的文化背景，其思维方式既深刻又片面。如被视为西方文字鼻祖的古希腊文，滋养了长于思辨的古希腊人。无论讨论何种事物，都要遵守逻辑思维、抽象概念的根本属性，严守概念规则和理性规范，不能违反同一律、矛盾律和排中律。这在亚里士多德看来，就是"理性精神"，是综合、归纳、推理出来的"思维存在"，使宇宙万物和生命世界的起源及演化在逻辑上找到了科学的答案。在西方人眼里，符合理性的思维就是符合逻辑的思维。透视西方人的思维心态，概念思维乃西方思维之"源"，逻辑思维乃西方思维之"流"。"概念"与"逻辑"相生相伴、相辅相成并相得益彰，他们都是揭示客观对象本质属性和内在规律的思维之本。毋庸置疑，譬如达尔文的进化论（或为"演化论"）、爱因斯坦的相对论、弗洛伊德的潜意识论以及牛顿定律等科学思维观，都是在西方文明的大概念大背景下应运而生的。

中国传统的"形象思维"，在诸多领域与西方的概念思维形成了互补性。透视中华文化，解码华夏文明，汉字有音、形、义的甲、金、篆、隶、楷、行、草之大变革，其象形性的思维属性，以形象化的汉字为中华传统文化之思维载体，其思维方式是"形象思维"，简称"象思维"，具有直观性、整体性和形象性。此思维范式重内省和体悟，强调经验的积累与沉淀。在理论上，中方的"形象思维"与西方的"概念思维"既对立又统一，各有千秋，百花齐放，共同构筑了思维的"源"与"流"。中国的"象思维"源于中国古人对人生、自然与社会等现象的种种思维观念，它强调从宏观到微观、从整体到部分的和谐与统一，尤其是以儒、道、佛为核心的传统文化世世流传而亘古不变。它能启迪人们充分发挥丰富的联想与想象去创造一切，它应然成为人类思维长河中最根本的源头活水。当然，以中国传统思维为代表的东方思维智慧早已被西方的托马斯·阿奎那、笛卡尔、康德、海德格尔、伽达默尔、皮亚杰、布鲁纳以及杜威等大批哲学家所接纳和汲取，丰富和完善了思维的现代内涵。循着思维之"源流"，寻求知识与未来。

思维学：纵与横

思维学，顾名思义是一门研究思维规律的科学，亦称"思维科学"。由于思维是一种有意识的思维，如形象思维、逻辑思维、抽象思维、灵感思维等，因此思维学又可主要细分为形象（直感）思维学、抽象（逻辑）思维学和灵感（顿悟）思维学三部分。其思维理论应需构建纵横交错的思维学体系，"纵"标志思维的高度，"横"则反映思维的广度，广度的思维视野与高度的思维理念的完美融合，构成了纵横交错思考问题的思维时空和逻辑判断与推理的思维学品性。思维规律的研究须建立在深度意义上的纵向探索和广度层面上的横向拓展，思维规律、思维原则的提炼应立足新材料、新内容、新情景、新方法，应凸显其核心理念的深化。只有如此，才能从中掌握与获取最有效的思维信息，阐释并描述客观事物的基本原理及其规则，调动与运用相关学科的核心知识，探讨其思维内涵，洞悉其思维特质。

思维学的"纵"，指向思维规律与方法研究的思维引申，反映了思维程度的深刻性、透彻性、严谨性以及层次性，须遵循人类认识世界的心理发展规律及其准则，由表及里、由浅入深，由现象到本质抓住客观事物的内在联系洞见其本质，掌握其规律，揭示其特征。而思维学的"横"，则指向思维拓宽的发散视野，其思维运动状态活跃、自然、开阔，体现了思维的全面性、广阔性、延展性和发散性特点，需从点到面、从里到外、由此及彼的不同视角展开探究，紧扣客体事物间的依从性、关联性进行交互作用和变通转化。谋求异中探同、同中问异，达成一问多思、一题多解，拓宽思维。思维学之"纵"凸显思维研究的深刻性，思维学之"横"则彰显思维研究的广阔性，思维的广阔性与深刻性品质构成了思维规律、思维准则、思维视觉、思维理念、思维精神的品质与品性。如在中国的古典文学理论中就有所体现，刘勰《文心雕龙·情采》中的"故情者文之经，辞者理之纬；经正而后纬成，理定而后辞畅：此立文之本源也"。论述了文章的立意即是文之"经"，语言表达则是文之"纬"，经纬交织构成了文章的整体。这种"经"与"纬"的文论观，其实与思维学的"纵"与"横"有异曲同工之妙，反映了中国人的思维观、哲学观。"纵"是思维的倾向性，是思维的主体。而"横"则是思维的视域性，是思维的客体。思维学的研究必须建立在"主体"与"客体"共生的基础之上，才能透悟思维规律的本质内核及思想灵魂。

思维学术理论体系的建构，需要在研究中把握思维的"纵"与"横"，在"纵"与"横"中探索思维的"深"与"广"，彰显思维的精深与博大。研究者须既深入考究思维规律、思维理念、思维理论、思维本质的基本原理，又要胸罗宇宙、思接万千而海纳百川探讨不同视角、不同层面、不同方向、不同结构、不同领域的思维特性。做到举一反三、举三反一而触类旁通。既要有"纵"的思维学理论深度、厚度与力度，又要有"横"的思维学理念广度、亮度与新度。其思维结构之"宏"和逻辑框架之"大"再现了思维学研究"纵"与"横"的世界观与方法论。思维规律的探索应在纵横交错中进行，不能单调地、片面地、孤立地讨论其内在联系，要合理组织自己的思维结构，按一定的思维方式对客观事物建立联结与联系，这种联结就是思维规律探究的"横"线，对该思维横线上所联结的事物的考察，可视为反映客观事物的纵深领域，即"纵"线。"横"线揭示事物周围环境的普遍规律，"纵"线则探索事物内在关系的深层法则，依据"纵""横"关系来分析、辨别、综合、判断，最后抽象出客观世界外在现象与内在本质的规律性认知。若用思维学的"纵横观"审视语文文本，也同样能达成对文本的全面理解和准确解读，如《荷塘月色》中"横"的记叙（时间、心境）与"纵"的描写（月下荷塘、塘上月色）；《拿来主义》中"纵"的开掘、"横"的论证等，都是纵横交错而透视事物的基本规律。

思维规律与思维原则的纵向探究，开启了思维学研究的新领域，思维规律与思维原则的横向考究，则体现了思维学考察的新视野。思维学"纵"与"横"的洞见，促进了思维本质规律及其准则的追问，揭开了思维学研究过程的神秘面纱和人类认识自身、认识世界的新纪元。思维规律的探讨是人类独有的主体行为，是人类思维观的体现，也是思维主体对客体思维意识的表现形式。思维学的"纵"与"横"是思维本质及内在规律存在的重要组成部分，是思维客体作用于思维主体的交互作用，是透过各种思维现象揭示思维规律的哲学观、世界观和方法论。思维意识存在于思维理念之中，思维规律须通过思维意识的不断改造和凝练，实现思维"纵"与"横"的升华。思维规律又蕴涵于思维组织之中，通过"纵"的挖掘与"横"的开拓，作用和反映于人类对客观世界的规律性认知。

一切文明成果都是思维规律作用的产物。思维学开创了人类认识事物才智的潜力，具有鲜明的思维特质和科学的思维品性。站在思维学的高度，对思维的本质、规律、准则、体系进行"纵"与"横"的开发和利用，并展开了开创性的研究。旨在澄清长期以来学界争论不休的有关思维学研究的本质问题，厘清思维的基本规律，构建经得起历史检验与批判的思维学理论体系。适应当代人本主义、后现代主义的科学思维观，创造性地揭示与解决未来思维学发展的新变革、新思维、新动向和新趋势。应批判地汲取弗洛伊德意识论学说，合理建构显潜意识体系，为探索思维学的发展潜力打开途径。诚然，亟须针对思维学的一些根本性的问题进行创造性探讨并极力提出新概念、丰富新理论，开阔研究的新领域。

思维类别与心智

思维是人脑对客观事物本质属性及其内部规律性的反映。根据思维所反映的对象、内容、形态、性质及其创新程度等，可把思维区分为：动作思维、形象思维、抽象思维、联想思维、创新思维、发散思维、聚合思维以及批判性思维等。

动作思维亦称直观动作思维或实践思维，它是依靠动作所进行的一种思维形式。这种思维形式通常与直接感知的客观事物相联系，并依据具体的感知觉及实际操作进行思维解决问题，是人类或个体早期思维发展的一种心理现象。其根本特点在于：思维活动须建立在动作之上，离开动作则无法思维。动作思维的基础是实际动作，儿童的动作思维往往依靠动作感知来完成的。少年时代的动作思维可依靠大脑中的具体事物及表象的联想展开，并进行简单的判断与推理，也就是人们常说的"实践出真知"。

形象思维又称为表象思维或具体形象思维，是指用直观的形象或表象解决现实问题的思维。它是人类认识客观世界、感知事物表象、解决疑难问题的思维方法。重在对客观的形象信息体系进行感受与储存，并紧密结合主观认识与情感体验进行识别、判断、审美、创造和描述形象的一种思维形式。从文艺学视角观之，形象思维是艺术家创作形象的基本规律和思维方式。以"象"生思而"神与物游"，其思维是建立在想象与联想基础之上的。它借助典型化的艺术形象折射生活、反映现实，亦称"艺术思维"。形象思维能帮助人们反映世界、认识世界、改造世界，其基本特点就是形象性，还具有生动性、直观性、具体性、整体性、想象性和非逻辑性等。形象的记忆功能源于人的右脑，通过形象信息生发联想与想象，发展形象思维。

抽象思维亦称因果逻辑思维，是指以概念、判断和推理的形式反映客观事物本质属性及内在规律的思维。它能帮助人们认识自然、了解社会、追问世界本源、揭示事物本质，是系统化、理论化的世界观和方法论的高度统一。抽象思维是一种理性认识，凭借科学的概念对客观事物的本质规律及其发展状况进行反映，从而使人们感知自然或社会的内在本质属性。正如车尔尼雪夫斯基所言："理论是冷冰冰的，可它能叫人去获得温暖。"抽象思维具有间接性、概括性和超然性特点，只有透过理论分析才能获得对客观事物本质规律的真正把握。抽象思维区别于形象思维之处在于，它不以人们感觉或想象到的客观事物为前提，而是以概念为前提开展思维。抽象思维能深刻反映外部世界的本质规律，科学预见客观事物及现象的发展走向，对科学研究具有极其重要的意义。然而，需要明确的是，动作思维一般可发展为形象思维，而形象思维又可发展为抽象逻辑思维。它们从简单到复杂、从低级到高级、从现象到本质，层层深入反映和揭示思维真相。

联想思维是人脑记忆表象中的某种诱因所导致的不同表象之间发生联系的自由思维活动，是由一种事物想到另一种事物的思维形式。主要思维形式有幻想、空想和玄想。其中，幻想是较科学的，有助于人们的创造性思维活动。联想思维注重透过事物现象而举一反三、触类旁通，如从"苹果"到"引力"再联系到速度、质量、空间距离等概念，进而得出力学定律等。联想思维具有一定的因果关系，通常由两个或两个以上的事物所存在的因果关联而引发联想。其基本特点具有相似性、关联性、对比性、因果性、接近性等。

创新思维是以新颖独特的思维方法揭示事物本质规律及内在联系，进而获得对问题的新理解、新洞见的思维形式，即能突破常规的思维界限，以超常的或反常的方法、方式、视角去思考问题，提出新的解决方案，得出新颖的、独具匠心的、富有社会价值的思维成果。创新思维的根本特质是新角度、新思考、新方法、新成果。其特性在于思维具有能动性、变通性、敏感性和独特性。它通过准备、酝酿及验证等几个思维过程来实现创新的最终目标。

发散思维又称为求异思维、放射思维、辐射思维或扩散思维，是大脑在思维状态下所呈现的一种扩散性的思维范式，其思维视野开阔、思维发散多维、思维内容丰富。诸如"一题多解""一事多法"等思维模式，旨在锻炼与培育发散的思维能力。发散思维是创造性思维的基石，没有发散思维就没有创造力。发散思维的基本特点表现为，个体在思维时善于沿着许多不同的方向拓展，进而产生许多可能的答案或假设以及富有创见的新观念、新见解，它能为以后解决问题提供尽可能多的富有成效的方案和理念。突出其思维的流畅性、变通性、独特性及多感官性。

聚合思维亦称为集中思维、求同思维、辐合思维等，是指人们在解决问题的过程中，沿着一定的方向而有条理地去思考问题、提出解决方案的思维方式。它能把广阔的思路聚焦一个方向、一个范畴，进行统一的、有条不紊的思考，最终达成解决问题的目的。其信息来源、材料类别等与发散思维形成鲜明对比。聚合思维具有同一性、比较性和程序性特点。如我们用同一个公式解题、按说明书使用电器等，都体现了聚合的思维范式。

批判性思维亦称反思性思维或反省性思维，是一种对命题作出理性审思和科学评判的思维范式。它是对某个问题进行严肃的、反复的、持续不断的反思，最终找到科学的、合理的解决问题方案的思维。批判性思维需要逻辑的推理与思辨的论证，旨在着力判别逻辑谬误、区分偏见与事实、验证观点与材料、合理推理与评价等。重在明确概念的基本内涵，厘清命题的根本观点，从而揭示客观事物的根本属性。批判性思维的主要特点是批判性（质疑性）、合理性（逻辑性）和反思性（反省性）。早在20世纪20年代，批判性思维开拓者恩尼斯就提出要"进行合理的、反省的思维"，为批判性思维的意涵界定和意义建构奠定了理论基础。批判性思维能促进人们深入、全面、理性、开放、公正地思考问题，有效地唤醒人类思维解放的力量。

"心智"是一个人心理机能的总和。人们用观察、感受、理解、判断、辨别、假设及推理指导自己的行为，进而获取知识、运用知识、推理判断，这些行为都与心智息息相关。客观的外在信息被人类的思维予以加工，呈现应有的观点及对客观世界的认知，换言之，即人们用自身的思维样式，加工信息在大脑中构建人类本体的理念世界，汲取对客观世界的意义认知。以认知为基础不断反思、检验，从而形成花样繁多的心智模式。而该心智模式承载着对客观世界和现实生活的反应与总结，构成了解决问题的方法论体系。

思维作为人类心理活动的高级形式，是人脑对来自外界信息的分析、整合、抽象、概括、对比、加工及处理的思维过程。这些思维过程都是人的心理机制系统活动的产物。思维由复杂的心理机制所赋予，并由生命进化而产生，生命的生存过程是思维萌芽、产生、进化的过程。人的心智是一个庞大思维网络和思维体系，它通过充分调动各种生理功能洞察外界环境、感悟客观事物、判断对象本质、获得心灵感应。大脑对新事物、新设想、新理论的思维认知，是遵循一定的心理原则和规律的。它针对思维客体的矛盾关系，以审视、批判、逻辑、系统、创意、图像、正面及负面等思维方式，进行具象或理性的思考与判断，生成探究客观世界生命底色的规律性认知。这种心理活动既有积极的一面，也有其消极的因素，如因循守旧、怕犯错误、片面看问题、迷信权威等心理现象。

思维体系与观念

思维体系亦称思考力体系。这是个极为宏大的思维构想，它包括心智的、能力的、思想的等方面，具体而言有目标体系、知识体系、方法体系、评价体系、逻辑体系及形象体系等。就心智方面而言，人类的心理机能诸方面要素构成了思维的心智或官能体系。在能力方面凸显思维元素的整合与提炼，它们共同组成了能力型的思维体系。而思想层面又囊括了各种理论、理念、知识、见解等方面内容的基本观点等。思维体系不是单纯指思考和解决问题的某一方面，而是在输入、选择、存储与转化信息的基础上，通过整合与加工而最终提炼其基本规律、基本原则的逻辑框架。它体现在对客观世界的理性认知与精准把握，丰富对自然宇宙和生命世界本源及规律的辩证认识，对人类社会普遍真理的洞悟。

思维体系的建构，须遵循应有的思维规律、思维方式来进行。思维规律又称思考规律，是逻辑思维的基础。它是客观物质世界的基本规律在人类大脑意识中的反映，是思维活动对客观事物发展的本质属性和必然联系的再现。马克思唯物辩证法的根本规律讲究辩证逻辑，其思维规律与客观世界的基本规律相统一。哲学家罗素的《哲学问题》阐述了思维的三大规律：即同一律、矛盾律和排中律。客观世界的运动规律，都贯穿于人脑的思维活动之中。外部世界的基本规律反映了人的意识与思想，构筑了人的思维规律，并表现为人的主观逻辑形式，与人的潜意识活动密切关联，形成了反映客观世界根本规律的思维体系。亚里士多德认为思维规律是思维体系的核心部件。黑格尔也不否认思维规律是思维体系的重要元素。思维方式是指思考、探究问题的基本方法，亦称为思维的方法论。有线性思维（形式逻辑）、非线性思维（对称逻辑）方式。思维方式反映了人们看待问题的角度、方法及方式，它决定着人们的语言和行动。不同文化背景的人有着不同的思维方式，研究表明：科学思维、应变思维和价值思维决定着人类思维体系建构的整体性、完善性和丰富性。

观念是思想所表达的个人或群体的主观意识形态。"观念"概念源于古希腊的"永恒不变的真实存在"。它是思维的基础，反映和掌握着现实世界并创造新的存在。在柏拉图看来，现实世界不过是理念世界的影子，观念是人脑对客观事物及其生活环境完善的范式化结果。奥古斯丁也认为理念是现象世界完善的模型，但都存在于宇宙精神之中。哲学家笛卡尔则把观念看作天赋与虚构的总和。而洛克认为心灵本是一张白纸，心灵的观念来自人们的感觉和反省。主观唯心主义者巴克莱认为心灵的观念是构成客观事物的本原，事物则是"观念的集合"。黑格尔指出，"绝对观念"是客观存在的永恒的精神实体，是整个世界的基础和本质。而马克思则认为观念是对客观现实的反映形式，是客观存在的主观印象等。可见，观念不仅反映了客观的社会现实，还能反映创造观念的对象。

个体思维体系的建构，需要审慎处理各种观念的表述和认知，因为思维体系是根据个人观念需求建立的。如人生观、世界观、价值观乃至生活观等，都是思维体系的重要元素。思想体系框架的搭建，需要去粗取精、丰富完善和缜密地思考。思维体系的建立是我们认识客观事物的一个漫长过程，它能促进人类认识世界的不断深入。无论是何种观念都以一定的方法论为基础，构建自身独特的思维体系。

思维体系的基本内容涵盖了哲学、心理学、生理学、现象学、教育学以及信息论、系统论、控制论等方面的学说，具有全面性、完善性、深入性、完整性特点。人的心理感觉和心灵悟性通常源于观念的潜意识，人的思维方式与认知能力则来自理性观念，应以完善的思维方式构建完整的思维体系或思考力体系。人的思维取决于观念意识与潜意识间的辩证关系及思维的基本结构特质，这些要素构成了人的思维智慧和思维力，进而铸就了人类比较完善和完整的思考力体系，即思维体系。一个人的思维体系反映了个体的潜意识能量和观念意识的理性素养，也折射出思维主体的思想眼光和创造才能。由于人的思维体系深藏于人的哲学观念意识领域，其思维方式来自观念的广度、深度、高度、厚度、新度等，具有较为科学的应变性、灵活性和思辨性。个体行为来自思想，思想源于思维，思维出自观念，观念根植于个人潜意识，思维观念是思维体系的基础，观念行为的表现性反映了思维的逻辑结构性。个体形成的观念是思维发展的结果，没有思维观念，就无法达成思维体系。思维体系是思维交互作用的结果，决定着思维主体的行为观念和思维方式，是客观事物的规律性与观念的稳定性的辩证统一。

第二章　语文与思维

思维世界的发展，在某种意义上说，就是对惊奇的不断摆脱。

——爱因斯坦

语言思维场

"语文"一词原系国语与国文之合称。国语指的是白话文，即语体文；国文指的是文言文。语文有狭义和广义之分，狭义的语文即是语言文字的简称；广义的语文包括语言文章、语言文学、语言文化等。语言有口语和书面语。口语较随意，通俗易懂，而书面语讲究准确规范。语言和思维有着千丝万缕的必然联系，作为语文要素之一的"语言"，本质上就是一种"思维场"，即"语言思维场"。语言学习的过程其实就是一种思维锻炼的过程，它通过"场域"训练使学习者不仅能透视事物的基本原理，还能掌握世界发展变化的基本规律。语言是一种社会现象，它是社会生活的交际工具，同时也是一种心理现象，是人类进行思维的基本"场域"。思维功能是语言基本功能的重要元素。西方学者常常把思维表述为思想，其实二者不尽相同。思想是人类对客观现实世界的普遍认知，而思维则是人们认识现实事物时的动脑过程，即动脑进行分析、比较、综合、概括认识事物的能力。语言是思维的"场域"，思维时需要语言，语言是思维的基本工具，语言与思维相生相伴。在思维过程中，语言通过心理"场域"与人的认知神经系统建立联系，辨别现实世界，反映社会人生，洞察宇宙万物，透视内在本质，揭示普遍真理。

自然科学和社会科学的研究表明，逻辑学往往关注思维的基本样式，心理学重点关注思维的心理变化过程，而认知神经科学则关注思维的内在生理机制。

无论是思维的样式、变化过程还是其生理机制都与语言密不可分。针对思维而言，语言就是一个巨大的工厂，思维可在这个场所来回穿梭进行自由自在的活动。从宏观上看，思维是人类对客观现实世界间接而概括的反映，它需要通过人的各种感官对外在事物进行感觉与认知，这种感知活动须经过语言的"在场"反映而建构意义上的理性认知，才能形成思维。思维以语言的感觉器官为基础，凭借一定的知识积淀与经验积累，从而概括、抽象事物的本质及内在联系。譬如，人类认识某一花卉，通过肉眼能感受其色泽，用手触动会感受其表面的温度与光滑度，以鼻子能感受其味道，但这只是感性认识。若要深入了解花卉的性质及其功用，那就需综合其感性认识，并借助旧有的花卉知识和经验，抽象出对这种花卉的理性判断。这个思维过程就须借助语言的"在场"反映才能与花卉的各种性质建立联系，实现理性认知。在此过程中，人的思维只能依靠语言，语言是思维活动的动因场、反映场和载体场，是形成思维成果的贮存场。

在哲学上，逻辑学一般认为概念、判断与推理是思维的基本形式。这种思维形式其实也要依靠语言"在场"。概念阐释需要依托人们积累的"词汇"（也可视为"词场"），判断与推理需要在话语（也可视为"话语场"）表述中实现。它们都以语言（或"语言场"）为基础，通过词汇、话语的语言运用达成对事物的理性认识，无论是"词场"还是"话语场"都是思维活动的场所，即"思维场"。在心理学层面，思维是各种知识的认知、掌握与应用的过程，是一个信息整合与加工的活动过程。而信息整合与加工的思维过程同样离不开语言的参与，语言从根本上永远是思维的"场域"。信息的生成、理解、体悟在人脑中须经过语言活动的反映，才能形成思维的理性判断。客观物质世界需要通过人类的主观认知转化为理性化的信息符号，才能被人们理解和把握。而信息符号的生成过程本身就是一种思维过程，同样也必须通过语言"场域"的凝练、解码和透视。思维应以语言"场域"为载体，对客观世界普遍规律及其原理获得新的洞见与解构。语言"场域"在人类思维中起着极为重要的作用，它能帮助人们达成对客观世界的感性认识，生成其理性认知，升华其思维能力。随着科学研究的不断深入，语言"场域"与思维发展的紧密联系得到更多的科学验证，语言是思维活动的场所，为此，语言的"存在"就是思维的"存在"，语言"场域"与思维产生、发展的本质内核必将成为未来思维学研究的重要课题。

语言"场"成就了思维的"存在"，思维的"存在"改变了人们的思维模式或思维方式，铸就了人类认识世界的思维范式和思维能力，形成了自身的世界观和方法论。这是语言"场域"的普遍性与思维"存在"特殊性的天然融合与辩证统一。无论哪个民族、哪个时代的发展，都经历从应然到必然再到已然运用语言来进行思维认识世界而图谋进步与繁荣的过程。不同国家间的政治、经济、文化等方面的交流仍然需要语言，以语言为基础，以语言为阵地，以语言为内核，以语言为网络，以语言为宏大的"场"，展开思维碰撞，构建真正属于自己的思维范式和独特思想体系。在语言与思维之间，没有空隙、没有隔阂、没有围墙、没有障碍，只有无限的沟通与交流、互动与发展、合作与共赢，共建共享人类思维共同体。

语言作为思维活动之"场"，使人类的语言能力与思维能力都得到相应的提高。人们的思维能力以语言为载体，锻炼了人的语言功能，同时又促进了人的思维能力的发展与提升，这是语言与思维所特有的根本品性。就全人类而言，虽然人们的语言结构与思维方式有所不同，但其思维过程定然依赖语言及其环境，一旦失去其语境就无法思维，更不用说分析问题、解决问题了。思维在相当大的程度上必然依托于语言。没有语言的天然屏障，思维则成为一片荒漠，无法"存在"。思维的基本过程总是伴随着语言的具体运用，人类语言既有共性也有差异性，语言环境影响人的思维范式而导致思维方式上的差异性。语言具有民族性，每一种语言都蕴含着本民族认识世界的特殊思维方式，从某种意义上审视，思维的民族性就是语言的民族性。语言中的各种词汇和话语反映了该语言团体对现实世界的理性思考，其思考的程度反映了该民族团体思维能力的高低。因此，我们从不同的语言"场"系统中看到了思维方式、思维能力和思维品质上的差异性和特殊性。

海德格尔曾说："语言是存在的家。"如果没有植根于人类语言的力量，就不可能有思维或思想的出现。所以，语言不仅是存在者之家，更是精神之家、思维之家，正是通过语言之河才到达思维彼岸。这既是语言"场"，也是思维"场"，是语言"场"与思维"场"的辩证统一。语言中蕴涵丰富的生命密码，具有思维智慧的特质，需要人类不断探索、勇于解码，才能洞见其思维的本质内核。要强调通过语言感受和品味解读其思维内涵，理性透析构成语言的汉文字思维特质。从解读学和阐释学来看，语言"场"由语音、语词、语句和语义系统构成，而思维"场"是建立在语言"场"基础之上的图式结构。语言的世界就是思维的世界，语言本体的"在场"生成了思维逻辑的"存在"，蕴涵了丰富的哲学品性，彰显了科学的世界观和方法论。

古希腊的柏拉图认为心灵在思想的时候，它无非是在内心说话，在提出和回答问题。行为主义心理学家华生也认为思维与自言自语没有丝毫不同之处，他把思维完全看成是无声的语言。新行为主义者斯金纳认为思维是无声的、微弱或隐蔽的言语行为。可见，哲学家和心理学家的观点是一致的，思维产生于语言，语言是思维之根。需要指出的是，也有一些学者否认思维存在于语言之中，如亚里士多德认为说话是心理经验的符号。皮亚杰认为思维先于语言。维果茨基也认为思维与有声语言有不同的起源和不同的发展路线等。但是，我们认为语言与思维的关系密不可分，语言与思维互相依存，思维源于人内在的语言活动，语言的准确性决定了思维的精确性。无论是有声或无声语言，都不能否认思维的存在。语言是思维的重要元素，是思想的直接现实。语言又是思维的物质外壳，思维是语言"在场"的行为结果。思维是客观事物本质属性及其普遍规律的反映，而语言只是客观现实的标志和符号，唯有代替思维反映客观现实。思维是人类的精神现象，而语言则是其物质外衣，思维的规律性反映了语言的规律性。语言是人类最重要的、必不可少的思维工具，思维伴随着语言的结构、运用、社会功能及历史发展而发展。

语言思维"场"，再现了语言的"存在"，反映了思维的生成环境。从语言交流思维视觉观之，思维具有言语表达的潜在性。在此可把思维解读为具有交流潜在性的大脑活动。语言是思维的反射镜，可帮助人们更客观地审视思维，思维的清晰度标志着语言的准确性。语言和思维都是语文核心素养的重要元素，它们相互依存，彼此融合。思维是无形的，而语言则是有形的思维工具。语言是思维的"训练场"，思维的发展也能更好地促进语言的建构。语言的承载与思维的表现，揭示了语言思维的基本过程。不论隐性或显性之分，语言表现思维，思维决定语言。

文字思维角

文字的诞生是人类思维进步的奇迹。恩格斯视理论思维为民族登上科学高峰的前提和基础。陈寅恪先生认为："凡解释一字，即是做一部文化史。"人类世界的不同民族，都发明了自己独特的文字符号，代表了自身的思维方式和精神面貌。上下五千年、纵横八万里的华夏民族文化创造了享誉世界的"中国汉字"，它不仅是中华文明的象征，同时也是民族灵魂的写照。掀开中国文字史的产生、发展与变迁一页，有古人称"六书"的象形字、指事字、会意字、形声字、转注字、假借字，有"七体"的甲骨文、金文、篆书、隶书、楷书、行书、草书，无论是造字历史过程还是书体的演变历程，总蕴涵着影响中华民族名垂千古的思维方式和文化传统。

文字是人类思维理论发展的细胞，是人类文明进步的基因。早在公元前

3500 年，人类考古就发现最早的苏美尔楔形文字。我国最早的文字发现是商代晚期的甲骨文字，它是中国乃至东亚已知最早成体系的商朝文字载体，是中华道统的主要文字之一。这些文字的发现，不仅再现了远古时代人类的文明与文化，而且也标志着人类思维萌芽与诞生，反映了人类不同的思维理论、思维理念、思维视界、思维视角、思维方式及思维观。让我们看到了人类的思维在文字里生长，在文字里发展。从中国汉文字的思维视角观之，具有鲜明的形象性、直观性、概括性、间接性等特点。汉文字思维除了反映其音、形、意、用诸方面属性之外，还透视出人类思维对外界事物的规律性认识。从汉文字的结构、造型、意象等符号特征审视，蕴含了中华民族在探索自然世界和创造幸福生活历程中所表现出来的联想思维、形象思维、抽象思维、情感思维、逻辑思维、建筑思维及语用思维等。赫拉利的《人类简史》云："人类之所以成为人类，是因为人类能够想象。"在中国汉文字的表意上，凸显出华夏民族丰富的联想力与想象力，或象形、或指事、或会意……无不展现出中华民族的联想思维品性。从中国汉文字的外形看，与自然宇宙和生命世界的形象特征有着千丝万缕的联系，重在追求"形"的模仿，即"形似"；对"象"逼真，即"神似"。直接指向客观事物的个性或本质，呈现出浓厚的图像感、画面感、意象感、意境感等，无疑不是炎黄祖先形象思维的寄托与象征。如甲骨文就以图画的形式而存在，它依照生活中的具体事物，将事物的原始形态作简单勾画，传递出客观事物的生命信息，既有画面感又有意象感。这种画面与意象的呈现，反映了汉民族的形象思维，即"形而下为之器"的哲学观。如图 2-1 所示。

图 2-1　甲骨文字

　　"日、月、水、火、土"的甲骨文字就与客观景物的形象栩栩如生，做到以形传神、形神兼备，从景物视角充分反映了汉民族祖先的形象思维。而汉文字的表意性，蕴含了分析、对比、判断、概括、综合等系统工程，又折射出汉民族思维的抽象性。追问汉文字之根，探寻汉文字之源，可见其造之有依、字之有理，汉文字符号隐含着丰富的理性意识。汉文字能帮助人类从现实事物中抽象出纷繁复杂的各种概念意义，正是"形而上者谓之道"的哲学理念所在。如：会意字"鸣""明"，从鸟的口里发出声音的听觉感受就是"鸣"，日月有光而相互照耀的视觉感悟就是"明"等。这些汉字通过组合各种事物、综合多种观念，按照一定的逻辑联系，使其赋予新的概念、新的观念或新的事物的思维，其本质上就是一种抽象化思维形式。汉文字蕴含了宏富的民族情感、民族情怀和民族志趣，从情感角度承载着人类的思想情脉，有热度、有温度。如"美"字，从组合关系看可理解为"羊大为美"，但也有学者认为指"戴帽子的太太"。不论何种解释，都指向形容许多感觉美好的事物或心境。也就是说，人的情感赋予了客观事物，在主体与客体间产生情感体验，于是就有了"美"字的出现。着眼于汉文字的逻辑层面，就表意性而言，同一个含义可用不同的汉字表达，同一个汉字也可用来表达多种意义及概念，无论是一字多意或一意多字，都须对汉字的性质认识作出科学、理性、清晰的判断，应抓住汉字"形"与"意"的内在逻辑联系，剖析其逻辑关系，洞彻先民创造汉字时的逻辑方法、逻辑理念及逻辑规律，揭示其逻辑思维本质。比如，双"木"为"林"，多"木"为"森"；三"人"为"众"，"人"依"木"为"休"等，无不具有丰富的逻辑思维内涵。汉文字同样表达了汉民族的建筑思维。依其造型可见汉字犹如精美的建筑，有研究者称之为"世界上最美的艺术或书写符号"。汉字的各种笔画就像建筑之砖瓦，相互配合而彼此映衬、此起彼伏而错落有致，或含蓄凝练，或自然开阔，或雍容典雅，或奔放豪迈……极富千古一绝之建筑美。基于汉文字的语用性，这也许才是人类造字的根本所在。人类为了战胜自然、征服自然，想尽千方百计开启自身智慧，创造出满足自己生产生活交流需要的文字符号，体现了早期先民造字语用思维的萌芽，开创了华夏民族描绘自身灿烂文明与文化生活图景的新纪元。

汉文字的发明对人类文明的进步产生了巨大的推动作用。文字开始就是文化的开始，文化的开始就是文明的开始，文明的开始就是人类思维的开始。文字并非因为记录视觉中的事物形象而成其为文字，它是人类对外界事物观察、思考、抽象与概括的结果，正是这些符号的基本思维或思想把所有客观事物区分开来并服务于生活。文字强化了人类对万事万物的记忆与改造，这是一个不断完善化、理性化及公开化的思维过程。从古至今，唯有中国汉文字历经沧桑仍然坚守着中华民族独特的思维意蕴及其方式。从哲学方面看，汉文字的思维内涵是意象与理念的集合，具有思辨性和生成性。其造字思维、用字思维等都须合乎人类思维或思想的逻辑理念，也在语用中不断变化、发展与创新。如文学中对偶手法的应用，体现了汉文字思维的辩证性与对称性；文章的整体框架，反映了汉文字思维的发散性与集中性的统一等特点。概言之，即"立象以尽意"，淋漓尽致地展现了汉文字的思维视界和思维个性。

汉文字具有独具匠心的思维认知结构，其意象性思维凸显了中国文字的表意性和汉民族的思维范式。其形体结构与意义之间有着极为密切的逻辑联系，这种认知过程反映出中华民族传统意象性思维的基本范式和决定性因素。它是汉民族的主观情思与外在物象交互作用的思维方式，中国文字的历史发展进程就是中国思维发展的进程，其审美观念、审美方法、审美理念的思维方式正是当下新时代中国特色、中国风格、中国方略、中国方案和中国气派的"初心"所在。汉文字记录了自然语言，使人类认识了自身的"心象"逻辑，抒写了人类不断发展的思维史，引领着中华先辈革新时代、改造自然的思维方法。黑格尔曾说："唯有通过表象，人的能思的心灵才可达到对于事物的思维认识和把握。"《说文解字·叙》："象形者，画成其物，随体诘诎，日月是也。"概括了象形文字的模拟思维，融主观情思与客观物象之合，也体现了"思维"与"存在"的同一。指事字也熔铸了人类的意象思维与整体思维，如明代张介宾《类经》所云"阴阳相合，万物乃生"，从一个侧面论述了"指事汇意"对立统一的哲学思维观。《说文解字·叙》亦云"会意者，比类合谊"，阐明客观事物意义相关，"合义"更富韵味。会意字就是如此，"合义"则更能产生新意象，赋予新的思维内涵，体现了人类思维与客观世界的辩证同一。此外，汉文字的意象思维还体现在形声文字形符的"思意"上和声符的"辨音"上，它们无不反映人类祖先造字时的思维意识、思维认知和思维视角。

汉字是反映先民认识世界、认识自我的朴素辩证法思想，透过文字创生与发展脉络，让我们触摸到中国思维的发展之"道"。汉文字流淌着华夏民族生活的思维，飘逸着炎黄子孙生命的思维，呈现着中华儿女生态化的思维。汉字的思维方式就是中华民族的思维方式，将引领我们开辟新的境界、新的天地。老子言"道可道，非常道；名可名，非常名。"人类思维的产生与发展，应遵循宇宙之"道"、万物之"名"的世界观与方法论。用文字表达思想情感、反映客观世界的同时，也在以文字表现人们的思维方式。文字的概念就是思维的概念，文字的规律就是思维的规律，文字之"道"就是思维之"道"。人的思维源于文字，而文字以信息为载体。人类用文字所承载的信息来思考问题，建构了自己的思维体系。尤其是"汉文字思维"，熔铸了中国智慧、中国哲理、中国思维，形成了综合统一的文化意脉。汉文字思维是华夏民族文化的国学根源，承载着璀璨的中华文明思维，闪耀着人类智慧奇异的光芒。

笛卡尔说"我思故我思"。人类的审美感知是从思维到文字的认知外化，思维的存在就是思想的存在。思想与思维的存在来源于文字话语的转换，因为人的思维见诸文字符号，把思维对象化了。文字的规范会影响思维的规范，思维的规范则导致思考解决问题的方法及效果。文字的书面表达能提高人思维的精确度，达成思想理性的科学性。人的内在思维，往往由文字符号载体形成定型的认识。文字的逻辑结构能改变人的思维方式，干扰人探求客观事物本质规律的效度。若曹丕在《典论·论文》中言："盖文章，经国之大业，不朽之盛事。"凡有识之士必挥笔为文以载其功的思维方式则与文字息息相关。而论文写作需以思辨论道为基础，以文字表达为根本。文字表达的合理性其实就是思维的合理性，即人思维的正确性与真理性。文字的思维性是对象主体化的思维性。正如清代叶燮积极倡导诗人要讲究"才、胆、识、力"的诗学思维观，寥寥几字，内蕴宏富而耐人寻味。文字是思维的家，文字符号的诸多信息构成了思维反映现实世界的家园。文字的存在意味着思维生命的存在，没有文字，思维也就变成一潭死水。人类的理性思维莫过于文字的生动呈现，文字的光辉就是思维的希望。

语文思维核

"语文思维"概念的提出最早见于冉正宝教授的《语文思维论》一书，该书将此意涵视为一种独立的思维形态，并区别于其他学科思维，从语文思维的能力、品质、方法及类型诸方面论述了"思维之功""思维之格""思维之轨"等概念。从一个侧面建构了自己的语文思维理论体系，具有一定的借鉴意义。但就整个语文思维学研究而言，该书对其理论研究与实践探索还是缺乏较为深入、完备、全面、科学的讨论等。

语文思维即是对文本的语句、词语、意旨、手法等方面的感知、理解、赏析与评价的思维方式。它泛指一个人平时所积累和沉淀的语文素养、语文能力、文学修养以及文化涵养等方面的综合素质。语文思维又是思维主体运用有关汉语知识进行认知与表达、分析与鉴赏、应用与创造等思维过程中，基于人的丰富情感，运用多种概念与表象，充分发挥联想与想象，聚焦直觉思维、形象思维和逻辑思维的基本功能，进而达成对客观事物与内心世界的一种具体化、形象化、抽象化及典型化的反映与认知过程。

语文思维来源于对语文文本中有关语文要素的领悟与把握，诸如李白的"长风破浪会有时，直挂云帆济沧海"，诗人贾岛的"鸟宿池边树，僧推月下门"，杜甫的"无边落木萧萧下，不尽长江滚滚来"，王维的"大漠孤烟直，长河落日圆"等等。都是诗人主观情感与客观景物交互作用的思维结果。因此，语文思维更多在于学习者素常生活中的切身体验、体悟、涵养和沉淀，关键取决于自身的文学素养，有素养则自成修养，有修养则自有思维。

　　语文思维也自然体现在语文学习中发现问题、分析问题、解决问题的基本能力方面，这些同样需要依靠语文学科思维去领悟与思考，它同样反映一个人的语文的思维方式、思维理念和思维视野。学习者语文学习中筛选信息、整合信息并形成一种解决语文问题的思维，这种思维经过反复训练就形成了自身独有的语文思维或语文学科思维方式。语文思维的本质在于体悟与洞见，学习者应充分挖掘语文文本中所蕴含的思维元素、思维基因，多假设、多反思、多质疑，充分发挥语文学科的特殊功效，锻炼、发展与提升自己的创新思维能力。语文要素能激活学习者思维，启迪学习者思考，培养其思维意识、思维方法、思维品性。学习者或研究者思维的主动性需要通过语文要素的调动和启发，培育其良好的思维品质。其设问、其激趣、其思维都须源于文本又高于文本，凸显语文思维的活跃性、流畅性、敏捷性和艺术性。语文文本的思维元素可培养学习者的探究性思维及其品性，文本的语言符号或文字符号，由浅入深、由近及远、由具象到抽象，使学习者融会贯通、活学活用，在语言文字的情境中分析与辨别、归纳与概括、判断与抽象，将语文问题层层解开，最终找到合理的正确的答案。将语文文本知识生动化、具体化、活化，让思维不断深化，在质疑中释疑，在释疑中升华，在"曲径通幽"中得到探究性思维的训练。语文中富含创造性想象的许多思维元素，须渗透于其中，与文本对话、与形象对话、与思想对话，才能构成创造性思维网络，在反复扫描与刷新中培养思维。语文中文本大多来自文学作品，增添了其作品浓厚的语文味，其中的思维信息量极大，是思维信息的载体，通过初读、细读、研读、赏读及品读的阅读过程，不仅能感受到民族文化的博大、精深与丰厚，还能汲取其思维智慧，提高思维能力。要利用语文要素开拓思维空间，使语文思维在广阔的时空领域自由奔放而纵横驰骋，由此及彼、由点到面，发展思维的独创性。语文文本中还不乏深刻的思想内容，或反映自然哲理，或揭示社会现实，或描写人生感悟，或抒发情感意绪，或透视现象本质……可通过阅读深入思考、深化认知、深邃把握，训练语文思维，提升语文思维的深刻性品质，彰显语文思维的精深与厚重。譬如，要善于深入思考语文文本中的各种社会现实问题，透析语文文本中各种客观事物和现实事件的基本规律和本质，考察其内在的因果联系，洞悟其核心内涵及生命底色，从而培育语文思维的深刻性品质。要用反思与批判的眼光阅读、审视和看待语文，面对语文文本内容及材料，应养成善于冷静思考的阅读习惯，准确把握文本内容，科学、合理、辩证地解读、阐释和评价语文文本中的思想内容、人物形象、表现手法、艺术风格等。语文阅读与鉴赏过程中，能有自己的主见和思考，不要盲目崇拜或迷信"权威"，应有自身的个性化思维解读。要勇于抛弃那些影响合理思维的不利因素，尤其应防止思维定式现象，排除一些影响创造思维发展的障碍。须增强语文创造性思维训练与培养的难度，尽可能辩证地思考问题、反省问题，批判性地解决问题，正确运用批判性理论、理念、原理及其相关知识审思文本、评判文本和应用文本，从而提升识别力、判断力、思辨力和批判性思维力。诚然，语文思维不仅可培育学习者的语文思维能力，还能培养其个性思维品质，学习者语文思维的各种品质的发展，是他们思维智慧增强的过程，语文思维品质的优劣，取决于学习者语文思维素养的高低，应精心设计培养学习者良好思维品质的方法，使之得到科学发展。语文思维的内在本质在于，善用思维学相关理论与理念对语言信息的缜密整合、文体特征的准确判断、文章结构的逻辑把握、表现手法的合理赏评、写作意图的审视判断等，从而系统了解和深刻认识语文学科的基础理论和基本概念，建构科学的语文思维世界观和方法论。

　　思维是人脑作用于外界客观事物本质属性的间接而概括的反映。而语文思维正是人脑反映语文学科本质属性的思维形式。须树立大语文思维观，将思维主体（学习者或研究者）的语文思维理念作用于所需探讨的文本对象上，并进行综合分析与抽象概括，在思维碰撞中得到新的启示。语文思维应建立在思想的交锋、宏观的概括、微观的深究、视野的开放及理论的渗透基础之上。其思想的交锋是引起思维意识的重要手段之一。正是由于语文思维主体（学习者或研究者）与思维客体（文本材料与内容）之间的交互作用使思维主体意识始终处于亢奋状态，为未来的思维深化与创新奠定基石。思想的交锋不仅让大脑内部信息得到更新，促进了思维方式的不断调整，还更能使思维主体的思维范式更趋于具体化、系统化，从前提到判断、从判断到新判断、从新判断到科学判断，从而促进其语文思维开放而有活力地发展。其宏观的概括旨在语文学习中，能整体把握语文文本主要内容，自觉而有意识地对语言文字现象及其思想内容进行思维上的宏观把握。强调语文思维的整体性、全面性、多元化，使语文解读、语文分析、语文思考、语文思辨乃至语文评价等思维活动实现从量的积累到质的飞跃。我们要突出语文的个性化思维品性，根据思维主体自身的思维特点寻求其突破口、因语施思、因文施辨，使学习者或研究者的语文思维得到充分的、全方位的发展。须以探索语文核心问题为出发点，让思维不断处于对语文核心问题的探思之中，阐发新见解、生出新观点、升华新洞见。由此，思维主体的整体语文思维能力，在宏观层面将会更上一层楼。其微观的深究即指语文思维要立足语文文本中的字、词、句、段、篇等最基本的语文要素，进行深入的探讨与考究，斟酌字词、揣摩句段、解码篇章，透视字里行间作者的情感意绪和艺术表现，真正做到品名句、赏名段，咀嚼关键字眼……解剖文本细胞，辨析文本基因，最终形成从宏观到微观、从微观到宏观的语文思维观。其视野的开放是指在语文学习或研究中，要始终保持思维的广阔性、开放性。对语文内容的探究应从课内至课外、从国内到国外，力求内容上的广泛性、思想上的拓展性，使思维主体在语文原野上自由驰骋。语文思维的内容不能仅仅局限于文本教材，应涉及古今中外，思接千载，这样才能高瞻远瞩鸟瞰语文世界的本来面目，并注重语文思维的系统性与连贯性，挖掘其思维元素，探讨其思维内核。其理论的渗透即指语文学科思维不能浮于表面的普遍解读，应置于其思维理论之高度，将思维学的各种理论纳入语文学习与研究的体系中，指导和应用于语文思维的训练、发展与提升。须注重严密的逻辑推理和抽象的理论概括，把思维学理论渗透于语文文本学、解读学、阐释学、文字学、文章学、文学学及接受美学之中，重视理性思维意义上的分析、评价、判断与鉴赏，以达到思语文之思、解语文所解、用语文致用之境界。

语文思维旨在探索语文学科的内在本质属性及其思维视界。它不仅关注语文本体的思维元素、思维内容和思维特质，而且牵涉到有关思维学理论、理念等方面的学术背景，还与思维主体的知识积累、思想沉淀、社会阅历、人生历练、语文素养、思维修养及其他理论体系的建构密不可分。语文思维辐射到语文学科学习与研究的方方面面，需要秉持正确的语文观、理性的解读观、开放的视野观和科学的思维观，以严谨的语文思维理论指导语文思维实践，以有效的语文思维成果验证其思维理论和理念，以科学的语文思维范式引领语文学习与研究不断前行等，这也许正是语文思维的核心所在。

第三章　语文与思维学

人应当相信，不了解的东西总是可以了解的，否则他就不会再去思考。

——歌　德

语文思维研究视野

关于语文思维的研究，学界不少专家做过一些探讨，大多基于语文学科核心素养之一的"思维的发展与提升"视角开展了一系列的探究。高中语文新课标强调把"思维发展与提升"作为该学科的核心目标之一，积极倡导发展语文思维能力，培养学习者的各种思维品质。从大概念、大背景、大阅读的角度看，语文思维的研究需要结合立足中国语文、借鉴外国文学、挖掘学科历史、把握当代现实、关怀人类发展、面向未来教育，坚持理论研究和实践研究并重，科学建构语文学科体系、学术体系和话语体系。从语文学科的学术背景和研究范畴观之，语文思维的研究亟须打通与其他各门学科的联系，如哲学、史学、教育学、心理学、信息论、控制论、系统论、发现法、建构主义、人本主义、后现代主义、蒙太奇手法、多元智力理论、接受美学、探究性学习理论等思维理念及思想意涵，将各种学术理论或理念灵活应用于语文思维的研究，扩大其探索时空，拓宽其研究视野。

语文思维的研究，从根本上应落脚于语文教育实践的探讨，要具有可操作性、实效性。语文思维理论的研究应结合具体的语文教育教学实际展开，要把语文教育研究与思维教育研究结合起来，相互渗透、彼此检验而相辅相成。之前部分研究者做过一些相关论述，譬如，卫灿金的《语文思维培育学》、冉正宝的《语文思维论》、彭华生的《语文教学思维论》等，他们都从不同的视角对语文思维教学进行了探讨，在语文学科有关思维学的研究上有一定的影响和借鉴。除此之外，通过中国学术期刊网络的扫描发现，从1977年至2022年，标题含有"语文"与"思维"关键词的学术论文有1026篇，标题中直接包含"语文思维"的学术论文有38篇。以上研究成果，各有角度、各有见地，阐述自己对语文学科思维教学研究诸方面的理论基础、实践策略，具有一定的参考价值。

在语文思维研究的理论视野上，时下呈现出百花异放之感，存在着语文思维理论认识有限、理念繁杂、知识体系单薄等现象。从语文思维研究的方法论视野上看，不少研究方式过于陈旧，很难形成语文思维研究群体共同遵循的基本范式。无论是理论考察还是实践探索，他们往往只考虑到语文思维研究的普遍性，而很少去追问其特殊性的存在。显然缺乏针对性、时效性及可操作性。比如，在学习者的语文思维培育方面，研究者多见于对课标要求、课堂指导的讨论，而少于深入探究语文课程思维、语文预设思维、语文备课思维、语文教学思维、语文课堂思维、语文拓展思维以及语文评价思维等领域，既缺乏语文思维理论研究的广度、深度、亮度及新度，又忽视了语文思维实践研究的多样性、多面性和多元性。

就语文思维的实践性研究方面考察，首先应重视语文文本基本内容的思维学实践应用研究。须以辩证唯物主义的认识论为前提，联系语文文本的解读、鉴赏及思维能力与品质的培养方面进行探讨，追问不同学段语文教材的组织结构、逻辑框架、文体特征、教学目标以及思维训练重点等，尤其须重视文本内容中，有关形象思维、创新思维、抽象思维和批判性思维等品质及能力培育方面的课文元素。特别是文本中能有助于启迪学习者发现、分析与解决问题的思维焦点材料，应紧密结合语文教学实际深入探究其思维内涵、思维范畴及实践意义等。如孙绍振、孙彦君的《文学文本解读学》就应视为文本内容解读思维研究的典范。其次，须注重语文教学读写结合的思维学实践应用研究。我们不仅要重视研究语文教学中，学习者的阅读思维能力及品性的思维训练与培育策略，还需关注以读促写、以写促读、读写结合的思维学实践应用研究。通过深入考察阅读思维与写作思维的教学实践，进一步拓宽语文思维研究的新领域、新范畴和新视野。因为语文阅读可重点训练学习者的多种语文思维，如直觉思维、认知思维、审美思维、逻辑思维、抽象思维、批判性思维等，而写作实践则能重点培养学生的形象思维、联想思维、想象思维、创造性思维等。探究这些语文思维的训练与培养，极大地丰富了语文思维实践研究的生命内涵。再次，要聚焦语文思维培养的教学实践性研究。语文思维的实践性研究离不开教学实践，语文教学对学习者思维的培育具有特殊的价值，它须通过语文课堂教学活动得以实现。当下，在语文思维培养的实践层面有刘永康、鸿彬、魏书生、钱梦龙等一线教师的教学实践探讨，他们各有千秋，其突出者有：刘永康的"创新思维培养"、鸿彬的"创造性思维训练"、钱梦龙的"三主四式导读教学法"等，对培养学习者的语文思维能力发挥了重要作用，奠定了语文思维培养的实践性研究基础。

以往的语文思维研究视野，无论是理论层面还是实践领域，大多聚焦于探讨语文学科对学习者思维能力与品质的培养，却很少与语言文字的运用及学习者生活实际、身心发展的思维规律、个体的主观能动性、人文思维性等相结合，更谈不上从培养学生探索真理的思维发展视角予以考究。语文思维研究能唤醒语文学习者心灵渴望的精神力量。它不仅是语文理论上的人文性或人学性反映，更是语文实践上的工具性或应用性落实。语文思维的研究亟须步入"人学"视野，揭示人的思维发展规律，洞见语文世界的思维理论与实践，使其焕发生机与活力，真正彰显语文思维对人类思想的照亮与解放。

语文思维的研究，不能只停留在一般意义上的课标要求、思维能力培养、思维品质提升的经验之谈。一方面应深入考察语文本体的思维成分、思维价值、思维含量、思维力度、思维意脉等要素；另一方面也要理性追问"思维本身"所蕴含的理论根脉、思想理念、范式意义等学术背景；此外，需要关注语文学科思维研究领域的最新学术动态，做到胸罗宇宙、思接万千。当然，还须探究文学、美学、哲学、解读学、阐释学、文章学乃至生理学方面的相关理论。更为重要的是，如何将这些理论与思想研究付诸语文教学思维或语文思维教学实践，如其教学思维之策、之法，其思维教学之方、之略，其具体方法、训练措施、培养方案、操作程序、评价标准等。

老子云"千里之行，始于足下"。语文思维研究视野，亟须构建理论化、实践化、系统化的研究体系及其范式，应积极探索其理论视野，遵循语文学科思维的基本规律，探索语文教学思维和语文思维教学的基本原理和方法，树立科学的思维观，重构科学的思维体系，植根于语文本体论、语文课程论、语文教学论，进行广泛而深入的研究，才能在苍茫的语文大地上和浩瀚的思维世界里，描绘语文思维研究的锦绣蓝图，谱写语文思维研究的华美新篇。

语文思维哲学范畴

所谓语文思维哲学就是用来反映、阐释、审视与揭示语文课程知识体系和语文教学思想等诸多问题的世界观和方法论。语文课程与语文教学需要以理性的思维理论、思维理念、思维范式和哲学的辩证规律、逻辑思辨为基石,这是语文课程与语文教学不断革新自我,走上科学化、现代化、规范化的必由之路。语文思维哲学范畴的叩问,亟须借助辩证的、历史的马克思唯物主义思想作为思辨砝码,基于语文本体及语文教育研究诸方面,开展理性之思考、辩证之求索,问其观、探其理、择其义、释其涵、拓其视,极力建构语文思维哲学的世界观和方法论科学体系。语文教育想要登上当下新时代之顶峰,着实离不开哲学思维,这是语文学科教育与发展的使然。我们应积极呼吁语文界亟须创建符合时代精神的语文思维哲学体系,引领语文教育蓬勃迈进。自古到今,语文思维内涵深厚而源远流长,经史子集、元曲汉赋、唐诗宋词、明清小说以及近现代文学文本教育,无所不包、无所不容,无不深深打上语文思维哲学之烙印。它们集世界语言思维之一炉,虽貌似"泛语文教材"之存在,却注入了漫长的语文思维教育之洪流。同时,考之纹理可见其深刻的哲理性、思辨性。诚然,应有完备之思想体系、严密之哲学思维、清晰之逻辑理念,这显然才是华夏母语思维及其教育之要义。从"兴观群怨"到"文以明道"、从"汉魏风骨"到"文以载道"、从"文气"到"境界"等文学理论之说,无不蕴含传统语文思维之哲学观、辩证观、思辨观。语文思维历经风雨与坎坷,经验积淀之多,理性思维欠佳,语文课程与语文教学有待夯实理论思维元素、丰富课堂思维内涵、提升学科思维品性。力主开辟一条语文科学思维之路,秉持哲学思辨,呼唤重构重建,创立语文思维哲学体系。

从哲学角度看,语文思维必须超越传统的学科范畴,它置身于华夏民族与世界民族所创造的新时代哲学与进步文化发展的宏大视野中。语文思维哲学作为未来社会新世纪哲学发展史上的辉煌扉页,极大地开拓了人类语言文字的哲学思辨与理性探索的时空。考察语文思维哲学范畴意味着对汉民族语言及其教育的哲学反思与现实批判,将极大地拓展语文思维研究的学术新视野、新领域,从而升华其思维哲学研究的新境界。在语文及语文教育的理论与实践研究层面上,极大丰富语文思维研究范畴新的内涵,有效促进语文思维研究向着科学的、哲学的、思辨的轨道阔步前行。在语文思维哲学的范畴里,语文是汉民族最重要的交际性符号系统。每一个语文符号都寄托着华夏民族生生不息的奋斗历程和思维视界,具有无限的、博大的思想力量,是中华民族真正思维的开始,也是人类世界创造性思维的生命之源。语文思维哲学,囊括了人类语言思维与思辨哲学的广阔视野,彰显了语言文字作为符号世界的博大动力,唤醒人类自身的创造思维、创新精神及意志自由,开启了人们对语文思维世界的无限憧憬和哲学探究。语文思维不同则其哲学上的立场、观念和方法截然不同，有什么样的哲学观就有什么样的语文思维观，语文思维哲学范畴决定了语文思维的存在方式，也决定了人们对语文思维的认知与把握。语文思维过程在某种意义上就是语文哲学思考的过程，通过语文思维透视语文世界，洞悟自然规律。语文思维观反映出人类认识世界的哲学观和方法论，也折射出人类创造文明与文化的科学认知、惊异力量、意志自由及生命活力。应将语文思维哲学范畴的种种认知理念植入人类社会的生产与生活之中，用科学哲学观思考语文问题，以语文思维范式验证其哲学理念的科学性。在语文思维的哲学范畴里，反思语文、解码语文、透视语文、审思语文和洞见语文，让语文思维哲学的认知世界真正能引领语文思维向着辩证的、科学的大道奋然前行。

语文的思维世界充满无限的可能性，其哲学范畴应超越当代意义上的理论视野和实践框架，应全面融合中西哲学思维与思想的哲学精神、哲学观念、哲学方法、哲学品性，综合考察语文思维哲学领域的本质属性、理性意识、主要特征和思维范式等，寻求更加科学意义上的语文思维哲学世界观和方法论。从语文思维哲学范畴的个性观之，中国的语文思维缺乏对彼岸世界的真理追问和探索，缺乏理性理念角度的哲学思考，过于关注对社会现实生活和人生的直观体验与感悟，过于注重传统伦理思想的承传与弘扬，于是忽视了对语文思维"本体论"的哲学探究，造成了其思维认识论的不理性或欠理性、非抽象或欠抽象、失推理或欠推理的语文思维哲学观及范畴。值得注意的是"五四"以来，在较短时期内有所颠覆和革新，促进了现代语文思维哲学的进步，其新的思维理论和思维方式，奠定了新时代语文思维哲学的基本范畴和思维范式。

语文思维哲学范畴不仅反映在语言文字的工具性革命上，而且还表现在语文教育当代价值观的引领上。从思维哲学的角度，深刻认识其本质规律和思辨原理，辩证地看待语文学科所蕴含的思维理念及思辨色彩，达致澄清语文世界里各种模糊思维观念、思维偏见、思维误区之目的，突破传统语文思维哲学的理论局限，探索语文思维哲学范畴的宏阔性、创新性、当代性和科学性。通过语文与思维的互动、语文与哲学的交融、语文思维与语文哲学的思想碰撞，努力建构语文与思维、哲学、真理为一体的思维或思想体系，开辟一条通向语文思维大门的哲学之道。使语文思想、语文思辨、语文气质乃至语文的本体论、实践论和价值论等相关理论真正载入语文思维哲学的基本范畴。因此，语文思维哲学范畴应进行理性的学理思考和严谨的理论洞察，开启研究者思想智慧，唤醒其对语文思维范畴的哲学考辨，突破禁锢我们语文思维上的语言文字、文学、文章、文化等有限范畴，敞开心扉拥抱语文思维或语言思维的哲学天地，让语文思维哲学范畴迎来浩瀚、崭新的世界。

基于哲学层面的语文思维，涵盖了语文思维视界的本体论、实践论、价值论等元研究哲学范畴。从本体论观之，这里的"本体"即指语文思维哲学范畴的实质意涵。语文思维哲学范畴本体所要回答的是何为语文思维哲学？语文思维哲学有何范畴？等等。针对这些问题，语文界可谓众说纷纭而莫衷一是，譬如，语言文字思维哲学，语言文章思维哲学、语言文化思维哲学等。至于语言到底与其中的哪个概念最接近，谁最重要？还有待探究。语文思维哲学范畴的本体概念，需要明确"何为语文思维哲学"的根本性问题，简而言之，即指以哲学理念为背景，对文章的字、词、句、段进行赏析与评价的思维方式。可见，语文思维哲学是由构成语文文本的各要素的思维方式或方法的哲学思考，而语文思维哲学本体则蕴含了语文思维的个性气质、思想倾向、价值判断及精神寄托。在语文思维哲学范畴里，语文学科与其他学科在基本结构、思想内容、精神实质方面截然不同。它有自身的哲学"存在"，即语文思维哲学本体意识。语文思维哲学要反映语文思想的哲学性、语文解读的思辨性和语文应用的灵活性，它是具有哲学内涵的。语文思维哲学范畴概括了语文学科思维中语言思维与语言精神、文字思维与文字精神的本体论认识。不论是语言或文字都包含思维哲学的范畴，它们都体现了以语文为核心的语言文字思维与语言文字精神的哲学存在。从语文思维哲学的本体意义出发，进一步明确"语文思维哲学有哪些基本范畴?"。从语文思维哲学角度考察范畴，其核心在于"语文思维"，其"哲学范畴"是建立在"语文思维"的基础之上的，可将"语文思维"视为此概念的内涵，"哲学范畴"视为该概念之外延。语文思维的哲理性疆界反映了其哲学范畴的有限性和可控性，是语文思维本体在哲学上的世界观和方法论的统一。

就实践论而言，其实践本质上就是一个哲学范畴。语文思维过程其实就是一个哲学上的认识过程，亦称实践过程，既是理论与实践的结合，又是认识论与实践论的辩证统一。语文思维哲学范畴的实践论，是将哲学理念范畴付诸语文思维，并在其思维过程中洞察语文的生命底色和精神实质。哲学范畴下的语文思维实践，关键在于思维主体的哲学意识。语文思维哲学上的实践主体，既是实践论意义上的主体，又是认识论意义上的主体，是认识与实践活动的主宰者。从辩证唯物主义和历史唯物主义的观点审视，人是实践论的执行者、主宰者，而客体是除人之外自然宇宙和生命世界的集合体。语文思维哲学范畴实践应凸显学习者或研究者的主体性，须积极发展思维主体的能动意识，启发引导其正确认知语文、解读语文、评价语文、表达语文，做语文思维的哲人及思想者。语文思维在实践中需以深厚的哲学底蕴为基础，这样才能促使思维主体在广阔的思维领域里尽情思考和尽力探究，思辨性、创造性地完成语文思维预期设计的主要任务，最终达成收获其哲学新知、锤炼哲学思想、丰富哲学情感、厚植语文思维哲学范畴的生命内涵之目标。语文思维哲学范畴还应通过语文文本的哲理性思考，使思维主体获得个性的自由发展、辩证发展，增强其思维实践的主动性、自觉性。既要注重语文思维实践的内涵式发展，也要拓宽其外延式范畴，使语文思维哲学范畴实践的外在形式和内在本质都具有独特的人文意蕴、哲学品位。其实，任何思维，都积淀了浓厚的哲学范畴。语文思维也不例外，它作为一种哲学载体，本质上就蕴含着哲学上的语文情感陶冶和思想洗礼。从其实践论意义上说，语文思维的自觉须深入挖掘语文文本中的哲学内涵，引领思维主体探究语文本真的哲理性并最终生成语文思维哲学范畴的新洞见。在价值论方面，语文思维要通过哲学分析与思考洞悉文本，利用逻辑概念与推理透视课文意涵，汲取言语素材构建语言范式，植根生活土壤表达思想情怀。毋庸置疑，在一定程度上，如果缺少语文思维哲学理念，就无从谈起语文课程和语文教学。语文需要通过一个哲学意义上的思维审视与考察的旅程，方可达致其教育教学的生命价值之存在。语文思维哲学范畴的价值何在？事实上，语文思维哲学构建不同的价值取向对其实践主体的哲学思想影响也不一样。深刻的语文思维洞悉能极大开拓思维主体的哲学视野，使之趋向更广阔、更博大的哲学范畴。语文思维哲学不能局限于对语文知识的积累，而应强化语文学习者或研究者在其思维过程中的科学认知、逻辑推理、理性概括和抽象判断，使之获得心灵的洗礼与哲理性思考。有语文思维的存在就应该有哲学思想的存在。语文思维哲学范畴应有一定的人文取向，这既是语文思维人文性的表现，也是其哲学范畴的一个缩影。语文思维的根本性目的就是构建语文哲学的精神家园。语文的思维活动，自始至终贯穿哲理性、人文性精神，给思维主体以哲学之引领、理性之启迪、情感之陶染、审美之涵养。语文思维哲学范畴的实践性其实还包括具体的语言文字思维训练，学习者或研究者对语文文本的感受、分析、体悟、抽象和品赏的过程，就是其思维的哲学思考、逻辑锻炼的过程。语文思维的哲学范畴，换言之，就是语文思维哲理性思考的范围、时空及视域，是语文哲学精神的体现。语文思维在实践论上可引导人们对语文文本中的关键要素进行哲学思考，将语文文本思维视为哲学的细胞，语文思维在哲学的世界里建构自身独特的思维方式和哲学理念。因此，语文思维哲学的价值取向在实践层面必须植根语文文本内容，挖掘、筛选和整合其中的各种思辨性元素与哲理性信息，以哲学的眼光审视语文世界，用哲学的思想反思语文文本，凭哲学的方法指导语文思维实践。这些都是语文思维哲学范畴的理论与实践基础，也是其赖以生存的前提和根脉，有力促进了语文思维哲学范畴的积极建构，从而使学习者或研究者在其思维过程中获得思想的启迪、理性的升华。

在当代文化与哲学发展的广阔视域里，语文思维需借助其他富有启迪思想的学科力量，使语文与哲学交互作用来拓展语文思维哲学之沃野，开创语文思维哲学研究的无限时空与发展向度，为语文思维的理论研究导向哲学的光明之境。我们不仅对语文思维哲学的本体认知、价值判断及实践运用进行学理性透视和方法论洞见，还要对语文思维的当代品性与文化意脉、理论构建与实践取向等范畴做全面的反思性批判。须运用语文思维哲学的理论及理念，深刻透析语文思维哲学的基本思想，发掘其立场、观点及方法，从现象到本质，考察语文思维哲学所蕴含的哲学观、世界观及方法论。要以全新的视角将语文学、语文思维学转向语文哲学的研究与探讨，重视 21 世纪新时代语文思维哲学发展的新形势、新趋向。在语文思维哲学的视野里，语文思维的传统哲学观念将渐渐逝去，新的当代哲学理念将取代以往语文思维的旧理论、旧观点而活跃起来，概言之，辞旧迎新，语文思维已以崭新的面貌呈现在当代哲学研究之列。语文与思维密不可分，思维与哲学相辅相成，哲学思维与语文思维形影相随，哲学的运思过程在很大程度上被语文思维所取替。语文思维的生存世界潜藏于哲学大背景、大概念的视阈中，语文思维的存在即哲学的存在，反之，哲学的存在也就意味着语文思维的存在，这就是一种语文世界观。在当代哲学理论中，世界是语言的，语言是语文要素之一，那么语文也是世界的。语文是华夏民族与世界交流的重要纽带，视为世界本体。语文思维不仅具有逻辑上的哲学结构，还有存在意义上的哲学对话过程，拓展了语文思维的哲学时空和文化视野。语文思维不再是封闭而静止的彼岸世界，而是自由的、开放的、灵活的、理性的、发展的、以人为本的浩瀚天地。这不仅是语文思维的解放，更是语文本体的解放。语文思维经历了从超验到经验的转化，以"在场"的本体存在诠释着当代哲学生命意识中"不在场"的未来理性。这无疑是一种现实与理想的耕耘与憧憬，循着语文思维哲学的生命之绿，探寻语文思维的哲学未来与期盼。语文思维亟须哲学上的理性体验和行动上的现实感悟，它既是一个无限开放的哲思旅程，也是一个豪情拥抱的广域世界。无论是语文思维理论世界中的本体特质、意蕴、观念、阐释、表述等，还是语文实践价值中的运用、创新、发展等都被深深地打上了哲学的烙印。语文思维的哲学精神，是超越了现实生活中人的本能需求的世界观和方法论，是语文思维主体对语文哲学的关照与关怀，也是对语文思维哲学视野中人文与人性、生命与人生、现实与未来的哲学追问与考察。

语文思维哲学是理论上的世界观与实践中的方法论的统一。从"形而上"

的观点来看，其理论建构须立足于语言文字的哲学视野，把握语文思维本体的实质内蕴、理性气质、逻辑结构、学术背景、当代意义及未来走向，深入考究语文思维的哲学根脉、文化溯源及历史流变，从整体上全面、开放、科学、合理地构建新时代语文思维哲学理论。从"形而下"的视角考察，须建构符号当代实践规范与标准的语文思维哲学实践论。将语文思维哲学理论纳入其存在的语文实践活动之中，使思维主体获得语文哲学上的自我实践认知，进而形成客观物质世界镜像的精神存在，达成语文思维哲学的现实性、区域性及真正的"存在性"。语文思维哲学的实践性建构，一方面要基于"形而下"的普通技能与技艺之学，努力探寻语文思维实践中，文本的炼字之功、造词之术、垂句之法、组段之方、构篇之策及其表现艺术的内在哲学精神；另一方面又要超越所谓的"形而下"的普通技能与技艺之说，以真实的语文思维哲学实践为基础，源于实践又高于实践，创造性地探寻语文思维哲学在实践领域的哲学内涵和思辨轨迹，以"大国工匠"的精神视野审视语文思维的哲学范畴，使语文思维在当代哲学观的指导下走出藩篱、走向世界。诚然，作为语文思维主体，应高瞻远瞩、浩然乾坤而思接万千，耕耘自我、涵养沉淀而提升哲学境界。因为语文思维既要以丰富的语言文字、语言文学、语言文化、语言文明乃至美学、史学、教育学、心理学、文章学、解读学、表达学等为基础，也要有来自中西方的哲学理论、哲学理念、哲学思想、哲学方法、哲学思维及哲学观等的引领。只有站在语文思维哲学的理论与实践的高度，才能鸟瞰语文思维世界、把握语文哲学内涵、体悟语文逻辑品性、洞见语文思维哲学范畴的辽阔大地，以哲学的视野、以理性的眼光、以科学的方法、以批评的品性、以创新的理念解码语文、透视语文，拥抱语文思维哲学世界未来的绚烂春天。

　　基于语文学科的诸多特点，语文思维须借助于哲学范畴的相关理论和理念开启语文思维研究的征程。语文思维的特质决定了其哲学范畴的可视性、可塑性和可探性。语文思维哲学是语文本体研究与哲学思考的必然交织。反思现有的语文思维理论，已不足以阐释与解决当下的语文实践问题或语文思维实践问题，定然是其理论框架、理论视野、理论内涵、理论思维以及理论的科学性、针对性、实用性等极为有限所致。加之新的语文思维目标、语文思维内容、语文思维实施、语文思维评价及学习者或研究者对语文思维所提出的新要求等，语文思维必须要与新时代、新观念接轨才能适应当代教育与文化的发展。语文思维应然步入哲学之殿堂让学习者与研究者在语文思维与哲学中来回穿梭，探寻语文思维哲学的生命底色，洞察语文思维与哲学范畴的内在关联和根本规律，揭示语文思维的语文观、语文思维观、语文思维哲学观等本质内核。要善于运用富有阐释力的当代哲学新观点、新见解、新理念来解决时下的语文思维问题，可借鉴语文思维哲学的最新研究成果来审视与反思当下的语文思维状况，用多种研究方法探索语文思维的哲学范畴，勇于开辟通向语文思维的哲学之路，构建新的思想、新的理念、新的方法、新的学术理论前沿。

语文思维哲学范畴的考察，需要关注语文本体人文理念意义上的哲学概念，在当代大语文思维的背景下，不能偏离人文精神所赋予的最基本的哲学准线，需适当淡化语文"工具性"的学科意识，高度重视其"人文性"对于学习者、研究者的熏陶、影响与培育。要打破"应试教育"对人的桎梏，关注其心灵、情感与精神的多元性与完整性，重在培养语文思维主体（学习者或研究者）的人文精神和人文情怀，塑造语文思维哲学意义上的当代价值观。要植根人的综合发展理念，重塑语文思维者的生命灵魂、生命精神以及人类命运共同体情怀，让人的精神走向自由、个性得到张扬、潜力实现开掘。同时要消除那些影响语文思维者思想观念的"神化""伪圣化"等不科学因素，使人的精神在语文思维活动中真正实现哲学的飞跃和解放。语文思维亟须弥补语文学科所丢失的人文关怀与人文素养，使语文思维哲学在人的精神与情怀方面构建特殊的教育意义，寻觅真正属于语文思维主体自身的文学、文化精神家园，着实达成具有独立精神、心灵自由、批判个性和创造思维的语文思维者、思辨者。语文思维哲学落实到人文培育上时，就是给其主体创建一种人文精神的根基。使语文思维以哲学范畴为核心，以人的心灵、感情、智慧及精神为要素，达心灵之冥合，获精神之自由。孙绍振先生的《审视我们的人文审美教育》阐述了语文教育最大的价值是从根本上培养人的理念、情感及观念。应该使语文思维主体受到潜移默化的人文熏陶，提升他们的人文观念和人文情怀素养。人是至高无上的大自然精灵，人的心灵与情感是人生的重要精神支柱，要真正让语文的人文性和工具性融为一体，就须使思维主体在文字、文学、文化、文明中流连忘返，在语文思维中丰富自身的心灵。语文思维哲学范畴囊纳了思维主体个性化的情感、意志、独立人格和创造精神，是思维主体人文关怀、人文精神的世界观和方法论。当下语文思维中人文精神的失落，其根本原因就是没有建构科学哲学上的语文思维观，缺乏对语文本体思维的哲学认知。没有将弘扬人文精神的理念渗透到语文思维哲学范畴的体系中，更没有对此做理性的认真审视与反思。语文文本具有浓厚的哲学思辨气息，其间蕴含着深厚的哲学元素，语文思维中只要善于运用哲学的辩证法思想审视语文文本，就能揭示其中的人文性、思辨性等，从而提升语文思维主体的语文思维观、语文哲学观、语文审美论。从恩格斯《资本论》的辩证思维观来看，语文思维须合理应用分析与综合、归纳与演绎、具体与抽象、推理与判断相统一的哲学观，这样才能真正提升思维主体的语文世界观和方法论。要将中西方文化观（尤其是中西方哲学观）进行比较分析和研究，极力创建批判与重构的语文思维哲学范式，将西方哲学融入中国哲学的基因库，建立真正属于自己的语文思维哲学观。用中国语文思维哲学观深刻洞悉语文规律、语文本色，夯实语文思维土壤，再现语文思维哲学艺术，使语文思维更富有语文味、哲学味和真味。

语文思维现代理念

"五四"新文化的钟声敲响了语文思维现代理念的转变，它作为中国思想史上的一次变革、一次涅槃、一次震荡，对中国现代语文思维的产生、发展有很大影响，使语文思维现代理念从"白话文运动"走向了"文学革命"。白话文运动注重语言文字与社会现实生活的需要相适应，突出其应用性。之后的发展则成了中国语言文字的又一次巨大变革，并激发了语文思维理念和思想观念的空前解放，萌生了中国语文思维现代理念的雏形，促成了当下以崇尚思维能力与思维品质培养为核心的语文思维教育价值追求，为语文学习者或研究者的科学思维和思维精神的锻炼奠定基石。这不是一个一蹴而就的发展历程，它既有着深远的语言文字发展根脉，又有着漫长的语文思维探索的酝酿、萌芽和生成历练。五四白话文运动其实就是近代语文思维理念的一个缩影，是语文思维理念由量变到质变的发展结果，是近代以来文学界所呐喊的文学革命思潮的象征。其实从明末清初开始，语文就伴随着文学界强烈呼吁文学式的语文革命，整个近代语文思维理念都是在探寻文学式的语文变革中发展而来的。如"直抒胸臆""我手写我口""崇白话而废文言""适用于今通行于俗"等，不言而喻，都是"五四文化"背景下语文思维理念的真实写照。这不仅从理论上积极倡导文学创作在语言上要求通俗易懂、贴近生活而明白晓畅，而且也必须继承和弘扬中国古代文学所蕴含的优秀传统思维与思想，这正是胡适所倡导的文学改良主张之精神。从语文文本思维的角度看，语文不仅是一个由字、词、句、段、篇构成的文本系统，更是一个由大量的具有思维性、思想性、人文性要素所构成的理论与理念系统。我们不能仅仅从其形式的角度来理解语言文字的思维理念，要深入语文思维本体的底色挖掘其内核，才能洞悉语文思想、语文意蕴和语文本色。语言文字作为思维或思想之工具，其思维理念的呈现是由语文文本中的思维性内容（思维元素）的核心内涵所决定的。语言文字表现形式上的差异性对语文的思维性也具有一定的影响，如其修辞手法的运用、语言结构的组合、遣词造句的形式、篇章内容的布局等，对语文思维主体的思维理念都有不同程度的影响，但造成语文思维主体的思维理念影响最大的应在于其文本概念、思想范畴、语言术语和话语情绪等诸方面的差异。尤其是现代汉语的形成，在语文思维理念的层面上起了极为关键的作用，它事实上构成了现代语文思维理念或思想观念的主体，语文思维的现代理念正是充分汲取这些思维或思想营养才逐渐达成了自己的思维理念。

"五四"新文化的春风给语文思维带来了无限生机与活力，全面颠覆了传统意义上语文思维的陈旧观念，掀开了现代语文思维及其范式的崭新一页。白话文运动既为现代语文思维提供了新的思维内容和思维基础，也奠定了现代语文思维理念的价值取向及思想方略，极力推动了中国旧语文思维向现代新语文思维理念的根本转化。语文思维的现代理念不仅表现在语言文字、文学、文化及文明层面上，而且还表现在语文思维现代价值观的判断与确立上。从语文思维哲学的视角，深刻认识语文思维或思想的内在品性，辩证地看待语文界对语文思维的各种争论，理性地把握现代语文思维中的合理性与价值观，进一步拨乱反正、正本清源，力求突破语文思维理论的种种局限与弊端，从而探索语文思维现代理念新的时代内涵。

从中国的传统语文思维哲学观之，语文思维的现代理念植根于中国的传统语文思维哲学，历代中国崇尚文字及文学，其人文气息与教化精神尤其浓厚，在语言文字及文学的探索领域沉淀了丰富的语文哲学思想和文化底蕴。就古代而言，"四书五经""楚辞汉赋""唐诗宋词"乃至"元曲""明清小说"等，无不蕴含语文思维哲学理念。譬如秦代的"道术"就极大地促进了后世理性思维的发展，历经沧桑依旧氤氲与浸润中华文学与文化，提升了人们对语文思维的哲学认知；"名实之辩"的哲学思想奠定了语文思维哲学的方法论基础，开启了多层面、多维度、多视角、多元化的语文思维研究路径，达成了后世语文哲学理念探寻的基本范式。之后，魏晋玄学的"象意之辨"与隋唐禅宗的"不立文字，教外别传"，不仅对先秦语文思维哲学理念中有关"言"与"意"、"文"与"道"等理念问题进行考察与反思，而且还做了进一步的深化与批判的继承。除此之外，我国语文思维哲学的应用性探究研究也奠定了现代语文思维理念的发展，如《鬼谷子》一书的语文思维哲学原理的应用，透视了华夏古代民族对语文思维规律的认识、领悟与把握；教育家孔子的"正名主义"哲学思想开先秦语文思维哲学之先河；墨子则独辟蹊径，从"言有三表"的哲学思想出发，构建了自己有关语言意义标准问题的哲学思维体系，从一个角度反映了他的语文思维理念；而老子认为的"玄之又玄、深不可测"之"道"，揭示了"道"之道与"语文思维理念"的"存在"或"在场"意识；等等。这些古代传统哲学认识和理念，无疑为语文思维现代理念做了有力铺垫，推动了现代语文思维理论与理念、方法与范式体系的建构。

从西方的分析哲学理念看，语文思维现代理念与西方的分析哲学理念关系密切。西方的分析哲学本质上就是一种典型的科学主义的语文哲学观，它重视数理逻辑方法的运用，反对"形而上"的语文思维，关注科学概念及其知识表达的准确性、统一性认知。试图从语言文字的分析中找到突破口，以现代逻辑思维和科学方法为基础，用精确的语言反映客观世界和社会现实生活，从而使语言思维走上科学化、分析化、逻辑化、哲学化、现代化的道路。西方的语言分析哲学，是语言的逻辑符号对语言发展的革新与改造，建立了语言与逻辑之间的内在联系。这无形中启迪了中国的语文思维现代理念的发展，促进了现代语文思维理念体系的重构与重建。西方哲学家罗素极力倡导精确地描绘和表达客观自然与现实社会，强调要用逻辑思维净化日常用语，创造严谨的、理想的、合乎逻辑的语言系统和语言形式化，从而实现语言应用的规范化、统一化和现代化。哲学语言分析哲学理念从一个侧面启发了中国现代语文思维理念的革新和发展，在很大程度上激励了中国语文思维现代理念的凝练与生成。维特根斯坦也积极主张对人类日常语言须开展准确分析和规范应用，重视对语言行为的基本功效及语用价值的探讨，揭示了"形而上"的语言及其应用问题的不科学性。这些西方语言分析学派的基本理念，对我国语文思维现代理念的萌芽、产生、变革与发展起到了不可低估的作用和意义，有力促进了中国语文思维理念向着现代化方向迈进。

从语文阐释学的角度考察，所谓阐释学，即解释学，亦称诠释学，是一种运用诠释理论解释和了解文本的哲学技术。首创于 19 世纪德国哲学家 F. E. D. 施莱尔马赫和 W. 狄尔泰，它是西方文艺理论中有关解释和理解语言学、文学、哲学、人类学、文化学、心理学、社会学等问题的哲学体系与方法论规则的总称，反映了当代人文学科科学研究间相互交流、融合与渗透。早在古希腊时代的亚里士多德学说已涉及该理论。伽达默尔的《真理与方法》就论述了解释人文科学的基本规律及其方法，试图构建一套考察和解释多学科模式的标准及解读方法，形成了阐释学理论体系的方法论。而作为现代阐释学的开创者海德格尔从"存在论"角度提出了"形而上"的理解与解释主张。他将传统阐释学从方法论、认识论转向本体论探讨，进而使阐释学由人文学科科学方法论发展为哲学意义上的解释学。语文阐释学则指的是运用诠释相关理论理解、解释和了解文本基本内涵的方法论规则统称。语文思维现代理念与语文阐释学的基本意蕴息息相关，从20世纪初期的人文主义思潮代表伽达默尔、海德格尔、胡塞尔、利科等人的解释学观点来看，语文阐释学对诠释语文学科奠定了解读的科学方法论的基础及范式。阐释学理论可指导和帮助语文思维主体正确解读语文文本基本内容，提炼文章要旨，洞悉文本本质，构建语文思维现代理念。在语文阐释学视野里，语文思维不仅满足于语文文本解读的逻辑推理与经验证实，而且还要凸显语文思维主体在语文解读活动或工程中的认识理念、逻辑理念、审美理念、文化理念和批判理念等，最终达成从整体上揭示语文思维本质之目的，科学构建语文思维理念的现代性体系。语文思维其本质上就是一种解读思维，语文思维现代理念归根到底是一种赋予现代性的语文解读规律、原则及范式理论或理念的集合。它体现了人们认知语文、了解语文、理解语文、鉴赏语文、评价语文、表达语文以及应用语文的创造性本质。语文阐释学从哲学上反对将语文思维置于其思维主体之外的认识论观点，反对孤立、单一、狭隘、片面地看待语文或语文思维，由此割裂了语文思维与其他学科思维的内在联系和期待视野。而应将语文思维与现代科学中的各门学科紧密联系起来，用其他学科思维之箭射语文学科思维之靶，视语文思维为人类生产生活领域所需认知思维的基本范式，纵接千古而横贯中西，融人类世界各门学科思维，创构属于自己的富有现代意识的语文思维理念。用充满现代感的语文阐释学基本原理、观念、方法解读语文现象、洞察语文规律、探究语文内核、批判语文偏见、反省语文思维……真正彰显阐释学视阈下的语文思维现代理念。譬如，我们用语文阐释学的原理审视文本中文言文思维理念。语文文本中的文言文几乎是中国古典文学中的典范之作，其内容遵循了古代汉语的表达方式、文体风格、结构样式及语言特色等。这种文言文式文本在阅读、理解、分析、归纳、概括乃至抽象判断方面较之文言文难度很大，但思想意旨深邃、意象意境宏阔、艺术表现独特，与现代白话文语文文本形成了极其鲜明的对比。因此，我们不能用理解白话文语文文本的方式去解读文言文，须深刻把握文言文字、词、句、段、篇的基本特质，如文言虚词、文言实词、文言句式、文言修辞、文言语法等特点，才能正确领悟文本内容，准确透析文本意涵，合理概括文本要旨。既要用古代文言文阅读的思维理念、思维方式进行阅读和理解，又要运用现代意义上的语文思维理念开展文言文文本的解读实践活动。应站在语文思维现代理念的高度诠释文言文文本基本内容，体悟其思想、其文化、其美感、其风格、其语言、其艺术形象等，做到博古通今、以今解古、古今融合，全面、全新阐释文言文文本思想内容和艺术特色。从而，彰显中国人的思维方式、思维理念、文化精神及语文品性。通过运用阐释学理论，用现代语文思维理念阅读、审美、评价和审视文言文文本，建构科学、规范、严谨的文言文阅读思维范式，使文言文文本解读更富语文思维理念的"现代感"，进而再现中国古代文学独具匠心、独领风骚的思维个性和华美风姿。

从结构主义语言哲学方面审视，"结构主义"一词，是一种方法论的代名词，首创者为瑞士语言学家索绪尔，后经皮亚杰、科尔伯格、乔姆斯基等人的继承、发展和批判，凝练成当代世界极为重要的思潮之一。它指一种拥有诸多变化、探索事物相互关系的研究方法。结构主义语言哲学是从语言学角度发展形成的一种理论性的语言学，是语言学研究的"哲学形态"。它试图从宏观的层面探究语言的共同性、普遍性规律，透视人类具体语言中的结构特征和生成机制，揭示语言与思维、审美、文化以及世界观的内在联系，并进一步探索人类语言能力、语言应用等相关问题。结构主义语言哲学与语文思维的现代理念相互联系，它从根本上可把语文思维看作一种"结构"、一个"整体"或"组织"，使思维主体能从宏观上把握语文文本主要内容，关注其文章结构、文本体系、逻辑框架、思维方式等的内在关联，重视语文思维过程中的文本间性与痕迹分延。正如结构主义的语言学代表索绪尔与乔姆斯基认为的那样，结构主义语言哲学主要是人文主义理念的表现。通常而言，语文思维现代理念与现代结构主义语言哲学观在语言结构、语言形式及语言意义方面相互联系，语文思维需要有"结构主义"理念，更要有"语言哲学观"的伴随与渗透，语文思维中应灵活运用结构主义的语言哲学观和方法论教学思维活动，洞悉语文本体，揭示语文内核。若忽视了语文文本的整体结构，语文就无法思维，因为它割断了语文文本与思维理念的相互依赖关系，剥离了语文思维现代理念与结构主义语言哲学观的内在融合。语文需要有自己广袤的思维原野，语文思维亟须秉持结构主义语言哲学理念的科学认知，建构自己的语文思维世界观理论，把语文思维现代理念视阈里的语文问题与人类世界的精神实质紧密联系，相互交织、共同发展，探寻语文思维的结构主义理论与理念，用结构主义语言哲学观解构语文思维和语文世界。语文思维应直击人类心灵精神的深处，关注语文本体普遍的结构和形式，尤其是语文思维的理论构造及人类共同的语言本性。只有将语文思维理念付诸语言思维结构理念，语文思维才具有它本身的意义与价值。这是无疑是一种辩证的语文思维观、哲学观、现代观。结构主义语言哲学观为语文思维现代理念的建构开创了新路，指明了研究方向。这不仅是语文思维现代理念共时性研究的普遍结构反映，也是区分语文思维主体的"结构"意识与"现代"理念的指标，须把研究与考察语言的结构作为语文思维的关键要素。语言结构是语文的肢体骨架，它构成了语文本体的精神细胞，这些组织结构形成了一个语文网络或语言体系，它们是语文思维最基本的思维元素。语文思维必须立足于思维元素才有存在的可能，它由语文文本及其关联学科思维要素的整体结构所决定。语文思维体系就是一系列语言文字、文学、文化、文明的无限与有限联结，这正是语文思维现代理念与结构主义语言哲学概念之间的共通性、组合性、聚合性与科学性的统一。为此，语文思维现代理念同样需要结构主义语言哲学营养的滋补，便成为结构主义哲学观与方法论之典范，须从本质上富含其思想理念之元素，才能真正拥有语文思维理念的现代感、实效感和未来感。

在此需要明确的是，现代语文思维理念的研究中广泛存在着其个人主义思维之倾向，于是造成了语文思维现代科学理念生成的种种弊端，使现代语文思维的研究很难实现与其他学科思维研究的高度融合。个人主义的语文思维理念或思维观通常带有较个性化、片面化的思维方式和认知模式，缺乏一定的语文思维共性和范式，是一种唯个人的学科认识论。研究者显然无视语文思维的本体论、存在论及价值论哲学意义，其思维过程也缺乏理论上的可塑性和实践中的生成性统一，忽视了对语文思维理念的本质、规律、原理及原则的抽象与判断，往往用静态的、超验的、永恒的眼光看待语文思维之本质，完全割裂了语文思维与其他学科的内在关联，使语文思维的理论与理念研究步入了"玄学"之误区，失去语文思维现代理念所应有的本色。

语文思维现代理念之所以被视为"现代的"，其原因在于现代语文思维所运用的思维方式和传播的思想文化都具有现代性、现代感、现代意识及现代特征，自中国现代以来，其科学技术、思想文化、思维方式及创新理念等领域都取得了长足进步和巨大成就，而语文思维现代理念正是在这样的科学视野、文化背景、教育思想下诞生的。语文思维现代理念对新科学、新思想、新文化诸方面的传播、弘扬及发展具有特别重要的价值和意义。从语文思维哲学来看，通过语文思维吸收新理论、新思想及新文化，显然是在接纳一种全新的语文思维理念及观念，语文思维现代理念的本质，其实就是一切新理论、新思想与新文化最终沉淀、涵养、提炼与升华的结晶。因此，语文思维现代理念本质上即是语文思维的现代化、全球化和未来化的标志。虽然中国融入或接收了一些西方理论、思想、文化及思维方式等，但需要指出的是西方语文思维的理念、范式、表达及其评价标准并不代表中国语文思维的现代理念。要想建构中国语文思维现代理念，不仅不能脱离中国语文思维的民族传统、民族思想、民族文化等，更须深深植根于中华民族传统思想文化生存之沃土，创造真正属于自己的语文思维理念"现代化"。

语文思维学之构建

所谓语文思维学，是研究语文思维现象、思维问题、思维方式，揭示语文思维规律的社会科学。它是一门基础性的科学，亦可称之为语文思维科学。是关于语文思维的世界观与方法论相统一的理论体系，它是关于思维主体的思维意识、思维理论、思维理念、思维方法等的学说。语文思维学研究的对象是语文思维，语文思维探讨的是语言文字运用基本规律及方法的思维，是思维在语文本体与语文学科领域规律性的特殊表现，亦是语文及语文学科独立存在和拥有的思维规律与思维范型在思维训练中的反映。语文思维学的构建可为语文学科提供理论上的世界观和实践中的方法论指导，可纠正其思维规律及方式研究的偏差与误区，使语文学科的思维规律、思想方法、思维范式真正实现理性化、规范化和合理化。诚然，语文思维学的建构需要科学甄别已有的语文思维研究成果，汲取中外古今有益的语文思维研究要素，以开放的心态接纳一切来自语文学科思维研究的新理论、新观点、新思想、新见解、新知识和新成果。

追本溯源，语文思维学须以探讨语言文字本体及其运用规律为逻辑起点，这种思维学是普通思维在语言文字本身及其运用规律中的特殊表现。因此，语文思维学是研究其思维的直觉性、形象性、抽象性、联想性、想象性、发散性、聚合性、辩证性以及批判性在语言文字运用中的规律性认知，进一步探索语文思维领域的分析与综合、比较与分类、抽象与概括、归纳与类比、演绎与推理、联想与想象等最基本的思维规律和思维方法。具体而言，语文思维学关注语文思维视野里的阅读与写作、表达与交流、审美与鉴赏过程中的思维规律的认识与把握、思维方法的运用与发展等。因此，语文思维学的建构离不开语言文字运用的思维规律的认识与掌握。在具体的语文思维中，作为思维主体应聚焦语文文本内容与写作内容的思维研究。就文本内容而言，文章的思维框架、逻辑结构、思想意旨、语言表达、手法运用无疑是思维者考察、追问、探索、研究、洞明的重中之重，文章的思维框架反映了作者对文本的整体构思脉络，是作者行文思维的集中体现；文章的逻辑结构折射出作者的逻辑思维理论水准的高低，表现了文本的层次感和逻辑性；文章的思想意旨是综合反映作者人生观、世界观、价值观以及伦理道德观的思想认知程度，是文本的思维灵魂；文章的语言表达一方面透视了文本语言艺术思维，另一方面体现了作者的各种思维能力、思维品质在文本中的统一性；文章的手法运用则凸显出作者的文学思维、审美思维以及哲学思维等思维视野、思维理念等，它是考察语文思维主体与客体的能力指标。就写作内容而言，语文思维主体须在追问语文文本内容的前提下，紧密联系实际，考察语文写作内容中的思维问题和思维规律。语文写作包括拟题、审题、明体、选材、立意、布局、谋篇、修改、反思、总结等基本内容的思维活动，它是在写作思维理论及理念指导下的语文思维实践活动。在拟题思维上，需要探讨行文者的人生阅历、知识水平以及"最近发展区"等相关问题，标题的难度既不能过高也不能过低，否则使行文者难以驾驭或难以提升作文思维能力，这也是反映命题者语文作文命题思维水平的标尺；在审题思维上，须研究行文者的阅读、理解、辨别、判断、联想、想象等语文思维能力，这是写好作文的关键一环，体现了行文者语文写作审题中的概括、归纳与判断思维；在明体思维上，要追问行文者对文学文体或应用文体样式的把握程度，这是行文者文体思维的反映；在选材思维上，应既要考究行文者对自然、社会生活的体验思维与体悟思维，也要洞察他们的联想与想象思维品性；在立意思维上，必探察行文者对作文题意范畴的把握，尤其是整篇文章思想意旨或中心概念的掌控，主要研究他们在立意中的整体思维、概括思维、抽象思维等的思维能力；在布局思维上，关键考察行文者对文章各部分的安排情况是否合理、得体，该过程中的逻辑思维、设计思维表现如何？在谋篇思维上，要探究行文者的整体思维、概括思维等思维能力的应用。此外，在作文的修改、反思、总结等环节上，也不同程度地反映出行文者的逆向思维、概括思维、批判性思维的思维能力和思维品质，无可厚非，这些也是语文思维学亟须研究的基本范畴。由此，语文的文本内容和写作内容，是语文思维学研究的主要对象，语文思维者只有洞悉其中的思维现象、思维问题、思维规律，探寻语文思维的理性思辨和逻辑推理，才能深刻、深透、深入浅出地揭示语文思维的本质内核，从而为语文思维学的建构夯实基础。

语文思维学的建构不能偏离其思维航向和脱离实际，一方面要鲜明突出语文学科的工具性、人文性、实践性、综合性特点，这不仅是语文新课标的具体要求和基本理念，也是语文思维学亟须考察的范畴。语文思维就是思考语言文字本身及其运用的思维理论与实践，它是各种相关思维要素共同体交互作用的综合性成果，在语文课程思维的结构体系中，语言文字的应用性思维是最基础、最本质、最关键、最核心的思维构成要素。语言文字思维是语文学科思维的基因，是其课程思维的逻辑起点与归宿。若忽视了它的语文思维意义，语文思维学的建构就成了无源之水，其他一切思维要素则难以得到应用与发展。所以，语文思维学的建构，需要立足于语言文字的应用性思维，不能偏离语文思维的逻辑航向，更不能脱离语言文字运用的实际来进行思考和探索，否则将丢失语文思维应有的学科性、思维性和科学性，无法真正实现语文思维学的建构。另一方面要重视语文思维学知识的积淀。语文思维主体或语文思维学研究者，应不断博览有关思维学探讨或研究的书籍，做到有系统地阅读、积累、涵养等，提高自身的语文思维学知识水准，循序渐进地培养自己的思辨能力、分析能力、审美能力、判断能力、批判能力等多方面思维能力及思维品质。才能高瞻远瞩审思语文思维问题、探索语文思维规律、建构语文思维学的理论体系。

用科学的语文思维观建构语文思维学。在语文思维的研究中，研究主体应正确树立科学的语文课标思维观、语文课程思维观、语文教学思维观、语文评价思维观以及语文大概念、大阅读、大背景的思维观。针对语文课标思维观而言，语文思维研究者需关注语文新课标的相关要求和基本理念，准确把握课标具体的目标、内容、实施与评价的各部分要求与规则，正确领悟新课标的语文思维观；针对语文课程思维观而言，研究者应透彻了解语文新课程的基本内容、编排顺序、课程目标和主要观点等，力求熟练掌握语文的课程体系，秉持科学的语文课程思维观；对语文教学思维观而言，语文思维观察者须洞悉语文教学目标、重难点、实施方法或方式以及整个教学过程的设计、策略等，并树立正确的教学思维观，才能科学洞见语文教学规律，合理审视语文教学思维；针对语文评价思维观而言，语文思维研究者务必全面了解和深刻把握语文新课标、新课程、新教学的基本内涵与主要规律，用辩证的、科学的眼光客观评价语文课程与教学，以理性的思维看待语文规律，凭开放的心态判断语文思维。此外，还应树立正确而科学的语文大概念、大阅读、大背景的思维观，不仅要具有宏阔的语文大概念知识，还要有多本书、整本书、群文阅读的大阅读涵养，更要有古今中外的大背景语文视角的滋养等，方可知彼知己正确树立科学的语文思维观，建构符合多元并存共同体的语文思维学体系，从而实现语文思维学的自信与自觉。

以创新的语文思维理论建构语文思维学。理论修养是语文思维主体或研究者综合素质的核心，理论上的成熟是语文思维学建构的前提。语文思维理论是语文科学理论思维的总称。它是语文思维主体或研究者在语文知识和经验基础上形成的有关语文思维认识的本质、规律及其相互关系的一种理性思维。语文思维理论的根本特点是抽象性，它通常运用分析与综合、归纳与判断、演绎与推理等抽象思维方法，从语文思维的相对性到绝对性，从语文思维的有限性到无限性，从语文思维的特殊性到一般性，透过语文思维现象把握其本质，进而获得语文思维的规律性认识。语文思维的逻辑推理、概念判断和意义范畴是其理论思维的基本要素。哲学的基本观点是语文思维理论的核心所在，无时无刻不在影响着语文思维理论的发展。语文思维理论要经过一定的历史发展才能形成，语文思维理论与语文思维经验相辅相成。语文思维学的建构须创新语文思维理论的基本概念、基本理念以及基本的思维方式等要素。语文思维基本概念的创新是对语文思维本质属性的创新，其基本理念是语文思维的思想内容、基本观点之体现，是语文思维创新发展的根本所在；其基本思维方式是揭示语文思维主体或研究者的思维方法、思维倾向、研究思路、思考角度等的思维创新手段。创新的语文思维理论还须做到既要"有思"又要"能思"。"有思"指的是其思维者或研究者有思考力、判断力，有思维的主体意识和积极思考的主动性。所谓"能思"则指思维主体或研究者具备思维的自我意识性与自觉性，并能表达为对自我意识的"反思"。康德在《纯粹理性批判》中认为是发现新概念的一种心理状态。黑格尔却视为一种"后思""沉思"，认为反思以思想的本身为内容，力求思想自觉其为思想。而在洛克那里被看作是"内省"等。语文思维理论的创新过程本质上就是一个反思的过程，它需要研究者不断获得思维的启迪，从自在到自为，从自发到自觉，反思语文思维理论应有的思维品性和思维意蕴，为语文思维学的建构创造条件。要不断提高语文思维研究理论水平，透彻掌握语文思维理论的深度，拓宽语文思维研究视野的广度，提升语文思维研究思想境界的高度。要用哲学的理论、理念、方法指导语文思维的具体研究与探索，始终坚持创新的语文思维理念，灵活应用辩证唯物主义和历史唯物主义的世界观与方法论，紧密结合语文思维的根本内涵及其特点，创新语文思维理论而建构语文思维学。还要紧密结合语文新课标、新课程、新教学、新高考以及新时代的大数据、人工智能等信息技术条件，开展语文思维理论探究，推动语文思维理论创新的时代步伐。创新语文思维理论是科学的理论逻辑与语文思维发展历史逻辑的辩证统一，是根植于语文土壤反映语文课程与教学思维理论、理念发展的语文观、思维观，其研究旨在突出语文思维理论的创新基点，构建新的语文思维学。诚然，也要坚持辩证思维、历史思维与创新思维相结合的新发展理念不断深化改革，推进语文思维规律的理论升华，以人为本、以文为本、以思为本、以语文思维理论的创新为本，开辟语文思维理论研究新境界，建构具有新时代气息的当代语文思维学。此外，还应联系语文思维实际学习其理论，自觉把语文思维理论的学习与研究融为一体，在研究中学习，在学习中研究，将理论学习摆在突出位置。当然，语文思维理论的学习要与实际紧密联系，不能空对空而纸上谈兵，须挖掘语文思维实践中所蕴含的理论与理念，透过学习与探究而发现其理论根脉。还要丰富自身的语文思维知识素养，不断强化思维理论，如哲学、社会科学、自然科学等知识，尽可能使自身的语文思维知识整体化、系统化、科学化，从而将这些知识转化为语文思维理论的方法与方式。真正做到学思贯通、知行统一，不断创新语文思维理论，建构语文思维学说。

凭恰切的语文思维策略建构语文思维学。恰切的语文思维策略来自透彻了解语文思维的教学内容，灵活运用语文思维教学方法，避免语文思维培育陷入误区。透彻了解语文思维教学内容是培养学习者语文思维的前奏，语文思维的训练需要以语文文本中的思维元素为主要内容，须熟悉文本而掌握其思维教学要素，才能有的放矢地对学习者施加影响，培养其语文思维。然后灵活运用语文思维教学方法进行施教。要以开发学习者智力为立足点和生长点，发展他们的语文思维，培养其创造性思维能力。《礼记·学记》云："道而弗牵，强而弗抑，开而弗达。"倡导执教者须以引导、激励和启发为主训练学习者思维能力与思维品质。教学中需指导学习者运用多种思维方法解决语文问题，锻炼语文思维，并注重开放学习者智力而发展与提升其语文思维。应植根语文思维内容而讲究语文思维的施教之策，使学习者懂思维、能思维、会思维、善思维。要依据科学的教学理论、教学原则，充分运用现代信息技术手段，创新语文思维培育方案，有效训练学习者的语文思维。除此之外，还要避免陷入语文思维培育误区。由于传统语文思维忽视了语文学科培育的重要性和必要性，尤其没有将语文文本中具有浓厚思维元素的语言文字运用列入思维训练之重点，使语文思维的培育偏离了正确之轨。在具体的语文思维教学中，执教者应基于语文思维的学科内容，对学习者进行语文思维培养，既要根据与语文学科思维特点相关的理论与实施策略，又要尽可能避免影响学习者语文思维培育与发展的种种弊端，不能盲目崇拜所谓的"权威"搞无科学性、无原则性的跟风、顺风教学，切实做到有效预防语文思维培育陷入误区，这样才能建构理性意义上的语文思维学。

持开放的语文学科思维建构语文思维学。开放的语文学科思维是科学建构语文思维学的重要标志。语文思维学的建构需要其思维者和研究者，秉持开放的语文学科思维理念，以博大的胸襟、豪迈的气概和海纳百川的个性接受来自不同学科领域的思维知识体系，才能建构真正属于自己的独具风格的语文思维学。语文思维学的理论建构需结合语文学科的工具性、人文性、综合性、实践性特点，科学吸收来自文学、史学、哲学、美学、语言学、语用学、文学学、文本学、文章学、文艺学、写作学、逻辑学、修辞学、解读学等学科的思维知识、思维认知、思维理念及思维方式。将多门学科思维知识聚合熔铸于语文学科思维的探究，构成了语文学科的思维基础，进而整合运用这些知识进行重新组合、加工和提炼，灵活应用于语文思维研究及思维学的建构。由此，语文思维学的建构需要秉持开放的语文学科思维理念，应从与之相关的学科群体中发掘与整合、归纳与概括、抽象与提炼语文思维要素，合理建构语文思维学。

语文思维学的建构，不仅要准确甄别语文文本与写作内容的思维性，而且应辩证看待其研究理论与实践的科学性。应以辩证唯物主义和历史唯物主义的认识论为指导，结合语文课标、语文文本、语文教学的具体实践，教给学习者科学的思维方式方法，切实培育学习者的各种语文思维，促进其语文思维的健康发展、科学发展，提升他们在听说读写方面应具备的形象思维、逻辑思维、抽象思维、联想思维和创新性思维等能力及品质，从而使学习者具有独立观察、发现、分析和解决问题的语文思维能力。语文思维者或研究者须准确辨别源于不同专家的思想观点与主张，正确判断其科学性、实践性及应用性等，取其精华而去其糟粕，合理吸收他们的语文思维学研究成果，从而理性地有效建构语文思维学。语文思维学的建构实质上就是语言文字运用思维学的建构，这是基于语文学科思维的本质特点而言的。换言之，语文思维的建构就是语文直觉思维、灵感思维、形象思维、抽象思维、想象思维、辩证思维以及创造性思维等思维理念、思维能力、思维品性、思维形式、思维范式的建构。其理论思维与实践思维的建构既独立存在又开放视野，在应然与必然中萌芽，在已然与超然中诞生，在释然与实然中发展，在自然与决然中升华。因此，我们亟须辩证审视有关语文思维的种种认知，树立正确的语文思维观，不断丰富科学的语文思维理论，恰当运用适宜的语文思维教学策略，切实避免陷入语文思维培育的误区，使语文思维学的建构向着更严谨、更规范、更理性、更开放、更科学、更当代化的征程远航。

第四章　语文与情感思维

　　真理诚然是一个崇高的字眼，然而更是一桩崇高的业绩。如果人的心灵与情感依然健康，则其心潮必将为之激荡不已。

——黑格尔

语文中的动作思维

一、"动作思维"概说

(一)"动作思维"意涵

　　动作思维亦称直观动作思维，是依据自身对客观事物的感知并进行实践活动的一种思维方式，是现实生活中的思维主体通过动作形象揭示思维客体本质及其规律的思维范式。动作思维由"动作"和"思维"两个因素构成，没有动作就没有思维，其结构也相对比较简单，凸显其直观性、原始性，是一种完全区别于真正意义上的语言思维之外的先天的、本能式的、最基本的思维样式。因此，动作思维通常是在人类社会早期个体发展中所具有的一种最低级的思维形式。动作思维以当前直接感知到的客观事物相关联，一般利用具体的感知觉和实际操作来解决问题，反映现实世界。在抽象思维和逻辑思维产生之前，人们常用动作思维表达意涵。如小学低年级学生经常利用手指动作来进行计算活动，这就是动作思维。即使是成人在进行抽象思维活动时，偶尔也会借助具体的动作来帮助解决问题，只是这种动作思维带有一定的抽象性。"动作"与"思维"其实是两个概念，在人类客观现实生活中，有时以动作为主，即思维依从动作；但有时就以思维为主，则动作又服从于思维，需根据不同的活动内容突出其主次关系。

从人类社会的早期思维形态来看，古希腊学者认为，在大自然中人是唯一具有理智和思维活动的高等动物。而其他的一切动物行为存在"本能"。之后随着考古学、生物学、人类学及心理学的兴起与发展，人类发现其他动物也有一定的 思维活动。尤其是20世纪初期的思维研究证明，有些高等灵长类动物与人类思维是同源的，只是进化方式有别，进而人们又发现了早期人类的思维活动与动物的思维是相似的，都属于"动作思维"范畴。如动物觅食使用棍棒作工具，表明它们是有意识的动作等，这与人类制造工具的意识在本质上是一样的。这种用有意识的动作来解决问题的行为，就是动作思维。况且人的进化也是源于动物的，显然人类的思维起源与动物的思维有着必然的因果联系。因此，动作思维由早期人类思维继承、发展动物外部动作而来，只是基于语言出现之前。诚然，考察儿童思维发展过程可知，动作思维确实是人类最早的思维，因为它以行动为最初的思维起点。心理学研究表明：通常3岁前的儿童思维就是动作思维。其思维活动主要就是通过实际操作进行的，离开动作就不能进行思考。在马克思看来，这是一种原始的"实践的意识"心理，无法通向更高思维的彼岸。随着思维科学的发展，在新技术领域动作思维代替了形象思维、逻辑思维和灵感思维的基本活动。动作思维是人类社会实践活动通向思维活动的桥梁。人类只有以此为基础，才能发展为更高等级的思维形式。动作思维用动作来记忆和开展，思维与动作之间的联系完全没有中介，思维由动作所引发。动作思维就是一种无意识的思维活动，完全依赖具体可视的动作展开思维而进行其创造性活动。动作思维与形象思维、逻辑思维一样，是人类基本的思维形式。然而，从思维学视角观之，要科学把握思维的发展，动作思维的研究不可忽视，它是人类现代心理学、生物学、人类学研究的基础。如皮亚杰所研究的初生婴儿用动作对未知的对象初步"分析""综合"称为感知—运动阶段；布鲁纳的研究也得出了与此相同的结论，等等。动作思维是人类思维的初级形式，促进了人类思维由低级向高级的不断发展。

（二）"动作思维"特质

"动作思维"最突出的特点是动作与思维相生相伴而互为因果，离开动作就不可能有思维，其任务与当前直接感知对象紧密相关，并依靠其感觉与操作解决实际问题。心理学家皮亚杰和布鲁纳等人发现了动作思维的存在及其特征。

1. 瞬时性

动作思维是一种在很短时间内传播达成的思维活动。它很即时地在一定时间内较系统地反映其操作活动能力。这种反映其活动时间性较强，要求在一定的时刻内自外而内收集整合信息并及时作出活动响应。动作思维完全依赖感知觉与动作的瞬时反应来实现该操作活动，二者同时发生，没有动作感知觉就不复存在。可见，动作思维利用动作承载即时传播信息、反应信息的基本特质，通过"动觉"感悟瞬时启迪操作者的思维理念，拓展其原始思维视野，突破其本能式的思维障碍，解构其思维原型，获取其思维结论。以视觉感知来驱动肢体动作，以肢体动作而触发情感因素，以情感因素诱导心灵感知，以心灵感知步入思维状态，彰显出即时、即发、即兴之思维特性。整个思维过程透射出延续性、活跃性、生动性的诗意色彩，自然而灵动、明锐而清晰，仿佛和谐旋律中的婀娜舞姿，闪耀着动作思维之光芒。

2. 透义性

动作思维是一种透义性很强的思维活动。生物学家达尔文研究认为，人的面部表情在全人类中是一致的，不会因文化的差异而有所不同。动作与思维的相互联系是非常直接的，它们之间没有严格意义上的中介性环节，就可传达出所要传达的思想。正如在教学中，执教者的每一个无意识的动作都会对学习者的心理和灵感产生影响，它能够及时唤醒学习者的思维状态，激励他们分析问题进而探索知识的兴趣与欲望，打开学习者心灵深处的思维之门、世界之窗。从而使学生完全融入思考问题、解析问题的情景氛围之中，以饱满的精神热情投入求知循理、慎思明辨的彼岸世界。以动传思、以思显动，环环相扣，相得益彰。在动作中思维，在思维中升华，在升华中涵养，在涵养中塑造健全完善之人格。

3. 暗示性

暗示性也称为"暗示感受性"，即一个人接受暗示的基本能力。其暗示程度的高低取决于被暗示者接受刺激的心理强弱状态等因素。对于文化素养及社会生活经验偏低的人而言，他们接受外界刺激的暗示能力相对较弱，反之则较强。动作思维其本质上就是一种前语言或言语的思维性活动。它通过语言（或言语）、行为举止及其他事物等暗示他人联想到与之相关联的其他事物，凸显其隐藏性、隐蔽性和暗示性。暗示性的动作不加任何批判就直接接受，诸如别人的观点、意见、思想、看法等，其动作思维通常依顺别人。但暗示性偏低者有时可能会产生逆反心理，不会轻易接受别人观点；而暗示性较高者则很容易接受他人想法，其动作思维效果较好。动作思维的这种"暗示性"，其实不是严格意义上的纯思维活动，因为其动作过程完全来自先天的本能和原始生态结构，只要生理出现问题不能操作其所谓的"思维"就消失了，而"真正的思维"是即使身体发生意外，只要还有生命，哪怕不能行动，但仍然能进行正常的思维活动。

4. 认知性

皮亚杰研究认为，动作思维是一种潜意识的本能认知，这种认知来源于天然的生理机能，区别于真正意义上的思维认知。动作思维通过外部或身体的操作活动完成"动作"，其所谓的"认知"将伴随"动作"同时完成，不具备发达思维的那种联想性、超前性、想象性以及非预测性。动作思维的认知具有一定的本能整体指向性，是人的一种伴随动作的意识活动。动作主体只有通过"动作"的整体指向才能完成"认知"，才能凸显出其先天的生理机能。从这个方面来讲，与思维有关的表现除大脑之外，还有人的整个身体。就其指向性而言，动作主体出于自身本能的刺激反应及生理活动，自然而然地指向了动作对象，这种"指向"显然是先天的动作反应。动作思维主要存在于大脑及整个身躯的同时性运动，从这个角度看也有一定的速度性和连贯性特点等。但需要指出的是，动作思维应该是人或动物类所表现出来的一种原始的非思维性的"思维"，它是人类思维发展的雏形，可视为"思维基因"之一，不能代表纯粹理念或意义上的思维形式或思维活动。可见，这种"认知性"应是原始的、先天的、本能的认知特性。当然，对此还须有待于进一步研究和探索。

5. 意向性

动作思维的意向具有源于本能的倾向性和控制功效。动作思维的倾向性是动作行为的基本动因，是强化动作行为的主要手段。这种倾向性的动作行为是其个体意向在动作过程中的反映，具有动作主体自身鲜明的个性倾向特点。恩格斯认为不能扼杀儿童千差万别的个性，否则会严重丧失他们先天的倾向性。意向的倾向性与动作思维联系紧密，倾向较明确其动作思维则一帆风顺，反之则目标难达。动作思维的意向自然地控制着其结果的速率。其控制有正向和反向之分，正向控制能使个体的动作在意向的控制中按一定的节奏或限度个性化地开展思维活动；而反向的控制则将导致其动作与思维脱节，造成其动作思维的不稳定或消失现象。动作意向控制着动作思维的趋向，有助于动作主体本能的调整和完善自身对客体的思维活动，便于对其客体作出正确而迅速的本能反应与判断。人若没有情感，就不可能追求真理。动作意向控制着人的思维活动，同样具有情感因素，人一旦失去情感，其意向控制也就随之消失。人类或动物的动作思维意向控制有一定的本能性和自由度，这些都与其情绪有关，人可控制情绪，而情绪反过来也会影响人的思维和行为，直接导致其动作思维的功效。为此，动作思维的本能意向控制着思维的倾向，决定着一切动作的直接体验活动。

(三)"动作思维"功效

动作思维在人类社会生产、生活及教育等方面发挥了极其重要的作用。使用动作思维既能促进人们的生产与生活,又可化繁为简、化难为易发展学习者智能。

1. 促进思维发展

动作思维能促进人类思维器官不断进化与发展,进而为人类其他高级思维形式的形成奠定了坚实的物质基础。心理学研究表明,人手既是进行劳动的器官,同时也是人类认识客观事物的感官。人手的进化影响了整个有机体的迅速发展,尤其重要的是催生了人类大脑的迅猛发展。大脑皮层的分析与综合信号首先来自人手的感应,在完成复杂的动作后就促进了大脑皮层的迅速发展。换言之,动作思维的发展对人脑的进化能产生直接的促进功效,也为人类其他高级思维活动及思维形式的产生与发展创造了条件。人类的思维活动与动作中的各种现象和事件息息相关,人们从感知到的客观事物中选取自己喜欢的东西与动作在觅食过程中的简单构思基本相同,这些经验有助于形成个体善于发现问题的本能意识。一般情况下,通过个体自身发出的动作,为自己的思维活动提供了感性素材,从而本能地组织自己的手脑开展动作思维活动,从个体的无意识记到有意识记、从有意识记到意义概括,最终达致揭示客观事物本质规律。所以,皮亚杰指出:"活动既是感知的源泉,又是思维发展的基础。"动作思维促进了人类思维的发展,反之,人类思维的发展也促进了动作思维向更高等级的思维形式迈进。

2. 激发思维灵感

动作思维本质上是一种直观性思维活动或形式。它通常伴随着人们的灵感促使其直观动作思维的不断展开。灵感有较强的亢奋性与突发性,它是人们构思的前提,若没有平时的动作思维经验积累,灵感则难以产生。人类的思维灵感是在众多的动作思维基础上形成、发展而来的。比如动作思维中所形成的各种材料,能为逻辑思维的产生与发展提供更多的可能。皮亚杰认为动作思维的材料所有形成的各种图式,是动作的结构或组织,能引起人们思维的迁移或概括,从而产生灵感。动作思维能唤醒人们创设解决问题的情境,并在其各种不同的情境中激发起灵感,积极投入解决问题的情境中。动作思维是外显的,而灵感思维则是内隐的。外在的动作思维能促使内部的灵感思维兴奋活跃,去认识客观事物中那些尚未认知的彼岸世界,洞见客观世界的因果联系及本质规律。动作思维亦是情感状态的另一种表现形式,这种情感状态是激发思维灵感的基础，能促进人们敞开心扉放飞思维理解事物原理、掌握基本知识、提升思维能力。灵感潜伏于动作思维的情境之中，其激发的程度也会影响到思维活动的效应，积极的动作思维自然能激起活跃的灵感思维，提高解决问题的最佳效率；反之相对较消极的动作思维则会导致其灵感思维的困乏，进而降低了解决问题的质量。当然这与个体的经验与素质相关，须不断积累动作思维经验，涵养沉淀各种思维知识，构建自身独特的学术思维体系，方可实现其灵感思维的创新发展。因此，动作思维能多角度、多侧面、多方位地促进人们思维灵感的提升，达成动作思维功效的最大化。

3. 塑造思维品性

动作思维可塑造人的各种思维品性，譬如思维的灵活性、敏捷性及独创性等。思维的灵活性是思维的品质之一，指在实际生活中善于根据情况及时调整工作计划，并以新的思路或方案解决问题的思维特性。思维灵活性取决于人类高级神经活动的灵活性，它受制于个体的综合能力及其已有素养。如"量体裁衣""因地制宜"就是思维灵活性的具体表现。动作思维的灵活性品质是动作决策者的机智、灵活的表现，有一定的指向性，是动作驱使个体改变既定概念，以新生概念解决问题，尽可能发挥自身潜力，在新的条件下寻找解决问题的契机。动作思维能塑造思维的灵活性品质，还表现在具体的动手能力、理解能力和应用能力的灵活性方面。思维的敏捷性也是思维品质之一，通常指善于迅速发现问题、分析问题和解决问题的思维特性。如语言、思想、观念、表达等的流畅性等。思维敏捷的人大多足智多谋、应变果断而反应迅速，无论遇到怎样的紧急情况都能积极思维、全面考虑、正确判断而迅速决断。思维的敏捷性是一个人综合思维能力、思维品质的集中反映，需要具有高度灵活而广阔的思维视野，才能在思考、分析与解决问题时迅速而周密地做出结论。动作思维的敏捷性能使个体应有的注意力得以聚焦，用现有的认知结构去迅速地发现新问题、周密地分析新问题、果断地得出新结论的思维品性。动作思维可塑造思维的敏捷性品质，促进个体在动作中发展智力，并形成一定的认知结构，敏捷筛选而整合自己所需的信息，从而迅速作出合理的判断。如个体的生理反应、心理感受、联想想象以及迁移应用等，是同一动作思维过程的瞬时反应，无疑是动作思维敏捷性特点的充分体现。思维的创造性也是思维的品质之一，其突出特点是角度新、方法新，是一种具有创造性的思维品性。动作思维的创造性品质莫过于个体在动作实施过程中所表现出来的创新性、创意性、开创性等的思维活动品质，是一种开拓人类认知新领域、新成果的思维过程。动作思维的创造性品性是以个体的动作感知、动作记忆、动作思考、动作联想等思维能力为基础的，以探索和求新性为目的的高等级心理活动品质。动作思维的创造性品质是要经过知识与素养的不断积累、沉淀才能实现，它需要具备丰富的联想与想象、严密的推理与判断等思维能力的参与，进而寻找创造的契机，达成创造的目标。动作思维作为人类思维活动的一种基本形式，塑造了人类个体的思维品性，在人类的思维活动中扮演着重要角色。它不仅是一种高级形态的操作性思维活动，也是人类改造世界的一种实践性思维活动，促进了人类形象思维、逻辑思维、抽象思维等思维方式的发展与提升。它是人类思维品性的雏形和发端，推动了人类思维活动、思维形式的高度发展，它将在人类思维活动中不断发挥自己应有的功效。

二、语文文本与"动作思维"

动作思维的直观性特点决定了动作思维的低级形态，它与直观形象思维相似，在艺术创作中仍然起到相当重要的作用。尤其是在文学艺术的创作过程中，强调作品的原创性，这种原创性其实就是注重其创作思维的原始性和直观性的特点。高尔基认为，我们在写作中最开始都没有头绪，想到什么就写什么，写着写着人的思想就会突然走上了正轨。巴金先生等许多作家的文学创作也有同样的感受。文学创作中，得先有一个大致的总体构思与框架，但只是一个粗略的想法，其具体的环境描写、形象刻画、情节叙述等几乎都是在写作过程中临时突然想起来的。动作思维总是伴随着文学艺术创作活动而发生，显然，这就是直观动作思维作用的效果。黑格尔认为能把个人的性格、思想和目的最清楚地表现出来的是动作，人的最深刻方面只有通过动作才能见诸现实。如描写人物关键是让人物立得起来，其外貌、其职业、其经历、其民族等特色，能形成他们特有的人格，写作中须善于运用动作表现出来。因此，人物形象的塑造少不了要对其进行动作描写，须通过描写人肢体自然而然的动作来表现其内心活动，这就是一种动作思维在脑中的反映，即"写真"。在语文文本中，有不少作家塑造了栩栩如生的人物形象，其人物形象的动作描写尤为突出，他们用动作思维反映人物内心及个性特点，揭示社会现实，与读者在感情上产生了共鸣。比如，白居易的《琵琶行》中，"转轴拨弦三两声，未成曲调先有情。弦弦掩抑声声思，似诉平生不得志。低眉信手续续弹，说尽心中无限事"。先写琵琶女略拨琴弦的试音动作情形，表现他技艺之高。通过描写琵琶女的动作神态，不仅反映了她弹琴的精湛技艺，也体现出她怀才不遇之感，等等。文本以高超的动作思维表现了琵琶女复杂的内心情感。朱自清《背影》中通过描写"父亲"爬月台买橘子的动作，表现深厚的父子之情。"我看见他戴着黑布小帽，穿着黑布大马褂、深青布棉袍，蹒跚地走到铁道边，慢慢探身下去……他用两手攀着上面，两脚再向上缩；他肥胖的身子向左微倾，显出努力的样子……"作者抓住了"父亲"爬月台买橘子时的动作，用"蹒跚""慢慢""攀着""上缩""微倾"这些词准确描写出"父亲"爬月台买橘子时的艰难动作。"蹒跚"写出父亲行走不便的困苦动作；"慢慢"反映父亲小心谨慎的心理活动；"攀着"描绘父亲爬台时的无奈动作；"上缩"体现父亲爬台时的努力动作；"微倾"则刻画出父亲艰难用力的动作。文本通过实实在在的动作描写，一个活灵活现而栩栩如生的"父亲"跃然纸上、呈现眼前。这显然是朱自清先生在创作中的动作思维之功。鲁迅的《孔乙己》中"'排出九文大钱''摸出四文大钱'"，其中的"排"，写出了孔乙己面对别人的取笑，表面显得平静、从容的表情动作；而"摸"与"排"则形成了鲜明的对比，写出了孔乙己生活的悲苦与潦倒的情形。这两个动作描写都聚焦一个"钱"字，生动地刻画出孔乙己穷酸好逸而麻木不仁的个性特征。在《范进中举》中，"范进不看便罢，看了一遍，又念了一遍，自己顿把两手拍了一下，笑了一声，道：'噫！好了！我中了！'说着，往后一跤跌倒，牙关咬紧，不省人事……走出大门不多路，一脚踏在塘里，挣起来，头发都跌散了，两手黄泥，淋淋漓漓一身的水。众人拉他不住，拍着笑着，一直走到集上去了。"其中的"自己顿把两手拍了一下，笑了一声"，这样的动作意味着他早已变态了；"不由分说，就往门外飞跑"，则意味着范进确实疯了；"一脚端在塘里，挣起来，头发都跌散了"，又看出他疯得已不省人事；"大眼望小眼"，反映了众人的惊讶及范进行为的不可思议。这些动作描写，深刻反映出封建科举制度对人性的摧残，鞭挞了整个封建社会的腐朽与罪恶，揭露了当时黑暗社会环境的不堪。都是作者创作中的动作思维之结晶。唐诗李白的《独坐敬亭山》中"众鸟高飞尽，孤云独去闲"，表面上是写眼前之景，其实是以鸟儿飞走、白云飘走的自然动态之景抒写自己内心的伤感之情。以动写静、以动衬静、动静结合，烘托出诗人心灵世界异常的孤寂之怀，其动作思维无处不在。

宋词李煜的《相见欢·无言独上西楼》中"无言独上西楼"，其中"独上"的动作描绘，将词人之身影清晰地勾勒了出来，完美地奠定了全词的情感基调，其惆怅孤寂之情得到了淋漓尽致的抒发。"剪不断，理还乱，是离愁"，其中的"剪""理""离"的动作描写，突出了丝线喻愁苦的别有用意，丝线长可剪，乱了可整理，而思念离愁却不能。生动地刻画了词人的战乱之恨、国破之痛、家亡之悲和离愁之苦，正是词人创作中的动作思维之体现。

三、语文教学与"动作思维"

只要有人类活动的地方，动作思维就无处不在，语文教学也是如此。如教师使用体态语言使课堂气氛活跃，使语文教学更直观、更具体、更灵动、更形象、更富有一定的艺术感染力；文本中的人物动作描写使其形象更逼真、更感人、更具有社会意义等，都是动作思维的反映。人物动作的描写能折射出其内心世界的基本活动、思想品性和处世态度等。这正是老舍先生所认为的那样，"描写人物最难的地方是使人物能立得起来，使人物活跃。"由此可见，动作思维确实存在于语文教学之中。动作思维在语文教学中，通常以大脑控制其肢体动作，直观性地解决语文授课问题的思维方式。其突出特点在于动作与思维同步，语文思维寓于语文动作之中，在语文动作中思维，在语文思维中行动。维特根斯坦曾说："语言乔装了思想。"语言通常是外在的，具有动作行为；而思想是内在的，属于心理反应。外在的动作行为对于表达而言来得更直观、更清楚些，使教师授课时与学习者的沟通更顺畅，可获得此时无声胜有声之效。

在语文教学中，直观的动作思维培养是必要的。从思维学视角观之，要正确理解动作的发生与发展，才能准确把握其思维的本质。语文教学中的动作思维直观性、实践性和模仿性等特点。从小学到大学、从儿童到成年，动作思维的发展一般由简单到复杂、由低级到高级逐渐形成。教师在语文教学活动中会经常利用动作授课，以图达成某种较好的课堂效果，甚至将其教学思维直接寄寓于动作之中。语文教师的体态语言是其思维外在的直观表现形式，也会影响学习者的学习积极性及课堂效果。有时也以一些实际动作反复练习和实践，让学习者明白其动作思维含义，加深他们对学习内容的理解与掌握。因此，在语文教学中应灵活运用动作思维提升其教学质量。

（一）运用动作思维强化知识记忆

动作思维有助于语文知识的记忆。心理学研究表明，人的记忆保持时间是有限的，但通过周期性图像的回放能延长记忆保持时间。语文教学中，在学习者背诵课文之前，执教者应先在解读课文的基础上，使学习者的大脑形成动态的文本画面，背诵时只要回忆动态画面，就能很快记住内容。如马致远的《天净沙·秋思》："枯藤老树昏鸦，小桥流水人家，古道西风瘦马。夕阳西下，断肠人在天涯。"这首小令以自然、纯朴、精练的笔调描绘了一幅浓墨重彩的秋郊夕照图，再现天涯游子的一派孤寂凄凉的思乡之情，真不愧为"秋思之祖"。每一句都是一幅充满动感的画面，有"鸦声""流水""风动""马行""夕阳西下""行人"等，其意象之动，其意境亦动，构成了一幕幕生动有趣的影像视频。给学习者以直观形象之感，能唤醒他们丰富的联想与想象，让他们很快就能理解、掌握和背诵文本内容。这便是诗人精妙绝伦的动作思维之创，教师若抓住这一特点进行教学，定然有助于学习者语文知识的记忆。再如白居易的《琵琶行》："'千呼万唤始出来，犹抱琵琶半遮面。''大弦嘈嘈如急雨，小弦切切如私语。嘈嘈切切错杂弹，大珠小珠落玉盘。'"其中的动词"呼""唤""抱""遮"描写了琵琶女高超的弹奏技艺以及不幸的人生经历。以外部动作的刻画反映内心世界的悲凉，揭露了旧中国官场腐败、人才埋没、民生凋敝的黑暗现实，同时也表达了诗人对琵琶女的深切同情。而其中的"嘈嘈""切切"模拟事物声音，以动音写急情，又用了"急雨""私语"的动态意象来表现内心的不平静，使音乐的描写更赋予形象化。但这还不足以表达内心的情怀，于是又用了"错""落"把动作思维的情感表达推向了高潮。融听觉与视觉为一体，以精准的动作思维淋漓尽致地展现了琵琶女急切惆怅而怀才不遇之情。教学中，教师应先让学习者充分感受一下《琵琶行》的相关音乐，再让他们找出文中描写动作的关键词进行解读，在脑海中形成一个个直观的动态画面，从而把握诗意、体悟诗情而背诵课文，促进语文知识的记忆。

（二）运用动作思维提升理解能力

动作思维有利于语文概念及其规律的理解与把握。语文教学中，要正确运用动作思维帮助学习者提升其语文理解能力，马克思认为对很多知识概念和基本规律的掌握，不可能一蹴而就，需要经过反复实践而不断总结才能有所收获。因此，对语文概念的解读和基本规律的掌握，在很大程度上须善于应用动作思维开展实践活动，并在实践中获得学习的经验。如曹禺的《雷雨》中，"当天深夜，繁漪痛苦地回家，再次遭到周朴园的精神摧残。周萍为逃避一切，准备离家出走，繁漪苦苦向他哀求，希望带她一起走。"执教者可安排学习者将此编成话剧演出，学习者通过自己的切身体会，在脑海里留下了直观的情节画面，尤其是话剧中的动作描写片段，则会更加深刻地理解该戏剧的基本概念及其规律。在运用动作思维理解语文概念、揭示语文基本规律的过程中，也难免会遇到一些复杂而难以理解的问题，若充分利用动作思维则恰恰能迎刃而解。如《陌上桑》中描写罗敷之美的"行者见罗敷，下担捋髭须。少年见罗敷，脱帽着帩头。耕者忘其犁，锄者忘其锄；来归相怨怒，但坐观罗敷"。这段精彩的描写，学习者往往搞混虚写和实写，且分不清虚写与实写的差别。我们可引导学习者抓住文中的动作描写，再结合全文内容来理解就清楚了。文本虽然没有正面直接描写罗敷美貌，但读者通过动作画面仍能想象罗敷的美貌，感受文中的虚写艺术。

又如王昌龄《送魏二》"醉别江楼橘柚香，江风引雨入舟凉。忆君遥在潇湘月，愁听清猿梦里长"。学习者很容易认为一二句虚写，三四句则是实写。可恰恰相反，一二两句是实写当下之景，而三四两句则是虚写想象之景，表达作者的依恋与忧郁之情。执教者可引领学习者充分利用动作思维加以解读，自然能得出正确的结论。因此，动作思维有利于促进学习者理解能力的发展与提升。在语文教学活动中，不仅要培养学习者的形象思维、抽象思维、逻辑思维、辩证思维等思维能力，而且也不能忽视动作思维的训练，这样方可更好地全面提升学习者的语文思维能力。

（三）运用动作思维培育语文素养

在语文教学中，若恰当运用动作思维进行教学，能使学习者的语文素养得到较好的培育。动作思维的基本结构有别于形象思维、逻辑思维、抽象思维等其他思维，它是一种极为低级、简单的思维样式。也正因为动作思维的直接、明了而简单，教学中往往忽略了对学习者动作思维的培育。教师须加强对学习者思维的全面培养，尽可能促进他们的思维获得最大限度的发展。诚然，一个人的思维发展不是一蹴而就的，需要遵循适时与适度的基本原则及其规律。须根据学习者的不同年龄特征、身心发展规律和学业学段特点实施培育策略。皮亚杰认为，人的思维发展的每个阶段是不一样的，少年时期抽象思维的发展相对较快，其抽象思维通常是以经验型为主，只能初步理解与把握简单的辩证思维；而青年时代的抽象思维发展已进入了理论型，他们已经基本掌握了较复杂的辩证思维。为此，教学中应因材施教，适度、合理预设教学内容，充分运用动作思维培育学习者语文素养。语文课堂上运用动作思维培养学习者的语文素养，一方面要给学习者多创造发表自己观点见解的机会，培养其独立的思考能力。教学中让他们尽可能都有机会发言，张扬个性而阐述不同意见，就能在学习者的头脑中留下直观而深刻的印象。这些难忘的印象有助于他们掌握知识、提升语文能力，进而培养其语文素养。另一方面应合理安排一些思考练习题，让学习者反复思考并化成动作思维解决问题。学习者通过不断的实践练习，在头脑中形成了一定的思路痕迹，这些思路痕迹其实就是带有直观性的动作思维，容易被他们记忆、领悟和掌握，可进一步促使其语文素养的培育。再次是要紧密结合语文文本的相关内容开展课外语文实践活动，或布置校外采风写作活动、或预设"劳动模范"采访写随笔、或安排社区服务记录心得、或设置烈士陵园瞻仰谈体会、或组织参观科技馆写观后感、或到校外进行课文戏剧演出写随想……学习者从实实在在的社会活动中获得大量的动作思维素材，不仅丰富了他们的校园文化生活，而且还锻炼了他们的语文写作能力，促进了学习者语文素养的有效培育。此外，运用动作思维培育学习者的语文素养，还须动中亦思、思中有动，关注学习者操作思维（直观动作思维）的发展。学习者的动作思维是大脑动作与思维相统一的活动，学习者的思维发展与其身体活动二者密不可分，应有动有思、有思必动、动思结合，力求做到贴近学习者生活实际，激发其求知欲，拓展语文应用，让学习者真正获得实践性的操作感悟，进而培育其语文素养。动作思维是学习者思维结构中必不可少的重要组成部分，须正确理解和看待动作思维在语文教学中的关键作用和语文学习中的基本功效。语文教学中，既要重视学习者其他思维与能力的发展，亦需注重他们动作思维品质的提升，从而达成学习者语文素养的培育。

语文中的意象思维

一、"意象思维"概说

（一）"意象思维"意涵

　　"意象思维"的落脚点在于"意象"，"意象"是中国古代文学及文学理论中的重要概念之一。最早源于《周易·系辞》："子曰，书不尽言，言不尽意。然则圣人之意，其不可见乎？"刘勰的《文心雕龙·神思》中首次从文学理论的角度提出"意象"一词："独照之匠，窥意象而运斤：此盖驭文之首术，谋篇之大端。"王夫之指出："语有全不及情而情自无限者，心目为政，不恃外物故也。"现代学者朱光潜认为："意象是所知觉的事物在心中所印的影子。"诗人流沙河认为"意象就是表意的象"。可见，这些"意象"概念的论述都反映了"意象"与人类语言、心理认知的关联，从一个视角揭示了"意象"的本质，它是人们对客观事物的一种潜在的理性与情感认知，具有特定的审美意义。从西方的文学、哲学、美学、心理学等方面的考察发现，康德认为"审美的意象是指想象力所形成的一种形象显现"。苏珊·朗格则从符号学层面认为意象"可作为抽象之物，可作为象征，即思想的荷载物"。西方学者将意象视为传达作者思想认知的一种手段，是在实践基础上的理论，这与中国文学意象的认识与发展有异曲同工之妙。中西方意象理论在关注客体对象在头脑中所形成的形象认知是一样的。

　　黑格尔曾说："依照时间的次序，人的意识对于对象总是先形成表象，后才形成概念，而且唯有通过表象，人的能思的心灵才进而达到对于事物的思维认识和把握。"意象思维亦称象征思维，是指用某种具体的客观形象事物来表达某种抽象的观念、理念或原则的一种思维方式。意象思维的基本过程，通常经历由具体形象到抽象概括的飞跃。在中国的传统文化中，意象思维的方式一般有符号意象思维、玄想意象思维和审美意象思维。所谓符号意象思维是指用某种有意义的符号，来象征人们思想观念中某些自然法则的思维形式。譬如《易经》中的"－"（阳）、"－－"（阴），还有佛教、道教的各种灵符等。所谓玄想意象思维是指根据客观事物发生发展的基本规律，用具有代表性的意象符号来象征某事物的本质及其法则的思维样式。如老子之"道"、玄学之"无"、朱熹之"天理"等。所谓审美意象思维是指采用塑造审美意象的手法来表达某种艺术情趣和思想境界的思维形式。比如，李白的诗、苏轼的词、关汉卿的戏曲、司马相如的赋、中国的山水画等都体现了这样的思维方式。也有学者对意象思维进行了研究便持有不同观点。一种是从哲学的层面，如以张悦为代表，认为它是通过直观、感性、形象的具体符号把握客观对象世界抽象意义的哲学思维方式；另一种是基于文学中的"意象"，如邹建军在《"意象思维"的五大特性》中认为意象思维是诗人在感受、想象、识别、选择、整合和构建意象的过程中所凸显出来的抽象观念，反映了诗人对自然宇宙与生命世界本体的认识。然而，关于意象思维基本概念的界定也并非局限于文学视野，而在哲学领域讨论较为广泛，在哲学领域有关意象思维概念的界定是与抽象思维对比而言的，认为它是以"具象"来说明"抽象"概念的。而文学界关于意象思维概念的界定则是立足"意象"阐发的。在文学研究者的视野里，有的人认为意象思维不是主客体之间的对立，而是主客体之间的相互融合，即所谓的"情景交融"。也有的人认为"意象思维"的概念与"意境"相互关联、相辅相成，文学中的意象思维一般由'情境''物境''意境'三方面有机统一。但这只是基于"意象"维度的角度进行探讨和阐释，并未涉及"思维"层面开展探究，即没有从整体上把握"意象思维"的根本意涵。综合以上研究者的阐释，相比之下邹建军对于"意象思维"的概念界定还较为准确，为后来的"意象思维"学习者与研究者奠定了理论基础，产生了一定的影响。邹建军教授认为意象思维是诗人所特有的，对客观外界的感受、表象、想象、加工后，经过语言的描述而定型并拥有高度创造性的一种思维方式。其观点对后来的"意象思维"研究者具有借鉴意义。

在哲学上，"意象思维"的落脚点和归宿在于"思维"，就是以意象的方式构成思维。而在文学上，将"意象思维"立足于意象，视意象的产生过程为思维。重在探讨文本中不同的意象及其整体所体现出的思维方式。为此，该书着眼于考察语文文本里的"意象思维"意涵，即文学作品中作者在选择、联想、想象和建构意象过程中所展现出的哲学思维方式，它反映了作家的人生观、世界观、价值观等，是文学作品意象西方化的更高、更深层次的抽象化表现。就中西方而言，其意象思维也有较大的差异性。中国的思维方式以感性的、道德的伦理型为主，而西方的思维方式以理性的、科学的认知型为主。二者截然不同。比如，就诗歌创作来看，中国的诗歌十分讲究其"意象"的创造，其"意象"创造的过程就是一种"意象思维"。"意象思维"是中国诗歌审美哲学中的重要范畴之一，其本质特征就在于借景（"象"）抒情、情景（"象"）交融而心物（"象"）合一，做到情与景（"象"）的"天人合一"，这是构成"意象思维"方式的关键所在。王夫之在《萱斋诗话》中说："情景名为二，而实不可离。神于诗者，妙合无垠。"而王国维《人间词话》则云："一切景语皆情语也。"中国诗歌通常景（"象"）中有情、情中有景（"象"）、情景（"象"）妙合，彰显出一种生动感人、别具匠心的艺术境界。

中国的伦理道德型思维成为诗歌创作的主观意识，而西方的理性认知型思维反映了较强的客观意识。作为中国文学之源头的《诗经》，有叙事、有抒情，开创了中国抒情诗歌传统之先河。而西方文学之源头的《荷马史诗》、古希腊神话和戏剧以及希伯来《圣经》，虽有复杂而宏大的叙事风格，但以反映希腊传统的思辨性文化及基督教文化为主流，体现了中西方思维方式上的差异性。意象思维应是一种融感性与理性、形象与抽象为一体的特殊的哲学思维方式。这种思维方式具有其本体的独特性，它既有感性又有理性的元素，既有形象思维又有抽象思维的成分，它既通过形象性概念与符号去解构客观世界的抽象意蕴，又以直观性的推理判断透视认识对象的联系。感性中具理性，形象中有抽象，它们相互补充、相互渗透、相互凝融而有机统一。意象思维在中国诗歌里就是诗意与哲思融为一体，而在西方的诗歌、神话、圣经里则是逻辑规则与纯抽象思维的结合。意象思维作为中国传统文化之特质，却真实地存在于文学、美学、艺术等诸多领域。具体而言，西方文化里的"意象思维"，基于概念与概念的分析，并广泛运用形式逻辑阐释事理，这与西方语言文字的文法规则相关。而中国文化中的"意象思维"则是从"形象"升华出"理性"。因此，其表述主要使用"象征""类比"等修辞手法，故其表述极富"感性"色彩。西方的"意象思维"具有严密的逻辑、纯粹的抽象和严格的理性精神，而中国传统的"意象思维"则是具象的修辞、逻辑与抽象的统一，加上丰富感性的理性呈现，便是"诗"与"思"和谐交融的"意象思维"范式。

（二）"意象思维"特质

"意象思维"是富于灵感，具有跳跃性、创造性的思维方式，从中西方文学、哲学、美学、心理学等视角考察，综合起来它应具有以下基本特质。

1. 形象性与抽象性的有机统一

"意象思维"是"象"与"思"的统一。所谓"象"指的就是"意象"，赋予形象性；而"思"显然指"思维"，具有抽象性。"意象"与"思维"的结合构成了"意象思维"形象性与抽象性有机统一的整体。意象思维重在"象征"，常用某种特定的具体形象（客观事物）来表达某种极为抽象的理念（思维观念），它是一种由具体形象到抽象思维飞跃的思维范式。中西方的人们在思维方式上是截然不同的。就中国而言，古代文论中常出现有关文学创作中的形象思维被视为"形在江海之上，心存魏阙之下"，诗人的强烈情感与客观景物的融合被描述为"登山则情满于山，观海则意溢于海"。无论是对客观事物的判断还是抽象概念的表达都使用形象的手法。中国诗歌理论中就有以诗评诗、以诗论诗的现象，比如元好问的《论诗三十首》、杜甫的《戏为六绝句》等，至于诗人运用形象来描述或表达自身情感与思想的文本就举不胜举了。中国文学中所塑造的意象不仅具有一种鲜明的形象性，而且还富有深刻的抽象色彩，是典型的形象性与抽象性的有机统一。而西方的文学受其哲学及传统观念的影响，往往以概念表达思想，抽象思维胜过形象思维，具有严密的逻辑意识和理性观念，凸显科学性。无论是中国文学还是西方文学，虽然在形象思维与抽象思维的比重方面不一样，但都具有形象性和抽象性，并在其作品中得以体现。

2. 常规性与变异性的辩证统一

意象思维塑造意象的手段有常规性和变异性之别。所谓"常规性"，指的是通常按照传统的表现手法和艺术技巧的方式来塑造意象。所谓"变异性"即指在传统艺术表现方式的基础上不断创新与变革，用新的思维方式来塑造意象，试图创作出更新更美的作品。但随着时代的不断进步和文学的发展，不论是中国还是西方，都趋向于常规性与变异性的辩证统一。

就中国文学之创作而言，中国古典文学的创作主要是遵循传统的创作手法来进行的，诸如中国古典的诗、词、赋、骈文以及散文等都十分讲究韵律和谐、对仗工稳和句式的整齐等，常用自然界中的客观景物菊、梧桐、芳草、柳、梅、竹、莲、蝉、鸿雁、杜鹃、明月、流水、黄昏、夕照、细雨、烟雾等作意象来表达思想情感，凸显其意象思维的"常规性"。而随着时代的发展与变迁，不同时期的创作风格及其手法也有一定的变化，如春秋时期的孔子注重诗歌创作的"兴、观、群、怨"说，汉代的曹丕强调"文以气为主"的创作主张，初唐的陈子昂提出"风骨"论的诗歌创作理念，盛唐的白居易积极倡导"文章合为时而著，歌诗合为事而作"的创作理论等，就"意象"来看，战国时期的屈原常用"芳草"作意象比喻"美德"，春秋时的孔子善用"流水"为意象比喻"时光短暂"，三国时代的曹操以"朝露"为意象象征"人生苦短"，唐代李白用"月"作意象表达"思乡之情"，宋朝词人苏轼以"蜉蝣"为意象感叹"生命短暂"等，彰显其意象思维的"变异性"。从总体上考察，虽然传统的意象思维仍然在继承与弘扬，但也不乏随着时代的变化而有所变化，彰显其常规性与变异性的辩证统一。其实"语言"不仅是交流思想之"工具"，也是塑造意象传达思维的载体。尤其是古代汉语就具有很强的形象性及表意性，其词汇、其句式、其表达都较自由与灵活，用了塑造意象具有极强的表现力。由此，中国文学中古典诗歌意象的塑造常用其语言表达手段来实现。而西方的纯拼音文字，讲究严密的逻辑性与语法上的固定搭配等，就不便塑造意象了，一般是经过作者的加工变异才能形成意象思维，很难做到其常规性与变异性的辩证统一。

3. 静止性与运动性的对立统一

意象思维既是静止的，又是运动的。其"静止"是从客观事物（"象"）的存在方式而言的，其"运动"则是着眼于思维活动（"思"）的角度来看的。意象思维是"静止"的"象"与"运动"的"思"的对立统一，这就是中国传统文化中所力倡的"天人合一"之思维与思想境界。中国古人憧憬安适、恬静的生活 环境，在文学中的不少意象便是作者崇尚闲适恬静生活的象征，田园诗人陶渊明以"菊"为意象表达对恬静生活的向往，谢灵运用"山水"作意象追求闲静自然的美好生活，王维和孟浩然善用田园景物作意象传达生活所向等，这些意象的塑造皆突出"静谧"氛围，格调高雅而境界深寂，凸显意象思维的"静止性"特点。但透过这些意象背后所蕴含的思维或思想理念观之，其"静止（客观事物）"的背后是"运动（思维或思想的活动）"，突出其"运动性"特质。因为人的思维或思想活动是动态的、变化的、发展的，它要正确反映客观世界的内在本质及其规律。因此，是静止性与运动性的对立统一。

考察西方意象派诗歌里的意象可见，他们不求"静"而求"动"，这是受他们根本的处世思想影响的。西方文学家大多向往独立而追求个性，他们的文学作品带有淋漓尽致抒发其独立而极富个性的感情倾向，而中国文学里的古典诗歌几乎遵守"乐而不淫，哀而不伤"的儒家中庸之道的创作原则。如果说中国文学中的意象思维是以"静"为主表情达意，那么西方文学中的意象思维则是以"动"为主张扬个性，这也许就是中西方文学意象思维在创作与表达方面的差异所在。西方意象派诗人注重在诗歌中表现个性而创新写作，不喜欢抒发自身内在的情感，其意象的运用只是为了显示自己的精神与勇气，致使诗歌创作大多表现出作者强烈的个性色彩，譬如"雷电""暴雨""海燕""太阳""鹰"等充满动感的意象，无不表现出西方文学中意象思维的"运动性"。20世纪80年代以后，西方的现象学、建构主义、符号美学、语义分析学、存在主义及结构主义等理论思潮的大量涌入，加之我国现当代文化与艺术的崛起，中国传统文化艺术迎来了巨大挑战。人们开始以理性的眼光和建设性的态度审视中西文化思想，秉持中西合璧而理性兼蓄的态度，正确解读与定位中西方文学里的意象思维理论与理念。在让中国传统的意象思维更具"个性"与"独立性"的前提之下，极力挖掘西方文学与文化中意象思维的"情感元素"，真正做到"古为今用"与"洋为中用"，达成意象思维静止性与运动性的对立统一。诚然，人们应该理性地洞见意象思维的"静"与"动"，要站在人类历史变革与未来发展的舞台上，正确区分理性与非理性的本质内涵，着眼于全人类的思维发展，让中西方意象思维动中有静、静中有动、动静结合而对立统一。

（三）"意象思维"功效

意象思维不仅是中西方文学与文化里的重要元素，而且是中国自古到今诗歌创作中的一颗璀璨明珠。"意象"是花中之花、诗中之诗，而"意象思维"则是文学创作（尤其是诗歌创作）中的思维范式。无论是古代诗词还是现当代诗歌创作，必然伴随着其意象思维的创作过程。奥地利诗人马利亚·里尔克认为诗要像玫瑰那样的香，那这与诗歌美的意象及其思维创作是分不开的。意象思维能最大限度地将外界客观事物既形象化又抽象化，增强感知度而扩大诗歌的表现领域。中国古典诗歌常以"诗言志，歌永言"表达志趣与情怀，并崇尚"文贵与象"，其创作不能太直白地表情达意，须把这些思想蕴涵在某些物象上，并通过特定物象来表达其思想情感，即所谓的"托物言志"。这便是意象思维所致。意象思维能沟通客观事物与创作者之间的心灵情愫，使客观世界更富于情感、生命与个性。可见，诗歌创作离不开意象思维，既能渲染出浓厚的诗歌气氛，又能营造出独特的意境。能通过对客观物象的描写烘托人物形象、渲染环境气氛，创造出匠心别致的意境，从而再现现实人生……意境的营造需要意象思维，或寓情于景，或借景抒情，或托物言志等，这些情志的表达离不开意象思维，它将诗人的内心世界熔铸于意象之中而产生了含蓄蕴藉的艺术效果，使人自然受到艺术的陶染，获得审美快感。意象思维在诗歌创作中追求表达上的"不着字"，而情感里的"尽风流"的境界。在景（意象）与情（思维）的构思上，不论是以乐写乐、以哀写哀，还是以乐写哀、以哀写乐等，无疑不伴随着意象思维而进行。

意象思维贯穿于文学创作（特别是诗歌创作）之始终，并使之浑然天成而传情达意。自唐宋以来，诗人创作就经常习惯于采用意象思维方式，从而形成了一定的创作传统。创作中普遍使用"杨柳""孤烟""残月""落日"等意象传达孤寂伤别之情；运用松、竹、兰、梅、菊象征高洁之品；以梧桐、羌笛、芭蕉、杜鹃鸟表凄楚悲凉之怀等。毋庸置疑，反映了意象思维在文学创作中的特殊功效。意象思维蕴含着中国文化思想的特定内涵，它是文学创作表现手法的运用，也是最基本的创作思维方式。意象思维是意境创造、意旨表现的基础，它是人大脑对客观世界所表现出来的感情、理性与物象的交融与统一。在中国文学的创作过程中十分重视意象思维，用意象思维描绘客观物象、表达个人感受、反映社会现实、抒发内心情怀……使中国文学寻到与自然的和谐，并充溢着对生命的领悟与诠释。这样的思维方式，为中国文学乃至世界文学的未来发展提供了借鉴意义和参考价值。

二、语文文本与"意象思维"

语文文本中的意象思维都分别传达出特定意义，它们都长于通过现存的客观物象来表达隐性含义和主观情感。意象思维是构成语文文本诗歌的核心要素，诗人在其文本的创作中，形成了具有一定时代特色的意象结构方法及思维范式。尤其是自先秦以来，语文文本中以"比兴"为主体的意象思维发生了根本性的变化。诗人个体的"诗思"得到了解构，创作视野也得到进一步拓展。诗人不仅关注自然风物的物我合一之道，也重视主客心物融合而表达超越自我的生命情趣与审美体验。陆机《文赋》云"观古今于须臾，抚四海于一瞬"，可视为这种"以小见大、由有限洞见无限"意象思维创作思想及其范式理论的表达。语文文本中的许多诗词基本遵循中国诗学的创作原则与审美规律，将意象思维方式运用于创作之中，既增添了诗词韵味，丰富了作品内涵，又扩大了诗歌的主题，增强了诗的气魄。意象思维是诗词创作的艺术范式之一，它将一系列栩栩如生的客观物象与诗人情感融为一体，构成了一幅幅内涵宏富而又形象生动的画面，升华了诗词的艺术品位，同时寄托了诗人的无限情思。

在语文文本中，我国的古典诗词常用"意象"创造"意境"而表达要旨。一方面以"物象"作"意象"。"物象"是以某一事物形成"意象"。有实体的也有虚幻的。"实意象"指现实世界中的客观事物形成的意象。如月、酒、菊、柳等这类意象，在语文文本的唐宋诗词中极为常见。"虚意象"则通常指梦境中的一些虚构意象，大多属于诗人的幻想虚像。无论"实意象"还是"虚意象"，都是作者对意象思维方式的应用。如语文文本中以"酒"为意象来进行创作表达苦闷、惆怅、悲愁、豪情、彷徨而有志难酬之情的文本就有："金樽清酒斗十千，玉盘珍馐直万钱。"（李白《行路难》）"酒酣胸胆尚开张，鬓微霜，又何妨！"（苏轼《江城子·密州出猎》）"东篱把酒黄昏后，有暗香盈袖。"（李清照《醉花阴》）"浊酒一杯家万里，燕然未勒归无计。"（范仲淹《渔家傲》）"一曲新词酒一杯，去年天气旧亭台。"（晏殊《浣溪沙》）等。以"月"为意象来进行创作抒发念亲、思乡，传达寂寞思归、离愁别恨之情的文本有："我寄愁心与明月，随君直到夜郎西。"（李白《闻王昌龄左迁龙标遥有此寄》）"明月几时有，把酒问青天。"（苏轼《水调歌头·明月几时有》）"月落乌啼霜满天，江枫渔火对愁眠。"（张继《枫桥夜泊》）"晓镜但愁云鬓改，夜吟应觉月光寒。"（李商隐《无题》）等。以"斜阳"（夕阳、落日）作意象展开创作表达苍茫沉郁、凄凉失落、怀古幽情之思的文本有："大漠孤烟直，长河落日圆。"（王维《使至塞上》）"过尽千帆皆不是，斜晖脉脉水悠悠。肠断白蘋洲。"（温庭筠《望江南》）"夕阳西下，断肠人在天涯。"（马致远《天净沙·秋思》）等。以"落花"（落红、残红）为意象展开创作流露人生短暂、青春易逝的哀愁与慨叹之情的文本有："风住尘香花已尽，日晚倦梳头。"（李清照《武陵春》）"落红不是无情物，化作春泥更护花。"（龚自珍《己亥杂诗》）"无可奈何花落去，似曾相识燕归来，小园香径独徘徊。"（晏殊《浣溪沙》）等。另一方面以"事象"作"意象"。所谓"事象"即指事物的形象，它与物象有所区别。在语文文本（尤其是唐宋诗词）中，"事象"通常是指人物的行动或活动而形成的一种"意象"。概言之，在语文文本的唐宋诗词中，"事象"是诗人对社会现实中的具体人物行为、生活片段等细节或情节进行描写，以达到充分反映他们的情感心理之目的的一种"意象"。诗人运用这种意象思维方式来进行创作，最终实现其思想情感与人生志趣的表达。意象思维是语文诗词文本创作的灵魂，是诗人主观思想情志与客观事物相融合的思维存在方式，是透解诗人主观内心世界的重要思维途径。意象思维是构成语文诗词文本意境的基础，是沟通诗人内心情感与外部客观世界的桥梁。运用意象思维能更好地解读诗词文本的思想内涵及艺术特色，品赏诗词文本之艺术价值。意象思维凝聚着诗人的创作智慧和思维理念，它不仅是一种思维范式，也是华夏民族数千年文明承载的思维记忆。

在语文文本中，除诗词之外还有不少散文、铭文文本同样运用了意象思维的方式进行创作而抒情达意，比如，周敦颐的《爱莲说》以"莲"为意象抒写了自己"出淤泥而不染，濯清涟而不妖"的君子式的纯洁本性、文雅气质和高尚品格。刘禹锡的骈体铭文《陋室铭》以"陋室"为意象，表达了自己不与世俗同流合污，不慕名利、洁身自好的生活态度，抒写了作者高洁傲岸的节操及安贫乐道的情趣。现代著名散文家朱自清在《荷塘月色》中用"荷花"作意象，通过对"荷花"的细腻描绘与刻画，含蓄委婉地抒发了自己追求自由的思想情怀。而又在其《背影》中以"背影"为意象，通过描写父亲一路上送儿子求学时的"背影"，栩栩如生地再现了父亲的高大形象，表达了深深的父子之情。不论是散文或铭文，作家都采用了意象思维方式创造"意象"营造意境而寄托自己的情思。这样的意象思维例子在语文文本中不胜枚举，运用之既能更好地传达文本意旨，又能极力渲染其思想意涵。也能使学习者透过文本意象深刻透悟作者心灵深处的情感意绪，从而产生解读上的强烈情感共鸣。

三、语文教学与"意象思维"

"意象思维"融入语文文本世界，也就自然融入了语文教学世界。那么，在语文教学中如何运用意象思维的基本理念，带领学习者走进"文本"、走进"意象"，揣摩作者渗透"意象思维"所传达的思想情怀，从而解读文本、透视文本、品赏文本，获得阅读的体验、快感与升华呢？

在语文古诗词教学中，引领学习者洞悉意象内涵，培育其意象思维。首先要指导学习者抓准文本意象。语文古诗词文本中有的意象较多，教学前须让学习者熟悉意象概念及其类别，要学会总揽全局，抓全文意象，抓主要意象。因为这些意象往往是反映作者思想情感、概括全篇要旨的关键所在。其次应准确把握文本意象的根本内涵，既要紧密联系整篇文章，对文本内容有宏观上的了解与把握，还要对其"意象"所蕴涵的意义进行深入分析，力求做到透彻领悟。譬如，"中军置酒饮归客，胡琴琵琶与羌笛。"（岑参《白雪歌送武判官归京》）"羌笛何须怨杨柳，春风不度玉门关。"（王之涣《凉州词》）"羌管悠悠霜满地，人不寐，将军白发征夫泪。"（范仲淹《渔家傲》）教师可引导学习者抓住"羌笛"这一意象，理解诗词中作者的相思之苦、离别之情，渲染出诗人内心深处的极度忧伤与孤寂之情。再次需有意识地让学生学习一些诗词鉴赏技巧和方法，比如，意象的叠加、并置、流动、融合以及超时空组合结构等。同时在此基础之上，还要引导学习者由课内至课外扩展意象视野，让他们对部分文学作品中的诗、词、曲及现当代诗文进行分类学习，并找出其诗词文本中的意象。应引领学习者从"意象"着手，在不同层面综合诗词意象及诗人所处时代背景展开分析，归纳并概括这些意象应用的相同点和不同点，切实做到知"人"论"象"、知"象"论"诗"、知"象"论"词"。从而在了解作者、把握意象、透悟全文的基础上，深入洞彻文本要旨。如教学"蓬山此去无多路，青鸟殷勤为探看"（李商隐《无题》）、"乡书何处达？归雁洛阳边"（王湾《次北固山下》）等古诗时，执教者须引导学习者在了解李商隐、王湾的创作背景前提下，激励他们准确理解"鸿雁"和"青鸟"这两个意象的内涵，并洞见诗人所传达出的相思、离愁、孤苦与悲寂之情。在语文诗歌教学中，应让学习者由近及远、由浅入深，做到小处着手、大处着眼，循序渐进掌握意象思维方式在语文学习中的重要性。只有对语文文本的"意象"有了更加清晰的认知，才能对其意境有深刻的领悟，也才能全面深入地把握诗意、透视诗情、提升鉴赏能力。语文课堂上，一方面要引导学习者在意象思维中走进文本。由于意象思维的文学创作与文学欣赏等心理过程，比较符合学习者的心理需求、审美体验和意义建构，其以言象意的思维方式、思想情感都源于具体的社会生活实际，有助于学习者对文本的联想与想象、分析与概括，由此，课堂上执教者要善于引导学习者借助于具体生动的文本意象剖析提炼作者的抽象思维意义，提升语文能力及综合素养，达成语文教学的终极目标。语文教学的过程实质就是学习者听说读写能力提高的过程，其中，文本解读的过程是最基本也是最重要的一个环节。文本解读中教师要启迪学习者既"寻言观象"又"寻象观意"，树立意象思维理念，筛选整合文本意象，透彻洞悟意象内涵，总体把握文本意旨，体会作者思想情怀。另一方面应指导学习者进行意象的还原性解读。有研究者认为，意象思维重在指向"言"，即对文本内容表达方式与表现艺术创作和赏析。从语文教学的视角观之，不仅要强调语用之"言"，更要重视所表之"意"，力求"言意兼收"。这是语文教学文本解读的应然诉求，也是意象思维的必然要义，更是语文教学的定然归宿。因此，教学中应指导学习者进行意象的还原性解读，注重客观事物原始的、本质的特征，不要随意改变意象的本意而无限夸大其用意，尽可能立足其本意适当拓展、描述与渲染其用意，凸显其自然的、原生态的意义联想，准确揭示文本所反映的客观事物基本规律。诚然，在进行意象的还原性解读时，我们也不能"过分还原"，应联系具体的语言环境合理地、辩证地解读，以防由于过分还原而导致文本鉴赏思维偏离正确轨道而步入误区。

在现代诗歌教学中，须诱导学习者体悟意象内核，培育其意象思维。语文文本中的现代诗歌里也有大量的意象，教学中若运用意象思维理念对此进行解读，方可事半功倍。意象也是现代诗歌的构成要素之核，它将诗人的主观情感投射于客观事物，达成情感与事物的统一，教学中只要把握意象就能掌握诗旨。意象思维理念的应用是现代诗歌教学中必不可少的教学要素，教师应启引学习者走进意象、感受意象、透视意象而解码文本。现代诗歌同样承载着"言外之象""象外之意"的表现艺术，其蕴含之哲理、飘逸之风韵、跃动之情趣等，无疑不是意象思维之功。它是诗人眼前世界与内心世界的完美融合。品诗之道贵在体悟，应多鼓励学习者充分发挥其联想与想象，发掘现代诗歌中的意象，在解读的基础之上透悟文本意旨。正如语文新课标所强调的"阅读是学生的个性化行为。要珍视学生独特的感受、体验和理解"。教师须以读促解、以解促品，合理指导学习者在现代诗歌中捕捉意象、感知意境、深解诗意。"意象"是诗中之诗，是诗歌之魂。作家的思想情感往往寄托于"意象"，通过"意象"再现自我、升华自我。譬如，徐志摩的《再别康桥》中就采用"云彩""金柳""青荇""彩虹""星辉""笙箫""康桥"等作意象，表达了诗人对母校依依惜别的深情。教学时，执教者需让学习者找准该意象，然后运用意象思维理念激发他们的想象，深入分析这些被诗人理想化、人格化、诗化了的客观事物，洞悟诗人完全沉醉于这如诗如画的美景之中，或神思恍惚、或流连忘返、或顿生羡艳、或几多惆怅、或几分眷恋之情油然而生，品味其中所蕴涵着诗人的深情厚谊。又如戴望舒的《雨巷》，诗人运用了"雨巷""丁香""油纸伞"作意象，极力描绘和刻画这些意象之"象"，表达自己迷惘感伤而又有所期待的"象"外之情。语文课堂上，教师应引导学习者筛选意象信息，充分调动他们的意象思维，并发挥联想思考该意象背后的意涵。诸如让学习者联系诗人所处时代并结合全文分析："雨巷"的狭窄阴沉意味着什么？"丁香"又象征了什么？"油纸伞"有什么深刻含义？等等。最后使学习者思维的落脚点放在：诗人把当时的沉闷、黑暗的现实社会喻为狭窄、悠长而又寂寥的"雨巷"，表达诗人自己在雨巷中彷徨的孤独之情；"丁香"是作者憧憬美好理想的象征，而这种美好的理想却是难以实现的，诗人自己充满几分愁苦与惆怅；"油纸伞"是诗人怀旧、迷梦意境的虚拟意象思维之写照，平添了几分冷漠、几分凄清氛围，给读者以无限想象的时空感等。再如，江河的《星星变奏曲》中最主要的意象就是"星星"，人们通常认为"星星"是象征光明的自然景物，或春天、或希望、或温暖、或诗意、或自由等日常生活中最美好的事物。而在此诗中的"星星"却寄托了特定的意味与情愫，它并非象征光明，而代表茫茫黑夜中偶尔闪亮的几点微弱之光，诗人借此寄托了自己面对现实而执着追求的理想之光、生命之光。其次还用了"冰雪""夜"等意象来象征极其黑暗冷酷的现实世界。整首诗在意象的营造中格外含蓄、朦胧，意境深邃、优美，如果学习者在教师的指导下能准确捕捉到这些意象，深刻领悟诗人所描绘的社会生活图景，透射诗人所抒发的思想情感，品赏其主观情怀与客观世界相融合的独特艺术境界。所以，在语文教学中，执教者须重视意象思维在文本解读中的作用，要用意象思维这把钥匙准确打开语文文本封闭的大门，使学习者探其"知"、究其"源"、明其

"理"、寻其"道"、涵其"思"、育其"能"。

在写作教学中，同样可以灵活运用意象思维的基本理念指导学习者锻炼写作，培育语文素养及能力。教师应先让学习者明确各种类型的意象，清晰认知那些意象的本意、引申义、比喻义和象征义等，然后在写作构思的大脑中，形成丰富的生活图景及要表达的主观思想情感，将它们融为一体进行思考而化为形象。使"意"与"象"在写作者头脑中处于和谐状态，让他们的思想观念与客体对象完美融合，能很好地实现具象化、对象化、形象化的统一，切忌"言"不表"象"而"象"不达"意"。在作文教学中，执教者就应科学指导学习者恰当调整意象结构，力求"意"与"象"达致和谐、整一，实现意象思维在写作教学中的合理应用。因此，在语文教学中应启发学习者品味意象，充分发挥其丰富之联想与想象，体验文本情境，感受意象之美，陶冶作品之情，并能运用意象思维写作，培养语文思维。让学生从具象到抽象，从感性到理性，从现象到本质，能更好地体味文本、锻炼写作而涵养个性，进而提升其语文素养和思维能力。

语文中的形象思维

一、"形象思维"概说

（一）"形象思维"意涵

所谓形象思维，即指人们在认知世界的过程中，将客观事物表象内化为典型思维形象，进而揭示事物本质及其规律的思维形式。形象思维是一种解决问题的思维方法，它对外界对象信息进行整合形成客观形象体系，通过感知、加工、储存与判断，构成了人的主观情感认识，并采用一定的艺术形式或手段（文学、书法、音乐、舞蹈、戏剧等）塑造形象（艺术、科学、宗教等）的一种思维范式。正如鲁迅先生从黑暗的旧中国中整合了许许多多的同类人物对象，以文学形式描绘、塑造而概括出富有典型意义的阿Q形象，从而表达了对旧中国黑暗社会现实本质认识的形象思维。

心理学研究认为，形象思维是一种借助大脑中的外在事物表象进行感受、分析、比较、综合、判断、抽象与概括的思维形式。形象思维的基本过程是一个对客观事物完整的认知、加工及创造过程，它需要通过形象的感知和理性化的认识才能达成。就形象的感知而言，形象思维与抽象思维一样，其理论与理念基础是感性认识。即经过感觉、知觉、记忆、表象等相互联系、互为补充、逐步发展的思维形式感知形象。人类对客观事物对象的感觉是心理认识的初级阶段，它反映了客观事物最基本的个别属性或特质。而知觉则是人们对外界事物整体属性或特征的反映，具有一定的概括性和综合性。感觉与知觉是人类大脑获得对客观对象的一种摄取性映象。这种映象在人类头脑中具有直观性的、具体性的、可视性的特质，此"映象"通过记忆储存于大脑，然后在回忆中形成其表象。显然，感觉、知觉、记忆、表象都是人类了解客观事物对象的感性认识阶段，但表象比感觉、知觉、记忆的认识更深入些，它具有直观形象思维与初步概括思维的基本特征，它是人类感性认识阶段的最高层级，既为人的大脑思维加工提供原生态的形象元素，也为大脑的思维加工过程创造了最基本的条件。从感觉、知觉、记忆到表象，反映出人类对客观世界的认知是从直接到间接、从部分到整体的发展趋势。其认识形态所反映的是客观事物的表面现象与外在联系，是一种相对比较低级的认识思维活动。只有表象具有直观形象性，它与形象思维较接近，因此形象思维才能以之为原型不断进行改造和加工，力图塑造出更丰满、更丰蕴、更丰富、更具有社会现实意义的典型形象，进而能更好地揭示和反映客观世界从个别到一般的本质属性及其规律性。从形象的理性化来看，一般情况下，人们通过对客观事物形象的分析与综合，从对事物感性的表象认识上升为理性的认知意象，该意象不仅从外在形态上看生动、直观而具体，而且也蕴含着极为丰富的思想情感内容，它是外在形式与内在本质相融合的统一体。该意象是形象的基石，是形象思维的前奏。形象的分析与综合、比较与分类、归纳与概括等思维过程，不仅是形象思维发生发展的基本思维过程，也是最重要的思维方略。形象的分析意在认识客观事物各部分的形象；形象的综合旨在把许多具备有机联系的形象进行重新整合或组合，便使之具有共同的形象特点。形象的比较旨在对同一形象或不同形象的不同部分或相同部分特质的辨别，在分析中进行比较，在比较中展开分析；形象的分类意在根据客观形象的不同象征意义进行区分，突出其形象的表意性、应用性；形象的归纳即对形象内涵由局部到整体、由个别到普遍、由特殊到一般进行整合，并使之能从整体上反映客观事物的某种原理和特性；而形象的概括是人脑在分析、综合、比较、分类、归纳的基础上，抽象或提炼出反映客观事物形象的共同本质特征的思维形式。人们通过回忆、联想与想象，使客观事物所寄托的意象化内容得以展现，构成了一个富有生活逻辑的意象体系，该意象体系促进了客观事物形象理性化意义的生成。这种意象性的形象思维运动形式，再现了形象思维的创造性想象形态，便以此为载体而凝成了创造性的形象思维范式。可见，形象思维离不开想象与创造，它是人类在认知客观事物表象内化过程中的思维结晶，是透视人类主观情感与外界客观世界之间本质及规律的思维范式。考察形象思维的理性认知，不言而喻，其意象的储存、其主观认识与情感的把握、其联想与想象思维的再现等思维理念的建构极为重要。

从文学创作角度审视，形象思维是作家在创作中始终伴随的情感形象与联想想象，并通过客观事物的个别属性或特征达成对一般规律的把握，进而创作艺术审美的思维范式。形象思维是以"象"来构成思维的，有"思理为妙，神与物游"（刘勰《文心雕龙·神思》）之感。形象思维是文学创作过程中最重要的思维方式，它借助"形象"反映现实生活，运用艺术化、典型化的思维方法，塑造栩栩如生的艺术形象，淋漓尽致地表达作者的思想情感。"登山则情满于山，观海则意溢于海"（刘勰《文心雕龙·神思》），形象思维需要作家发挥丰富的想象，才能达成艺术形象的再现。它重在用新的思维方式呈现新的客体对象，生成新的思维意象，升华新的艺术形象。其艺术形象正是作者情感的寄托与思想承载，即"为情而造象"，这与刘勰的"为情而造文"（刘勰《文心雕龙·情采》）有异曲同工之妙。形象思维侧重于形象的象征性、标志性和完整性，文学创作中对形象的刻画须准确、生动、有代表性且富有一定的社会及时代意义。

（二）"形象思维"特质

形象思维因其本身的品性而具有与其他思维形式所不同的基本特质。

1. 形象性

形象性不仅是文学艺术形象的具体、生动性程度的反映，也是文学艺术形象的特质之一。它是一种由内而外具有艺术形象的可感性、生动性、传神性的形象典范。能更集中、更概括、更真实地揭示社会现实生活本质，并熔铸作者审美情感、审美理想和审美理念，浸透其丰富的社会意识与倾向，从而唤起人们心灵深处的感性认识、深刻体悟和思想情感。形象思维须以"形象"为思维细胞，其形象要素具有直观性和具体性。其艺术形象是主观与客观的辩证统一。由具体的客观事物与主观的感性认识相结合，体现一定的思想情感，是主观因素与客观因素的有机统一。如文学作品中的形象塑造、雕塑、绘画艺术中的形象造型等，无不是社会现实生活形象的再现与作者思想情感的渗透，即主客观的统一。形象思维的艺术形象也是内容与形式的完美统一。它以直接作用于欣赏者感官的艺术形式来感动人和影响人，同时也鲜明地体现出极为深邃的思想情感内容。此二者相互融合而完美统一。形象思维还是艺术形象上的个性与共性之统一。其"个性"在于作品形象具有鲜明而独特的创作个性，作者寓客观现实生活为一身；而其"共性"则在于艺术形象又具有广泛而丰富的社会共通性、概括性等特点。正是由于该艺术形象集个性与共性的高度统一，才使其具有耀眼的光芒和不朽的艺术生命力。

2. 普遍性

形象思维普遍存在于一切思维主体的社会实践活动中，即人存在则形象思维存在。形象思维贯穿于文学创作、艺术创造及科学发明等领域，他们都不同程度地运用和把握着形象思维。文学家运用形象思维塑造文学形象反映社会生活而表达思想情感，如鲁迅笔下的"祥林嫂"和"闰土"等；各种不同门类的艺术家把握形象思维创造艺术形象，彰显时代风貌，如雕塑家罗丹的《思想者》、画家达·芬奇的《蒙娜丽莎》、徐悲鸿的《奔马图》、齐白石的《虾》等；科学家或科学工作者运用和把握着形象思维发明创新，推动人类不断进步，如以钱学森为代表的科学家发明了"两弹一星"、马克思创立《资本论》学说等。无疑不是把握与运用形象思维来认识世界、变革世界和改造世界的，充分体现了形象思维的普遍性特质。

3. 典型性

形象思维是以典型的、个别的、特殊的艺术形象来进行概括的。其典型性特质体现了社会生活中某些具有普遍意义的对象特点。如或艺术形象、或人物环境、或意象意境等的典型性，是形象思维最基本的艺术属性之一，也是文艺作品所拥有的品格。"典型"此词源于古希腊，原为"样板""模子"之意，后引申为"表率""典型"。亚里士多德的《诗学》解为"带有普遍性中的特殊性事物"。布瓦洛认为典型即类型，表现普遍人性的东西。孟德斯鸠则将典型视为最普遍、最有代表性的东西的集合。刘勰在《文心雕龙·比兴》中认为："观夫兴之托谕，婉而成章。称名也小，取类也大。"即以小见大反映、体现和突出事物的普遍特质。以别林斯基为首的人本主义学派，极力强调形象的典型性应体现在有生气的活人身上。而马克思则把人物形象的典型性格和典型环境结合起来揭示社会本质。形象思维的典型性特质是作家、艺术家等正确认识社会生活而发挥丰富想象力创造新形象的结果，它不仅反映出作品的思想内涵，也标志着创作者的艺术审美水准。因此，形象思维的典型性特质则充分体现在，运用概括典型性的人或事物形象来把握事物的根本特征，从而揭示其内在本质，彰显其艺术形象的独创性、独特性、概括性及完整性等。

4. 创新性

钱学森认为形象思维能掀起一次新的技术革命。亚里士多德指出通过形象人类可以认识宇宙万物。形象思维的创新性表现在，作者打破了陈旧的、固有的思维方式、思维模式和思维体系，从新的方式、新的模式、新的角度、新的体系去思考问题，并得出与众不同的创造性结论的思维方式。这种思维方式就具有创新性或超前性。譬如，文学艺术形象的创新、戏剧舞台表演艺术形象的创新等都是形象思维的创新性特质体现。诚然，也还有科学上的形象思维创新，如新的发明、新的创造、新的发现等既具形象性又有创新性。

5. 客观性

形象思维的客观性特质表现在，形象思维具有其自身固有的本质属性。一方面形象思维是人大脑活动的产物，具有一定的客观存在性。恩格斯认为"人的思维的最本质和最贴近的基础，正是人所引起的自然界的变化，而不单独是自然界本身"。另一方面形象思维是人脑功能化的体现，具有一定的真实性。科学研究证明人脑的信息加工控制系统是相辅相成的，为形象思维的客观性特质奠定基石。此外，在思维结构上，形象思维属于人脑系统思维结构中极为重要的组成部分之一。如钱学森所云"思维科学的基础科学是研究人有意识思维规律的科学，可以称之为思维学"。可见，形象思维具有集人的全脑思维协同活动的特点，凸显其"客观性"。

6. 非逻辑性

形象思维本质上是一种塑造形象的思维过程，它不需要遵循严密的逻辑规则，也不用讲究所谓的逻辑体系，更不必突出逻辑上的任何特点。形象思维试图对客体形象材料进行加工改造而形成新形象，是非逻辑性思维样式，它是一种立体性的思维结构，旨在使思维主体对客观世界从整体上把握与解决其问题，并在实践中获得检验。此外，形象思维还具有发展性特质。形象思维不是孤立、静止、片面的思维形式，也同其他思维方式一样在不断运动、变化、联系和发展着，即具有"发展性"。形象思维是一种动态的思维方式、思维结构，是艺术形象达成情感表达的理性思维范式。

（三）"形象思维"功效

形象思维能反映和认识客观世界，是教育人、培养人的一种思维方式。无论在文学艺术创造中还是在科学研究中，人们除了运用抽象思维之外，还经常使用形象思维方式进行创作。尤其在文学艺术创作中，需要高度发达的形象思维才能创作出独特新颖的艺术形象，它是作家的艺术形象思维理念与外界客观现实生活交互作用的产物。若文学家离开了生活中的形象信息，离开了头脑中的形象思维，那他们所得到的外界信息就也许只是陈旧的、过时的，甚至是不恰当或不准确的，也就难以做到正确反映社会现实生活。形象思维不同于逻辑性的理论思维，它以"形象"的特征、意义为基础来思考外界环境、表达思想情感、反映现实人生。形象思维的功效并不仅仅作用于人文艺术家，它亦是自然科学家们开展科学实验进行科学发现与创造的一种重要思维形式。比如爱因斯坦就很善于应用形象思维的基本理念进行自由创造，他的很多科学构思与理想化设想就是运用形象思维的典范。

二、语文文本与"形象思维"

"形象思维"是语文文本的重要内容之一。语文文本中富含"形象思维"的元素，如诗歌中的"物象"与"事象"形象、散文中的"景物"与"事件"形象、小说中的"人物"与"环境"形象、戏剧中的"人物"与"舞台"形象等，都是语文文本中存在的"形象思维"要素。李白在《蜀道难》中运用形象思维通过神奇的想象创造了一个又一个丰物形象，诗人纵横驰骋于山水之间，思维之活跃、想象之丰富，蜀道之高、之险、之要……加之神话故事、历史传说，呈现出许许多多栩栩如生的艺术形象，并深刻地达成了作品主题的表达和形象思维的运用。在杜甫的《登高》中，诗人运用形象思维塑造了一个多病缠身、孤苦伶仃、壮志难酬而具有伟大情操的诗人形象。李清照在《声声慢》中紧扣悲秋之意，运用形象思维塑造了一个亡国之痛、丧夫之悲、孤寂之苦的女词人形象。李商隐的《无题》运用形象思维方式表达了自己坚贞不渝、视死如归的真挚爱情，淋漓尽致地展现了诗人无比深挚的相思别离之怀。朱自清在《荷塘月色》中充分运用形象思维再现了荷叶、荷花、月色、月光等优美景象，表现出一个正直学者彷徨苦闷的心路历程。可见朱先生之形象思维真是思接千载而神游八荒。郁达夫的《故都的秋》中也运用了形象思维勾勒了南秋与北秋一淡一浓的景象，突出了故都秋的清、静、悲凉之特质。鲁迅《祝福》中的祥林嫂：勤劳、朴实、善良，顽强而又被迫害、被践踏、被摧残的旧中国劳动妇女典型形象的刻画，无不渗透着作者形象思维之创。契诃夫在《装在套子里的人》中巧妙地运用形象思维方式，生动地塑造了一个胆小怕事又爱管闲事、因循守旧而又害怕变革的"套中人"形象。曹禺的《雷雨》灵活多变地运用了形象思维方式塑造了生动感人的舞台形象和人物形象，展示了社会里的一幕不平等的人生命运悲剧，深刻揭露了资产阶级堕落腐朽的灵魂，表现了下层劳动妇女人性的觉醒。如丰富而有个性化的语言台词，形成了鲜明的人物性格和波澜起伏的舞台形象，周朴园的伪善与冷酷、鲁侍萍的坚强与善良、周冲的热情与单纯、繁漪的深挚与执着、鲁妈的老实与悲苦、鲁大海的直爽与质朴等。诸如此类的形象塑造，语文文本中作者都不同程度地运用了形象思维。

三、语文教学与"形象思维"

由于语文文本中处处可见"形象思维"的身影，因此教学中教师要善于引导学习者捕捉文本的形象思维元素，指导他们正确分析形象思维，发展与提升他们的语文形象思维及能力。

教学中可运用联想法训练学习者的语文形象思维。在语文教学中经常出现一些形象思维形态，学习者写作、文本阅读和审美鉴赏都离不开它。别林斯基认为诗人是用形象和图画说话的，不言而喻写诗时需要用到形象思维。形象思维还表现在对语文文本中汉字的认识与使用上，如汉字中的象形字一般表示具体的形象概念，如"水""火""山""月""日""鱼"等。教师就应启发学习者发挥联想而识别汉字，从具体可感的自然形象中体会其意涵。在语文写作教学中，教师可通过由此及彼的联想来训练学习者的形象思维。引导他们耐心细致观察社会生活，思考现实人生，然后发挥丰富的联想。对眼前所见之景、之物、之事，就应该想与此相关的彼景、彼物、彼事，做到由此及彼的联想。如在作文教学以《那片叶》为题写作时，就可引导学习者由叶联想到与之相关的生命、希望、青春、和平、友谊、奉献、感伤、平凡、凄凉等，让他们在联想中构思形象、描绘形象、表达形象意义。教学中教师要着眼于语文学科的基本特点培育学习者的语文形象思维，如学习者对表象的联想，对具体形象的分析、综合、回忆、联想与想象能力的培养等。使他们将生活中的直观形象转化为头脑中的具体形象，也可把大脑里的具体形象转化为表达中的主观形象。

在语文阅读教学中，教师须鼓励学习者充分发挥联想发现问题、分析问题和解决问题。将文本内容与客观社会生活实际紧密相连，能运用已有的语文与生活知识、经验解读文本而概括要义。[①] "操千曲而后晓声，观千剑而后识器。"[②] 学习者通过这样的反复训练，头脑中的新旧知识概念交互作用，从而变得更明晰、更具体、更形象化、更立体化，其形象思维及能力也就能得到相应提高。在语文阅读教学中培育学习者的形象思维，可运用对比联想的方式更能使学习者加深对文本形象的理解与把握，培育其形象思维。因为运用对比联想能更好地丰富学习者头脑中的"人形象""物形象""景形象""事形象"等，即能帮助学习者较好地解读或理解文本中的人物形象、景物形象和事件形象等。

---

① ［英］安德森，等：《学习、教学和评估的分类学》，皮连生主译，华东师范大学出版社，2008，第6311页。

② 刘勰：《文心雕龙·知音》，范文澜注，人民文学出版社，1961，第714页。

当然，还可运用再造想象的教学方略激励学习者再造想象，进而达成在文本阅读中再造形象洞悟文本，发展学习者形象思维。形象思维是文本思维的核心要素，如果没有学习者的再造想象则很难实现其形象思维的培育。应不断丰富学习者头脑中的"表象"，并在语文文本阅读中鼓励他们充分发挥再造想象的能力。如教学《登高》时，可结合文本意境配音朗读，把学习者带入诗境感受诗情，并联系意象："风""天""猿""渚""沙""鸟""落木""长江"再造想象。其文本中一幅幅诗人悲秋登高图则浮现于学习者脑海、呈现在他们眼前。学习者对文本凄清秋景形象及诗人年迈多病、忧国伤时和孤寂漂泊的悲苦形象自然获得领悟，他们的形象思维定然得到锻炼。让学习者读文思境、思境识象、识象悟情，建构阅读中的再造想象，进而理解文本形象，培养形象思维能力。诚然，也可在语文阅读教学中培育学习者的创造性想象能力，促进其形象思维及能力的提升。培育形象思维同样需要具备创造性想象能力。创造性想象能力的训练是整个阅读教学中创造性形象思维培养的重要一环。教师须根据一定的语文教学目的和任务，激励学习者独立思考，创造新形象，阐发新观点，力求创造出独特、新颖的形象。要启迪学习者丰富自己的社会生活想象内容，尽可能根植于多彩的生活世界，积累和沉淀丰富的知识经验，充分利用现实生活原型创造形象。如"龙"的精神、"梅"的坚强、"兰"的典雅、"竹"的高洁、"菊"的友情等。发展学习者的创造想象能力而培育其形象思维，须让他们立足于生活原型，做到合理想象而不可凭空臆造，应在"原型"上"拓展"，在"拓展"中"想象"，在"想象"中"反思"，在"反思"中"审美"，在"审美"中"创造"，在"创造"中"升华"，在"升华"中"成象"。不断提升学习者想象的创造性与概括性，从而科学培育他们的形象思维。

　　语文教学与形象思维有不解之缘，因为语文文本来源于生活，而生活中又充满"形象"，因此教学中可将语文具体化、生活化、情感化。人们对客观世界的认知一般都是从感性到理性，感性层面的事物是具体的、表象的，而理性层面则是抽象的、概括的、内在的。语文阅读教学关键在理解，应将学习者新学习的知识纳入原有知识体系中，丰富他们的感性形象，为其形象思维的培养积累概念与经验。所以，教学中需创设适宜的生活情境，增添学习者的形象素材，促进其思维活动。如在《荷塘月色》教学中，可通过师生互动对话，并联系学习者的生活实际对"荷花"形象的描绘适当补充一些例子，帮助他们更好地解读文本，训练形象思维。语文教学中也可联系学习者的生活实际，展开联想，激发形象思维。知识是形象的载体，学习者的认知视野并非局限于教材，执教者应将教学延伸到社会现实生活层面，拓宽他们的知识范畴，提升其形象思维能力。如执教《再别康桥》时，教师可指导学习者反复朗读文本、感悟诗情，然后让他们紧密联系自己的生活经历和社会实际，针对课文内容谈谈自身的真实感受，并将这种感受形成生活画面或场景，文本中的意境形象就自然清晰可见，其形象思维也得以具体化了。教学中还得充分运用现代信息技术载体，使抽象的概念具体化，也能有效培养学习者的形象思维。语文文本中的艺术形象，有时仅凭文字解说则难以让学习者获得全面的感知，须借助多媒体视频等载体呈现或展示，营造出整体的艺术形象情感基调，才能激发学习者的思维热情。如执教余光中《乡愁》时，学习者若没教师讲解对诗歌的把握会有一定难度。我们就可利用多媒体播放《大海啊，故乡》这首歌，让学习者仔细聆听渐渐步入本文的情感基调中。随着该音乐的播放，语文教师适时给学习者做一些简单点拨。以该乐曲所表现的浓烈思乡之情诱引学习者走进文本而感受作者的思乡之情。执教者借助相关的诗直观感知乐曲，给学习者情感的冲击，使文本的主题更鲜明、更突出，其思乡形象也更客观、更真实、更具体。

第五章　语文与理性思维

我们所有的知识都始于感性，然后进入到知性，最后以理性告终。没有比理性更高的东西了。

——康德

语文中的抽象思维

一、"抽象思维"概说

（一）"抽象思维"意涵

所谓抽象思维，亦称逻辑思维或分析思维，是人类在认识事物过程中运用概念、判断、推理而得出结论的思维形式。抽象思维通常以词为中介来反映客观现实世界，并对客观现实世界进行间接的、概括的反映。它属于人类认知世界的理性阶段，是从具象至抽象、由感性至理性的认识过程，是人类最本质的思维特征，是人类思维区别于动物心理的根本所在。抽象思维以科学的概念反映客观世界的本质及其规律，使人类通过各种认识活动获得超越感官的直接感知。科学的抽象思维能正确反映自然界或人类社会的内在本质与思想，它是在对客观事物的本质属性和内部规律性进行分析、比较、综合、归纳基础上，抽取出客观事物内在的本质属性，使认识从感性的直观具体上升到抽象的本质规定，最终形成揭示客观事物本质属性的基本概念。科学的、辩证的、合理的抽象思维是人们在社会生活实践中形成的，其共同的、一般的、本质性的特征体现于众多客观事物之中，如诗歌、散文、小说、戏剧、报告文学的共同特征就是文学，于是得出文学概念，这个过程则是一个抽象的过程。诚然，在抽象过程中须进行比较才能揭示事物共同的本质特性，使此类事物区别于彼类事物而凸显其本质特征。抽象思维作为人类所特有的思维范式，它是一种极为重要的思维类型，具有间接性、概括性和超然性等特点，它深刻地反映外部世界的客观事物，使人类在认知客观事物规律的前提下科学预见自然现象或现实世界的发展趋势，从而揭示客观事物的本质属性及其规律性联系，促进科学研究的不断进行。

（二）"抽象思维"特质

抽象思维以人类的语言、文字、符号等作为其思维载体，用概念、判断、推理的思维形式反映客观事物的本质属性，通过分析、比较、综合、归纳、判断、概括等思维过程反映事物一般属性及其规律性联系。由此，抽象思维具有以下特质。

1. 抽象性

抽象思维的抽象性是抽象思维最基本的特质。它抓住并揭示了客观事物内在变化的本质规律，其抽象性是人类对自然现象、社会现实、思维认知的概括与总结，是理论化、概念化、系统化的世界观和方法论的统一。抽象思维的抽象性还体现在人们思想中的社会意识表现与存在，它以追问世界本源、探索事物本质规律为终极目标，进而确立哲学上的世界观与方法论相统一的思维范式。

2. 间接性

抽象思维是人大脑左半球的思维过程，以抽象性的思维方式为主导，间接反映现实世界或人类社会客观事物的本质和规律。它所反映的不是客观事物的直观性或其个别属性，而是以语言、逻辑概念为媒介的客观世界本质属性和内在规律，因而凸显其间接性特质。

3. 非逻辑性

抽象思维的非逻辑性体现在，它不像逻辑思维形式那样，对所获得的信息按部就班地进行加工、储存、整理等，而是灵活运用相关材料进行整合式的、跳跃式的、立体式的、创新式的加工、归纳和概括，使思维主体能迅速地从整体上把握事物特点，进而揭示其根本规律。另外，抽象思维还具有想象性特质。抽象思维是思维主体运用已有的形象元素构建新形象的思维过程。其思维过程并非停留在已有的形象层面，而是更致力于探究对已有形象的加工、改造与概括，使之获得新概念、新形象的再现与升华。因此，抽象思维需要有人脑的想象加工与创新，才能实现对客观事物与现实世界的抽象性认知。

（三）"抽象思维"功效

抽象思维因其自身所拥有的基本特质，在人类生产生活中得以广泛运用而发挥它应有的功效。它不仅能让人们进行类比与推广，消除思维或思想中的不利因素，帮助人们正确认识各种事物或问题，而且能让人们举一反三或举三反一揭示客观事物的本质属性及其普遍规律。生活中，人们需要借助基本概念来思考和认识事物，对其做出判断并得出结论，于是利用推理来进一步论证该结论。这些都离不开概念、判断、推理及论证诸方面的思维过程。不言而喻，"抽象思维"的基本功效一方面表现在能正确运用事物概念获得科学的思考结果。当然所运用的相关概念应是明确的、清晰的，切勿模棱两可而影响思维结果，同时也要科学认知此概念所存在和依赖的语言环境，不能曲解相关概念生成的语言环境。思维主体须遵循逻辑规律正确使用概念及其内涵。要洞见客观事物基本概念的内涵和外延，不仅能透视事物概念的本质内涵，也能洞察现实生活的外部现象。做到思路明晰、概念清楚、理解严谨和运用正确。另一方面表现在能对客观事物的概念作出准确判断获得辩证的思维成果。抽象思维在很大程度上以判断的准确性为标准，思维主体须具备较强的逻辑思维能力和精准的判断力，才能准确地分析判断客观事物与现实世界的基本情况，并使之得到正确认知和准确判断。"重判断"是抽象思维的显著特质，要么肯定或否定客观事物性质上的特性，要么整体或部分反映事物内在结构上的特征等，都是抽象思维应准确判断或反映的对象。此外，还表现在能对客观事物的概念作出有效的推理论证而获得合理的思维结果。抽象思维的最大魅力莫过于给人们提供了极为有效的推理论证方法。只要思维主体能严格遵循一定的逻辑推理规则进行推理论证，就能从现实生活中事物的已知前提推导出合理的思维结论。凡是不经论证就下的结论必然是经不住推敲的或谬误的，须做到论之有据、论之有物、论之有理、论之有效而最终达成思之有证、思之有道、思之有理。最后，抽象思维还有助于培养人的统摄性思维能力。一个人的思维过程应是逻辑清晰的思考过程，亦是一个由浅入深、由现象到本质的思维认知过程。在该思维认知过程中，思维主体则需借助抽象思维来把握客观事物的全貌与整体及其发展变化的全过程。所谓统摄性思维能力即通过抽象思维对客观事物的综合性、概括性的反映，并借助概念将所把握的事物整体及其发展全过程呈现出来。抽象思维可将大量事实综合起来生成科学概念，并概括为更有内涵的概念整体，思维主体在此思维过程中所表现出来的能力就是统摄性思维能力。这种思维能力的培养始终伴随着抽象思维全过程。没有抽象思维要素的作用则无法进行统摄或统摄思维。反之，生活或学习中若能经常运用统摄思维去认识事物及其联系，把握客观事物的整体特征与发展全过程，那么其抽象思维及其能力也会得到相应提高。

二、语文文本与"抽象思维"

抽象思维是在语言运用、意旨概括和形象提炼等基础之上形成的思维范式。这在语文文本的诗歌、散文、小说戏剧以及议论性文体中有所表现。

首先，从语文文本的语言运用上看，语言的基础是文字，而文字中有很多是表意性的，这些表意性的文字其本身就具有抽象思维的元素，它是先人长期综合社会生活而抽取出来的象征性符号，凸显抽象性。如图5-1所示。

图5-1 "竹"字的演变

"竹"字最早是图画性的象形文字，后经过人类的高度抽象生成了今天我们使用的抽象性字符。可见，汉字从图画性文字转化为抽象性字符的过程就是整个抽象思维的过程。语言本身则是由一些抽象性的文字符号组合而成的，这些文字其本质上就是人类在长期的生活实践中高度抽象化的产物。事实上，人类文字都带有抽象化，相对而言，象形文字的抽象化程度较低，而表音文字的抽象化程度较高，表音文字是对抽象的抽象。语言本来就是对客观事物的抽象化概括，表音性文字又是对语言的再抽象或异质抽象，是一种更高级的抽象思维形式。语言的抽象性还表现在其词汇和语法的抽象。在词汇层面上每个词表示一般的、概括的一类事物。而从语法角度来看，它是人类思维在长期的语言实践中抽象化的成果，源于词句的抽象。语文文本中有不少有关语言表述的抽象思维体现，如施耐庵的《鲁提辖拳打镇关西》中"扑的只一拳，正打在鼻子上，打得鲜血迸流，鼻子歪在半边，却便似开了个油酱铺，咸的、酸的、辣的，一发都滚出来"。这是作者在综合鲁提辖拳打镇关西的整个过程后抽象出来的精致化、典型化的语言片段描述，使读者在脑海中留下或浮现血腥的场面。这样的语言描写思维无疑就是一种抽象思维的运用。又如朱自清的《春》在语言上也凸显了作者抽象思维的运用。该文本描绘了一幅幅生机勃勃的春天景象，表达了对春天的无限赞美之情。作者抓住了代表春天景物特点的画面，选择了富有魅力与特色的语言进行描绘。正如采用诗化的语言使此文满贮诗意，其文笔自然清秀而又极具真情和感染力；通俗易懂的语言显得清新朴实而又生动形象；全文善用贴切的比喻、拟人、排比等修辞手法，增强了语言的情感性和生动性；还使用了大量的叠音词，不仅形象地刻画了"春"之特点，而且富有语音上的节奏感和形象上的画面感。作者运用语言将诗情与画意完美结合，让美丽的春景与欢愉的情感融为一体，使人与自然和谐统一，表达了作者盼春、绘春、迎春、赞春之情。作者在文中语言的运用过程，毋庸置疑是他着眼于美丽的春景与自身情感的流露，通过反复斟酌与思考、概括与抽象的思维结果。像这样运用抽象思维精心凝练文本语言、准确运用语言的范本，在语文文本中比比皆是。

其次，从语文文本的意旨概括上看，不论是文学文本还是论说性文本，作者在创作过程中都对整篇文章的意旨进行了精心构思，该构思是建立在全文概念基础之上的，这个意旨构思的过程就是抽象思维的过程。如屈原《离骚》的意旨是通过描写诗人为实现崇高理想而奋斗终生的强烈愿望，抒发了自己被害遭谗的痛苦与矛盾之情，同时表现了他的爱国献身精神。该诗意旨的凝练与概括，是诗人抽象思维的结果。诗人与国家和人民同生死、共命运，用"香草"和"美人"比喻高尚人格，将深挚的爱国之情与爱民之心融为一体，来表现自己勇于坚持正义、追求真理、憧憬光明而百折不挠的斗争精神。这首诗的主题构想源于诗人对祖国和人民的爱，对以楚君为首的黑暗势力本质的揭露，对颠倒是非、谗害贤能、结党营私小人的抨击，对邪恶误国腐朽者罪行的控诉与批判，是诗人内心世界抽象化的结果。又如鲁迅的《记念刘和珍君》，作者通过了解和观察反动势力残杀革命青年的前前后后，经过反复构思与凝练，抽取了以刘和珍为代表的革命者来深刻揭露北洋政府屠杀爱国青年的滔天罪行，强烈地抨击了造谣诬蔑爱国者的卑劣无耻，热情讴歌了爱国青年大义凛然、团结友爱的崇高品质和爱国精神，抒发了自己爱憎分明的思想情感。其意旨的生成过程自然是作者大脑加工、整理、升华的抽象思维过程，这样的案例在语文文本中不胜枚举。

最后，从语文文本的形象提炼上看，文本中有"人"的形象、"事"的形象、"景"的形象、"物"的形象等。其中"人"的形象通常指文本中的人物形象，多存在于小说、戏剧文本中；"事"的形象一般指事件所呈现出来的意识形态（包括典故），多出现在叙事性文本中；"景"的形象是指自然环境和社会环境中所具有的形象，多承载于文学文本之中；而"物"的形象通常指"意象"，多分布在诗歌和散文文本中，是用来表达主观情思的客观物象。从抽象思维的角度考察，语文文本的形象提炼是作者在大量观察自然世界和社会生活的基础上，立足于自身的情感体验与洞悟，而抽象出能表达自己主观情感的客观对象进行加工改造，进而塑造出能代表一定社会意义的典型形象。此形象提炼的过程就是作者抽象思维的全过程。如语文文本中鲁迅成功塑造了"孔乙己"这一人物形象，作者长期观察封建社会旧知识分子的生活境况，在头脑中形成概念，通过不断加工提炼而成功塑造出能代表被封建思想毒害的善良朴实、迂腐顽固的老书生形象，使"孔乙己"的形象特征变得典型化、个性化，其形象塑造的过程是作者抽象思维的结晶。又如语文文本中白居易在《琵琶行（并序）》中成功塑造了典型的琵琶女形象，琵琶女才貌双全而受封建社会的摧残，晚景凄凉而满怀愤懑之情只能凭借琵琶之声得以倾诉……长此以往，诗人对黑暗的社会现实了如指掌，加之自己怀才不遇而报国无门，偶遇琵琶女深有"同是天涯沦落人"之感，透过琵琶女身世与自己的处境，再折射时下嫉贤妒能、腐朽不堪的黑暗现实等相关概念，经过脑海的精心打磨与提炼，真实地塑造了一个能代表被封建黑暗社会损害、侮辱的艺人、乐伎的悲惨命运形象。诗中这一人物形象塑造的过程，渗透了诗人对当时黑暗社会种种卑劣现象的普遍认识，不愧是诗人抽象性思维的凝聚与升华。再如，杜甫《秋兴八首·其一》以大自然中的"秋"为意象，经过诗人的提炼而成为能表达其情怀的"形象"寄托。诗人身居蜀地，长期以来对其秋之露、秋之枫、秋之菊、秋之山、秋之峡、秋之江、秋之塞感慨万千，这些客观景物正是诗人情感的寄托，诗人择取最有典型意义的秋景、秋物，将心中的无限感慨承载于此，以"菊花"寄"思乡"，以"巫山、巫峡"之阴森、萧瑟衬"情思"，以"塞上"表"悲思"……一切的一切都是"秋"，既有宏观的"秋"之形象，又有微观的"物"之意象，构成了一幅诗人脑海中的悲秋图。由此，怎不是诗人"子美"抽象思维之所创？在语文文本中，诸如此类的形象提炼或塑造无疑不是作者抽象思维所致。

三、语文教学与"抽象思维"

抽象思维能力是学习者必不可少的重要能力之一。它不仅能开发学习者智力，更能有效培养他们的语文思维能力和综合的语文素养。抽象思维的发展与提升，是培养开放型、创新型人才的关键。语文学科具有工具性与人文性、基础性与知识性、思想性与创造性高度统一的显著特征，是培养学习者语文抽象

思维 能力的基石。语文教学中，可根据学习者思维的"最近发展区"，培养其掌握语文概念、进行语文判断、得出语文推理的思维能力，亦即抽象思维。换言之，抽象思维直接指向学习者问题解决的认知过程，学习者的语文抽象思维是在语文学习中不断地进行分析与综合、归纳与概括、具体化与系统化等基础上形成的。语文教学中如何培养学习者的抽象思维及能力，关键在于执教者如何正确引导学习者准确捕捉语文文本中的抽象思维要素，指导他们抓住其概念进行分析判断与推理而得出可靠结论。

（一）利用语文文本中的文字符号培育学习者的抽象思维

文字是语文的重要元素之一，每个汉文字都蕴含丰富的意义，是先祖在一定的概念基础上创造发明的。无论以何种方式形成，这些汉文字最显著的特征都是"象"。不论是"象形"还是"会意"等都包含一定的抽象性思维。语文教学中可让学习者着眼于文本里的关键字开展分析、判断与推理，不仅弄清楚该文字的本意，还应正确解读其引申义、象征义等内涵。通过这样的教学环节，既能使学习者把握文意，又能训练他们的抽象思维及能力。语文执教者须重视文本里的字词教学，联系说文解字帮助学习者释字达意，丰富他们大脑中的识字量、词汇量，解构字词的抽象概念，透视文本而洞悉其意旨，发展抽象思维。诚然，亦应采用多种教学方式，增加学习者的大脑接触词汇的机会，让大脑与汉字不断碰撞进行交互作用，反复锻炼其辨别能力、认知能力等，进而生成新颖有效的结论或观点而提升抽象思维。因此，在语文教学中须重视汉字教学，让学习者在多朗读、多辨析、多判断、多推理中获得抽象思维的锻炼。语文课堂上，也可采用汉字分类、联想启发、演示和情境预设等教学方略开展教学，即可将文本中最能表达文章意涵、反映文本要义、体现作者思想、揭示人物形象等的关键字进行分类，让学习者比较分析而抽象出其深刻含义；还可抓住某些典型汉字启发学习者联想与想象而探究其抽象意义；也能采用一些与汉字有关的实物标本，增强学习者的直观性感受，达成对该汉字意味的深入领会；执教者还可根据文本汉字所呈现出来的意义恰当预设教学情境，让学习者在极其浓厚的氛围中感受汉字意境、洞悉汉字内涵，从而发展抽象思维。

（二）在文学文本解读中培育学习者的抽象思维

在语文文本中，有大量的文学文本，执教者可利用这些文本引导学习者正确理解其概念内涵，作出科学的判断与推理，培养他们的抽象思维。比如，执教庄子的《逍遥游》时，教师应引领学习者从概念上厘清该文本"逍遥"是庄子超越社会世俗观念与价值观的限度而实现的最大精神自由，文本里的"鲲""鹏"正是作者的象征和写照。而逍遥游就是作者强烈追求的无所依赖、超脱万物、绝对自由的精神境界。然后激励学习者准确把握文本中"大小之辩"的概念内涵，正确理解庄子"齐大小"的观点，进而促使他们通过综合判断与推理认知庄子超凡脱俗的人生理想，即永远追求绝对自由的人生观。学习者通过如此训练，其抽象思维方可得到有效升华。又如教学苏轼的《赤壁赋》一文，执教者可引领学习者走进苏轼、走进文本、走进作者的情感世界，培育其抽象思维。应让学习者首先了解文本创作的相关背景，然后启引他们捕捉、筛选、整合文本信息概念，如文本中描写自己夜游赤壁的情景、饮酒放歌的欢乐、客人悲凉的箫声、客人的消极反应以及作者对客人的无限感慨等。进而启迪学习者基于文本基本内容概念，并联系作者所处时代背景进行分析、判断、概括及推理，使学习者深刻理解文本在描写诗人与友月夜泛舟游赤壁的所见、所闻、所感，反映诗人由月夜泛舟之乐到怀古伤今之悲，再到精神解脱之旷所表现出来的人生观、宇宙观，最后达成学习者自身抽象思维的应然培育。再如执教巴金的《小狗包弟》，教师可让学习者先从普通人家养狗的情况说起，然后引导他们快速浏览文本，洞晓课文故事情节整个过程，学习者在全面了解课文的内容基本概念的前提下，再紧密结合作者创作此文的社会背景进行分析、归纳、概括与判断，进而抽象出该文本的要旨。如文本开头写包弟的由来以及与之建立深厚感情的经过。接着作者为了保全自己和家人决定出卖包弟，并将它送上解剖台。作者对自己的自私行为深感内疚，可他没有遗忘此事，却大胆剖析其内心世界并谴责了自己的良心。学习者在把握文本这些概念的基础上，再联系那个"特殊"的时代分析与判断，即可抽象出作者勇于剖析自己，大胆说真话、露真情的人格品性，学习者的抽象思维也就得到较好的训练与培养。

在文学文本解读中，要重视文本内容的理解，须充分调动学习者原有的语文知识体系，诸如语言学、文字学、语感学、解读学等方面的基础知识和自身的生活经验等因素，并指导他们运用适宜的认知策略加以分析、整合与重构这些信息，进而使学习者通过判断与推理对所需解读的文本内容达成准确性把握。要注重培养学习者从整体上瞻前顾后而总揽全局理解语篇的能力，立足于文本内容的分析领悟而实现对其要旨的判断与抽象。教学中要着重训练学习者的语言知识、语境知识和语用知识的掌握，从而促进他们对文本概念的解读能力、判断能力及推理能力的发展。教师还应注重引导学习者关注文本内容的逻辑表达，对句式的组合规律和结构形式加以分析也是实现文本解读的目标之一。总之，在文学文本解读中培育学习者的抽象思维须充分调动其语文知识和解读经验，强化分析力、夯实判断力、提升推理力，科学培养学习者的抽象思维及能力。

（三）在语文写作教学中培育学习者的抽象思维

写作教学是语文教学的重要组成部分。抽象思维的培育不仅在语文阅读教学中得以实现，在语文写作教学中也同样能获得成效。从本质上看，语文写作教学是学习者运用汉字符号来表达自身思想情感的一种心理认知活动。其思想的表达需要讲究一定的逻辑与理性，有助于锻炼学习者的抽象思维及能力。虽然人类的思维活动是客观世界的反映，但这种反映源于人的心理意识、心理感觉、心理顿悟和心理辨别等思维活动。而学习者在语文写作中抽象思维的锻炼与培育，也同样离不开其心理发展的基本规律。它既是主观性的又是社会性的，需要学习者多植根于社会现实生活，多观察、多实践、多思考，才能从平凡的生活概念中萌生写作素材、提炼主题意旨、抽取典型形象。如语文写作教学中以"在途中"为标题训练学习者的抽象思维，让他们联系生活写一篇不少于800字的文章，要求除诗歌之外文体不限。学习者在构思环节可以行走在路途中的某人形象来构思写作；也可以以奋斗中的某人为原型来设计写作；也可以就中国革命前进路上的某一段历史题材为背景构思写作；也可以以全国人民奔小康路上的某些感人事迹为素材思考写作；也可以以人类认识世界的某一旅程为逻辑起点构思写作；也可以以自己或他人在实现理想的道路上的追求或抉择为题材展开写作……无论写作者以何种题材为原型来构思写作，都离不开一个标题本意，即"未完成的"或"未实现的"。从作文标题来看，写作题材广泛，写作内容丰富，具有开放性、普遍性、哲理性。或叙事、或议论、或抒情，文体皆可用之，或叙事、描写、议论、抒情熔于一炉皆行。执教者须引导学习者认真审题，准确把握标题内容，紧密联系现实生活精心构思写作，力求在具有普遍意义的生活素材中挖掘出有代表性的形象进行加工、改造、提炼、塑造，最后抽象出具有典型意义的社会形象。学习者在教师的引领下进行这样的写作训练，从审题、立意、选材、谋篇、行文至完成该写作的过程，既提高了学习者的语文写作能力，又锻炼了他们的抽象性思维及能力。诚然，在语文作文教学中，立意的深刻性是衡量学习者抽象性思维及能力的重要指标。这就要求教师在写作中鼓励学习者做到深入观察社会生活、深入思考现实问题、深透解读写作标题、深刻塑造典型形象，力求做到由表及里透过客观现实生活现象揭示其本质。行文中也要有意识地去伪存真，从概念到判断，从判断到推理，有意识地锻炼自己的抽象性思维及能力。写作教学中尤其要特别重视议论文的写作训练，其写作更能培育学习者的抽象性思维及其能力，或立论、或驳论……从论点确定到谋篇布局、从论据支撑到论证过程、从归纳概括到演绎推理，无不浸透抽象思维。同时，写作中也要有意识地培养学习者用批判的、开放的眼光辩证地接受不同的文化现象，积极倡导"文化语文"，增强抽象思维的广度和深度，促使学习者在写作中有所思、有所辨，提升其判断力与推理力，从而实现抽象思维的培育。

语文中的辩证思维

一、"辩证思维"概说

（一）"辩证思维"意涵

辩证思维是运用辩证法的基本理念正确反映客观事物发生发展过程及其规律的思维范式，亦是人类思维对世界的一种辩证性认知。恩格斯对理论思维极其重视，将它视为一个民族登上科学最高峰的基石。辩证思维是理论思维的重要组成部分。关于辩证思维的由来，早在古希腊就有哲学家芝诺提出如何在概念中表达辩证法的相关问题。亚里士多德也探究了辩证思维的主要形式。他们为辩证思维基本概念的论述奠定了朴素辩证思维的基础。之后，康德、黑格尔、马克思等一系列哲学家都分别对此做了探讨，他们从不同的视角阐发了人类认知世界须持有辩证的、逻辑的、科学的思想观点和思维方法，才能正确解决自然与社会发展中的理论和实践问题。辩证思维通常运用一定的逻辑范畴及其基本理论体系来领略和掌握具体真理。它主张将唯物辩证法的基本原理或理念应用于其思维方式与思维过程，它强调要用动态的、变化的、发展的眼光看待问题，既不完全倡导所谓的"形而上"思维，也不完全推崇既定的"形而下"思维。而是"形而上"与"形而下"统一，是"辩证思维"与"辩证逻辑"完美融合。辩证思维涵盖了辩证逻辑，而辩证逻辑是辩证思维的重要元素，其二者不能等量齐观。辩证思维以不断发展变化的视角来认知客观事物，它既可应用于逻辑的、形象的、审美的、社会的等思维样式，也可囊括感觉、知觉、联想、想象、灵感、模糊思维、整体思维等思维方式的运用。辩证思维的思维理念是自然的、灵动的、活跃的、变通的，既可"亦此亦彼"，又可"亦好亦坏"，还可"亦真亦假"；而在逻辑思维视阈中则一般认为"非此即彼""非好即坏""非真即假"。从认识论的视角考察，辩证思维是辩证逻辑研究的对象，是人们用概念、判断与推理等思维形式反映和揭示客观事物辩证发展的思维范式。它是人类认知客观事物的一种世界观和方法论。辩证思维是建立在世间万物的客观必然联系基础之上的，是对客观辩证法的反映。辩证思维肩负着对世界的进一步认知与感受，并在其思维过程中洞见人与自然的相互关系，由此而得到某种思维结论。辩证思维介于"形而上"与"形而下"之间，既相对于"形而上"，又相对于"形而下"，是一种运用与反映客观辩证法的思维范式。它反映的是客观事物的辩证发展过程及其规律，视野宏阔而思想深刻，是自然界及人类社会共有的一种哲学的、本质的、科学的、核心的思维范式和思维方略。恩格斯认为辩证思维就是一种主观辩证法①。辩证思维是思维主体正确反映与把握思维客体的科学化的理性认知方式，其思维要素、思维层次、思维方案的交互作用是系统性、理论化、稳定化、辩证化的理性认知样式的聚合。恩格斯还将辩证思维通俗地称为"辩证的思维方式"②。可见，辩证思维就是辩证法的思维方式和思维过程的反映。辩证思维从古代朴素的整体思维到黑格尔的主观唯心主义辩证思维，再到马克思的客观唯物主义辩证思维，标志着人类思维的发展是历史的、必然的、运动的、进步的，是人类认识史上的伟大变革。辩证思维在有限与无限中探索，在知性与理性中升华。

（二）"辩证思维"特质

辩证思维是唯物辩证法在思维方式、思维过程中的运用，其观点、其范畴、其规律是辩证的、逻辑的、规律的和科学的。其特质存在于客观对象的内在矛盾运动变化之中，具有鲜明的独立性、科学性、实践性和创新性等特质。

1. 独立性

辩证思维是反映事物本质属性和规律性的思维，是思维发展中的高级阶段。它不同于辩证逻辑的基本思维理论或理念，它拥有独特的研究对象，并独秀于思维科学之中。辩证思维的独立性是辩证思维的重要品质之一。通常体现在他善于独立地发现问题、分析问题与解决问题的思维特征。辩证思维的独立性是人能够独立进行思考、科学审思问题、合理得出结论的唯一表现，他善于经过独立的思考与评价，极力探求解决问题的新方法与新途径，从而获得对客观事物创造性的认识论断。辩证思维的独立性品质表现在善于根据客观现实情况与标准科学地、严谨地、批判地看待问题，理性地作出假设并明辨是非。辩证思维的研究对象是一种特殊的认识现象，其内容比一般的认识要丰富、具体、理性得多，无论是研究对象或研究内容都有其独特的范畴和规定性，是一种客观

---

① 中共中央马克思恩格斯列宁斯大林著作编译局：《马克思恩格斯选集：第 4 卷》，人民出版社，1995，第 317 页。

② 中共中央马克思恩格斯列宁斯大林著作编译局：《马克思恩格斯选集：第 3 卷》，人民出版社，1995，第 362 页。

存在的认识现象。辩证思维较之认识论而言具有其思维理论的特殊性，是构成从一般至特殊再到个别的独特思维科学体系，因而揭示了思维视域中不同层次的思维规律，丰富马克思主义认识论的理论基础，完整而独立地建构了唯物辩证法认识思维的本质及规律。辩证思维由辩证概念、辩证判断、辩证推理的基本形式构成，其中以辩证概念为要素，以辩证判断为陈述者，以辩证推理为结论，它们相互制约、互为补充、相辅相成，便达成了辩证思维的完整形态，即科学理论。辩证思维是马克思主义哲学理论与其他各门思维科学相互联系的思维桥梁，是一切思维科学发展的世界观和方法论。因此，它拥有其他思维所不具备的独立性特质。

2. 科学性

辩证思维继承了古代朴素的唯物辩证法思想，有了近现代唯心与唯物辩证法理论的丰富而形成了具有典型意义的世界观和方法论。它是马克思主义哲学理论体系的重要组成要素，具有浓厚的科学性。辩证思维的科学性体现于其自身是关于联系与发展的基本学说，更是关于自然与人类社会及其精神的普遍规律的学说。它是人类认识世界、改造世界的强大思想武器和根本方法，是马克思辩证唯物主义的对立统一规律、质量互变规律、否定之否定规律的综合反映，是揭示自然宇宙和生命世界辩证关系原理的基本范式。它能指引人们透过客观事物的现实表象认识其本质内核，做到事物内容与表现形式相统一、宏观视野与微观视角相统一、逻辑结构与基本功能相统一、追求真理与研究方法相统一、根本原因与推论结果相统一、应然认知与必然洞见相统一、预见可能与理想现实相统一、主观世界与客观世界相统一，进而全面达成正确、准确和精确认知客观事物发展的本质及其规律之目的，是遵循了一定的逻辑规则的思维范式。因此，任何一项科学研究与发明都离不开辩证思维理论、理念及其范式的指导，它是科学研究中最基本的哲学范畴。

3. 实践性

辩证思维是能从实际出发如实地反映客观事物的本质属性及其内在规律性，力图科学、真实、有效地反映现实世界的认知对象。它是进行科学思维的实践基础和落脚点，是遵循科学理论指导下的实践性世界观与方法论。辩证思维是基于实践性的认识论，这种实践性是动态的、发展的，而不是一成不变的经验主义或教条主义模式。从认识论层面看，辩证思维本来就源于实践的认识论，凸显现实的针对性。正如马克思发现了"剩余价值"理论，不是源于抽象的先验概念，而是出自客观的现实考察。是从感性认知上升到理性透悟而提炼的结果，彰显了辩证思维的认识论观点。辩证思维将辩证理论紧密结合社会实践，能客观、理性、全面、全然、全信、整体、深入地把握外界事物本质与规律。

4. 创新性

辩证思维具有区别于其他一切思维形式的创新性特质。具体表现为：一方面是在思维理念上的创新。辩证思维的发展理念揭示了任何事物都有其发生、发展和灭亡的过程，它将事物的发展视为矛盾运动的过程，认为任何事物都是在矛盾运动中发展的、前进的，它们相互依存、相互对立、相互促进而辩证统一。辩证思维总是以反思和批判性的眼光看待世界与问题，既不是纯粹的"形而上"式的抽象理念呈现，也不是"形而下"式的纯具象关照，而是居于此二者之间的思维认知范式，这些观点其本质上就是一种思维理念的创新性体现。另一方面是在思维方式上的创新。辩证思维在审视问题上，与其他思维有着截然不同的方式。辩证思维能更全面、更深刻、更灵活、更科学地洞察事物全貌及其本质规律，而不是狭隘地、表面地、死板地、静止地反映事物。辩证思维一贯秉持"扬弃"的哲学思维方式分析问题和解决问题，主张反思性与批判性相结合并以新的视角、新的方法对客观事物本质特征及规律予以把握。从辩证思维的发展方式可见，它总遵循在生与死、是与非、真与假、对与错、白与黑、量与质等矛盾中螺旋式的协调发展规律，强调每种现象都是相辅相成的、统一的、有规律的矛盾运动过程，无疑彰显其思维方式上的创新。

（三）"辩证思维"功效

辩证思维决定着事物的普遍联系、发展变化及对立统一，在进一步促进人类思维科学的理论发展、实践探索及语文思维主体综合素养的提升等方面发挥着应有的功效。

1. 促进思维科学的理论发展

人类的进步、社会的发展都需要思维科学理论的指导。辩证思维是思维科学的基础，对于思维科学体系的构建具有极大的促进作用。思维科学担负着探讨思维活动规律与形式的重任，人类要探究思维的自然及社会活动属性就必须以辩证思维作为理论前提，用辩证思维的理念、观点、方法去研究新问题、探索新领域、发现新真理、揭示新规律等。辩证思维可促使思维科学基础研究中各种思维的发展，如逻辑思维学、社会思维学、灵感思维学、形象思维学等，推动人类思维科学理论的世界观和方法论的深入发展。从思维科学视野里的心理学、生理学、人工智能、信息科学、文学艺术等层面的研究思维来看，同样也离不开辩证思维的参与。辩证思维的基本观点与思维方略，决定了思维科学联想主义、人本主义、行为主义、建构主义、格式塔理论以及信息论、系统论、控制论等学派的形成与发展。辩证思维尤其能促进思维科学关于研究人的大脑与意识、肯定与否定、主观与客观、推理与判断、物质与精神等综合性科学的发展。由此，辩证思维有助于思维科学内部学科的相互借鉴，在促进思维科学关于人类认识世界、改造世界的理论研究中发挥着重要的指导作用，同时也为深化与发展马克思主义的认识论奠定思维科学的理论基石。

2. 促进思维科学的实践探索

辩证思维所特有的世界观和方法论，不仅能促使思维科学理论的发展，同时也能促进思维科学在实践上的不断探索。辩证思维的理论体系全面公正地反映了客观事物的本质属性与运动规律，能为思维科学在实践的探索中提供方法论引领，帮助思维科学尊重客观事物的本质及发展规律，理性地、整体地、全面地、多元地看待和分析问题，正确地开展思维科学实践探索，合理验证思维材料，准确得出思维结论。力求在思维学与社会思维学实践中发挥功效。如在形象思维学、抽象思维学、灵感思维学等领域的思维科学实践探索中有所启迪。辩证思维的基本观点是思维科学实践研究的基础，如在思维科学的生理学和神经学实践研究中，以其辩证唯物主义的思想理论及其科学方略指导心理学、生理学及脑神经学的实践活动开展，使之生成正确的实验数据，达成精确的实践结果。可运用辩证思维的基本方法来观察和处理思维科学实践中的许多问题，使之正确认知与反映自然的、社会的等矛盾运动、变化与发展的必然规律，推动未来思维科学实践的辩证发展。

3. 促进语文思维主体综合素养的提升

辩证思维是马克思辩证唯物主义哲学的世界观与方法论，是人类认知主观世界与客观事物相统一的思维范式。语文思维中，可科学运用辩证思维的基本理论、理念、范式及方略，从整体上全面提升思维主体自身的语文综合素养，即不仅要促进语文思维主体语言的积累与运用、思维的发展与提升、审美的鉴赏与创造和文化的传承与理解几方面的语文核心素养，还应促进其思维主体的人文素养、科学素养、道德素养、政治素养、思想素养等方面综合素养的提升。提升语文思维主体的综合素养，是提升整个华夏民族语文综合素养的关键，因为语文是国语，有广阔的应用价值，其综合素养的提升也将促使人们正确运用辩证思维方法思考语文、解读语文、掌握语文和应用语文，全面增强思维主体的语文辩证思维能力及品性。

二、语文文本与"辩证思维"

辩证思维是人类思维不断发展的最新成就，它能整体化、智能化、综合化观察、分析、审视客观事物的内在本质及其规律，因而建构了丰富、深刻、科学、全面的思维体系和思维范式。语文文本中有不少内容是作家在创作时运用辩证思维的基本方法，实现由对描写客体的感性认识到理性洞见的思维飞跃，而创作出富于辩证思维哲理的名言、佳句、名篇等。

语文文本中的辩证思维，从理论而言通常表现于以下几方面：一方面表现在辩证思维与语文文本中的语义关系。辩证思维作为创作者对语文文本描写对象的认识与把握的思维活动，从来就不可能空洞地独立存在于意识之中，而是要以语言符号为载体，达成辩证思维与语言符号的统一。另一方面表现在辩证思维受语文文本思维主体或主体性（主观精神）的支配与控制。语文文本思维主体对于描写对象的认知与表达，其辩证思维总是受其思维主体的控制与支配，辩证地运用语言符号去把握和表达对客观事物的认识与理解。从符号学的观点来看，辩证思维主体在语文文本中的语言运用，是构成辩证思维的语用现象，文本语言对客体对象的辩证表达及其含义，是形成辩证思维的本质内核。辩证思维活动及其思维对于语言的运用，旨在达成文本语义能正确地、理性地表达思维主体对客观的辩证认知。因此，创作者借助于语言符号而进行辩证认识与把握客观对象的思维，凸显出语言与思维主体的辩证联系（辩证语用）、语言与思维对象的辩证关系（辩证语义）和语言与自身结构系统的辩证关联（辩证语构）三者辩证统一。无论是辩证式的语言运用、语义表达，还是语言结构，语文文本中的辩证思维是在这三方面基础上的相互融合、相互补充和交互作用。辩证思维通过语言符号创作文本时，语言的任何言词在语用中通过思维主体的择取，转化成了具有辩证意义的语义群，即语言结构上的"句子"或"段落"。如鲁迅《故乡》中的"我想：希望本是无所谓有、无所谓无的。这正如地上的路；其实地上本没有路，走的人多了，也便成了路。"就富有深刻的人生哲理和浓烈的辩证思维色彩。又如苏轼《赤壁赋》中"寄蜉蝣于天地，渺沧海之一粟。哀吾生之须臾，羡长江之无穷。"道出了人生的有限与无限的哲理性辩证思考。再如杜甫的《望岳》中"会当凌绝顶，一览众山小"蕴含了诗人不怕困难、勇于攀登、俯视一切的雄心壮志，富有哲理与浓厚的辩证思维等。诸如此类，语文文本中由一些带有辩证性的字、词、句、段组合成篇，则构成了一个个潜在的、辩证式的语义流、语义网和语义链，语文文本中的辩证思维就是这些语义流、语义网和语义链的辩证语义集合。语文文本的思维主体只有科学地把握思维客体的辩证本性，才能全面、准确地揭示客观世界的内在联系和本质规律。

三、语文教学与"辩证思维"

语文教学是一个较为复杂的网络系统，也是一项动态的思维系统工程。教学中如何把握与运用辩证思维引导学习者进行阅读和写作，是语文执教者开展教学的重要内容之一。

在教学理论上，语文教学运用辩证思维并取得较好的教学效果，执教者须有良好的精神状态。教学中自始至终要保持愉悦的心境，面对复杂的教学环节和形形色色不同学情的教学对象，在语文教学过程中，教师一定要保持愉悦的心境，抓住教学中心内容，调动学习者思维，有效培育其辩证思维及能力。课堂上要善用辩证思维的基本原理、理念及方法指导学习者进行语文学习。要引导学习者探索语文学习规律和辩证思维发展的基本规律，多角度、多方向、多层面、多元化灵活应用辩证思维方略或辩证思维范式，考察语文文本中的语言、思维、审美、文化四方面核心素养内涵。语文文本里涉及有关描写、议论、抒情的教学内容，应积极引领学习者进行辩证思考，从整体上更深、更广、更综合地揭示其辩证性、哲理性、统一性的本质与规律，发展他们的辩证思维。语文教学是一个动态的、复杂的思维运动系统，在教学实践中要树立大语文观、大教学观、大辩证观、大思维观，科学指导学习者进行其辩证思维的训练，运用辩证思维方法解决语文问题，提升辩证思维能力。语文执教者须不断运用辩证的思维方略开展语文教学，将文学文本和应用文本中的辩证思维要素挖掘出来，形成一个动态的思维教学体系，鼓励学习者用辩证的眼光审思这些思维要素，让他们自觉运用辩证的思维方法去认知与领悟、分析与判断、概括与抽象。列宁指出"认识是思维对客体的永远的、无止境的接近。"学习者的语文辩证思维发展是永无止境的。教学中，执教者要能清晰把握语文教学与辩证思维的内在本质及其规律，才能达成对学习者辩证思维的培育。为此，语文教学中的思维锻炼就必须是辩证性的、全面的、整体的和综合的。更由于语文教学体系是一个开放的、发展的、逐步深化的辩证过程，所以，学习者对语文的认知和思维也应是一个开放的、发展的、逐步深化的辩证过程。执教者要启迪学习者从语文现象到语文本质层层深入辩证地解构语文思维、透视语文思维，提升自身的语文辩证思维。不论是辩证思维在语文教学中的运用，还是在语文教学中如何运用辩证思维，都有一定的使用范畴和实施策略。语文教学中的辩证思维使用范畴，能全面反映语文本质属性与普遍联系的语文基本概念，它是学习者认知语文辩证思维的逻辑起点。语文教学或语文学习辩证思维使用范畴是执教者或学习者认识和掌握语文世界的纽带，其基本概念在语文辩证思维教学过程中发挥着指导性作用。辩证思维范畴能帮助学习者从内容到形式、从否定到肯定、从现象到本质、从必然到偶然、从相对到绝对等，揭示语文文本中的思想内容、人物形象、艺术特色和表现手法等之间的某种辩证联系与对立统一关系，进而深刻洞悉语文本质和语文规律。

辩证思维具有反映语文教学本质及规律的功能，它是一种辩证地运用语文概念来进行思维的活动范式。语文概念是反映语文本质的载体，它是理性的、认知的、有哲理性、有辩证性的思维内容，其与语文判断、语文推理交互作用，形成了不同层面的理性认知和哲理辩证。语文概念在反映语文本质过程中，其自身也进行着辩证思维的活动，语文概念与辩证思维都不断地运动着、变化着、发展着，呈现出一种全然的、动态的、灵活性的逻辑联系与辩证规律。语文概念在辩证思维过程中，还必须经过加工改造而使之能动地、合理地、相对地、普遍地、联系地、对立统一地反映和把握语文本质与规律，这不能不说是辩证思维在语文教学中的正确反映。语文教学须科学把握语文文本内容的辩证思维，并运用辩证的思维方法，考察语文文本内容的内在本质与普遍规律，实现语文真理的探寻。语文文本内容的客观性和真理性渗透于创作者的主观思维的辩证活动。要想洞见语文文本的辩证思维，须考究其创作者的辩证思维脉络，这就需要执教者正确引导学习者走进创作者的内心世界，揣摩其辩证思维方式及策略，弄清其创作思想、创作理念、创作动态、创作思路等，做到知人论世、知人论文、知人论思。在教学中，应让学习者辩证地检验自己在语文思维上的正确性，促使他们认识语文真谛。语文教学中的文本概念既是主观的也是客观的，其主观性在于它是创作者主观情思的反映，而其客观性则体现在它是客观现实生活的再现。无论"主观"或"客观"，其实都具有"辩证"的存在性，因为创作者运用辩证思维方法反映客观世界，而客观世界本身就"辩证"地存在着、发展着。语文教学与辩证思维的关系，不仅具有"绝对性"，也不失"相对性"，而二者又是辩证地对立与统一。"绝对性"是由发展中的"相对性"构成的，而"相对性"中本身就具有"绝对性"的成分。由此，语文教学中的辩证思维是由语文教学诸要素发展而来的，而辩证思维中的语文教学本身就具有辩证的思维性。语文学习者辩证思维发展的每一阶段，都在增强该语文教学辩证思维的绝对性，而这种绝对性的存在又是相对的，它随着学习者语文知识的增多而不断发展变化。从辩证唯物主义的观点审视，所谓的"相对"与"绝对"是辩证的统一。辩证思维要求语文教学中的执教者和学习者必须用全面的、整体的、综合的观点看待语文、认识语文、把握语文和运用语文。语文教学的本质与规律须运用辩证思维的世界观和方法论来加以检验，语文教学的全面性与辩证思维的具体性是一个辩证发展的思维过程，从某种意义而言，是马克思辩证唯物论精神与体系的活的灵魂之体现。语文教学实现辩证思维须建构语文思维体系，因为思维是一个庞大的网络系统，需要运用思维体系中的诸多要素和整体关系，来把握语文教学内容，调控语文思维方向，开展辩证思维探究。

　　在教学实践中，语文教学须运用辩证思维发展与提升学习者的思维能力和思维品性，实现预期的教学目标。语文教学中运用辩证思维，重点体现在对文本的解读中，即需要对文本进行辩证解读。语文课堂上，要重视学习者辩证思维的发展，语文文本解读中须结合学习者生活实际，丰富辩证思维表象素材。应积极倡导文本的多角度、多元化、多维度、个性化解读，使学习者的思想观点和思维方法相互碰撞而交流融合，有效促进他们思维的辩证统一。语文教学中，要充分运用文本内容训练学习者的辩证思维，特别是高中阶段的语文学习者，他们的辩证思维还处于对客观世界的认识之中，应鼓励其以发展的、动态的、变化的眼光审视客观事物、反思现实生活，洞彻事物间的辩证联系，不断深入地观察社会、认识世界、反映生活、获得论断。执教者要引领学生着眼于文本，到文本中去，从文本中来，善于捕捉其中的思维元素辩证地加以分析、判断与推理。文本解读中应强化师生、生生、师本、生本间的思维对话与思想交流，大量获取思维信息，不断展开辩证分析，理性获得辩证思考，合理得出科学结论。执教者需创造与文本相关的辩证思维教学场景或情境，助力学习者辩证解读文本、洞悉文本和把握文本，实现语文文本思维元素与学习者观点的辩证统一。如在执教李白《宣州谢朓楼饯别校书叔云》一诗时，教师须运用辩证思维方式引导学习者正确解读诗中的"抽刀断水水更流，举杯消愁愁更愁"。此二句诗揭示了客观存在的普遍规律是不以人的主观思想改变的，人生在世应顺应客观自然规律看待和解决问题，才能达成目标。教学中执教者需立足文本引领学习者整体辩证解读："抽刀断水"即比喻根本实现不了的事，"水更流"则明知不能为而为之只会让人更痛苦，暗示应顺应自然。"举杯消愁愁更愁"表达了开放坦荡的胸襟与情怀。诗句比喻奇妙生动，且极富哲理。教学中，使学习者的主观能动性与文本的思辨性形成辩证独特的统一。教学中还可引导学习者开展思辨性阅读与表达，这样有利于发展他们的实证性推理能力，增强其辩证思维的逻辑性及深刻性，从而揭示文本意旨。如我们在执教朱自清先生的《背影》时，可引领学习者抓住文本中描写作者"四次流泪"的情景，让学习者各自结合文本的相关内容畅谈和讨论自己的理解。通过他们畅所欲言而各抒己见的表述，似乎都聚焦于朱自清的流泪是由于家里境况、父亲行为及父亲老景所致，或伤心、或感动、或惜别、或怀念，大多数学习者都能发掘，可没有多角度、多层次、多方向、多元化的带有思辨性色彩地去解读作者描写自己"四次流泪"背后的境外之境、言外之意和泪外之旨。此时，执教者就应启发诱导学习者联系现实生活开阔思维深入解读与洞悟文本描写"四次流泪"的旨意所在，让他们从初读的认识与分析，到细读的归纳与概括，再到研读的抽象与思辨，用辩证的观点层层深入拨开文本迷雾，揭示"四次流泪"的真实意旨。然后要求学习者在规定的时间里结合生活实际以"父亲的背影"为标题，展开联想与想象写一段不少于100字的短文，并进行交叉评改与交流。语文教学中，不仅锻炼了学习者的思辨性阅读与表达（口头和书面）能力，同时也使他们的辩证思维得到有效培育。

语文中的立体思维

一、"立体思维"概说

（一）"立体思维"意涵

立体思维亦称"空间思维"和"多元思维"，它是从不同角度、不同方位、不同层面、不同维度去思考问题的思维样式，故也称为"整体思维""全面思维"或"多维思维"。立体思维的基本概念最早源于人类对"整体思维"概念的认知，它是一种相对直观的（原始思维）、混沌的（前逻辑思维）整体性思维认识过程。此时的思维具有感性的具体意识，还没从感性的具体中分离而出，一切思想意识或经验交流都源于某种具体的刺激物或形象实物等媒介才能实现。生活中总是以"混沌的整体"表情达意，一方面凭借思维中随意的、主观的空间想象，常常把生活中有联系的事物随意地构成一个整体加以思考；另一方面是把思维的概念（思想意识）统一隐含于某个具体的认识物中，没有形成一定的概念、判断与推理等；此外，其思维成果的笼统化，即原始人类将自己的某个认识成果视为诸方面知识的集合，尚未形成知识的分类。如原始人类的宗教里，就是他们家族关系、自然认识、宗教信仰、农牧狩猎、社会历史、艺术神学、哲学思辨方面知识的一体化。恩格斯曾认为原始的、朴素的一幅幅画面交织着无穷无尽的种种联系和相互作用，它们都是在运动、发展、变化和消失着的。因此，人类对"立体思维"的认知最开始是"整体性的认识"，它用对客观世界的整体描述替代了早期人类的虚幻联想与主观认识，突出其原始性、朴素性。之后，由于分析性思维的出现，人类解构了对客观事物浅表性、笼统性和混沌性的认知，刷新了"整体思维"的逻辑框架和认知结构，亚里士多德为代表的古典形式逻辑科学的问世，将研究对象从总体性的客观世界中割裂出来加以独立研究达到了巅峰，这种局部的、具体的、分化的、抽象的思维范式，使各门科学得以重建。诸如许许多多从哲学母体中分化出来的近代自然科学研究成果，就标志着人类对整体性思维的"暂时扬弃"。随着科学研究的不断发展与深入，人类清晰地意识到不能静止地、狭隘地、片面地、孤立地、抽象化地看待研究对象，否则就割裂了客观事物间的内在联系和普遍规律，于是极力追求现代"整体性思维（立体性思维）"研究范式的建构。它是以全面的、科学的、辩证的思维为基石发展而来的，是一种理论化、完善化、系统化的"立体思维"。譬如，19世纪科学上的亚里士多德等人的能量守恒定律、施莱登等人的细胞学说、达尔文的生物进化论的三大发现，彰显了人类思维已进入客观事物发展的整体联系考察和探索的新立体思维时代。由此可见，立体思维打破了时间的限制，择取了关于人类社会和自然世界的多个视角、多个时间、多类角色、多种文化、多种理念等环境要素，构成一组组规则或不规则的思考固体而得出结论的思维方式。

（二）"立体思维"特质

立体思维的基本特质既有内在的又有外在的，其内在特质主要表现为多维性、层次性、系统性、联系性、动态性和整体性等。外在特质则主要表现为个体性、开放性、形象性和可感性等。

1. 立体思维的内在特质

其一是"多维性"。立体思维的多维性特质是指其思维主体能灵活运用不同的思维形式和思维方法，从不同视角去立体式地思考问题，突出立体思维的准确、灵活、敏捷而富有创造活力的多维品性。立体思维的多维性还表现在其思维方法的多路性、多方性等，或思维高度、或思维深度、或思维宽度、或思维长度、或思维中心、或思维表象、或思维本质……它们协同互补，共同构建创造性思维的科学范式。

其二是"层次性"。立体思维的层次性特质主要体现于思维结构形式的级别或深度，如立体感性的思维、立体形象的思维及立体抽象的思维形式等。诚然，也蕴含人们日常生活中的立体感受与理解及对其他各门学科如文学、史学、哲学、科学、政治学、宗教学、伦理学等不同视角问题的思考等。另外，立体思维的层次性还表现在人们运用语言从不同的层面或角度描述和反映思维对象，或由浅入深、或由外而内、或由低到高、或由局部到整体、或由现象到本质地全方位、多层次揭示思维对象的普遍联系及其本质规律。

其三是"系统性"。立体思维的系统性特质指的是该思维把思维对象当作一个整体或体系来加以考虑的思维范式。这种思维形式打破了传统的思维逻辑，以整体为出发点和落脚点，按综合-分析-综合的思维过程立体式地思考问题、解决问题。凸显其综合性、整体性和统一性。立体思维的系统性既思考事物内部诸要素间的相互作用和相互联系，又洞察其外部环境之间的必然联系，以把握思维对象系统的整体结构为宗旨。随着系统论的不断发展，立体思维的系统性特质已成为人类社会认知复杂事物体系的重要思维样式。

其四是"联系性"。立体思维的联系性特质通常指在其思维结构中的不同层次、不同方向、不同角度、不同性质的思维知识、思维理念、思维方法等，总是相互依赖、相辅相成而交互作用。如感性思维与理性思维、普通逻辑与日常思维等密切联系，共同组成立体式的思维构架，整体反映客观世界的本质规律。

其五是"动态性"。立体思维的动态性特质是相对于静态性思维而言的。它能依据不断变化的内部条件和环境来调整与控制其思维的方向、程序等，进而优化其思维目标、思维活动及思维过程。立体思维的动态性最显著的特点在于它是流动的、择优的和建构性的。其"流动"表现出立体思维是随时变化着的；其"择优"反映出立体思维善于根据变动情况开展可行性分析、比较而优化选择；其"建构"则体现出立体思维不断控制周围环境，对其思维结构进行加工改造而充分发挥其思维活力。

其六是"整体性"。立体思维能全方位地反映思维整体的基本概念、基本理论、基本理念、基本方法和基本结论。它涵括了客观现实生活中的系统思维、结构思维、联想思维、想象思维、灵感思维、建构思维等思维形式。该思维方式立足于思维对象本身，整体反映思维客体的外在全貌、内在本质以及其宏观意义上的规定性、逻辑性和广阔性等。因而能极大地克服思维主体思想上的狭隘性和片面性，充分展现出其思维方式上的科学性与有效性。立体思维以整体性原则为核心，善于抓住事物整体及要害，并采取灵活实效的途径解决问题，积极建构多方关联、动态发展的有机整体，在整体中把握局部、在局部的互动中理解与把握整体，使整个思维过程达成了多角度、多变量、多因素和多层次的统一体。

2. 立体思维的外在特质

其一是"个体性"。立体思维的个体性特质主要着眼于其点、线、面角度的思维个性，立体思维是一种由"点""线"与"面"构成的思维样式，它是思维发展的特殊形式。"点"的思维象征着立体思维的逻辑起点，是人们确定研究方向、捕捉思维对象、选择探讨突破口，所表现出来的立体思维过程，即思维点或思考点。"线"的思维则是对点的思维的扩展与延伸，具有一定的单一性、规定性和定向性特质。"面"的思维则向着不同的线条在平面上交互作用与普遍联系，具有广阔性、跳跃性、想象性和联系性等特征，它是立体思维处于同一平面不同方位时所表现出来的思维品性。只要思维有了"点"的集中、"线"的定向和"面"的拓展，就会沿着不同的方面去观察、分析、理解和把握思维对象问题。"点"的思维着眼于立体思维固有的某观点或某对象之上，具有相对的集中性、专一性和聚焦性，它是立体或整体思维中的"点"思维，既是整体思维中的一部分，又是部分上的整体思维。"线"的思维反映出立体思维中的"一维性"，具有单纯性与纵向性特征。而"面"的思维特性可从不同的方面去反映思维中心，认识客观事物某领域的全面性、整体性，是居于平面性中的全面与整体。

其二是"开放性"。立体思维的开放性表现在它善于突破传统的定势思维与狭隘的思维视界，能全方位、多角度、多层面、多结构地思考问题，它反对一切封闭、孤立、片面地看待问题的观点，将客观事物之间割裂开来而使思维陷入被动、偏见、消极、教条、保守的"形而上"思维形式。立体思维的开放性，还体现于能以开放的思维实事求是地揭示事物本质特征、不断发现新问题，用开放的心态、开放的思想、开放的视野、开放的理念和开放的策略分析问题与解决问题，勇于改革与创新。

其三是"形象性"。立体思维的形象性特质是基于其自身的外在结构性而言的，它能让人一目了然地了解和认识客体对象的形态、性质及其发展动向，给人以直观、具体、鲜明之感。它能将人们的主观意识与客观环境相结合，清晰地反映思维的形象特征和外部品性，从而立体化地实现对客观对象的全面把握。它的每个视角、不同层面、多个方向、整个结构的思考阈都是纷繁复杂的思维"形象"再现，无不彰显立体思维的"形象性"特质。

其四是"可感性"。由于立体思维具有鲜明的直观性、具体性和形象性，因而从其思维结果来看具有可感性。立体思维又是一种富有空间性的思维形式，能让人获得很强的感受力，能使人体会到事物间不同层级的发展变化。如人们对艺术作品的空间感知、对文学作品要素的整体感受等。尤其是在对文学作品的思维视野里有很强的可感性，或对文字的立体可感，或对词语的立体可感，或对人物形象的立体可感，或对情节的立体可感，或对环境的立体可感，或对意象的立体可感，或对其他观念符号的立体可感……都是立体思维诉诸客观事物的反映。

由此可见，立体思维具有多种特质，且是一个意涵丰富的思维整体。它无论是内在的还是外部的，在其思维过程中，不仅体现出丰富的多维性、别样的层次性、复杂的系统性、密切的联系性、灵活的动态性和完美的整体性等，还彰显出独特的个体性、思想的开放性、视觉的形象性和具体的可感性等思维特质。立体思维是在点、线、面、体等思维基础上，发展生成的一种极富创造性的思维范式。随着立体思维的不断普及与逐步推广，必然会更科学地服务于人类社会，扩大人类未来的生存空间，完善多元化的思维交流，促进新科技革命的蓬勃发展，使人类开辟更理想的思维世界。

（三）"立体思维"功效

立体思维的多种特质决定了其多方面功能的特殊表现，它不反映某个层次或某一对象，而是思考由诸多层次或多个对象交互作用而构成的活生生的运动实体，并发挥着整体性的、综合性的思维功效。

就立体思维本体而言，一方面能全面反映和揭示客观事物的本质及其规律。因为客观世界的万事万物都活动或存在于一定的宇宙空间，立体思维这样的思维方式，不仅能帮助人们充分思考客观事物存在的空间环境，还能突破客观事物自身的活动范畴或视野，以更宽、更广、更高、更新、更活的视角去观察、去认识、去辨别、去思考、去审视、去洞悉问题。立体思维能架起客观世界相互联系的思维桥梁，或东西南北中、或上下前左右……无不使客观事物之间相互地、整体地、辩证地、联系地存在着，让人类思维置于客观世界千丝万缕的结构网络之中去把握、去反思、去洞见问题，从而反映思维对象的基本属性，揭示客观事物的内在本质。

另一方面能较好地拓宽人类的创新思路，发展与提升人们的思维能力及品性。根据立体思维由外而内的基本特质，在现实生活中可开拓人们的思维视野，发展多维的、有层次的、有系统的观察对象或问题的立体思维习惯，并使之用联系的、动态的和整体性的思维眼光审视问题等。同时还能锻炼立体思维主体的独立性、开放性思维品性，促进其形象性与可感性思维能力的有效提升。譬如，立体思维的线性可促进人们进行单向性回忆、历史性模拟和传统性延续，能不断提高学习与生活经验的有效性；其开放性能培育人们思维的发散性、广阔性和灵活性品质；其整体性能涵养思维主体思考问题的全面性、综合性等品性。诚然，立体思维能使人们跳出所谓的点、线、面、角等思维范畴的限制，有意识地从客观事物的各个视角、多个空间、每个方向去思考问题，即所谓的"立起来考虑"，最终获得整体性思维成果。

二、语文文本与"立体思维"

立体思维的全面性、多元性、整体性、空间性等性质及特点，在语文文本中有所体现，不管哪种形式的文本都离不开立体思维的基本范畴。首先，在文学文本的诗歌、散文、小说、戏剧作品中就有丰富的立体思维元素。诗歌里的意象，有"点"性的、有"线"性的，亦有"面"性的等，使读者明显感到其立体性思维。也有的意象是多角度的、多层面的，每个角度或层面都富含深刻意味，构成了意象的多元性和多义性，给读者以言有尽而意无穷的立体思维艺术之感。如李煜的《相见欢》："林花谢了春红，太匆匆，无奈朝来寒雨晚来风。胭脂泪，相留醉，几时重？自是人生长恨水长东。"词中"春红"就是一个立体意象，用"春红"代"春花"，暗示花的色彩、状貌等特质，给人以整体感，同时流露出诗人深沉的爱，但已凋谢，又让人联想到"凋花"之境，从树上到树下、从枝头到树根，从空中到地面……极富立体画面感，正是诗人立体思维之写照。无论是从思维客体的描写，还是从思维主体的联想与感受等方面，都蕴含着诗人对于客观事物的立体思维。又如王维的《山居秋暝》："空山新雨后，天气晚来秋。明月松间照，清泉石上流。竹喧归浣女，莲动下渔舟。随意春芳歇，王孙自可留。"诗中的"空山""雨后""天气""明月""松间""清泉""石上""竹喧""浣女""莲动""渔舟"意象构成了一幅幅充满立体思维的山水画卷，将它们完美和谐地融为一体，给人以立体、丰富、空灵、清新之感等。徐志摩的《再别康桥》中对"康桥、云彩、金柳、夕阳、波光、艳影、心头、软泥、青荇、水底、康河、柔波、水草、榆荫下、清泉、天上虹、浮藻间、彩虹、梦、长篙、青草、星辉、笙箫、衣袖"的描写，虚实相间而充溢立体动感，多视角、全方位地描绘了一幅幅流动的立体画面，营构了一处处绝美的立体意境，其"立体思维"无所不在。

散文中也有许多描写，注入了作者的立体思维创作理念，如朱自清的《春》中："东风来……脚步近……刚睡醒……张开眼。山起……水涨……太阳的脸红起……小草……园子里，田野里……坐着，躺着，打滚，踢球，赛跑，捉迷藏。风……草……桃树、杏树、梨树……开满花……赶趟儿……火……霞……雪。闭了眼，树上……满是桃儿、杏儿、梨儿……蜜蜂嗡嗡闹……蝴蝶飞来飞去。野花遍地……眼睛……星星……眨呀眨的……繁花嫩叶当中，牛背上牧童的短笛……雨……牛毛……花针……细丝，密密地斜织着……屋顶上全笼着一层薄烟……乡下，小路上，石桥边……地里……天上风筝……地上孩子……城里乡下，家家户户，老老小小……刚落地的娃娃，从头到脚……它生长着……小姑娘，花枝招展的，笑着，走着……健壮的青年，有铁一般的胳膊和腰脚……上前去。"王国维曾说"有境界则自成高格"。这篇文章境界之高，作者从东写到西、从南写到北、从下写到上、从外写到内、从高处写到低处、从四周写到中间、从农村写到城市、从小孩写到大人……高低上下、四面八方、男女老少，多角度、多层次、多侧面、全方位地向我们展现了一幅春意盎然而栩栩如生的春景图，立体式地再现了充满生机与活力的美丽春色。既是大自然立体景象的完美呈现，也是作者内心世界情思的立体表达。不言而喻，该文可视为"立体思维"在语文文本中的充分运用之典范。苏轼的《赤壁赋》中，首先写夜游赤壁情景所见"清风、高山、白露、流水、天光、月色"之兴之所至，每一种景物的描绘都弥漫着立体思维感，空间想象极为充盈，以景抒情，情景交融。其次写作者饮酒放歌闻客凉箫时的"想美人而不得见之伤、闻客箫之悲、引沟壑蛟龙起舞、使孤妇之泣"，从现实的所见所闻联想到内心世界的所感所惧，作者打破了主客思维空间，营造了一种富有立体思维感的动人情景，其视点的转换、情绪的变化……无不波澜起伏而扣人心弦。再次写感叹人生苦短时以"慕江水之长流、望与神仙相交、与明月同在、托遗响于悲风"，其联想、其想象、其描写、其哲思……岂不是作者立体思维之体现？另外，写作者宽解客人之时又以"江水、明月"作喻，阐释客观事物之变与不变之感的宇宙观与人生观，包括最后的"枕藉舟中、东方既白"之超然物外之境界等，全篇中无论是写景状物的跌宕起伏，还是情感脉络的变化无常，都体现了作者能多角度、多层次、多方面看问题的立体思维观。

　　语文文本的小说中也倾注了创作者立体思维的基本理念，人物形象的塑造、情节过程的转述、环境氛围的营构……都深深地打上了作者立体思维的烙印。比如，孙犁的《荷花淀》中："她们奔着那不知道有几亩大小的荷花淀去，那一望无边挤得密密层层的大荷叶迎着阳光舒展开，就像铜墙铁壁一样。粉红的荷花箭高高地挺出来，是监视白洋淀的哨兵吧！"在这段描写中，让我们看到了颇具立体壮美的战争环境，"奔着""几亩大小的荷花淀""一望无边""密密层层的大荷叶""阳光""铜墙铁壁""荷花箭高高地挺""哨兵"等，由点到面、由近及远、由动到静、由低至高、由地面到天空……展现出一幅立体的、动态的、博大的战争场面，表现了白洋淀农村妇女温柔、坚贞、勇敢的性格及精神，同时也反映出作者能从不同角度观察、审思事物的立体思维理念。又如鲁迅的《社戏》中"于是架起两支橹，一支两人，一里一换，有说笑的，有嚷的，夹着潺潺的船头激水的声音，在左右都是碧绿的豆麦田地的河流中，飞一般径向赵庄前进了……月还没有落，仿佛看戏也并不很久似的，而一离赵庄，月光又显得格外的皎洁。回望戏台在灯火光中，却又如初来未到时候一般，又漂渺得像一座仙山楼阁，满被红霞罩着了"的描写，立体的动作、立体的神态、立体的声音、立体的月光、立体的戏台、立体的仙山楼阁及立体的红霞等构成了立体思维的独特场景，活灵活现、栩栩如生而立体地再现了月下少年儿童驾船看戏途中的动人情景，无疑弥漫着作者立体思维之智慧。

"立体思维"在戏剧文本中的表现也很常见，譬如，莎士比亚的《威尼斯商人》不仅立体式地创造了完美的戏剧舞台艺术形象，而且淋漓尽致地塑造了扣人心弦的立体人物形象安东尼奥，他作为一个新兴资产阶级的商业人士，作者从整体上极力刻画他的美好形象。他善良而重情重义，为了朋友无怨无悔地不顾一切向高利贷者拼命借钱；他胸怀宽广不拘小节，面对阴谋无耻的夏洛克，竟忍辱负重；面对恶势力的死亡威胁，他表现出临危不惧而视死如归的英雄气概。他的高尚人格和英雄气节形象，在作者笔下仿佛一尊高大的伟人雕像，是立体的、全面的、完整的，是莎士比亚立体思维的结晶。又如关汉卿《窦娥冤》中的情节描写可谓是升腾跌宕，充盈着创作者的立体思维。尤其是戏剧情节的高潮部分，故事的开端和发展充满了压抑，下层人民总是生活在水深火热之中，与上层贵族的生存形成鲜明对比。可故事最后结局，窦娥的"血染白绫、天降大雪和大旱三年"的誓言，却得到了老天爷的鼎力相助而完美实现。特别幸运的是父亲窦天章做了高官而为她平反昭雪，作者笔锋速转，将这人世间莫大的冤情以大团圆的结局而拉上了帷幕。从戏剧情节曲折离奇的变化过程、"三桩誓言"的环境渲染、人物命运的急剧转变等，都体现出作者关汉卿超然的立体思维构想。

其次，在语文非文学文本中也不失立体思维的整体结构设计和内容的多维思考。比如，茅以升的《中国石拱桥》，这篇说明文从总体上抓住了中国石拱桥的主要特点，并以赵州桥、卢沟桥为典型例子，说明了我国石拱桥在人类文明史上的地位及科学含量等。首先整体说明石拱桥特点：历史悠久、形式优美和结构坚固。其中，"形式"与"结构"上的特点给人以立体形象感，显然与作者的立体思维息息相关。如文章开头："石拱桥的桥洞成弧形，就像虹。古代神话里说，雨后彩虹是'人间天上的桥'，通过彩虹就能上天。我国的诗人爱把拱桥比作虹，说拱桥是'卧虹''飞虹'，把水上拱桥形容为'长虹卧波'。"作者把桥洞比作"虹"，并联想到神话里的"人间天上的桥"以及诗人笔下的"长虹卧波"等，不仅突出了中国石拱桥的雄伟、高大与壮丽，而且还彰显出它的立体感、空间感、透视感及整体结构感等，这不能不说是作者立体思维的反映。然后以赵州桥、卢沟桥这两座不同形式的石拱桥作为具体例子来加以说明，立体地说明了"赵州桥"的"雄姿"以及"大拱""小拱"等结构上的特点，凸显其立体思维上的整体感、空间感和结构感。同时又立体地再现了"卢沟桥"高大的"石砌桥墩"、整体的"拱联拱"、粗大的"石栏石柱"、雄壮的"石刻狮子"等，并联想到"卢沟晓月"，或用料、或结构、或强度……都洋溢着作者"立体思维"在说明对象上的灵活运用。又如恩格斯的《在马克思墓前的讲话》中代表了全世界无产者对马克思的逝世表示深切哀悼，并对其所做的伟大贡献予以崇高评价与热情赞颂。文中"这个人的逝世，对于欧美战斗的无产阶级，对于历史科学，都是不可估量的损失。这位巨人逝世以后所形成的空白，不久就会使人感觉到……现在他逝世了，在整个欧洲和美洲，从西伯利亚矿井到加利福尼亚，千百万革命战友无不对他表示尊敬、爱戴和悼念"的演说，在空间上突出了马克思的伟大人格和不朽贡献所产生的巨大影响力。而"斗争是他的生命要素。很少有人像他那样满腔热情、坚韧不拔和卓有成效地进行斗争"等的评说，则立体地展现了马克思在斗争实践中高大的英雄形象。作者以"立体思维"的笔调贴切地勾勒了马克思不仅是一个伟大的思想家、理论家，而且还是一个伟大的革命家、实践家的光辉形象。这尊"巨人形象"浸透着马克思立体思想与空间灵魂的辩证统一，亦是恩格斯"悼词"演讲艺术的立体思维呈现。

三、语文教学与"立体思维"

人们的思维活动总会受到过去一些生活经验或旧思维方式的限制与影响。语文教学中要有意识地培养学习者运用立体思维的基本理念分析、理解语文文本中的相关知识，要善于从立体的角度去观察、审思问题，不要受以往的思维经验所影响，更不要被已有的思维框架所束缚。

语文教学中的"立体思维"是基于"全息"视阈下所有文本信息的整体把握，重点关注潜态的文本信息对其显态信息的决定功效，以模块式、网络式、框架式理解与把握其关联。语文教学须是基于"全息"视野里的立体思维，而绝非"碎片化思维"式的低效劳动。这不仅能对语文文本信息间的关联有清晰的认知，还能透过显态的文本表象去探索和揭示其潜态的内在要旨及其本质联系。使语文教学更加尊重语文学科特有的"教"与"学"规律，更加合理地实现预期的教学目标。如在语文阅读教学中，亟须一种立体式、全息式的思维来予以突围。该思维可将语文教学要素的全部显态、潜态信息置于执教者的整体教学视野里，以知识多元结构、系统整体思考等立体思维方式，使文本的字、词、句、段、篇等显态信息构成统一的有机整体，用立体思维的基本理念审视其运动状态及相互关系，进而洞见文本"显信"与"潜信"之间内在的整体性和关联性。如图5-2所示。

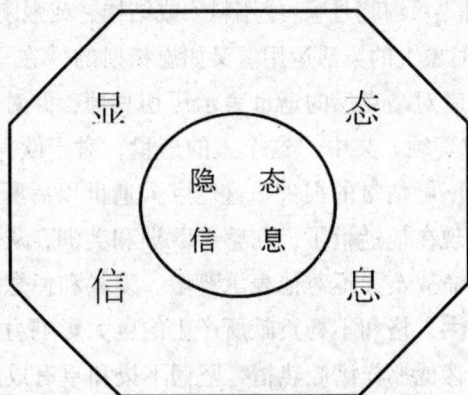

图 5-2　显态与隐态信息的关系

　　这样重组教学文本信息的思维方式，其实质就是以多维立体的模块形式呈现其教学内容的思维过程，这显然是一种全新的语文教学立体思维策略的反映。诚然，在重构教学文本信息体系中，一方面应建构知识掌握与能力发展相统一的立体思维网络体系。语文文本中的内容纷繁复杂，须尽可能将文本信息以多维度方式进行分类重组，并注重一定的梯度而使其教学要素得以清晰呈现。这样再基于教学实际合理穿插与之相关的教学元素，使之立体呈现而交互作用，由此达成语文教学内容信息网络的整体建构。另一方面要有效开展多层次、全方位的语文教学实践活动。如果说语文教学内容信息网络的整体建构是属于教学理论层面的范畴，那么有效开展多层次、全方位的语文教学实践活动，就应该是语文教学立体思维的落脚点与归宿。在此环节，执教者务必以学习者的思维发展为本，立足于最新建构的教学内容信息体系，按照预期的教学目标多角度、多元化、立体式地开展其教学实践活动。全方位、全息化、整体型、循序渐进地推进语文教学进程，立体式地完成其教学任务，力求凸显语文教学的梯度、高度、深度、亮度、综合度的思维水准。在此，需要明确的是，备好语文课是上好语文课的前提和基础。执教者应建构备课上的立体思维模式，积极主动地从语文新课标的具体要求、学习者的发展需要、不同学段训练重点和单元文本教学实际的全局出发，对教学内容进行创造性地重组，将语文文本的教材体系转化为课堂教学体系，着眼于文本的整体解读、课外拓展和动态管理组织教学。多层面、多维度、多方向、多元化地整体构建语文教学备课的立体思维模式。语文教学中，执教者要善于运用立体思维的基本理念把教学的主要内容以立体结构图形或板块的方式展现出来，以强调和突出教学的重难点并方便学习者学习与记忆。当然也可启发学习者灵活运用立体思维方式将自己对语文文本学习的感悟或启迪，用立体模型或图示结构的方法呈现出来，以便加深语文知识的学习印象。以朱自清的《荷塘月色》为例，这是一篇语言精练而意境优美的写景抒情散文，学习者通过该文本的学习可获得非一般的立体审美享受。教学中，我们可以以"美之所以为美"为议题整体预设教学内容环节："感受字词之美"→"品味语言之美"→"鉴赏意境之美"→"体验表达之美"。引导学习者由浅入深、由低到高、多维度、多层次地开展文本解读。在第一层次中，学习者通过朗读文本初步感受文中的精美字词，获得直觉性美感；在第二层次中，让学习者细读文本耐心品味文中的语言之美；在第三层次中，让学习者借助文本语言充分发挥丰富的联想，鉴赏其"月下荷塘"与"塘上月色"的多方面意境之美；在第四层次中，执教者应引领学习者研读文本精彩片段，启迪他们结合自身经历展开合理想象进行仿写练笔而体验表达之美。如图所示：

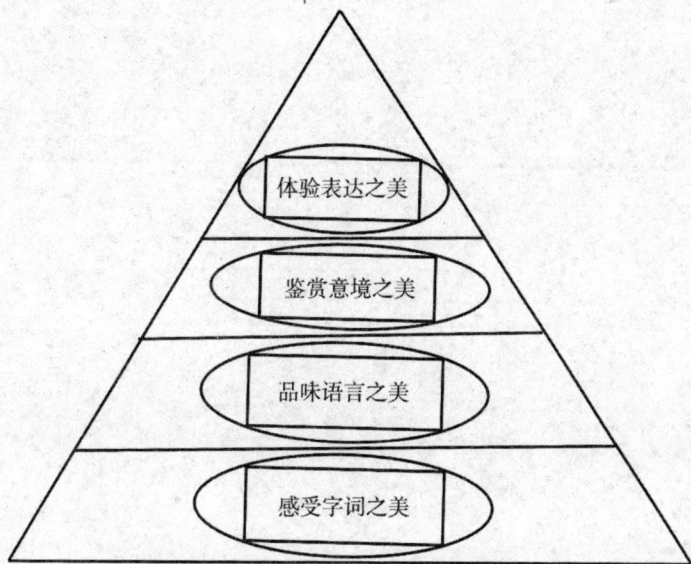

图5-3 《荷塘月色》："美之所以为美"

就这样由感受到体验、由阅读到写作的四个层面或板块，立体式地组成一个完整的文本解读教学思维体系，使学习者从整体上层层深入地训练自己的阅读思维（包括立体思维）及能力，其语文综合能力也将得到有效培育。

语文教学中，应着力培养学习者的文学艺术审美情趣和语言表达能力。在文本解读中有意识地引导学习者深刻领会其要义，增强语文学科知识的广度和深度，让语文教学从平面走向立体，进而培育学习者的综合性语文思维能力。语文执教者要精心设计教学过程，充分利用现代信息技术丰富教学内容，整个教学过程应立体地、网状地、整体地展开，须从平面型、单向型教学模式向立体型教学转变。要保持语文课堂教学思维立体结构的综合性、整体性，多角度、多层次、多方向地深入解读文本内容，系统性地训练其写作思维技能，从而全面提高学习者的立体思维能力。

第六章　语文与创新思维

一些陈旧的、不结合实际的东西，不管那些东西是洋框框，还是土框框，都要大力地把它们打破，大胆地创造新的方法、新的理论，来解决我们的问题。

——李四光

语文中的直觉思维

一、"直觉思维"概说

（一）"直觉思维"意涵

直觉思维亦称"感觉思维"或"直感思维"，是直接觉察客观事物现象及其本质属性的思维形式。布鲁纳在《教育过程》中指出直觉思维是不必经过一步步的分析和证明而直接达到对事物的了解和认识的一种思维活动。可见，直觉思维就是人脑对于偶然出现于面前的新事物、新问题、新现象等未经分析与识别，就能迅速地判别、敏锐地洞悉其本质及规律的一种认知过程。直觉思维在认知事物过程中常常表现为一种"顿悟"或"灵感"，甚至是一种"预言"或"预感"等思维心智。直觉思维是创新思维的前奏和基础，它既是自由的、自发的、灵活的、偶然的思维现象，又是简约的、自信的、创造性的思维样式。有研究者认为直觉思维是一种由"感块"导出的思维，这个"感块"是人的大脑与心理的共鸣体，当人们偶遇事物或问题时，该"共鸣体"就会迅速作出反应，其反应过程就是直觉思维的过程。如人们突然看到某人、某物或遇到某事时，马上就能识别其基本特征，甚至会很快预测或预示其未来的发展状况等。在某种程度上，直觉思维是人类或其他较高级动物特有的一种本能意识或反应。直觉思维的产生须凭借自身已有的知识与经验才能得以出现，即需要丰富的社会生活经验和广博的学识作为基础。然后将这些经验与知识在特定的时间里转化为直接的感觉，即调动以往的认知经验对瞬间碰到的事物或问题，通过迅速体悟作出反应而达成"直觉思维"。诚然，直觉思维的生成还离不开平时人们对现实生活的观察与洞悟，要养成善于观察现象与事物的优良习惯，有意识地培育自身敏锐的观察力、穿透力和洞察力，做到长期积累而偶然得知。

（二）"直觉思维"特质

直觉思维折射出人们对自身知识与经验的掌握程度，同时也反映出一个人思维的敏锐性，是创新思维活动的重要元素。就其特质而言，直觉思维区别于分析思维，呈现出多种特质，即直接性、自由性、快速性、灵活性、自发性、跳跃性、偶然性、个体性、智慧性、视觉性、或然性以及不可靠性等。但综合直觉思维的基本特点和本质内涵，其主要特质表现于反应的直接性、判断的快速性、认知的跳跃性和鲜明的个体性四个方面。

（1）反应的直接性。在直觉思维过程中，它不依赖于严格意义上的验证过程，是思维主体未经分析过程就直接获得对问题或事物全局的整体认知与把握，它是以非常直接的方式获取所见问题答案的思维方式和思维过程。如突然遇到一个人，不经过分析就直接知道其性别、高度、胖瘦及大概年龄等。反应的直接性是直觉思维最显著最基本的思维特质。

（2）判断的快速性。通常指直觉思维中，其思维主体对思维客体的思维结果产生得很迅速，这种直觉形式能很快产生假设，迅速对客观事物或问题作出预测及解决方案的思维过程。直觉思维判断的快速性往往表现为一种"灵感"或"顿悟"的爆发，根本没有对该思维过程作出任何逻辑上的阐释或辩解。如问小孩"鱼能在陆地上生存吗"，小孩马上回答"不能"，而若要求小孩解释其中的生物学原理，就完全超越了他们的认知水准。

（3）认知的跳跃性。在直觉思维的认知过程中，全然没有分析性思维的逻辑推理与判断元素，只要直觉思维一旦产生，就彻底摆脱了原来常规思维方式的束缚，而出现认知过程的急速飞跃以及渐进性的中断。直觉思维在认知上的跳跃性表现为思维主体依据对事物的知觉印象，直接洞悉事物的本质与规律，突出其领悟力和创造力。常常体现在能猛然觉察客观对象的本来意义，使面临的问题获得突然醒悟而进入一种清晰状态，仿佛诗人笔下的"众里寻他千百度，蓦然回首，那人却在灯火阑珊处"之写照。

(4) 鲜明的个体性。直觉思维与其思维者的知识沉淀、经验积累以及思维品性有着必然的内在联系，它表现为一种直觉性的个体特质。直觉思维是个人在社会生活实践、人际交往和人生经历中形成的思维方式，个人参与社会生活实践的过程就是个体直觉思维存在的基础。马克思之所以重现直觉思维正是由于它反映着个体思维所具有的相对独立性，表现为个体的创新思维能力。直觉思维是个体独特实践的产物，个体的综合素养、基本能力及身心素质决定着个体直觉思维能力的发展与提升，彰显出鲜明的个体性。

综合以上主要特质，毋庸置疑，直觉思维是一种直观的、快速的、动态的、个性化的思维样式，虽然没有明显的分析或逻辑过程，但在一定程度上就是分析或逻辑思维的浓缩与凝练，亦是若干思维要素理论化、概括化、语言化、简缩化及内化的结果。

（三）"直觉思维"功效

直觉思维是人类创造或创新性思维的重要元素之一，在人类的学习、生活乃至科学研究中具有不可忽视的功效，它能帮助思维主体迅速作出优化抉择，并产生创造性的预见和构想。对此，爱因斯坦认为"物理学家的最高使命，是要得到那些普遍的基本定律，只有通过那种以对经验的共鸣理解为依据的直觉，才能得到这些定律。"苏联著名哲学家凯德洛夫指出："没有任何一个创造性行为能够脱离直觉活动。"为此，直觉思维在整个人类创新思维活动中发挥着极大功效。直觉思维能从整体上考察思维对象，并调动自身的所有知识经验，以丰富的联想与想象作出敏锐的假设、合理的猜想及理性的判断，达成了清晰反映客观事物本质之目标。它是思维主体瞬间的思维火花和长期知识积累的升华，是直觉思维者的特殊灵感或顿悟，也是其思维过程的结晶。直觉思维亦能在总体上把握研究客体，其思维过程不拘小节，正是由于它的无意识性、发散性、开放性等思维特点，使思维主体的认知结构能由内而外无限延伸和拓展，因而拥有独特的创新性。直觉思维广泛应用于社会科学和自然科学的各个领域，文学家鲁迅笔下的"阿Q"形象、海明威笔下的"桑地亚哥老人"形象等最初都源于直觉思维；古希腊数学家欧几里得几何学的五个公设的基本原理、德国化学家凯库勒发现苯分子环状结构等都是基于直觉思维功效之典范。创新源于问题，问题基于思维，而思维大多又来自直觉。很多的研究经验表明，单凭运用逻辑思维而没有直觉思维的伴随，是不可能发现和找到真理的。因此必须依靠直觉思维，而直觉思维往往源自渊博的学识和丰富的经验，如科学家爱因斯坦就凭借他非凡的直觉思维，创立了"光量子假说"理论；亚里士多德指出"直觉就是科学知识的创始性根源"；哲学家笛卡儿认为通过直觉可以发现作为推理的起点等。

二、语文文本与"直觉思维"

直觉思维是文学创作中最初、最常见、最基本的思维范式。我国最早的诗歌总集《诗经》中就有许多艺术特色，透射出华夏民族认识世界、反映生活的直觉思维特点。从"赋、比、兴"的创作手法上突出了直觉思维的基本特质。作为中国文学创作和文学理论体系建构发端的"赋、比、兴"，最早见于《周礼》和《毛诗序》，它与"风、雅、颂"合称"六义"。"赋"即铺陈直叙；"比"乃比方，即以彼物比此物之蕴；"兴"则是托物起兴，即先言他物以引起所咏之物之涵。就"赋"而言，它颇具形象性、概括性、想象性特征。《诗经》中的形象、概括、想象，已全然有别于原始思维中那种对直观表象的形象、概括、想象。它融进了华夏早期人类对复杂社会生活现象的直觉感受，人们的思维水平经历了从自发到自觉的直觉表象运动，然后再上升到思维主体对客体对象的把握、理解及创造的初级阶段。如语文文本中的《卫风·氓》中对"氓"和"女主人"形象的刻画，只是寥寥数语却给读者以栩栩如生之感。"氓"幼年时的说笑之样，求爱时的憨厚之态；女主人的痴情、静思之貌，孤独、伤心之泪……其人物形象血肉丰满而跃然纸上。其实可以看出，《诗经》中艺术形象的概括与想象，并非抽象化叙述，而是融入了许多具体的直观感性描绘和充满生动的细节元素，从而实现了诗的具体形象性与概括性的完美统一。这是思维主体对思维客体的直觉把握和整体观照。语文文本中的《卫风·硕人》中"巧笑倩兮，美目盼兮"，极尽勾勒了女子的神采与风韵，突出其美貌。同时也赋予读者一种审美的直觉性思维，是作者对美人神态、情态与气韵形象的整体直觉反映。其中的想象腾越了时空的限制，凸显其跳跃性，体现了直觉思维的根本特质。至于"比""兴"手法的运用，大多具有类比与象征之意，旨在表达其"义理"。这与其思维主体的直觉感受与体验有着不可分割的内在本质关联。从思维科学的层面看，比兴之事之物具体可感，比兴的运用之功，乃是作者的直觉思维之效。如语文文本中的《周南·关雎》中"关关雎鸠，在河之洲，窈窕淑女，君子好逑。"就以自然与社会生活中的具体事物，通过听觉、视角的直觉感知，而塑造成栩栩如生的诗歌形象。诚然，这种直觉思维并非毫无根据，而是建立在创作者已有的科学知识和丰富的社会生活经验基础之上的，是其思维主体对客观世界直接的、迅速的综合判断，它是一种超逻辑、超分析思维特质的再现，也是创作者将客观对象所承载的知识转化为自身直觉感受的主观世界的反映。不言而喻，充分体现了直觉思维的基本特质。

从语言表达的角度看，语文文本中的直觉思维表现也不少。直觉思维既没有知觉那样具体而清晰，也不可能像分析、概括、推理、判断那样明晰而精确，其发生发展过程都具有一定的或然性和视觉性特点，但它产生于融感性与理性、形象与逻辑等多种思维为一体的心理瞬间爆发之中，因而与人们大脑的思维内容紧密相连。如语文文本中所描写的山水风光之气韵、人物外貌之神情以及自然与社会环境之氛围等，凭借理性的逻辑思维是无法领悟和把握的，只有通过直觉思维所具有的特质才能表现和再现出来。比如，语文文本李白《闻王昌龄左迁龙标遥有此寄》中的"我寄愁心与明月，随君直到夜郎西"，诗人以自己的直觉思维抒写了将忧愁心思寄托于明月，并希望能随风永远与友相伴的情怀。王湾《次北固山下》中"海日生残夜，江春入旧年"，诗人凭直觉看到夜幕都还没褪尽，可早晨的阳光已在江面上冉冉升起，眼前还是旧年时分，江南却有了春天的气息。鲁迅的《从百草园到三味书屋》中"不必说碧绿的菜畦，光滑的石井栏，高大的皂荚树，紫红的桑椹；也不必说鸣蝉在树叶里长吟，肥胖的黄蜂伏在菜花上，轻捷的叫天子（云雀）忽然从草间直窜向云霄里去了。单是周围的短短的泥墙根一带，就有无限趣味。油蛉在这里低唱，蟋蟀们在这里弹琴"。该描写，其景物、其感受无不源于作者的直觉思维，亦是作者所见所闻所思的瞬间综合提炼与表现。毛泽东的《沁园春·长沙》中"看万山红遍，层林尽染；漫江碧透，百舸争流。鹰击长空，鱼翔浅底，万类霜天竞自由"，其中，词人所见"万山"之景、"层林"之色、"漫江"之澈、"百舸"之争、"雄鹰"之健、"鱼儿"之快……一切的一切都在锦绣的秋光中憧憬自由美好的生活。这难道不是词人的直觉思维之所创？再如郁达夫《故都的秋》中"南国之秋，当然也是有它的特异的地方的，比如廿四桥的明月，钱塘江的秋潮，普陀山的凉雾，荔枝湾的残荷等等，可是色彩不浓，回味不永。比起北国的秋来，正像是黄河之与白干，稀饭之与馍馍，鲈鱼之与大蟹，黄犬之与骆驼"，这样的描写直截了当而又干净利落，不仅暗含着作者对"故都"的自然与人文景观以及文化底蕴的深切眷念、向往和赞美之情，同时也流露出作者孤独、忧郁的心境。客观环境触发了作者的直觉感官，唤醒了他丰富的社会阅历和厚重的文化积淀，于是凭借灵感来临的一刹那，爆发出作者的主观情思，这与其直觉思维密不可分。在语文文本中的许多语言表达，都是作者直觉顿悟与主观情思的自然流露。虽在其表达的状态、范围、程度等方面有一定的或然性和视觉性，却是创作者在思维客观与思维主观认识上的直觉反应与聚合。这种直觉思维范式意义上的跳跃式、虚化式、闪避式、简省式的语言表达，使语文文本内容更直观、更形象、更灵巧、更活泼、更自然。

从知、情、意的层面审视，语文文本中蕴涵着宏富的直觉思维。考察语文文本里的不少篇章，不难发现其中的许多片段描写，都是作者知、情、意直觉思维境界的高度统一。直觉思维是人的感觉、表象、知觉、联想、意志、情感、体验、理解及判断等多种心理活动的快速交融与综合，它们相互渗透、积极参与、和谐融合而构成了一种完整的思维认知方式，是知、情、意直觉思维境界的有机结合。在语文文本的诗歌作品中，诗人常以自然宇宙与生命世界为具体的直觉思维对象，在活跃的心灵世界与丰硕的人生体验中，使自身的思维趋向最大的具体化，借以表达自己心灵深处的认知、情感和意涵，实现文本知、情、意高度完美统一的直觉思维境界。如语文文本《卫风·氓》中的"桑之未落，其叶沃若。于嗟鸠兮，无食桑葚！于嗟女兮，无与士耽！士之耽兮，犹可说也；女之耽兮，不可说也"。诗中的女主人公容颜焕发，憧憬和追求着对美与幸福的直感。由沃若之桑叶联想到自己年轻貌美之时，由食桑易醉之鸠联想到自身沉醉于爱河而不能自拔之境，有理性的认知，有情怀的宣泄，也有如痴如醉的爱情意境之呈现和女主人公思想心境之流露。诗人凭借他对自然世界的直觉体悟，抒写了自己对未来美好生活的向往与追求。此直觉思维方式的运用，是作者将情物态化、把景意象化的一种认知境界。又如周敦颐的《爱莲说》中"予独爱莲之出淤泥而不染，濯清涟而不妖，中通外直，不蔓不枝，香远益清，亭亭净植，可远观而不可亵玩焉"。其中"出淤泥而不染，濯清涟而不妖"写出了莲花虽身处污泥却纤尘不染而洁身自好的可贵精神；"中通外直，不蔓不枝"，描绘了莲花内空外挺、不牵不攀的高尚品格；"可远观而不可亵玩"，彰显出莲花傲然不群的君子形象。赋予了作者对"莲花"的生长环境、外部形态、内在气质和整体品性的直觉认知、直抒胸臆及赞美之情，凸显其主观情思与客观事物的融合与共鸣，正是源于作者长期的生活历练和文化积淀相统一的直觉思维智慧。当然，语文文本中的意境创造主要植根于作者所处的现实生活土壤之中，它择取了社会生活中真实的自然图景或画面，寄托了创作者真实的思想情感，升华成作者既源于生活又高于生活的直觉思维艺术，以达成直观写实与妙悟传神之境界。如马致远的《天净沙·秋思》"枯藤老树昏鸦，小桥流水人家，古道西风瘦马。夕阳西下，断肠人在天涯"。此曲将诗人目睹的多种景物并置，构成了一幅凄凉的秋郊夕照图，运用直觉思维方式抒发了游子飘零天涯的孤寂之愁和思乡之苦，真不愧是言简意丰、意境深远的"秋思之祖"。诗中以景寄情、寓情于景、情景交融而心物合一，折射出词人对客观事物的直觉认知和思维灵感的意境创造。正是王国维《人间词话》所云"一切景语皆情语"之境界，也不失王夫之《萱斋诗话》中的"情景名为二，而实不可离。神于诗者，妙合无垠"之写照。此首小令将众多意象以蒙太奇手法进行完美组合，构成了一幅幅真实、生动、别致的感人画面，这既是断肠人生活的真实写照，又是词人内心忧伤悲凉情怀之载体。真是景中生情、情中存景、情景妙合，知、情、意高度统一，无不凝聚着词人之直觉思维。该小令虽意蕴深厚、诗味浓重而境界和谐，但运用了极为简练的白描手法，将十种自然、朴实的客观景物勾勒了出来，使人无疑产生一种直觉上的审美情感体验，秋之凄、秋之凉、秋之萧、秋之瑟、秋之悲……该意境的创造，是在词人对自然的直觉顿悟与心灵的突然震动中诞生的。显然不是简单的客观描绘，而是基于作者自身特殊的直感与妙悟、启迪与闪现的和谐统一。语文文本中，凡此种种直觉思维之体现，都是作者的主观情思与客观世界相融而突然领悟达至妙合的结果，它需要作者瞬间借助陆机《文赋》中"观古今于须臾，抚四海于一瞬"的丰富想象与构思的激活，才能达到和形成其直觉思维的至高境界和结晶。

三、语文教学与"直觉思维"

直觉思维基于思维主体平时分析思维或逻辑思维所积淀的各种知识与思维经验。知识经验的丰富与否决定着思维主体对问题直觉判断速度的快慢，直觉思维最根本的问题在于分析或逻辑思维的经验与素养问题。语文教学中，我们不仅给学习者创造一个有助于直觉思维的范围、条件及环境，而且应注重培育他们较好的逻辑或分析思维能力，增强其知识经验的系统性，提高其思维反应速度，培养学习者良好的思维品性和思维习惯。学习者的知识、经验、文化及思维等素质提升了，其直觉思维能力自然得到有效提高。布鲁纳强调培养直觉思维应适当激励学习者进行猜想。以往的语文教学中人们习惯认为学习者猜想就是偷懒的表现，其实不然。我们不能禁锢学习者的思维和思想而过分压抑他们的天性，应尽可能多地让他们放飞想象而张扬个性，使他们的思维活起来、动起来、飞起来，才能利于探究语文问题，培养语文智慧。陈旧的语文教学理念往往只重视培育学习者的逻辑思维而忽视了直觉思维的锻炼，这显然无助于他们直觉性思维能力的培养。教学中，执教者要善于抓住直觉思维能快捷解决问题的优势，合理指导学习者积极开展语文学习实践活动。布鲁纳认为："一个人往往通过直觉思维对一些问题获得解决，而这些问题如果借助分析思维将无法解决，或者充其量只能慢慢解决。"并强调应将直觉思维与分析思维结合起来思考问题，相互补充、相互促进、相得益彰，可时下的语文教学几乎只重视分析思维的训练而完全忽略了直觉思维的培育。一个人的语文思维主要取决于直觉思维，其思维能力的高低亦是相应的。事实上，语文直觉思维是可以在后天培育的，因为每个人的语文直觉思维都可通过教学训练得到不断发展与提升。在此，一方面需要夯实学习者的语文基础知识和基本技能。学习者扎实的语文基础知识与技能是发展直觉思维的源泉，语文直觉思维的生成不是纯粹的"偶然"或"胡思乱想"，而是思维主体凭借扎实的语文知识与经验迸发出来的思维火花。另一方面亟须厚植学习者的语文思辨性、审美性、批判性等思维理念。直觉思维源于思维主体对研究对象的整体领悟与把握，而思辨性思维理念则有助于语文学习者高屋建瓴地把握问题内涵、揭示事物本质属性。这就需要在语文教学中有意识地引领学习者用思辨的观点审视语文问题、看待语言现象、洞见语文内核。如可采用对立统一、相互转化、运动变化以及否定之否定等相关哲学理论或理念进行思辨性学习。同时，也要注重训练学习者的审美性思维及能力，使他们树立直觉性审美意识、审美理念，学习者的审美能力得到增强，则其语文直觉思维能力也会得到相应提高。语文学习者批判性思维理念的厚植同样可促进他们直觉思维的发展与提升，教学中也要有的放矢地锻炼学生的反思性、反省性、质疑性思维及能力，使他们在语文学习中能以批判性的思维视角快速、高效地直接审思语文问题，获得直觉思维成果。诚然，在语文教学中，还应根据教学情境立足教学内容适当预设一些具有开放性的语文习题，让学习者能多角度、多层面、多方向地在解题中锻炼、发展和提升直觉思维及能力。执教者要充分调动与发挥学习者直觉思维的积极性、主动性和主体性，以激励、表扬为主，开启学习者萌芽于潜意识中的直觉性思维，挖掘语文文本中蕴涵和渗透直觉思维的语言、思维、审美及文化要素，从整体上科学培育他们的直觉思维能力。

新时代思维科学的蓬勃兴起，影响着人们对思维及能力的重新认识与重视。语文新课标也极力倡导要重视学习者思维能力、思维品质的培育、发展与提升。在语文教学实践中，强化直觉思维的训练与培育已成为当今语文界之共识。教学中须重视学习者语文直觉思维的锻炼，全面发展与提升他们快速思考、快速分析、快速辨别、快速判断的直觉思维能力。爱因斯坦认为真正最宝贵的是直觉。在人类发展史上，人们在认知客观事物时进行任何创新性活动都离不开直觉思维，它是构成人们高层次创新性思维的重要元素。语文教学的改革须以思维的培育为重，而思维的培育又应以直觉思维的培植为重。可见，在语文教学中培育学习者的直觉思维及能力，具有特别重要的价值。语文学科须着实提升学习者的听说读写能力，开发他们应有的潜力，培育其创新思维能力，切不可忽视其直觉思维能力的训练与培育。直觉思维的培育是提高语文能力的关键所在，是语文教学必不可少的重要环节。语文学科植根于厚重的华夏民族文化之沃壤，承载着独具匠心的汉民族思维范式。领悟其艺术之真谛、感受其文化之深邃、体悟其思维（尤其是直觉思维）之特质……乃是语文教学义不容辞的重任。只要有语文的存在就有直觉思维的存在，读一篇文章、看一段报道、听一首歌词、浏览一则信息等，勿用进行任何形式的逻辑分析就能很快地领略其意而较敏锐地作出判断。譬如，当我们朗诵徐志摩的《再别康桥》时，赞意便会顿时油然而生；听到《我爱你中国》的歌词便会立刻领悟到其爱国之情之意等。人们不仅直接感知语言之蕴、之情，甚至还瞬间鉴赏到流淌于字词间之味、之美……这便是直觉思维所在，在语文教学的世界里不能没有直觉思维的存在。

语文教学中，须通过直觉语感的培育、直觉想象的培养、直觉解析的训练和直觉速读的锻炼，全面发展和提升学习者的直觉思维及能力。

（一）注重直觉语感的培育

直觉是学习者经过言语实践所获得的一种认知感受，而语感则是思维主体在言语思维过程中所表现出来的直观感受，它无须通过对言语进行理性的思考和逻辑的判断就能直觉地作出瞬时性、敏锐性、灵感性、顿悟性、爆发性的感受与领悟。直觉语感既是思维主体对已有语文知识经验的直接再现或再造，亦是对原有语文思维认知结构的直观重构，它是思维主体多种言语知识信息概括化和迁移化的感性结果。直觉语感的形成是发展直觉思维的基础，语文教学中直觉语感的培育有助于学习者直觉思维的发展与提升。直觉思维反映在语感上就是对语言文字的一种正确而丰富的理解力和判断力，亦是人们对语言文字符号的一种直觉。学习者参与言语实践活动的程度直接影响到他们直觉语感的发展水平，通常情况下，言语实践活动越多其直觉语感水平会越高。在语文阅读教学中，执教者须根据直觉思维的基本特质，科学训练和提升学习者的直觉思维及能力，通过开展丰富多彩的言语实践活动，培育学习者正确地掌握言语知识，丰富其言语经验，训练其言语感悟能力，从而提升他们的直觉思维及能力。

语文教学中要注重对学习者直觉语感的培育，除创设条件让学习者进行更多的语感实践训练之外，还应多引导学习者开展诵读和实践体验。正如朱熹所言"读得熟，则不待解说，自晓其义也。"文章读得越熟就自然洞其意而见其理。赋作大家杨雄也指出"能读千赋，自能为之"。可见多让学习者诵读，使他们直觉体悟语言特点、语言规律及语言运用，其直觉语感则能得到有效培育。实践体验是培育学习者语感的有效途径之一，要激励学生将语言文字知识灵活运用到社会现实生活中去，学会表达，相互交流，正确应用，在生活中真正锻炼自身的直觉语感。应在语文阅读教学中培育学习者的直觉语感。学习者的阅读视野开阔、言语信息储备丰厚，其直觉性的感悟机会就会随之增多，灵感的爆发力就会很强。语文学习者由于在阅读中不断受到知识及文化内涵的陶冶，他们对语言文字的整体表象也会获得瞬间鲜明地呈现，这种呈现的过程其实就是生成直觉语感而构建直觉思维的过程。语文新课标明确要求"要注重培养学生的语感能力和对课文整体把握能力。"因此，课堂上，执教者在培养学习者语感能力的同时，还须注意引导学习者整体把握文本内容，强化了他们对文本中字、词、句、段间内在联系的认知，训练其归纳概括能力，进而促进学习者直觉语感综合能力的提高。如执教《林黛玉进贾府》一文，可从整篇文本出发，引导学习者通过阅读把握其中的人物、情节及环境描写，使他们能迅速感知全文内容及其要旨，品味文本的语言特色等。经过反复训练，学习者的直觉语感得到了充分的锻炼，其直觉思维及能力定能获得较好的培育。

（二）重视直觉想象的培养

语文教学中，重视学习者直觉想象的培养助力于其直觉思维的培育。直觉是人们对客观事物的直观感觉，它是不通过分析推理就能得到的观点与结论。而想象则是人类的一种特殊思维样式，它是人脑对已储存的事物表象进行加工和改造从而形成新形象的心理反应及过程，它不受时空所限并能推动事物发展和预见未来。想象是人类对客观世界所特有的一种反映形式，它能使人达至思接千载而视通万里之境界。从心理学角度看，想象有无意想象和有意想象，无意想象亦称随意想象，是不由自主而没有预先目标的想象，如做梦等。而有意想象是根据思维主体事先的观察和了解确定目标的想象。它包括创造想象、再造想象、理想、幻想和空想。创造想象是人类无须任何条件而在大脑中独立创造出新形象的思维过程；再造想象是基于现有的条件或资料而在头脑中创造出新形象的思维过程；理想即指符合客观事物发展的基本规律而可实现的想象；幻想指的是毫无道理和事实根据的想象；空想则是不遵循或违背客观事物的发展规律而进行的想象活动。直觉想象是人们凭借大脑对客观事物、信息符号、情绪动作等要素的直观认知，而激活头脑表象进行想象的思维活动。直觉想象在科学创新中促进了新科学思想的诞生。正如欧几里得的"欧式几何"、罗巴切夫斯基的"罗式几何"和黎曼的"黎曼几何"学等，都是直觉想象的结果。爱因斯坦指出："想象力远比知识重要，因为知识是无限的，而想象力概括着世界上的一切并推动着进步。想象才是知识进化的源泉。"直觉想象对语文学习者的感知对象有直接的认识作用，它是语文学习者创造性思维的基石。由此，语文教学中培养学习者的直觉想象及能力尤为重要。首先，须以学习者为本，启发想象。语文课堂上，执教者应以人为本、以学习者为本，创造适宜的教学情境启迪他们自由想象，视课堂为乐园、以课堂作天堂，让语文学习者在浩瀚的知识领域张扬个性而驰骋想象。教学中执教者要多启发、多鼓励、多表扬学习者的合理想象，促使他们乐于想象、敢于想象、丰富想象、创新想象。执教者不能轻易否定学习者的想象结果，应广泛尊重他们的想象视野，尊重他们思考问题角度的基本权利。不要扼杀学习者内心深处的创造天性与创新萌芽智慧。执教者应成为学习者的催化剂和助力器，须给足他们的想象自信，做到启发诱导而及时肯定，着力培育学习者大胆想象的直觉思维及能力。其次，须立足文本，巧设提问。语文文本是教学的依据和落脚点，亦是语文知识的载体，执教者应植根文本内核尽可能全方位、多角度开发课程内容，预设教学问题，创新教学理念，激发学习者的求知潜能和兴趣。要善于拓宽文本、延伸文本和深化文本，鼓励学习者挖掘想象元素，发挥丰富想象，思考所设问题，活跃他们的创新动力，培育其独特的直觉想象力。如教学郭沫若的《天上的街市》一文，可预设问题：天上为什么有街市？让学习者发挥想象而各抒己见。顿时众说纷纭，执教者应适当点评和小结即可。最后，须借助现代信息技术，激发想象。语文课堂上，可恰当借助现代媒体技术的各种语音、图像、影视等辅助信息，创设教学情景使学习者通过感知与理解，达成心灵的沟通与情感的共鸣，从而激发想象。如教学苏轼的《念奴娇·赤壁怀古》时，可择取影视剧《三国演义》中的"赤壁之战"片段进行播放，让学习者从中捕捉联想的影子而生发想象，进而深化对文本内涵的领悟。执教戴望舒的《雨巷》时，可引导学习者观看课件雨巷画面，然后启发他们联想与想象文本内容，学习者仿佛置于一条悠长、狭窄、清冷、潮湿而又孤寂的雨巷，从而升华自身的直觉想象和直觉思维力等。

学习者语文直觉想象的培育，还需要在语文写作教学中不断强化想象训练而丰富其直觉想象力。一方面可通过仿写、改写和续写，激发学习者的想象力有效训练其直觉想象。如针对教学文本中的某一精彩片段，依据其表现手法、语言特色和思想内容等特点，引导学习者在理解领悟文本内容的基础之上进行仿写、改写和续写训练等。另一方面可设置想象性命题作文引领学习者发挥想象开展写作训练。如可根据不同学段的学习者预设难度不同的想象性作文题：小学段可以"我心中的月亮姐姐"为题适当展开想象写作；初中段可以"故乡的月亮"为题展开合理想象作文；高中段可以"论月亮"为题展开科学想象写作等。由此，使学习者能在各自不同的语文教学环节，无拘无束并自然而然地发挥丰富的直觉想象，既培养了自己的直觉想象力，又获得了直觉思维的训练，更促进了创新思维能力的提高。

（三）强化直觉解析的训练

直觉解析离不开格式塔心理学所倡导的"整体观照"，它是人类心理活动中最基本的特质，也是在人们意识经验中凸显的整体性概念。整体性其实就是直觉思维最突出的根本特征。语文教学中的文本解读需要学习者对内容的整体观照，这种整体观照是对文本进行直觉解析的主要方式之一。文本是一个独立存在的完整的个体，它是创作者心灵世界的人生观、价值观、世界观的反映。格式塔学习理论要求人们用最直接的方法以整体的形式了解全文大意，透视文本意旨。教学中要引导学习者不要孤立地把文本解读得支离破碎而不着边际，应总揽全局，以文本的整体结构为解析对象，彰显文本情境、意蕴等格式塔质的整体美感，让学习者能直观地感悟文本的语言、思想及艺术表现等。学习者可从整体文本出发，直接认知、直观分析、直觉把握文本意蕴，做到胸有全文而腹察全义，清晰而深刻地直接通晓文本要旨。如执教王羲之的《兰亭集序》，可直接让学习者通读全文而概括大意，学习者根据自身的初步诵读与体味，能基本阐释各自解读的直觉感受，如"我看到作者愉悦的心情以及对大自然的热爱""反映了作者对时光飞逝、人生短暂的感慨""表达作者对人生敏锐而深刻的感受中，透露出一份对人生特别的眷恋、执着和热爱之情"等。学习者的这些解读，没有经过理性的分析，只是依靠直接的整体感受而获得的，这就是直觉解析的结果。学习者既然已从文本中凭直觉就有所感、有所悟、有所启、有所发，说明他们已经具备了直觉思维的能力。因此，要想有效培育学习者的直觉思维，可通过培养他们的直觉解析能力来得以实现。语文教学中须强化学习者对文本整体感知性的直觉解析训练，让他们充溢活力与生气地投入文本的直觉解析实践之中，积极主动地进行直觉思维，为培育学习者的创新思维及能力提供帮助。

语文教学中直觉解析的训练，关键在于促进学习者直接地领会文本意蕴。要能使学习者准确而迅速地在大脑中呈现相关的表象，而进行必要的联系和想象活动，正确把握文本信息的内涵、要义及图旨。这就需要在强化学习者直觉解析文本的训练中，还应有意识地培养他们筛选、整合信息的方法和能力，须强化学习者筛选主要信息的训练，促使他们在直觉感知文本内容的同时，全神贯注地扫描关键信息，然后高频激活大脑神经系统并建立信息联系，全面提升直感效能而完成信息筛选。于是将筛选的信息进行直观整合与抽象，凝成一种独特的"心领"与"神会"，最终形成直觉思维成果而予以呈现。

（四）增强直觉速读的锻炼

在语文教学中培育学习者直觉思维，还应亟须增强其直觉速读的锻炼。蓦然回首，传统的语文教学主张"涵泳"规则，旨在揣摩、斟酌、推敲和鉴赏研读文本的语言文字，力求获得"字字洞其意"而"语语见其神"的审美感受与审美情趣等。诚然，传统之语文教法有它的可取之处，但也应在继承与发展的基础上重视精准式的速读锻炼，使学习者能更快、更好、更准地获得语文文本的直觉性速读能力。直觉速读是一种高级的阅读思维形式，意在促使学习者在较短的时间里直接感知文本内容。其最大的特点即是对文本的主观反应速度快、敏捷性高。这就要求学习者必须要有高度的注意力，能在极短的时间内快速接受、快速整合、快速编码、快速提炼信息，强化速读效率，增强直觉思维。

语文课堂上，应"授人以渔"加强速读训练，要让学习者能瞬间感悟言语、理解言语、洞悉言语、判断言语。课堂上的速读训练有利于提升学习者的直觉思维能力。语文新课标提出现代文阅读每分钟不少于 500 字的要求。速读能促进直觉思维的发展，而直觉思维能力是提高速读能力的重要保障。故可通过增强直觉速读的锻炼来培养学习者的语文直觉思维能力。在此，我们一方面应培育学习者的快速领悟语言文字的基本能力。执教者须指导和要求学生把语文文本作为一个整体来直接阅读，能迅捷地透射文本内容和把握文章题旨，要善于快速抓住文本脉络，揭示文本本质，达成直觉思维。比如，执教《林教头风雪山神庙》一文，可要求学习者在规定的大概时间内扫读文本，并快速找出该小说的三要素，学习者通过迅速感知文本语言文字，从整体上体悟全文，把握文本语言特色和表现技巧。经过速读锻炼，使学习者体察到的不是孤立的只言片语，而是一个活灵活现有血有肉的篇章整体。直觉速读的锻炼，需要做到快速分析，也必拥有急速预测，才能迅速地准确领会和掌握文本要义。只要具备较强的速读能力，阅读时则能一目十行而得心应手。另一方面应培育学习者快速提取言语信息的能力。从接受美学理论的视角考察，学习者在直觉速读前对语文文本就存在一定的期待视野。通常期待越强烈直觉速读效率就会越高，直觉思维也就更活跃。因此，语文课堂上，执教者须着力培育学习者跳读、览读、翻读、猜读、扫读的速读能力，使他们在极短时间里能敏锐、准确、迅速地提取文本主要信息，揣摩文章意旨等。要引领学习者快速捕捉文眼、搜寻核心句段，并从中获取文本大意、本意及言外之意等。这样的速读锻炼，便是培育学习者直觉思维及能力的重要一环。要鼓励学习者树立大背景、大概念、大视野和大阅读的速读观，在速读中经常保持思维的积极活跃状态，其直觉思维定然获得有效培植。

直觉思维的发展是创新思维提高的基础，也是当代语文教学实现其科学化、高效化的必然要求。在语文教学中，应以注重学习者直觉语感的培育、重视其直觉想象的培养、强化其直觉解析的训练和增强其直觉速读的锻炼为策略等，牢记以读为本、以悟为本、以快为本、以思为本的教学理念，从文章学、解读学、哲学、教育学、教学学、心理学、学习学及思维科学等当代教育教学理论的高度，全面培育和练就学习者的直觉思维及能力。

语文中的灵感思维

一、"灵感思维"概说

（一）"灵感思维"意涵

灵感是人类在思维活动中认识飞跃的一种心理现象。它是人类认知客观事物时最奇特且最具活力的高能创新思维，即是人们大脑中所产生的新想法、新构思和新观念。灵感思维则是指人们在科学研究领域及问题解决等过程中，突然涌现出来的思维火花而使问题获得最新解决的思维过程。由此呈现出突发性、偶然性、创新性等思维特点。它区别于普遍意义上的直觉思维所具有的主观感受客观事物现象的思维形式，是人类思维过程中产生最特殊和最崭新的思想、理念、方案、方略、主意及结论的思维范式。灵感思维是人类在无意识状态下所产生的一种创造性、创新性的突发性思维活动，是人类"潜意识"与"显意识"思维多次碰撞而反复叠加的结果。

灵感一词源于古希腊的"神"与"气"的集合，即神之灵气。柏拉图的灵感理论认为，最美的诗歌其实根本不是人创作出来的，而是神的灵气与诏语而为之，即灵感所创。柏拉图的"神气说（灵感）"对西方文艺复兴时期、古典主义时代及浪漫主义时期产生了深远的影响。到了19世纪，人们则将灵感视为人之本能。黑格尔认为灵感必须建立在一定的知识、经验及概念基础之上，如"深刻的创见""丰富的经验"等。黑格尔的"灵感理论"标志着西方古典学者对灵感理论探索与认知已达到了较高水准。而我国古代的许多哲学家也对灵感进行了探讨。如管子的"思之不得，鬼神教之"；陆游诗云："六十余年妄学诗，功夫深处独心知，夜来一笑寒灯下，始是金丹换骨时。"王国维的"三境界说"："古今之成大事业、大学问者，必经过三种之境界：'昨夜西风凋碧树。独上高楼，望尽天涯路'。此第一境也。'衣带渐宽终不悔，为伊消得人憔悴'。此第二境也。'众里寻她千百度，蓦然回首，那人却在，灯火阑珊处'。此第三境也。此等语皆非大词人不能道。"他们都从不同的层面和角度论述了灵感产生的基本条件及突发过程，为我国灵感学说理论的研究奠定了坚实的基础。就"灵感"之意，《说文》云："巫以玉事神。"许慎注："巫，祝也。女能事无形以舞降神者也。像人两袖舞形。"这与古希腊柏拉图的灵感理论"神气说"意义相近。

不过，这些与"神"有关的灵感理论，应该强调的是"灵感神奇"，也并非实指。这种唯心论式的灵感理论旨在与唯物主义的客观现实相区别。因为辩证唯物论认为，一切产生于人类意识形态的精神现象，无疑都是客观物质世界在人们头脑中的反映。显然灵感亦如此。灵感作为人类的一种精神现象是客观存在的事实，美学家托马斯·芒罗指出："无论你对它怎样解释，这种被称之为灵感的现象是实际存在的一种东西。"无论任何人都不可能随意否定这个事实。从文学艺术方面考究，灵感思维是指在文学创作活动中，人的大脑皮层高度兴奋时突然产生的一种特殊心理状态及思维形式，它是人们在一定形象思维与抽象思维完美统一的基础上，顿悟式地生发出新概念、新举措和新意向的思维样式。它是以知识、经验、信息等要素为前提，通过大脑潜意识的思维激活，在特定状态下瞬间迸发的创新性思维成果。可见，灵感思维是建立在灵感基础之上，具有创新性的特殊思维范式，它是人们长期积累而偶然得知之硕果，既是一种突发性的思维活动，又是一种蕴涵必然性、规律性的思维体系。

（二）"灵感思维"特质

灵感思维产生于人类的无意识状态之下，而且又是一种自然的、突发的、及时的、偶然的和创造性的思维活动。综合灵感思维的种种表现，彰显出其突发性、瞬时性、偶然性、跳跃性、独创性、模糊性、随机性、非自觉性、意象性、综合性及难以复现性等特点，其中最主要的特质在于：

（1）突发性。人们灵感的出现往往是出其不意或不期而至的，从时空考察，作为思维主体对于灵感何时来都无法预期，通常就是迸发于一刹那，使人们长期以来苦思冥想的问题得到了突然解决。这正如费尔巴哈所言："热情和灵感是不为意识所左右的，是不由钟点来调节的，是不会按照预定的日子和钟点迸发出来的。"从效果上看，也是人的突然领悟，却难以料想。这就是灵感思维最突出的基本特征之一。灵感思维是从来不以显意识领域所遵循的常规逻辑来思考问题的，其产生的基本规则、程序、过程及思维要素等，都不可能被人类的自我意识获得清晰的认知，完全是一种只可意会而不可言传的思维活动。譬如，阿基米德在一次沐浴中忽然发现了浮力定律，即"阿基米德原理"。意大利物理学家费密在1934年的一天突然发现了引起原子核裂变的"关键"。全形心理学派的奠基者马克斯·威尔泰墨有一天突然发现：造成知觉的因素不仅仅是五官的感觉。其观点深刻影响了以自洛克为代表的所谓"流行的根本观念"。他认为知觉并非先感知到思维对象的个别成分然后才关注整体，而恰恰相反，是先感知到客观事物的整体形象，然后才关注到其构成整体的各部分等。这些思维现象，都集中体现了灵感思维极为显著的突发性思维特质。

（2）瞬时性。灵感思维的产生犹如思维宇宙中的闪电一般，从开始到结束在一刹那间完成，具有极强的瞬时性。即灵感思维出现的持续时间都非常短暂，就像电光石火而稍纵即逝。诚然，灵感思维的爆发与人类的思想、情绪、情感及心境有着必然的内在联系，当人们的情绪或情感状态较好时，灵感思维的迸发可能来得更快、更准，若被影响或干扰也许就随即泯灭或中断，甚至一蹶不振。因而，每当灵感思维爆发时，就应及时抓住它，否则其将转瞬即逝。正如钱学森所言："灵感出现于大脑高度激发状态，来时很短暂，瞬间即逝。"灵感思维真的好比"思维莽原上的昙花"，需要用全部的热情呵护它。

（3）偶然性。灵感思维的闪现不是以人们的意志为转移的，何时、何地、何种条件下、以什么方式爆发或出现，谁也无法预测或预料，颇具很大的偶然性。灵感思维常常给人以"有心栽花花不开，无心插柳柳成荫"之思感、急感、快感，凸显其偶然性之特质。

（4）跳跃性。从灵感思维的自身特点审视，它是一种富有个性化的顿悟性思维形式，其思维方式具有鲜明的跳跃性。这种思维的跳跃性往往表现为，它没有经过任何严密的逻辑推理，也不遵循已经固有的逻辑规律来展开思维，与其他思维形式相比具有较大的时空度、自由度和弹性，也更容易获得开阔的思路和出乎意料的思维结果。它是人类特有的一种下意识的思维活动，没有固定的思维格式、思维程序和思维准则，而是一种特殊的直觉式与及时的顿悟式相统一的思维范式，因此，颇具跳跃性。

灵感的突发性、瞬时性、偶然性、跳跃性构成了灵感思维最为显著的思维特质。这些思维品性及其理论或理念的探索与关照，将使思维科学的发展迎来更加美好的春天。

（三）"灵感思维"功效

哲学家罗素认为机遇常常偏爱那些有准备头脑的人，科学史上的一些重大发明或发现都与灵感思维密不可分。一方面，由于灵感思维所具有的新奇而独特的特点，使其在人类认识世界、改变世界的社会实践活动及过程中拥有极为重要的"先导性"功效。它极力突破传统意义上的旧有思维，在自身丰富的知识储备、厚重的文化积淀和敏锐的思想眼光基础之上，以独特、奇妙、超前的姿态脱颖而出，成为人类科学、文化、艺术等研究、探索及创新领域的开路先锋。另一方面，由于灵感思维是突发的、跳跃的、创造性的思维形式等，又具有"举一反三"而"触类旁通"之功效。灵感思维的出现既是聚合性的也是发散性的，在某种程度上它是一个人多种思维的"链式"和"焦点"反应，是人脑思维的中心和结晶，对其他思维形式而言起到了贯通与促进之功效。诸如科学研究中，人们会常常聚集探讨某一问题，听取来自不同研究者的观点或思路，这其实就是善用灵感思维"触类旁通"之效。此外，由于灵感思维具有新的概念、新的观点、新的理念、新的方案等，还具有创新的功效。人们灵感思维的闪现，凝聚着一颗颗充盈创新意识的火花，无论在科学研究中，还是在一般的学术探究里，要想获得创新成果都必须有灵感思维的伴随，可以说没有灵感思维就没有创新。毋庸置疑，古今中外的几多科学家、发明家、哲学家、文学艺术家等，他们所取得的杰出成果都离不开灵感思维之功效。诸如科学家之"茅塞顿开"、文学家之"神来之笔"、思想家之"豁然开朗"等，都是灵感思维之创新所为。灵感思维的创新源于人们宏博信息之导、丰富经验之积、联想想象之升、渴知求识之心等的催化作用。正如钱学森言："灵感的出现常常带给人们渴求已久的智慧之光"。灵感思维是客观存在的特殊思维形式，新的认识、新的创造、新的启迪和新的智慧，总是与灵感思维相生相伴，无不在人类的生产生活及科学研究中发挥着应有的独特功效。

二、语文文本与"灵感思维"

柏拉图指出："灵感是灵魂在迷狂状态中对于天国或上界事物难得的回忆和观照，没有这种诗神的迷狂，无论是谁，都将永远站在诗歌的门外。"可见，文学创作与灵感思维息息相关而辩证统一。如诗歌中的"忽如一夜春风来，千树万树梨花开"正是灵感思维的写照。灵感思维的顿悟性、触发性和爆发性，是文学创作必不可少的重要品性之一。诗人艾青在《诗论》里说："所谓灵感，无非是诗人对事物发生新的激动，突然感到的兴奋，瞬即消逝的心灵的闪耀……是诗人的主观世界与客观世界最愉快的邂逅。"灵感思维的产生，得益于作家对客观现实生活锲而不舍的观察、思考与积累，最终在一定时机以突发的、飞跃的形式闪现。语文文本中文学作品的形象塑造，就需要作者具备这些基本条件，才能成功塑造出栩栩如生的感人形象，并以此反映社会现实人生，揭示生活真谛。钱学森在《开展思维科学的研究》中指出："灵感是形象思维扩大的潜意识。"可见，灵感思维在文学文本的形象塑造中意义非同一般，它是作家在创作中历经冥思苦想之后，而突然迎来清晰的文思潮涌之闪现，是创作者长期积累而水到渠成之硕果，是灵机一动而笔下生花之果，是灵光乍现而熠熠生辉之光。

心理学研究表明，灵感思维是形象概括的直觉过程，文学文本作品中的灵感思维是形象思维的一种直觉性概括。作家的思想情感总是渗透于灵感思维之中，灵感思维的出现往往会更加催生作家情感的激荡。正如巴金先生创作时所认为的那样："我心里有一团火在熊熊地燃烧。"语文文本中的灵感思维是在潜意识中进行的，其以情动人的部分或片段必是作者情感的结晶，其创作过程渗透着作者的灵感思维。但灵感思维并非贯穿于文本创作的始终，它的呈现带有很大的偶然性与瞬时性。诗人雪莱指出："我们天性的意识部分既不能预示灵感的来临，也不能预示灵感的离去。"这在许多作家的创作实践中得以检验和证实。文论家陆机《文赋》云："思风发于胸臆，言泉流于唇齿。"灵感思维的突发性、偶然性和飞跃性比其他任何思维都强烈得多，它活跃于文学文本的创作过程之中，是作家进行创作时不可缺少的重要思维元素。俄国文学家屠格涅夫笔下的美句"早晨的朴素的壮丽"就是灵感思维迸发的结晶。诗人普希金在《秋》中说"诗兴油然而生/抒情的波涛冲击着我的心灵/心灵颤动着/呼唤着/如在梦乡觅寻/终于倾吐出来了/自由飞奔……思潮在脑海汹涌澎湃/韵律迎面驰骋而来/手去执笔/笔去就纸/瞬息间——诗章迸涌自如"。这不仅再现了诗人进行创作时的灵感思维状态，同时也突出了灵感思维在文学文本创作中的重要价值。马克思认为在客观世界中，"被断定为必然的东西，是由纯粹的偶然性构成的，而所谓偶然的东西，是一种有必然性隐藏在里面的形式。"其经典论述为人类认识灵感思维的根本特性，提供了必然的理论根据，也为文学文本的创作与创新指明了方向。灵感思维宛如心灵的火焰在作家胸襟燃烧，直至柏拉图所认为的那种"兴高采烈神飞色舞的境界"。

在语文文本中，有不少精彩描写、议论或抒情等，都来自作者的灵感思维，比如，毛泽东的《沁园春·长沙》："到中流击水，浪遏飞舟……问苍茫大地，谁主沉浮？"诗人毛泽东借缤纷壮丽的秋景，抒情的波涛在胸中澎湃，瞬时迸发出自己要以天下为己任的革命情怀和改造旧中国的雄心壮志。曹操《短歌行》中"山不厌高，海不厌深。周公吐哺，天下归心"，既是诗人情感的高潮流露，又是作者灵感思维的最高境界。诗人求贤若渴的思想情感在这里得到了升华，意旨鲜明而画龙点睛。苏轼的《念奴娇·赤壁怀古》中"人生如梦，一樽还酹江月"，词人心中有对赤壁的歌咏以及对昔日英雄人物的无限敬仰与怀念之情，于是灵感一闪转向思考对自己坎坷人生的感慨。抒发了他思接古今、怀才不遇而壮志难酬的忧愤情怀。李清照的《声声慢》中"这次第，怎一个愁字了得"，词人在描写了许多冷清、凄凉、感伤的景物之后，灵感的波涛激荡了她内心的无限惆怅，一刹那闪现出一点大大的"愁"字而结束了她所要表达的一切。此乃灵感思维所致，真不愧独辟蹊径而妙笔生花。这个"愁"字是词人灵感思维的巅峰再现，亦是她怀夫孤寂心境的自然流露，表面"欲说未休"而实则"淋漓尽致"。又如曹操《观沧海》"日月之行，若出其中；星汉灿烂，若出其里"，诗人着力描写一番景色之后，突然灵感爆发运用丰富的想象，使自己的壮志情怀得以升华。诗人面对大海的气势与威力，灵机一动涌现出博大的胸襟、豪迈的气概和宏大的抱负。其灵感思维铸就了诗人奔放的情怀和含蓄的思想。实现了情、景、理的完美结合，使人倍受启迪而耐人寻味。莫怀戚的《散步》中"好像我背上的同她背上的加起来，就是整个世界"，作者在文章的开头和中间叙述了一家人散步的全过程，叙事与抒情相结合，可到了文末作者受生命、希望与幸福等复杂情感的冲击，灵感思维突然涌现，使其联想到"整个世界"。的确，母亲的操劳与垂暮，儿子的天伦与希望，对于作者而言，岂不是"整个世界"？构成了尊重生命、敬畏生命、颂扬生命的灵感思维链条，给人以生命的感悟与启迪。彭荆风的《驿路梨花》中："我望着这群充满朝气的哈尼小姑娘和那洁白的梨花，不由得想起了一句诗：'驿路梨花处处开。'"作者深受哈尼小姑娘助人为乐的高尚品质及精神所感动，又看到那洁白的梨花正是哈尼小姑娘品格的象征，于是灵感来临而思维贯通，"不由得想起"与之相照应的诗句"驿路梨花处处开"。既点明了文本的旨义，又强调了哈尼族女孩精神与灵魂的伟大等。语文文本中，诸如此类的语言精彩片段，都是作者灵感思维闪现的结果。事实证明，哪里有文学创作与创新，哪里就有灵感思维的身影。

三、语文教学与"灵感思维"

语文教学应重视培养学习者的灵感思维，促使他们在刻苦学习语文知识、不断积累学习经验的基础上，善于发挥丰富的联想与想象，进而踊跃产生富有创造性和创新性的思维活动。教学中须鼓励学习者勇于打破传统的常规思路，激活文思鼓励奇想，将语文教学作为孕育与发展学习者灵感思维的有力平台，视学习者灵感思维的培育与提升为语文教学之重。

（一）丰富多元积累、孕育灵感思维

灵感思维来源于平时的知识积累、经验沉淀与生活储备，学习者的语文等方面知识经验的丰富积累，有利于酝酿、激发其灵感思维的产生与爆发。因为语文学习者的灵感思维与其自身的综合性知识素养的集合息息相关。不言而喻，学习者的知识与经验等是灵感思维产生的必要前提和重要基础。教学中需有意识地引领学习者注重知识的积淀、经验的积累和生活的历练，使自身大脑随时保持孕育灵感的浓厚氛围之中。语文教学中，既要鼓励学习者多观察生活、体验生活、感悟生活而寻找与孕育灵感，又要激励他们努力学习积累丰富的知识，在语文文本阅读中搜寻灵感、孕育灵感。语文教学文本大多是文学作品，文学作品是反映社会现实生活的，是作家诸方面知识、生活及经验的再现，其丰富程度如何决定了灵感产生的效度。因此，执教者须及时引导学习者深入生活，多观察、多体验、多累积、多感悟，才能使之点燃语文灵感思维的火花。同时也要在文本阅读中探寻灵感，正如杜甫所言"读书破万卷，下笔如有神"。其中的"神"则是灵感。执教者须引领学习者要善于在阅读中勤深思、勤揣摩、勤斟酌、勤洞透，持之以恒而博览群书，将文本的思想内容、人物形象、语言特色以及精彩片段等深植于自身的潜意识之中，拓宽思路而开阔视野，激发与培养学习者的灵感思维。

（二）强化写作训练、引发灵感思维

写作训练是语文教学的重中之重，亦是培养学习者灵感思维的重要途径。在写作过程中，由于某种客观事物的启示，霎时茅塞顿开而思维活跃，捕捉住了一些富有创新性的构想。因而，教学中，执教者应使学习者随时处于精力充沛而情绪高涨、长期积淀而不断探索的境地，才能启迪灵感思维而创新自我。一方面需善于挖掘文本中易于引发学习者灵感思维的关键内容，激励他们深入领悟与洞悉。语文文本是学习者学习语文知识、提升语文能力的重要素材，其思想情感、人物形象、艺术手法、语言特色、审美意境、深邃哲理等都具有典范性，能启人深思而诱发灵感。因此，执教者须善用语文文本正确指导学习者进行写作训练，在写作中培植其灵感思维。另一方面要善于创设教学情境，激励学习者充分发挥丰富的联想与想象。灵感思维的爆发与思维主体的联想力和想象力密切相关。执教者应在语文课堂上尽可能多地创设一些利于学习者联想和想象的教学情境，以境激情、以情激思，使学习者的思维状态随时处于兴奋，从而引发灵感。当然，学习者灵感思维的出现是源于多方面条件的，执教者还应长于运用多种教学方式，灵活机动地引发他们的灵感。譬如，积极开展诗歌朗诵比赛、作文比赛、辩论赛、猜谜语比赛、成语接龙比赛等语文教学活动，发挥学习者丰富的想象力而激发其灵感思维等。总之，让学习者在写作实践中有效捕捉灵感，以写作催生灵感、激发灵感、闪现灵感，进而培育灵感思维。

（三）巧设新颖论题、启发灵感思维

孔子云："不愤不启，不悱不发。"任何思维的发展与提升都离不开"启发"二字，灵感思维亦是如此。语文教学中，执教者要善于预设与学习者生活世界密切相关并符合其认知水准的新颖论题，引导他们开展全方位的深入讨论，启发其灵感思维。如执教《孔雀东南飞》时，在学习者充分领悟文本内容的前提下，可设问："文章题目为什么不用'孔雀东北飞'或其他方向飞呢？"将学习者引入该教学情境展开讨论，课堂上充分调动他们的学习积极性与主动性，让学习者联系文本内容及自身生活实际，发挥丰富的联想与想象，聚焦论题谈出自我、谈出个性、谈出新意、谈出真理……这样在论题情境中，教师科学组织而合理引导学习者调动其认知视野，展开合理想象，启发灵感思维，进而获取富有创新性的思维成果。

由此可见，学习者的灵感思维的培育，需要执教者在语文教学过程中科学而合理地加以引导，做到巧思善想、多思活想，立足学习者植根语文文本而重视灵感思维的训练与培育。灵感思维是想象的产物，而想象又源于对问题的发现与解决。语文教学中，执教者须善于挖掘文本的灵感要素、捕捉课文灵感信息、巧设教学灵感情境、启迪学习者灵感智慧、开启学习者思维之门、适时引导学习者思维等，唤醒学习者思维解放的力量，构建其自由放飞灵感思维的教学平台，从而让学习者的灵感思维在语文教学中获得升华、获得自信与自觉。

语文中的创造思维

一、"创造思维"概说

（一）"创造思维"意涵

"创造"亦作"刱造"。《宋书·礼志五》："至于秦汉，其制无闻，后汉张衡始复创造。"其中的"创造"意为"发明"，即制造出前所未有的事物。《三国志·魏志·曹髦传》："诸葛诞创造凶乱，主簿宣隆部曲督秦絜秉节守义，临事固争，为诞所杀。"其中的"创造"意为"建造、制造"。谓撰写文章或创作文艺作品。又见《后汉书·应劭传》："其二十七，臣所创造。"其中的"创造"意为"创作"，即创作文艺作品或撰写文章。综合起来看，"创造"是指将概念或事物相互联系，以新的方法或手段作出新的理论、新的事物和新的成绩等。创造思维是建立在创造基础之上的一种新的思维形式，它是以新异独特的方法或方式解决问题的思维活动，是一个解决问题富有创新性的思维过程。创造思维既能揭示事物本质及其内在规律，也能创生独特、新颖而颇有价值的思维成果，它标志着人类的创造力、思维力及认知力发展的最高水平。它打破了惯常解决问题的思维程式，整合重组思维材料和感觉体验，不断探索客观世界的运动变化与发展规律，最终得出新的思维成果。创造思维是多元素、多元化、多侧面、多结构、多层次、多视角的整合过程，或某种灵感的迸发、或某时瞬间的顿悟、或某种规律的认识……都是思维发展与提升的结果。创造思维有时沿着不同的方向去思考，重组新的信息与知识，获得独特、多维的新结论；有时聚焦某一原则或规律解决问题而产生新的逻辑结果；有时从不同角度或方面开展多维联体思考而得出新的思想与观点；有时立足客观事实或现象进行直接领悟与认知而生发新的理论或理念等。其思路的开放与扩散、其成果的独创与新奇、其方法的灵活与多样等，都着眼于新事物的独特与创见。创造思维属于发散性的思维方式，它不受以往传统理念与方法的束缚。它在解决问题的过程中，总是力求在多渠道、多方案、多视阈中去选择、研讨和探索，呈现出思维主体的探究思路之广阔、理解问题之深刻、思考角度之独特、思想观点之批判、辨析反应之敏捷和推理判断之灵活性等思维品性。创造思维是创新人才智力结构之核，是人们独有的高级思维形式，是人类创新的重要心理活动及本质所在。

（二）"创造思维"特质

创造思维是人们对客观世界未知的认识与思考，是人类思维科学创新思维的重要组成部分，亦是人类高级思维活动及其过程的重要体现。创造性思维既是一个相对独立的认识活动，又是渗透于人们整个思维过程中的思维样式。创造思维主要具有独创性、创新性、灵活性、非逻辑性和综合性特质。

（1）独创性。独创性是创造思维最本质的特征。创造是人类所独有的一种思维活动，而创造思维即是人们在思维活动中的创造性思维方式。创造思维是具有创造性的思维过程、思维活动及思维样式，它是人类创造力和创造性的集中反映与突出体现。创造思维贯穿于独创性活动的始终，其思维过程则是独创过程。创造思维从其思维方法、思维路径、思维策略及思维结果等方面都具有独创性。独创性是创造思维开拓性、开创性与独特性的体现和反映。这样的思维过程，都是独辟蹊径打破常规习惯解决问题的思维方法和模式，将自身已有的知识与经验进行重组，独立创造出与众不同的思维成果。其思考问题有深度、有力度、有广度和高度，长于抓住客观事物的本质及规律，全面把握该事物的发展脉络与方向。常常超越人们固定的认知模式，独立创造出别开生面的思维成果。

（2）创新性。创新性是创造思维最根本的特征。从思维科学的角度看，创造思维是建立在一定的新科学理论、理念等之上的思维范式，具有突破性与革新性。它善于破旧立新，改变人们旧有的观察、分析、思考、判断和解决问题的角度与方法，凸显新的思想、新的观点和新的见解，进而在一定领域开拓出崭新的创造天地而结出新的思维成果。创造思维的创新性通常体现为思维内容的创新、思维方法的创新、思维过程的创新以及思维成果的创新等。创造思维强调的是原始性创新，且有创新的功能，其成果须是前所未有的，能体现其思维的先进性、前瞻性和空前性等。这一切须使思维主体在解决问题的思维活动中，不能因循守旧而顽固保守，要勤于发现、勇于创新，应多层次、多渠道、多方面、多手段、多结构地进行创造性的联想与想象，并使之互相渗透、相互补充和相互作用，从而达成其成果的创新性。

（3）灵活性。创造思维的灵活性表现于思维主体在思维过程中，其思维结构灵活、多样、多变，思路能及时地随着情况不断转换与适时变通。即思维主体对思维客体的认知能从多角度、多方位、多侧面、多层次、多结构去思考问题、分析问题、解决问题。若遇到思维阻碍或疑难便能及时调整思路和方法，转向寻求新的、更能解决问题的思路或方案，从而采取多种途径解决问题找到答案。思维的灵活性特质有助于人们探索新知、科学研究及创造发明等。

（4）非逻辑性。就创造思维的运思过程而言，具有鲜明的非逻辑性。创造思维在思维主体解决所面临的实际问题时，不需要遵循思维的任何逻辑规则、规律或程序，它虽然需要具备一般思维对客观事实材料进行分析与推理而寻找正确解决问题的途径与方法，但其创造活动更需要创造性的思维理念和思维方式，才能更有效地探索新事物、新问题、新的未知领域，从而产生前所未有的思维新成果。创造思维主体须打破惯常思维的逻辑理念、逻辑规则和逻辑方法，充分发挥自身的创造力、联想力及想象力，以自由的、灵活的、开放的而富有创新性的思维方式，将客观世界化抽象为具体、变模糊为清晰，科学化、客观化、理性化、创见化地解决新问题而寻求新答案。创造思维所具有的自觉性、灵感性和跳跃性等特点折射出其极大的非逻辑性。

（5）综合性。创造思维在各个思维环节不是单纯运用某种思维理念、思维方式来实现的，而是择取多种思维方法和思维形式，综合运用多种思维方略最终达成其思维成果。在创造思维过程中，能有机融合多种思维形式做到高度统一。如有反映客观事物具体情境的形象思维，有思维主体揭示抽象概念的抽象思维，有产生新思想、新观点和新理念的分析思维，有突发新观念的直觉思维、灵感思维和顿悟思维，有创意性的发散思维、求异思维和多元思维，也有归纳、概括与提炼的集中思维、聚合思维及求同思维等。其思维形式多种多样而各尽其能，它们之间既对立又统一，能相互依赖、相互促进、互为补充而相得益彰，提升了思维主体的创造思维活力与动力。显然，它是形象思维与抽象思维的辩证统一，分析思维与灵感思维的辩证统一，发散思维与聚合思维的辩证统一，求同思维与求异思维的辩证统一。

（三）"创造思维"功效

艺术家罗丹曾说："艺术活动如果离开了创造，那么艺术也就不能称之为艺术。"创造思维非同于一般思维的理论、理念、方法及形式。它源于普通思维而高于普通思维，为人类创造了前所未有的且具有重大社会价值的思维成果。即人类的进步、社会的发展、科学的飞跃、文明的铸就、文化的创新等一切成果无不源于创造思维。其创造性思维成果须有益于人类与社会，并为之做出有价值、有意义的贡献。这是创造思维应该具备而且必须拥有的功效。创造思维的功效反映出创新性思维的本质规律及基本特征，这不仅有利于人类深刻领悟与认知自身思维和深入探究其发明创造的根本规律及方略，而且更能推动与促进语文创新思维的发展与提升。它能有效开发与利用人的创造力和创新力，提高创新性思维的效率与效益，全面培育和造就高素质的创新型人才发挥应有的功效。

创造思维是当代人类社会创造活动的核心所在与灵魂归宿，人类的思维总是在不断向前发展的，而人们也总是在不断地积累经验进行发明创造。创造思维既是人类多种智力因素的创造性功能的集合，亦能促进人的多种智力因素不断向前运动、变化与发展，诸如语言能力、文字能力、表达能力、审美能力等。创造思维作为一种多视角、多层面、多方向的思维现象、思维活动、思维方式，能很好地促进人们发挥丰富的想象力并迸发出创新性的智慧火花，生成"创新性思维"。创造思维在人类社会价值体系中充当极为重要的角色，是人类的最高思维。创造思维通常运用直觉思维、灵感思维与想象思维等思维手段或方式来触发人们产生新的思想、新的观点、新的意象、新的理念和新的方法，为人类文明和社会进步创造出全新的、有价值的、前所未有的物质财富与精神财富。比如，新文学的发展、数学的研究、物理学的突破、生物学的应用、生物化学的原理与方法的不断渗透、生理病理学的融合等都是人类创造思维运动的结晶。这些科研的创新与成果的取得正是创造思维之功效在该领域的充分发挥，体现了创造思维在人类创新实践中的意义所在。

二、语文文本与"创造思维"

创造思维是人类独有的思维方式，古往今来人们正凭其不断地认识世界、改造世界和创新世界。创造思维不仅有着本质上的独创性、创新性等多种特质，而且具有诸多功效，那么在语文文本中也不乏留下了创造思维的身影。语文文本中的大多作品皆属于文学文本，如诗歌、散文、小说、戏剧等。这些作品的产生来源于作家的创作，他们在创作过程中既植根于自身的生活经验、社会观察、知识结构、文化理解及人生经历等，又要高于生活而形成艺术作品。其作品的最终生成得益于作家在所积累的丰富实践经验、广博的生活知识及生活素材的基础之上的艺术创造，这个创造过程既蕴涵着作者正确的人生观、世界观、审美观和艺术观，亦显示出创作者熟练的文学艺术创作技巧和较高的文化艺术素质与修养。文学作品的创作过程是作家艺术积累、构思、表现的过程，该过程无疑不伴随着创作者的创造思维。譬如，作家对生活素材的提炼需要用审美的眼光去审视，对现实生活的感受须具备刘勰所说的"登山则情满于山，观海则意溢于海"和陆机《文赋》中的"遵四时以叹逝，瞻万物而思纷。悲落叶于劲秋，喜柔条于芳春"。文以情生，情因物感，艺术创作中的想象与构思需要参与作家的创造思维，才能达成"艺术"，尤其是创作灵感的激发对创作者的创造思维启迪更大，创造思维是文学文本创作的出发点和归宿点。

语文文本中的创造思维主要表现于文学文本之中，如人物形象的塑造、典型环境的刻画、生动情节的描写、独特意境的描绘、感人氛围的营造等，无不浸透着作者的创造思维元素。张若虚的《春江花月夜》以美的语言、美的结构、美的韵律、美的形式描绘了一幅充盈诗情的意境，堪称经典中的经典，是诗人张若虚创造思维之艺术结晶。诗人开篇勾勒出春江花月夜的总貌与气势，接着极力状写春江花月夜之谧美，诗中渗透着诗人淡淡的惆怅，以"江畔何人初见月？江月何年初照人"作为全诗诗眼而突出一个"孤"字，由景入情、以情入理，凝聚着深沉的沧桑之感、历史之叹，为诗境营造出一片哀怨无边之氛围，点化出一个美妙空灵之清纯世界，使读者仿佛洞见了宇宙之秘和人生之谛。诗人将客观外在世界与主观内心感受熔于一炉，创造了一个主客观世界相融互应、空灵殷实而交相辉映的意境，给人以凄美之感、艺术之境。诗人运用创造思维将典型环境创作成更为典型的诗艺之境，无愧于"诗中的诗，顶峰上的顶峰"。"孤篇横绝，竟为大家"之美称！赵树理《小二黑结婚》中的新型农民的典型形象"小二黑"与"小芹"，他们敢于斗争、善于斗争而极力改变自身命运的精神，定然是解放区社会背景下的农民典范。他们坚决反对封建婚姻迷信思想，大胆追求自由恋爱，为那个时代树立了新的思想、新的道德、新的理念、新的榜样。其人物形象的塑造，凝聚了作者创造思维的沉淀与迸发。陶渊明的《桃花源记》以其自身渊博的学识和对社会现实的深刻体悟，充分运用创造思维描绘了一个没有剥削、没有压迫、没有战乱、人人平等的理想社会图景，寄托了作者的憧憬与追求，也反映了劳动人民的强烈愿望以及对当时黑暗社会的批判及否定。鲁迅在《故乡》中对杨二嫂人物形象的塑造，就运用了创造思维。通过外貌刻画、人物对话及动作描写等手法，向读者展现了一个尖酸、泼悍、刻薄、放肆、庸俗、自私自利、辛苦恣睢的小市民典型。《孔乙己》中"孔乙己"典型形象的塑造，小说以孔乙己所生活的新旧社会过渡时期为背景，既反映他的善良朴实，又表现他的迂腐顽固，真是令世人哀其不幸而怒其不争。孔乙己悲剧形象的塑造，毫无疑问是作者创造思维的结晶。杜甫《石壕吏》中的"有吏夜捉人"场景描写，"老翁"仓皇出逃的形象刻画，"老妇"战战兢兢的心理描写，作者将强烈的现实感栩栩如生地再现于读者面前，拉近了读者与作者之间的距离，这就是一种创造思维运动的作用。屈原在《离骚》中，他忽而到了天庭的门口，忽而又去了太阳的故乡，忽而来到南海濯洗，老虎为之"鼓瑟"，鸾凤为之"驾车"……现实生活中何以得见？也令人无法想象而不可思议。但作为一种艺术创造，就能被读者接受与颂扬，有着经久不衰之艺术魅力等。这显然就是创造思维之体现。曹禺《雷雨》中周朴园人物形象的塑造也反映了作者创造思维的精当运用。周朴园既是一个贪婪自私、唯利是图的资本家，又是一个专横独裁的封建家长角色，还是一个尚未完全泯灭人性、懦弱而无奈的受害者形象。此人物形象的塑造既是辩证的、又是统一的，既是社会悲剧的制造者，又是其受害者等。由此可见，创造思维熔铸于语文文本，尤其是语文中的文学文本，可以说，没有创造思维就没有文学艺术，语文文本也就将黯然失色。

三、语文教学与"创造思维"

创造思维是人们有效进行创造活动的重要元素，是语文教学的重要内容之一。教学中要注重培养学习者的创造思维及能力，提升学习者的语文核心素养和综合的语文能力。

（一）激发求知欲、培植创造意识

学习者有对新奇事物探知的好奇心、求知欲及心理倾向。语文课堂上，教师要善于激发学习者的求知欲，使他们的创造意识得到升华，如多点燃他们渴望获得知识的心理之火，抓住其好奇心、求知欲，推动学习者积极主动地观察客观事物、认知外部世界、探索新鲜事物并进行创造性思维的内部活动。学习者具备了强烈的求知欲及创造意识，就会对客观事物产生执着的迷恋与探究，能在创造性活动中获得自身精神的鼓舞、享受与满足。在语文教学过程中，执教者须勤于激励和启发学习者的求知欲望，合理创设适宜的问题情境，促进学习者面临疑难而产生探索求知的欲望，积极思维、主动思维、科学思维，勇于质疑和发问，增强学习者的创造意识，为培育他们的创造思维奠定基础。

（二）激活语言文字、训练创意想象

语文教学中，执教者应多引导学习者驰骋文本的字里行间，发挥丰富想象，透过语言反映生活，基于文字洞见意象，置身文本而获得切身感悟、人生体会

及美的享受。比如，执教《木兰诗》一文，教师可紧扣文本中有关描写木兰替父从军、保家卫国、立功辞赏、回乡团聚的语言文字片段，有意识地激活学习者的思维意象，让他们驰骋想象，思考：木兰替父从军前的心境与行动？木兰血战沙场的情景与形象。木兰为何立了大功还推辞奖赏？木兰回乡与亲人团聚怎么乡里人都不知她的性别？于是启迪学习者展开联想与想象，充分调动他们旧有的生活体验，一幅幅有关木兰替父从军全过程的生动意象以画面的形式，浮现于学习者脑海而呈现在他们眼前。尽管学习者并不认识木兰，更没见过木兰替父从军的真实情景，但通过他们的联想与想象，却似乎看到了木兰"从军"的一切，如木兰从军前的矛盾心理、积极准备状态，在战场上的表现及英勇形象，战后立功辞谢奖赏的高尚品格以及急急忙忙回乡与亲人团聚的感人情景……通过语言文字的激活启发学习者想象，让他们走进作者、走进文本、走进木兰，深切感受到木兰的善良淳朴、机智勇敢和乐于奉献的精神世界。

（三）鼓励学生质疑，多方开发思路

语文教学中，应善于鼓励学习者多发现问题、分析问题、敢于质疑、善于质疑，多角度、全方位地引导他们提出问题、解决问题。正如爱因斯坦认为"提出一个问题往往比解决一个问题更重要。"提出问题是学习者创造思维活动的开始，有利于启迪他们的创造或创新潜能。由此，一方面执教者应科学提问而积极引导。语文教学中，执教者的提问须紧扣文本内容及其意旨，同时也要多鼓励学习者质疑，探寻解决问题的多方思路，能达成多角度解决所提出的问题。要善于启迪学习者的创造潜能并使他们的创造性"潜质"得以发挥。执教者要乐于接受来自不同学生不同凡响的思维见解，以便作出科学引领与指导，促进学习者创造思维及能力的提升。另一方面执教者需立足理性而客观提问。教师要基于文本内容范畴，不能超越或脱离文本要义而提出一些新奇而不着边际的问题，这样并非利于锻炼学习者的创造思维。尽可能遵循文本的基本内容和主要意蕴进行提，使学习者能大胆、合理地想象，否则不仅无助于培养学习者的创造思维，反而还会将学习者的思维引向相反方向。因此，教师应适时点拨而恰当设问，不仅促使学习者秉持新颖独创的想象意识，而且也能帮助他们营构创造思维的浓厚氛围，从而提升其创造思维及能力。诚然，执教者还须善于深挖文本中的创造性思维元素，并注意其思维方法与技能的诱导。苏格拉底认为："问题是接生婆，它能帮助新思想的诞生。"人类的一切创造都源于问题的发现。执教者就应植根语文文本挖掘其创造性思维元素，正确指导学生积极思考，多方位、多层次地寻求解决问题的思路及途径，提高语文创新思维质量。

（四）活跃课堂氛围，张扬学生个性

学起于思，思缘于性。学习者个性的张扬往往是促使其创造思维发展与提升的关键所在。语文课堂上，执教者应营造活跃的课堂氛围，激发学习者的创造意识，让他们放飞思绪，尽情张扬其天性。因为学习者的创造思维的培育需要有良好的课堂氛围，无论是物质的（如图片、实物或相关资料等），还是精神的（如激情、兴趣、心境等），都能促进学习者创造思维智能的发掘、发展与提升。语文教学亟须注重培养学习者独立思考问题的创新思维与能力，执教者应基于教学内容，精心活跃课堂气氛，营造一个易于学习者创造思维发展的教学时空环境，燃起他们心灵与情感深处创造思维的火花。如执教《孔雀东南飞》时，针对文本中有关刘兰芝勤劳、善良、贤惠的描述，学习者们难免对此产生很多质疑之声。有的认为刘兰芝那么优秀为何焦母还不满意这么好的儿媳？有的认为这是作者立足"悲剧"特点所创；还有学习者认为这是创作者有意用来揭露封建婚姻制度的弊端……众说纷纭而各具千秋。只要有适宜的教学情境与氛围，学习者定然爆发出其想象力和创造力，进而生成其个性的张扬与创造思维的培育。语文课堂上，执教者应多激发学习者主动参与，培养其创造思维动机。同时也适当增加学习者语文思维的信息量，以开放的原则、开放的理念、开放的教学模式及环境，充分调动学习者的积极性和主体性，以辨析、讨论、表演等多种形式，诱发其创造思维角色，激发其创新兴趣，优化其创造思维结构，充分锻炼学习者的创造思维。此外，语文创造思维的发展既取决于学习者的智力因素，也与非智力因素密切相关。教学中，执教者应抓住学习者的个性特征，既要培养他们的毅力、活力、想象力及创造力，也须培育他们的独立自学能力、冒险能力和战胜困难的能力等。应在语文创造性活动中不断发展学习者的创造性个性，促进其创造思维能力的有效提高。

（五）善于革新教法，强化创新实践

教学有法、教无定法、重在得法、贵在创法。语文教学亟须活跃学习者思维，诱发其创新实践。教学中应逐步废除陈旧教法，勇于改革而敢于创新。在培养学习者创造思维的语文教学中，执教者须扬弃传统的语文教学模式，探寻适应当下培育学习者创造思维的新模式和新教法，并进行大胆改革，走出一条崭新的语文教学创造思维培育之路。一方面应打破以往的思维定式，创设新颖别致而有效的语文教学情境。启迪学习者拓宽思路、敞开思维，以新的理念、新的思维思考语文问题，并得出富于创新精神的结论。另一方面需充分运用有关语文的感性元素，不断变化思维角度，激发学习者的发散思维、多元思维及特异思维思考新问题、获得新论断。在教学中，要让学习者的思维活动沿着从

发散到集中、再发散到再集中的思维轨道运动。此外，还应多引导学习者在语文学习中适时开展分析辨别、归纳整合、类比抽象，激励学习者的灵感迸发，促使创新思维的生成与发展。学习者通过探索与发现新的语文学习规律、学习方法，进而促进他们创造思维的深化与活跃。

创造思维在语文教学中具有非常重要的地位，执教者应善用学习者的创造心理需求及心理动力，启迪他们的创造激情，培育其创造意识，铸就其创造精神。让学习者在语文学习过程中勇于质疑、张扬个性、展开联想，全方位充分训练创造性思维而真正实现语文知识的内化。尤其在文本解读中，执教者应把教学注意力放在学习者创造思维的训练与培养上，多让他们自主阅读，激发其思考，在独立阅读中促进其语文创造思维、创新思维的发展。与此同时，执教者也须加强自身创造性思维素质的涵养，提升自己的创造智能，不断革新语文教法，使语文课堂教学充溢着创造气息，把学习者的创造潜力挖掘出来，在全面培育其创造思维的基础上，极力培养其创新思维。

第七章　语文与逻辑思维

读史使人明智，读诗使人聪慧，演算使人精密，哲理使人深刻，道德使人高尚，逻辑修辞使人善辩。

——弗朗西斯·培根

语文中的分析思维

一、"分析思维"概说

（一）"分析思维"意涵

所谓分析思维，是指将客观事物及现象进行分解，并对其各个部分展开思考、逐步分析和仔细研究，从而得出明确的分析结论的思维过程和思维样式。分析思维通常以解析因素、分解问题、获得结论等方式构建，包括分解、辨析、归纳、演绎、证明等逻辑思维要素。它是一种通过仔细研究相关材料、逐步分析材料内容，最后得出明晰结论的思维形式。分析思维的基本方法一般是把客观事物的具体情况按由大到小进行划分，然后对各部分分别加以分析与研究，再作整体分析。即通过把客观事物分解成不同的部分、属性、侧面等，进而分别加以仔细研究，它是人类认识客观事物整体的重要步骤。其分析与研究过程是按一定的程序逐步递进和深入的，将客观事物的整体有序分解为部分元素，使完整的过程成为简单的环节，进而再分别加以解析的一种思维方式。比如，语文文本通过分解部分、段落、语句等而最终获得对文章主要内容的把握；数学中的几何证明题的推理论证；科学家也运用分析思维把动植物分解为最小单位的细胞成分，于是有了细胞膜、细胞核和细胞质之说，然后考察其遗传学原理，并分别探讨它们的相互关系以及对遗传的影响等。这些都是分析思维方式的具体体现。分析思维关注客观事物的各部分、各属性、各方面和各特点及其内在关联，进而达致认识客观世界和具体事物的基础、特性或本质。

（二）"分析思维"特质

分析思维是以一次前进一步为特征的一种思维样式，它是遵循严密的逻辑规则或规律，采用逐步推理的方式探求正确答案的思维范式。其主要特质如下。

（1）逻辑的规律性。分析思维总是遵循着严密的逻辑基本规律，运用概念、命题、判断和推理等基本思维形式进行思维。如遵循其同一律、矛盾律、排中律及充足理由律等基本规律。这些基本规律无论在文学、艺术的创作，还是数理逻辑的分析、科学领域的探索等方面，都是必须遵循或依照的。

（2）分析的递进性。分析思维主体将思维客体按从整体到部分、从宏观到微观进行分化后，并采取循序渐进的逐步分析而加以推导。以阶梯式的展开解析，坚持一次只前进一步，分析过程或步骤极为明确。每一步都有明显的目标性和阶段性。每一次推导，都依据已知的定义、公理、定律等逻辑规则而进行，经过严密的逻辑推理才能得出新的分析结论。

（3）思路的演绎性。从分析思维的思考问题行程或路径来看，其中蕴含着一系列严密、持续的演绎程式。演绎是文学文本创作过程中最基本、最普遍的逻辑思维方法。古往今来，人类在认识世界、自然、社会等活动中，亦常常会从一般到个别，逐步深化对客观事物的认知与透射。通常情况下，演绎以归纳为基础，没有归纳就没有演绎，即演绎是归纳的前导，演绎获得的一般知识则源于归纳之结果，折射出分析思维思路演绎性特质。

（4）结论的合理性。分析思维遵循严密的逻辑规则对分析对象进行了一系列的解析，最终获得了一个符合逻辑规律的科学性、合理性结论或答案。当然，这个结论源于其前提的推论或推导，并对客观事物作出理性的总结与科学的判断。在哲学层面上，结论或答案是与一定的前提条件互为因果关联的，没有条件则结论将无从谈起。

由此可见，分析思维在逻辑上具有严密的规律性，展开分析时拥有层层深入的递进关系，呈现出递进性，整个思维过程、思维路径凸显其演绎性，通过分析所得到的最后结论是经得起检验或证明的，突出其合理性。

（三）"分析思维"功效

分析思维是揭示客观事物本质与规律的重要思维形式。其主要功效在于：

1. 分析思维能使概念更明确

任何一门知识都是由一系列范畴的基本概念构筑而成的，概念作为分析思维对象的特有属性，反映了人们认识事物的基本理论或理念，它不仅是人类一定时期认识客观事物的结晶，也是分析思维的基本细胞、基本成分、基本元素，更是构成其思维命题与推理的重要基因。因此，分析思维能使概念更加明确，使人较好地把握概念的内涵与外延及二者间的相互关系。运用分析思维方式既可清晰明确概念外延，而且易于学习者理解与掌握其本质内涵。

2. 分析思维能使判断更恰当

分析思维能准确表达思维客体的思想内容，能对事物作出客观的肯定或否定。在分析过程中，总是基于思维对象的基本概念进行理性解析，于是得出更加贴切、恰当的判断，同时也要求思维主体须恰当选用不同的判断形式对问题或事物作出合理判断。判断源于分析，分析获得判断，没有分析就没有判断，在一定程度上分析的科学性决定了判断的合理性与准确性。当分析思维的角度或方面利于实现分析对象所要达到的目标时，其判断也就自然而然地生成了，从而提高人们分析与解决问题的基本能力。

3. 分析思维能使推理更合乎逻辑

分析思维是遵照由整体到部分进行分解、剖析、判断而得出答案的，其推理过程具有一定的程序性、顺序性、阶段性和论证性，为此，这样的推理在分析和解决问题的过程中，是合乎逻辑规律的。推理的合理性决定了人类认识客观事物的科学性，亦决定了所获得的答案或结论的准确性。分析思维特别讲究推理的逻辑合理性，要使思维主体对思维客体的有关知识加深理解，就须用事实与理论来加以论证该思想内容的可靠性和真实性。此外。还应根据客观实际问题的需要运用一定的归纳、演绎及类比等推理方法，使所分析的思维问题得以更好地解决，从而提升思维主体分析、思考、解决问题的基本能力及思维素质。所以，分析思维不仅能明确事物概念，亦能恰当运用判断，还能促使推理具有论证性、合理性，这也许正是分析思维本体所拥有的基本功效。

二、语文文本与"分析思维"

语文文本中蕴涵着丰富的分析思维元素，在文学文本和应用文本中普遍存在。分析思维也是一种较为科学的思维方式，文本创作中从整篇文章的宏观构思到微观设计、从文本主旨到段落安排、从层次大意到字词应用等，无不彰显分析思维之特质。以语文文本中的诗歌、散文和小说为例。

就语文文本中的诗词作品而言，分析思维在诗词作品中尤为常见，它要求概念具体明确、判断合理恰当、推理具有科学的论证性并严格遵守逻辑规律。在诗词文本的创作中，也同样遵循这些要求。正确把握诗词概念是创作之基础，诗词概念作为分析思维的一种形态，须依附于语词，而语词又是诗词概念的载体，即语言形式，诗词概念则是通过语词来表现其思想内容的。语文诗词文本创作中，一般都要采用恰当的语词来表达其概念。当诗人要表达"离别""留念""惜别"此类概念时，就可使用"柳""杨柳""酒"等语词，如语文文本《诗经·采薇》中的"昔我往矣，杨柳依依，今我来思，雨雪霏霏"；柳永《雨霖铃》中的"杨柳岸，晓风残月"；白居易的《琵琶行》中"醉不成欢惨将别，别时茫茫江浸月"等。要表达"思念""思乡"这些概念时，则可应用"月""明月""鸿雁"等语词，如李白的《静夜思》中的"举头望明月，低头思故乡"；李清照《一剪梅》中的"雁字回时，月满西楼"等。当要表达"凄凉""孤寂""冷落"等与伤感有关的概念时，自然会联想到用"梧桐""流水""落花""夕阳""杜鹃鸟""猿猴"等语词，如李清照《声声慢》中的"梧桐更兼细雨，到黄昏、点点滴滴"；李煜《浪淘沙》中的"流水落花春去也，天上人间"；《天净沙·秋思》中的"夕阳西下，断肠人在天涯"；李白《蜀道难》中的"又闻子规啼夜月，愁空山"；杜甫《登高》中的"风急天高猿啸哀，渚清沙白鸟飞回"等。若需要寄托相思之情则会考虑应用"红豆""比翼鸟"等语词，如王维《相思》中的"红豆生南国，春来发几枝。愿君多采撷，此物最相思"；白居易《长恨歌》中的"在天愿作比翼鸟，在地愿为连理枝"。假若使用了与之不相关的语词来表达所要表达的概念，则违背了分析思维应有的逻辑意蕴。分析思维中不仅有概念也有判断，而"判断"也是诗词创作中的重要思维元素，譬如，孔子的"逝者如斯夫"；老子的"千里之行，始于足下"；苏轼的"人有悲欢离合，月有阴晴圆缺"；李白的"抽刀断水水更流，举杯消愁愁更愁"；杜甫的"会当凌绝顶，一览众山小"；文天祥的"人生自古谁无死，留取丹心照汗青"；龚自珍的"落红不是无情物，化作春泥更护花"；毛泽东的"数风流人物，还看今朝"等。诸如此类的诗词佳句都是一种思维判断，凸显出分析思维的逻辑理念，在诗词创作中可根据表达需要择取不同的判断形式。与此同时，诗词文本的创作中也不乏正确运用推理性的分析思维进行创作。推理性的分析思维表现为一种思维逻辑上的跳跃或飞跃，促使诗歌产生形象而表情达意。当然，这是一种合乎逻辑的跳跃或飞跃，而非任意为之，即使是抒情诗、哲理诗等的表达也离不开分析思维的逻辑推理。如李白《将进酒》中"君不见黄河之水天上来，奔流到海不复回。君不见高堂明镜悲白发，朝如青丝暮成雪。人生得意须尽欢，莫使金樽空对月"。从诗歌形式上看，有归纳也有推理，可归属于简单枚举式的归纳。诗人通过前两个事实的枚举，思绪情动而自然生发"人生得意须尽欢，莫使金樽空对月"的人生感慨，突出其说服力、表现力。

就语文文本中的散文作品而言，分析思维在散文作品中的表现也较突出，它同样要求从大到小、从小到微，层层深入反映其概念的明晰性、判断的合理性、推理的正确性。如朱自清要表达自己对春天的赞美之情，就会将此寄托于《春》，然后分别通过盼春、绘春、迎春、颂春来展开描写，其中"绘春"又通过描写春草、春花、春风、春雨等景象来表达作者的思想情感；"颂春"又突出春天的"新""美""力"的特征。从整体到局部，层层揭开"春"之美丽面纱，创造了将自然美之"景"与人格美之"情"融为一体之艺术境界。其创作、其表达、其抒情……无不凝聚着作者分析思维之逻辑理念。又如王羲之《兰亭集序》，从分析思维的角度看，作者表达的概念很明确，即自己积极的人生追求和生死观以及对当时士大夫阶层崇尚虚无主义思想的批判。文章由三部分构成，先阐明写作之由，然后描写具体情景，最后以说明成书经过及意义作结，得出自己的人生判断。文本首段总写兰亭聚会盛况，表达深切感受；次段分写作者人生看法及感慨；最后补充说明作序缘由。其分析思维呈现出较强的逻辑推理性。

就语文文本中的小说作品而言，分析思维在其中的表现就更明显了，作者往往通过一连串的故事情节刻画人物形象、反映社会生活、表达主题思想。其概念、判断、推理的逻辑形式清晰可见。如鲁迅要表现祥林嫂受封建礼教压榨的下层穷苦农家妇女形象，并对其遭遇分别进行了描写，对丈夫死后、被逼出逃、到达鲁镇、受尽鄙虐、被婆抢走、卖到贺家、丧夫弃子、再投鲁镇、捐门"赎罪"、深受歧视、沿街乞讨而最终惨死街头等的勾勒，构成了祥林嫂悲惨形象的信息网、分析链，这不仅表达了作者对受压迫劳动妇女的同情，同时也揭露了封建思想与礼教对下层人民的毒害。从整个文本结构、内容的安排到表现手法上的运用，都蕴含着分析思维的逻辑元素。又如沈从文的《边城》，在三角恋爱的纠葛中，通过描写男女之爱、父子之亲、祖孙之情、睦邻之意，生动地反映了边城人纯洁、健康、质朴、感人的人情美与人性美。该文本从宏观的爱情画面的描绘到微观的生活细节呈现，揭示了其人物命运的变迁，讴歌了边民淳朴善良的美好心灵。每个阶段的描写、每个人物的刻画、每个情节的设置等，都离不开分析思维的逻辑思考与筹划。

语文文本中的许多内容都是通过分析思维灵活运用语言文字进行艺术构思和表达思想情感的。它总是以极少的文字反映较为丰富的内涵，把精密的逻辑分析思维隐匿于文本形象的生动描绘之中，以表达其言外之意、意外之旨。分析思维在语文文本中的运用既是部分的、阶段性的、细节性的，又是综合的、整体性的、全局性的，它们从不同的角度、层面反映了思维过程的基本特质。我们把分析思维与语文文本联系起来，旨在试图阐述分析思维在语文文本中的存在现象，应充分利用分析思维的有关知识及其理念，正确解读之、鉴赏之、教学之。

三、语文教学与"分析思维"

分析思维能将语文文本内容进行简单分解，并根据一定的逻辑关系由整体到部分进行重组，准确分析文本内容的各个层面。在分析过程中，综合运用多种理论、理念、概念等，依据相关逻辑规则把语文分析内容的概念进行界定、概括及总结，提炼其意旨，透视其因果关系，进而作出逻辑推理与判断，揭示其内在关联。语文文本的分析须深入到文本的语言现象背后，从中归纳与总结其本质规律，要善于将复杂的文本现象简单化、具体化，从而深入解析复杂的语文内涵。分析思维能把语文教学现象分成相对比较简单的组成部分，然后找出它们之间的本质属性与内在关联，从现象到本质，探寻其规律性认识。

从分析思维的理论视野看语文教学，课堂上应注重定性、定量、因果及语境分析思维的培养。所谓定性式的分析思维是指人们对客观事物认识的质的规定性。语文教学中则指对教学内容认知的质的规定性，教学中要善于引导学习者对语文文本的质的概念有较明确的认知。如执教诗歌，有古体诗、近体诗和现代诗等体裁，其概念定然要清晰，否则将误导学习者。又如谈到修辞手法的概念，有比喻、拟人、排比、夸张、通感等，它们各自的概念如何界定？其相互关系及区别何在？像这样亟须厘清的概念问题都应交代清楚，以便学习者把握。语文教学中，诸如此类的问题很多，执教者应充分运用分析思维相关理论或理念引导学生予以剖析和洞透。定量式的分析思维即指对事物认识的量的规定性。量变是引起质变的前提，对事物量的认识是对其质的认识的不断深化。语文教学亦是如此，对其教学内容认知应有一定的量的规定性。如讲授诗歌与散文的区别，须把握诗歌与散文各自的特点加以阐述，力求逻辑清晰而科学明确。诗歌是以高度凝练的语言和生动的形象反映社会生活、表达作者思想情感的一种文学体裁。其特点莫过于语言的形象性、节奏的鲜明性、音韵的和谐性富于语言美、音乐美、形式美、意境美。《毛诗·大序》对此有载："诗者，志之所之也。在心为志，发言为诗。"而南宋的严羽《沧浪诗话》言："诗者，吟咏情性也。"反映出文学理论家们对诗歌的认识有一种量的规定性，即诗歌是用语言来表达思想的艺术；而散文则是以灵活自如的形式描写或记叙审美对象、抒发作者真情实感的一种文学艺术。其主要特点在于"形散神聚"。诗歌和散文是两种不同的文学体裁。从分析思维的视角来看，诗歌讲究语言、意象及结构的跳跃性，而散文则是线性的、按部就班的、逻辑式的描写对象而表达对事物和生活的感悟。黑格尔曾把诗人比作"一个断了线的风筝"，可见诗歌倾向于想象，而散文贴近于生活；想象是诗歌的生命，而散文则更趋于平实；诗歌的语言是凝练的，而散文的语言则是朴素的；诗歌强调朦胧与含蓄，而散文则注重情感的畅达；诗歌讲究押韵，而散文不追求押韵……即使是散文诗也是诗歌的一种形式，其情感的表达也离不开诗化的语言与思维。如对诗歌的表达太过于灵活或随意，也就成了散文，即量变引起质变。反之若对散文的表达太凝练、太严谨、太讲究句式或押韵，也就成了诗歌。语文教学中须给学习者适宜的定量分析，促进他们正确把握语文相关概念。因果式的分析思维是人类探究客观事物本质及其规律，并能动地改造自然与世界的一种能力。这种能力有助于培养学习者的语文逻辑思维，如语文中表示因果关系的关联词"因此""因为……所以""由于……因此""既然……就（那么）""之所以……是因为"等。教学中应有意识地引导学习者根据具体的语言环境对文意作出因果判断，培育他们严密的逻辑思维能力。而语境式的分析思维则强调在理解上须尊重语文文本中具体的语言环境，不能脱离上下文的前后关系及内在联系而孤立地、片面地去解读文意，要秉持文章的部分决定整体，而整体又囊括全文的分析思维理念。总之，语文课堂上，执教者须正确把握定性、定量、因果、语境式的分析思维方式，从理论的视角指导学习者科学领悟语文教学内容，发展分析思维，提升逻辑思维。

从分析思维的实践角度看语文教学，就阅读教学而言：首先，可立足分析思维对学习者进行单向强化训练，促进他们逻辑思维能力的提高。在语文教学过程中，教师可围绕语文中的关联词展开对学习者分析思维的逻辑训练，引导和推动他们领悟与掌握语文中的因果、顺承、转折等逻辑概念与关系。由此，有效帮助学习者清晰认知语文文本内容的逻辑关系，促使其逐步建立语文逻辑感。其次，可立足分析思维对学习者进行单元式教学。根据语文教材单元编排情况，执教者可在一段时间内连续而系统完整地向学习者传授某一方面的语文知识与技能，培养他们的逻辑思维。比如，或单元的文体知识讲解、或单元的思想内容解读、或单元的语言特色解析、或单元的表现手法欣赏、或单元的文本结构分析、或单元的情感表达阐析等，逐步培养学习者的分析思维能力。再次，可立足分析思维对学习者进行专题式阅读训练。语文教学中，执教者应积极引导学习者化难为易、化繁为简对文本进行专题式阅读训练，譬如，可启发学习者以"分析课文中的某一精彩片段"为专题、可引领他们品读文本里的"某一关键语句"、可诱导他们分析归纳"文章意旨"、可激励他们赏析文中"某一表达方式"、可引导他们探析全文中的"某一关键字"……像这样以专题分解的形式训练学习者的分析思维，通过专题阅读把握文本的逻辑意脉，不断培育学习者分析、判断、推理的逻辑思维能力。此外，可立足分析思维对学习者进行分层逻辑思维能力的训练。语文教学中，每个学习者受各种因素的影响，他们的语文素养、语文能力、语文思维、个性特点等方面都不尽相同。执教者在语文课堂上应以人为本而因材施教，如在课堂提问、作业布置诸方面需要做到分层训练、分层指导、分层培植和分层发展，确保所有学习者在分析思维得到锻炼的基础上，其逻辑思维能力得到有效培养，从而全面提升他们的逻辑思维能力。就写作教学而言：首先，须指导学习者运用分析思维进行写作的整体构思。教学中需指导学习者学会紧扣题意层层深入思考整篇文章应由几部分构成，各部分应呈现哪些内容，这些内容运用什么样的手法或方式来表达等。为此，可采用多种多样的教学方法进行教学，如当作文标题设置以后，执教者可启迪学习者自由发言说说对该篇作文时基本思路，也可利用相应的范文加以引导，让学习者用自己的思维去分析理解作文标题内容和写作范围，此过程既锻炼了学生的分析思维，又培养了他们的逻辑思维能力。其次，须指导学习者运用分析思维进行行文的谋篇布局。教学中教师要指导学习者在写作过程中，学会灵活运用分析思维规范行文而合理布局，如撰写议论文时，对材料与材料、材料与观点、观点与题旨以及内容与论证方法等之间的逻辑关系怎样处理才好，如何做到材料、观点、题旨及论证方法等之间的协调统一，这些因素直接影响到了学习者对行文谋篇论证结构的合理布局和恰当把握，否则将会削弱议论文写作的说服力、论证力。由此，语文教学中，执教者应积极指导学习者在写作中学会用分析思维来谋篇布局，写好每一段落，突出文章意旨，升华自身的逻辑思维及能力。再次，须指导学习者运用分析思维突出写作重点。执教者在教学中要立足于具体的写作主题，组织学习者结合标题内涵进行探究，获取有价值的写作素材，明确其写作思路，通过分析了解写作重点。然后给学习者提供范文加以示范和引导，让他们在模仿与赏析中学习掌握写作方法，形成自身的行文逻辑思维方式，从而有意识地突出行文的写作重点。如教学中可引导学习者从不同角度解析题旨、分析材料而把握写作重点，让学习者确保写作思维的合理性，并结合范文运用分析思维指导学习者掌握写作技巧，凸显写作重点。要引导仿写做到练笔巩固，多写多练方可提高学习者的分析性逻辑思维能力。此外，须指导学习者运用分析思维升华文章质量。语文新课标强调："'要重视引导学生在自我修改和相互修改的过程中提高写作能力。''要注意考查学生修改作文的态度、过程、内容和方法，通过学生的自改和互改，取长补短，促进相互了解和合作，共同提高水平。'"为此，训练学习者的分析思维还须注重文段、语句的打磨、润色及修改训练。语文写作教学中，执教者应勤于指导学生反复检查自己写作中的文段有没有一定的逻辑漏洞、矛盾等错误，然后进行不断修改与锤炼，以层次清晰、条理清楚、逻辑严密、表达得当、主题鲜明为宗旨，使文章言之有物、言之有据、言之有理、言之有道。此训练不仅升华了写作者的文章质量，同时也锻炼了他们的分析思维、逻辑思维。

语文中的比较思维

一、"比较思维"概说

（一）"比较思维"意涵

比较思维是通过对两种或两种以上相近、相似或相反的客观事物进行比较分析、归纳与概括，而获得对事物异同及本质属性认知的思维方式。比较思维是科学研究中的一种极为重要的思维方式和认知模式。比较思维是人类思维活动的基本方式之一，在人们认识事物的过程中，旨在突出其研究对象的异同性。换言之，比较思维是确定思维对象间异同点的一种逻辑样式。它利用科学的思维对所获得的信息通过大脑进行逻辑加工，进而判定事物异同关系。这种思维过程反映了思维主体对思维客体本质属性的认知，亦是人类理性思维的表达方式。比较思维既可在同类思维对象间进行比较分析，也可在异类思维对象间进行比较解析，还可在同一思维对象的不同侧面、方向、角度及范围间进行比较辨析。比较思维以联系和发展的思维眼光看待客观世界，揭示客观事物的本质属性、基本特征以及内在运动规律等，它是一种科学的思维范式。依据不同的思维视角，比较思维主要有以下几类：从思维客体看有同类对象与异类对象间的比较分析。如叙事散文与写景抒情散文属于同类对象间的比较，诗歌与散文就属于不同类对象间的比较。从时间情况看有同一时间对象间的比较和不同时间上对象间的比较。从比较方式上看有同中求异和异中求同比较分析。从比较的范围上看则有单项与综合比较之分等。然而，无论怎样分类都离不开"同"与"异"两个方面的比较分析。心理学研究认为，在比较思维的过程中，人们的思维模式会发生改变，诸如"反思"就是一种心理体验式的思维模式；"评价"是人类的另一种心理判断式的思维方式等。"反思"或"评价"都是人类通过对思维对象的比较分析而获得的心理感应。客观世界万事万物的运动、变化与发展决定了事物存在的同一性、普遍性、共性与差异性、特殊性及个性等基本属性。黑格尔指出："存在的就是合理的。"诚然，客观事物的发展是相对的，这种相对性必然反映到人类认识事物的思维方式上，即比较思维。客观事物是在相互比较中存在的，没有比较就没有发展，客观事物的存在与发展是相对的，而比较思维则是人们在该认识的相对性基础之上建构的思维体系和思维方式。

比较思维是人类思维活动中极为重要的一种思维形式。或形象、逻辑、灵感的比较；或个别、归纳、演绎的比较；或系统、典型、重点的比较；或横向、纵向、纵横的比较等，无不贯穿于人类思维活动、思维过程之始终。比较思维是逻辑思维的重要思维方式，可通过比较厘清复杂客观现象间的共同性与差异性，进而掌握其本质属性与非本质属性，求得对客观事物本质及规律性的认知。或通过观察达成对客观事物更为全面、细致而深刻的比较分析；或经过类比把握研究对象的根本特质及内在规律性等，都与比较思维息息相关。当然，比较是有一定标准的，没有标准则无法进行比较。比较中也要注意相关因素的分析与综合，通过比较可为思维的抽象和概括提供帮助。比较思维的目的旨在抓思维对象之要领、本质，正如哲学家黑格尔所言："我们要求的，是能看出异中之同或同中之异。"这才是洞见客观事物的本质规律。比较思维是鉴别事物最好的思维方法，通过比较方可抓住知识或事物之特征，也才能对其达成准确认知与洞见。如新旧知识比较、知识与能力比较、理论与实践比较等，都能促进人类对未知世界的了解。因此，人类对客观世界的探索，大多通过比较思维才能得出理性认知，比较思维是客观世界的同一性与差异性的理论基石。

（二）"比较思维"特质

人类对客观世界的认知与把握，其考察思路、研究方法和探索理念总是多视角、多层面、多元化的。众所周知，最开始人们的研究总是凭直观经验进行比较分析、判断而得出理性意义上的认知概念。比较思维是思维主体认识客观事物的一种方法，也是确定探究对象间异同关系的一种逻辑形式，它是科学研究中最基本的思维方式，能通过对经验材料的比较分析、归纳演绎和综合判断，把握客观事物与现象间的异同而揭示其本质规律，具有适用性、灵活性、开放性和全面性等方法论特质。

（1）适用性。比较思维是一种科学研究的基本方法，在人类生产、生活、学习等领域具有极为广泛的适用性、应用性。人们对事物或现象的认知须通过比较分析的思维方法，才能实现从感性认识到理性判断的把握。人们在现实生活中往往会运用比较思维来生成自身的感官概念或材料，然后进一步科学领悟和理解其内在逻辑联系，洞悉其根本内蕴。就方法上看，比较思维呈现出思路单一、操作简洁、程序简便的思维特点，其应用性、使用性非常广泛，无论任何学科的研究、任何领域的探索都离不开比较思维方式的参与，它是诸多科学研究与探索的根基，是一种科学思维的方法论。

（2）灵活性。比较思维能灵活应用于不同形式的比较分析中，其操作方便快捷，凸显极大的灵活性、自如性和便捷性。它既可运用于不同事物之间的相互比较，也能用于同一事物不同方面的比较分析，还可用于不同时间、不同地点的同种事物之间的比较考察。在比较过程中，思维主体还能依据研究对象的发展变化及时作出与之相应的思维调整，一般情况下较少受制于其他外界条件的影响，其运用相对较为方便。譬如，在文学审美中，针对不同文本常规的审美赏析标准，其比较审美的结果也会有所区别。比较思维主体可依据自身的审美经验和审美需求，有意识地调整审美标准恰当地作出选择，多角度、多方面、多层次地进行比较，而取得科学的审美效果。

（3）开放性。由于比较思维方法的运用极为适用而灵活，彰显其开放性、开拓性和延展性。人类对自然宇宙和生命世界的探索不是封闭的、静止的，而是自由的、开放的、动态的、发展的。就方法论层面而言，比较思维方法或方式也是在逐步发展、前进的，是随着人类对科学的不断认知而革新与提升的。它通过对新的科学理念或技术的吸纳、融合、加工、改造、提炼等，升华为科学的比较思维理论或理念，而应用于具体的事物比较分析之中，并以开放的思维心态促进和适应所有学科领域的研究与发展。

（4）全面性。比较思维的思维方式或思维方法，能较全面地考察和认识事物的现象与本质，解构宇宙万物的逻辑结构，从而透视其生命底色。比较思维对客观事物的认知是全面的、整体的、多元的，是一种较全面的科学思维方法。在科学认知领域的研究与追问中，人类运用比较思维能把各种各样不同时间或地点的客观事物进行相互比较。也可对某类事物进行多视角、多结构、全方位的比较分析。运用比较思维方法可揭示不同层次问题的实质，使人能立体地、多层次地、全方位地洞察事物、反映事物、认识事物。比较思维能抓住研究对象的个性、共性及特征进行比较分析，进而获得更加全面的、深入的、理性的、开放的、具体的研究成果。比较中有思维，思维中存比较，"比较"是全方位的，而"思维"又是多面性的，它们融为一体而相辅相成，共同达成其全面性的思维特质。

（三）"比较思维"功效

比较思维存在于一切思维活动领域，人类在认知客观世界的过程中，都不同程度、不同方式地运用了比较思维，人类思维的存在就是比较思维的存在，比较思维无处不有、无处不在。比较思维在哲学、科学、文学、史学、美学、人类学、社会学、现象学等研究视阈，运用极为广泛而产生了积极的功效。

首先，比较思维能使人类全面把握客观世界。比较思维是人们认识客观事物的基本方式或方法，也是一种了解客观世界必不可少的逻辑思维方法。只有通过比较分析才能把握各种事物的基本特质，并加深人们对事物的认知与洞见。基于其适用的广泛性和操作的灵活性，比较思维能全面、立体、完整、多元、系统地探析不同事物间的本质内核及相互关联，全面把握客观世界的发展轨迹，以致实现对客观世界的科学认知。

其次，比较思维能使人们深入解析客观事物。在人们对客观事物的理解与领悟中，可灵活运用比较思维对其进行深入解析，即根据人们对现实生活的直觉体验和主观感受，运用比较思维从感性到理性进行比较分析，不断认识客观事物之间的内在联系及基本规律，从而实现理性意义上的领悟与认知。面对客观事物的种种现象，可运用比较思维深入洞悉其基本特征和因果关联，最终获得深入探究客观事物内在规律性之成效。

再次，比较思维助力人们揭示事物本质属性。比较思维能帮助人们透过客观事物的表面现象，明晰揭示其内在的本质属性，这应该是比较思维的核心所在。比较思维通常应用于人们的科学研究与探索之中，其根本任务就在于揭示客观事物的本质问题，科学认知与判断的基本路径是通过观察客观事物的外在表象，经过反复地对比分析而上升为理性的认识，旨在透过事物现象捕捉其实质性的根本问题。因此，人们在探究和认知客观事物时，不仅要获取有关客观事物的大量外部感官材料，并在头脑中形成一定的感性认识，而且还须科学运用比较思维的认知理论、理念及方法等，比较分析和研究客观事物所表现出来的种种现象，进而透过表象揭示本质。

最后，比较思维能发展与提升人类认知能力。比较思维有助于人类认知能力的发展和提升，它不断推动人类在认知过程中拓展思维视野、强化思辨意识、开放思维心态、升华判断能力等。比较思维是人类认知客观事物从感性到理性、从简单到复杂、从低级到高级、从直觉到逻辑、从具体到抽象、从现象到本质的思维过程，这不仅能帮助人们科学认知客观事物的发生发展及其内在实质，而且也大大地促进了人类认知能力的发展与提升。

比较思维在人类的认知中，与其他思维方式或方法有着千丝万缕的必然联系，它是思维视野中方法论与实践论的完美结合。比较思维与其他思维样式相互融合、相互依赖、相互促进、相辅相成，它是一种不断发展、逐步升华的思维范式。当代科学研究的任何成果都渗透着比较思维的思想理念，它将伴随人类社会的存在与发展迸发出耀眼的思维之光。

二、语文文本与"比较思维"

比较思维是思维学的基本范式之一。比较思维能使人们在思想上确立事物异同关系，把握事物本质规律。比较思维能直接投射于各类学科领域，辨析各种知识或事物之间普遍存在的异同关系，并揭示其内在联系。比较思维的关键是"比较"，在比较中"求同"，在比较中"求异"，或同中求异、或异中求同，构成了比较思维最基本的形式。在语文文本中，比较思维的身影随处可见，尤其是异中求同的语言现象表现更为突出，标志着比较思维在语文文本创作中的广泛应用。语文文本中的比较思维，反映了作者的比较思维方法在文本中的运用。比较思维在文本创作的运思过程中，它是思维主体付诸于思维客体的存在。语文文本是由材料构成的，而这些材料又是在诸多纷繁复杂的感性材料中进比较、甄别、加工、改造和提炼出来的，即"异"中求"同"，或"同"中寻"异"，然后通过作者对社会现实生活的抽象，达致"物""我"为一而形成"文本"或"作品"。语文文本是作者对生活能动的、有机的、整体的反映，折射出思维主体的思想、理念、个性、气质以及情感等积淀，同时亦表现出作者的人生观、价值观、世界观、伦理观和道德观等。如文本中作者情趣的表现、主体意象的化合、选词用句的表达、谋篇布局的设置、艺术手法的运用等，都蕴涵着作者比较思维方法的灵活运用。语文文本中思维主体与思维客体之间的相互转化是需要比较的，或"求同"、或"辨异"都伴随作者比较思维的心理过程。

语文文本鲁迅的《故乡》处处折射出作者比较思维的运思轨迹。有回故乡、在故乡、离开故乡时的心理感受比较；有人物闰土与豆腐西施杨二嫂的形象比较；有少年闰土、青年闰土与中年闰土的比较……作者找到了比较的契合度方可抒写自己对故乡的感受以及对社会现实的揭露。在构思《故乡》时，鲁迅既是故乡的思维主体，又是故乡的思维客体之一。其思想情感与个性气质都与《故乡》的一切交织，经历着《故乡》的经历，悲凉着《故乡》的悲凉，希望着《故乡》的希望。文本的思维主体与思维客体水乳交融而辩证统一，既凝聚着作者的人生况味，又寄托着其乡土情怀。《故乡》的运思文理无不熔铸了作者比较思维的逻辑意脉。郁达夫《故都的秋》中有"南秋"与"北秋"的同性比较，亦有"南秋"或"北秋"的异质比较等，无不笼罩着浓厚的比较思维意识与理念。文本中作者总是将与自身生活体验密切相关的素材倾注于心灵世界而达成审美情趣，并化成文本作品独特的艺术形象而予以再现。陶渊明的《归园田居·其一》中突出了作者比较思维的充分运用，如"后檐"与"堂前"等不同方位的比较；"樊笼""尘网"与"田园居"的感悟比较；各种不同意象之间的比较；过去与现在不同时间、地点、处境等方面的心态的比较等，这些比较的描写与创作过程，其实就是作者比较思维的运用过程，表达了诗人对黑暗官场的厌恶以及对自然的热爱，同时亦折射出作者对田园闲适自得的美好生活的憧憬与追求。陶渊明用明白清新而质朴无华的语言，表达了不同时代、不同场景的不同心境。社会现实生活给予了诗人丰厚的馈赠，在他的心灵中深深地烙下了印迹，在比较思维的催生下，现实生活与诗人已然相融，思维客体已完全主体化了。吴敬梓的《范进中举》蕴涵着浓厚的比较思维元素，如范进自身中举前与中举后的比较、中举前其他不同人物间的比较、中举后其他不同人物间的比较、中举前后其他同一人物的不同表现比较等，都处处留下了创作者比较思维的痕迹。文本紧扣范进中举前后过程所发生的一切，运用比较思维方法对人物、社会及科举制度进行了淋漓尽致的揭露、讽刺与批判。作者择取了封建科举制度下腐蚀与摧残知识分子灵魂与人格的社会现象，聚焦人物命运变化，善用比较思维通过深刻反思、辨别、加工和提炼，塑造出反映世态炎凉的鲜明典型人物形象。

语文文本里的比较思维实质上是一个物我合一的思维过程，它取决于作者对生活刺激物的依赖性、选择性，是思维主体对思维客体在相互转化中达成的逻辑共识，选择与判断源于比较与认知，而比较又植根于文本的每一个细节，比较思维渗透于文本之细节。如戴望舒的《雨巷》，"油纸伞"在《雨巷》中起着举足轻重的作用。诗歌开头第一句"撑着油纸伞"就点出了"油纸伞"，此后的语段细节中又多次出现"油纸伞"，并且每一次的出现都表达了诗人别样的心路历程和情感思绪。"油纸伞"不仅表明时间是暮春时节，在孤独寂寥的雨巷，再现了一种雨天打油伞的朦胧迷茫之意境，而且也平添了几分阴冷、灰暗、潮湿、凄清的社会氛围，含蓄地表达了作者在迷惘感伤中有所期待、有所憧憬、有所追求的情怀，给人以朦胧而幽深之美。由此，比较思维在此诗中滋润了每一个细节，使洋溢比较思维意味的细节增添了浓厚的诗意，也折射出诗人内在的心路历程和思想情感。在语文文本的世界里，比较思维真是无处不在。《诗经·伐檀》中就蕴含丰富的比较思维，如将勤劳善良的劳动者与贪得无厌、不劳而获的"伪君子"进行比较；乐府民歌《陌上桑》中在诗意上传达出罗敷将使君与自己夫婿进行了比较。苏轼的《赤壁赋》（前赤壁赋），该赋在记叙作者与友人月夜泛舟于赤壁之情景，以自己的主观感受表达其乐观旷达之心境。其行文构思过程中，或古今之比、或悲喜之比……无不充溢着比较思维。在描写夜游赤壁情景时，作者尽情领略大自然之高山流水、清风白露及月色天光之美，兴奋极致。"诵明月之诗，歌窈窕之章。少焉，月出于东山之上，徘徊于斗牛之间。"情景交融而文气贯通，将皎洁柔和的"月光"与含情脉脉而姣好的"美人"进行了比较，形象生动地传达出游人极为依恋而舒畅的情怀。诗人胸襟开阔而无拘无束"纵一苇之所如，凌万顷之茫然"，以浩瀚之江水与洒脱之胸怀形成比较，突出其泛游赏景之快。以景比情、以情比景、比中生情、融情入景而构成有机的辩证统一。于是，笔锋一转描写作者饮酒放歌之乐和客人箫声之悲，又形成了情感与思绪上的比较。诗人畅饮乐极并扣舷而歌，又思"美人"而生发怅惘之怀，以思之美好与失之感伤进行了鲜明的比较。诚然，虽"美人"乃是作者理想与美好事物之化身，但依然承载着作者"悲"与"喜"的比较思维理念。文中"桂棹兮兰桨，击空明兮溯流光。渺渺兮予怀，望美人兮天一方"与"诵明月之诗，歌窈窕之章"形成照应与对比。因思"美人"而不得见产生失意与感伤之情，又闻客箫之悲幽，深感"如怨如慕，如泣如诉，余音袅袅，不绝如缕"，将客人箫声、潜龙起舞、孤妇悲泣与作者惆怅等情境环环相比，激起了作者情感之波澜，由乐转悲，悲喜交加，明暗交错，文本构思凸显比较思维。然后，作者极力表现其消极之人生观与虚无之思想。用人类社会与宇宙自然、个体之人与社会整体进行比较，揭示世态之炎凉和自身之悲观，同时也暗示和希望人类能改造自然而创新发展。当然，这正是作者思想情感的自然流露，与《念奴娇·赤壁怀古》中的"人生如梦"有着异曲同工之妙。作者将"具体"与"一般"、"历史"与"现实"、"客"与"我"进行了理性和情感的比较思考，浸透其比较思维。而此赋在最后环节的处理上，针对客人的无常之感而宽解对方"惟江上之清风，与山间之明月"。苏轼以清风、明月作比，表现其豁达的人生观和宇宙观。他主张多角度、多层面看问题而反对将问题绝对化的思想，在"相对"与"绝对"的比较中寻求自我。作者身陷逆境还能拥有乐观豁达、超脱自适的心境和精神，从怅惘中解脱，在理性中求生，并在"生"与"死"的比较中寻求自由与快乐。以江上清风之"动"与山间明月之"静"、宇宙之"博大"与人类之"渺小"，形成比较，突出天地无私而万物皆存之宇宙观、人生观。作者抓住风月、江水的自然特性，运用比较思维阐述从归纳到一般的辩证关系和认知理念。无论是"变"与"不变"相比，还是"宇宙"与"人生"的比较，皆是相对的。其间的主客对话，蕴涵正反两方面观点的清晰比较，既表现了苏轼超然物外的人生态度，实现了情、景、理的有机融合，又反映了比较思维方式或方法在语文文本中的灵活运用。

比较思维在诗歌、散文、小说、戏剧等语文文本中随处可见，呈现出不同层次、不同结构、不同方面、不同角度、不同向度、不同维度、不同对象、不同性质、不同特征等的比较。其行文构思过程无不浸润和留下比较思维方法印迹，同时亦折射出比较思维在语文文本创作领域的广泛应用了。

三、语文教学与"比较思维"

语文教学要培育学习者的各种思维，其中比较思维也不例外。比较思维是在两个或两个以上的人或事物间进行的对比分析与判断，就比较思维理论而言，其比之事、比之物、比之人等之间应有一定的内在关联，或相关、或相似、或相反等。

在语文阅读教学中，可从不同角度进行新旧知识的比较，以此加深对新知识的理解和掌握。如为了突出语文教学的重难点，可从横向与纵向两个维度方面进行比较分析，也可从不同的角度去比较阐释剖析等。语文教学离不开字词句段篇及艺术技巧等的讲授与学习，阅读教学中关键字词的转换比较、表现手法的比较、文体特征的比较等都能使学习者的比较思维聚焦于某一知识点，有意识地深入挖掘、整合文本信息，使他们的比较思维能由点到面、由近及远、由浅入深地得到锻炼与提升。

首先，可进行关键字的比较思维训练。我们应择取语文文本中的关键字引导学习者进行分析与综合、比较与分类。如鲁迅的《祝福》中两次描写到鲁家拒绝祥林嫂摆放祭祀用品时说的话："'祥林嫂，你放着罢！我来摆。''你放着罢，祥林嫂！我来拿。'"为什么先前用"摆"，后用"拿"？执教者引导学习者通过比较分析得知：先前用"摆"意味着封建礼教讲究严规蹈矩，而祥林嫂麻木不堪，四婶认为她不懂规矩；后用"拿"表明祥林嫂的不干不净会给鲁家带来不吉利。一"摆"一"拿"比较解析，使学习者更加深刻地领悟到，这不仅反映了腐朽的封建礼教及制度对劳动人民的毒害，同时也表现出祥林嫂精神世界受到莫大的打击与摧残，暗示了祥林嫂悲剧的必然性。又如《孔乙己》中的描写，孔乙己在酒店买酒拿钱时的动作为何先用"排"后用"摸"，可引领学习者开展比较，先用"排"表现孔乙己先前的气派或阔气；后用"摸"则反映孔乙己后来的潦倒与贫穷。一"排"一"摸"的比较分析，则表现了孔乙己在不同境遇下所呈现的不同情态，予学习者以形象而深刻的独特感受等。从鲁迅两篇文章的用字比较分析可见，语文教学中应抓住关键字引领学习者进行比较解读，有效训练和培育他们的比较思维及能力。

其次，可进行关键词语的比较思维训练。语文教学中，须启发学习者采用比较的方法，领悟词语内涵，把握文本的本质属性。通过词语的比较分析与概括，学习者更加深刻地理解文本内容，掌握文本意旨。如陶渊明《桃花源记》中的"外人"一词曾经出现三次："'男女衣着悉如外人''遂与外人间隔''不足为外人道也'。"执教者应启迪学生联系文本内容比较解析这三个"外人"的含义何在，它们有何区别？从文本语境及全文旨意看，"男女衣着悉如外人"中的"外人"指的是秦朝时代的人，因为从文本语境比较分析得知，桃源人在秦朝避乱时进入桃源后就完全与外界失去了联系。"遂与外人间隔"中的"外人"指的是秦朝至东晋时代的人，因为联系句子前后关联比较分析得知，桃源人"不知有汉，无论魏晋"。而"不足为外人道也"中的"外人"则是指桃花源外的东晋时人。这三个"外人"有泛指，也有特指，意义不尽有别。因此，语文教学中，诸如此类的词语比较分析，执教者须合理引导学生恰当运用比较思维方法，准确解读词语内涵，进而正确把握文本内容。

最后，可进行句子或句群的比较思维训练。语文教学的文本解读中，句子或句群的比较分析是其教学之重，执教者须引起足够的重视。关于句子或句群的比较解析，需要引导学习者在理解句子本身含义及组合结构特点等的基础之上，再进行比较分析。如上文中所提到的鲁迅《祝福》中的"'祥林嫂，你放着罢！我来摆。''你放着罢，祥林嫂！我来拿。'"这两句话从句意考察，其顺序有别而表达效果则完全不一样，前者语气较缓和，而后者命令的口气则较强烈，表现出四婶对祥林嫂的埋怨、责怪之意。从句式结构上看，前者是"常式句"，后者是"倒装句"，其谓语动词置于句子前面，使句子的语气得到了加强，强调了谓语部分，表现四婶对祥林嫂居然去端祭品的强烈愤怒与震惊。通过这两个句子的比较解析，学习者认识到句子结构形式的变化，更能深刻理解祥林嫂的悲惨情形，他们的比较思维能力也得到了相应提高。从而更能揭示人物形象，培养学习者的语文阅读能力，发展其比较思维能力，提升其逻辑思维能力。在句子或句群的比较中，我们既要对句子本身进行分析与综合，又要结合文本语境总览全篇再作比较。如《孔雀东南飞》中的"'十三能织素，十四学裁衣，十五弹箜篌，十六诵诗书，十七为君妇，心中常苦悲''十三教汝织，十四能裁衣，十五弹箜篌，十六知礼仪，十七遣汝嫁，谓言无誓违'"这两个句群，结构相似可在用词上略有变化。执教者须联系全文内容引领学生进行比较解读，前者从纵向铺陈直叙，以时间为序，运用互文的修辞手法交叉表述，突出刘兰芝的多才多艺、智慧能干而又知书达理的形象、性格。就这样颇有教养的媳妇,可心情常常处于一种悲伤痛苦的境地。后者基于结构上的呼应,叙写了这么优秀的儿媳却为婆婆所不容,最终还被其遣回了娘家,故母亲见之而大为惊叹:"十三教汝织,十四会裁衣,十五弹箜篌,十六知礼仪,十七遣汝嫁,谓言无誓违。"与前者比较则形成了铺陈结构上的呼应关系,既进一步突出了刘兰芝的才华,又反映了她善良质朴的品性,也折射出焦母的蛮横无理。比较分析让学习者从字里行间,不仅了解兰芝的"德"与"才"及焦母的无理可恨,而且还能对此产生同情之心,唤起他们对封建礼教的否定与批判,进而发展与提升其比较思维。

在作文教学中,执教者应积极地、正确地、恰当地引导学习者运用比较思维的方法开展写作。一方面可引领学习者运用顺向与逆向比较相结合的思维方法进行写作。顺向比较指的是比较对象双方在某个方面具有相似性,即"类比"性。执教者可指导学习者抓住行文中描写对象的经历与处境等的相似性引导他们进行写作,并在比较中突出其特点,以此实现表达的需要。而逆向比较则是比较对象间无相似性,甚至二者之间的情况完全相反的比较。语文写作中,执教者亦须积极鼓励学生,聚焦写作对象迥然相异之特性或正反两方面之特质进行叙述、描写、议论或抒情等,从而达成其意旨的凸显。不论是"顺向"还是"逆向"比较,应要求学习者将"双向"的两种形式紧密结合,进行双向比较或多向度比较,才能更好地反映对象意涵,揭示事物本质,突出文章要义。这样既有助于学习者情感的深化与表达,又能丰富学习者的主体精神。比如,作文若描写到春天的花,可从顺向比较思维的角度,抓住各种各样性质、颜色相似的花进行描写,表现它们的美;也可从性质、颜色完全相反的方面来描绘,体现其独到之处。若涉及刻画人物性格方面,同样既可将不同人物身上的相似点做比较,亦可用他们截然相反的方面比较等。教学中引领学习者合理应用顺向与逆向结合式的比较思维进行写作,定然获得以人观己、以己观人、以人观物、以己观物等别样的表达效果。作文中通过顺逆比较,要表现出对思维对象的自我认知轨迹,进而不断提高自身情感的浓度。行文中不能简单地相互对照,应通过"双向"的比较思维折射出自我内在的心路历程,呈现对于描写对象的认知变化。同时,丰富文章意旨。

另一方面亦可指导学习者运用转换式的比较思维方法开展写作。教学中应正确引导学习者拓宽思维视野,除运用顺逆式的双向比较思维之外,还要善于在写作中将顺向和逆向比较思维不断转换。既能增强文章的表意性,又能创新文章的章法结构,从而丰富自身的主体精神。譬如,在记叙或议论某事或某人时,任何事物都有相同、不同甚至相反的方面,在一定的条件下好人好事会转化为坏人坏事。由此，须引导学习者在写人叙事或论人论事的过程中，既要论写其正面，也要论写其反面；既要论写其过去，也要论写其现在；既要论写其同中之异，也要论写其异中之同等。因为人物的形象、性格是多方面发展的，事物的发展也是在不断变化的。教学中执教者要恰当引导学习者树立正确的价值观、审美观，多视角、多元化看待问题，用发展的眼光审思人与事物，灵活运用双向比较思维不断转化的方法论写思维对象，方可强化文章章法结构，体现行文的巧妙构思及超绝文法。写作中由双向比较思维运用的合理转换，能推动人物性格的发展或论述的不断深化，在比较中层层转换，可不断突显思维对象的阶段性特征，而且亦能使文章在结构上跌宕起伏而环环相扣，最终达成行文论写之旨归。

此外，还可启迪学习者运用显性比较与隐性比较相结合的思维方法进行写作。我们可把顺向、逆向以及双向转换的比较思维方式视为"显性比较"，将含蓄、委婉而曲折的叙事、描写、议论乃至抒情表达方式看作"隐性比较"的思维方法。隐性比较思维是相对于显性比较而言的。显性比较思维具有明确的比较思维对象，通常为作者自己与其在作文内容中所涉及的关键人物或事件。诸如第一人称的"我"等标志性词，比较对象常用"他""其"或某人某事等标志性词，行文中极为典型的比较性标志词常有"与""如""亦""像"等，在内容上具有明显的比较意味。然而，执教者亦可指导学习者在描写对象时，出于表达的需要，表面上可不显露明显的比较关系，但在整体表达上凸显自己的主观比较思维意图，即隐性比较思维灵活运用于写作之中。隐性比较对思维对象主体特征的呈现与文章主旨的表现一脉相承，它将作者的主体精神隐含于语言文字的比较中，含蓄凝练而委婉曲折地表现或论证人物与事理，突出文章意旨。隐性比较有助于文章在表达上含蓄蕴藉而耐人寻味，学习者写作时对有些立场或观点可不自圆其说，而应潜藏和渗透于比较中让读者感受到所描写人或事的情感意绪。尽可能采用借他人它物之比，映射和衬托文中主要事件或人物的内在关系，这其实与王国维境界说中的"隔"一脉相承。行文中要鼓励学习者将显性比较与隐性比较思维交叉结合应用，如在运用显性比较的同时，亦借助象征手法进行隐性比较揭示文章"内意"，深邃而幽眇地表现自己的思想观点。写作中善用"双性"比较思维，既能做到适人适境体现真我，又可实现表情达意体现主体精神，使文章内容韵味深厚而更上一层楼。

不言而喻，作文教学中执教者须将比较思维纳入学习者的写作之中，并充分利用顺向比较、逆向比较、双向转换比较及显性隐性交叉结合比较等多种比较思维样式完成写作。顺向比较思维突出"以我观人"，逆向比较思维意在"以人观我"，并在与他人或他物的双向互动中丰富作文的表现意蕴。双向转换比较思维使作文层次清晰而情理互融，能深化学习者的自我认知及对行文章法结构的自觉把握。显性隐性交叉结合比较思维的运用，则使写作用语含蓄蕴藉、表达跌宕起伏、意旨深邃感人。

在语文教学中，无论阅读或写作方面的教学，都能培育和发展学习者的比较思维，让他们在比较中鉴别、在鉴别中判断，学会运用比较思维开展阅读，提升比较思维能力。为此，语文执教者须善用比较思维进行教学，以求在教学中更好地促进学习者认识客观世界、洞见社会生活、培养语文逻辑思维。

语文中的概括思维

一、"概括思维"概说

（一）"概括思维"意涵

概括思维是逻辑思维的一种表现形式，它以比较和抽象为基础，综合客观事物的共同本质特征，进而推广到同类事物中去。正如我们经常读到诗歌，并把它与其他文学样式做比较，不断辨别清楚诗歌的基本特征是音韵美、绘画美、意境美、建筑美、个性美等，也有一些非本质特征诸如短小、精炼、含蓄等。在此基础上把它们综合起来，将具有这些基本特征的文学样式都视为诗歌。概括思维的基本类型有：依据概括思维水平的差异，可分为初级概括思维和高级概括思维。初级概括思维是人的感知觉及表象水平层面上的概括思维方式，是概括思维的初级形式；高级概括思维是依据客观事物的内在关联及本质特征进行的概括思维方式，是概括思维的高级形式。根据概括思维对象的不同，可分为内容概括思维、概念概括思维和观点概括思维。内容概括思维指的是思维对象大体上的含义概括，也就是人们通常所说的概括大意的思维方式。内容概括思维反映了思维主体对思维客体的知识或信息由多到少、由繁到简的转化过程，它是一种最基本的概括思维形式，是所有学习者应具备的最基本的思维技能。概念概括思维是思维主体对思维客体通过概括获得与发展适宜的在一定范围应用的普遍概念，通常用于描述事物特征、区分思维类型或量化事物容积等。心理学研究表明，概念概括思维属于高级形式的概括思维。譬如古人概括了日月运行的基本规律与动植物生长现象间的相互关联，把一年分为二十四节气，如立春、雨水、惊蛰、春分、清明、谷雨等，并给每个节气命名，这些具体的名称就是基本概念。心理学认为，概念概括思维是人脑对客观事物本质属性概括反映的思维方式，是人类自我思维认知意识的一种概括表达，亦是人们概括认知思维体系中最基本的思维元素。概念概括思维是思维活动获得思维成果的基础，是逻辑思维的构筑单位，没有概念概括思维，逻辑思维就无从谈起。观点概括思维亦称陈述概括思维。它是思维主体将思维对象从具体的客观事物或事实推导出抽象适用的基本观点或规律的思维样式。即人们通过多次感知客观事物间的内在联系并加以概括，获得有关事物之间本质规律的思维认知。它是在抽象思维基础上的一种综合提炼，是思维主体反映思维对象从分析到综合、从感性到理性、从现象到本质的升华过程。遵从概括思维所依据的材料数量，可分为整体性概括思维和典型性概括思维。整体性概括思维是借助于"完全归纳法"针对某类事物所有群体进行概括的思维方式。典型性概括思维是对某类事物中具有典型特征的事物所形成的概括思维方式，这种思维方式反映了思维主体对思维客体的普遍性认识。此外，依据思维材料的基本性质，还可分为经验性概括思维和理论性概括思维。经验性概括思维通常是指对一般事实或感性认识材料的概括思维方式。如对"春天来了，天气渐渐暖和，各种花次第开放"这一客观事实材料的概括思维，就属于经验性概括思维。而理论性概括思维则是对事物对象材料理性认识的概括思维形式。比如，马克思在总结了人类社会发展的基本规律之后进行了理论概括，创立了辩证唯物主义与历史唯物主义相结合的世界观和方法论体系，这是一种最高层次的哲学理论概括思维等。诚然，概括思维须遵循一定的逻辑方法，不仅要从有限的现存材料或诸多个别事物中归纳概括出最基本的原理、概念、规律或结论等，还应将零碎或繁杂的内容材料通过分析、比较、整合与总结，使之条理化、清晰化和系统化，便于理解、判断和掌握。当然也需注意语言的表达与提炼，尽可能经过深思熟虑而采用简洁、精练的语言阐述思维结论，彰显概括思维的逻辑理念和基本特质。

（二）"概括思维"特质

概括思维是思维主体对思维客体诸如事物、信息、知识或现象等，进行的一种概要性的、囊括性的、逻辑性的、本质上的精简与提炼。其主要特质有：

（1）概括性。概括性是概括思维最基本的特质。它是对大量材料进行感性认识，并将某类事物的基本规律与共同特征抽取出来加以概括的思维形式。一方面表现为概念思维反映的是某类事物共同的本质属性；另一方面概括思维又反映了客观事物的内在规律与必然联系。通过概括性的思维活动，把抽取出来的同类事物或现象的本质属性推广到同类事物或现象中去，使人们能够透过事物的表面现象与特征，而认识与把握事物的本质规律，突出其概括性特质。如我们感知到某一具体植物的外形、生长状况和生活习性等，而通过概括思维就能认识植物的本质属性：通常有叶绿素，没有感觉，没有神经。而与之相反的有感觉、有神经细胞就视为动物类等，都是人们通过概括思维活动过程对自然界客观事物之间规律的认知所得。概括思维强调其思维活动的速度、广度和创造性归纳等智力品质，其思维主体反应越迅速、视野越宽广、知识的系统性与创造性越强，概括性思维就越高。

（2）逻辑性。概括思维的基本过程总是伴随着逻辑思维进行的，其逻辑性这一特质反映了概括思维对思维客体理论认识的归纳性、抽象性，表明其思维过程遵循着一定的方法、形式与规律而进行。概括思维是在概念的形成基础上进一步判断和推理而得出结论的。它反映了客观事物的本质属性及内部规律性，对思维对象作出肯定或否定的存在定论，并由此而推导出新的判断。从整个思维过程来看，概括思维同样通过概念、判断与推理的思维形式而获得结论，它是以逻辑思维为基础的思维类型，是逻辑思维的基本样式，故具有鲜明的逻辑性。

（3）深刻性。概括思维的深刻性即指人们在感性材料的基础上，经过概括思维的基本过程，由此及彼、由表及里、由浅入深地对思维对象进行概括认知的思维过程。概括思维能抓住事物的本质及内在联系，认识客观事物的规律性。从认识论的角度看，概括思维的过程也是一个深刻认识事物的思维过程。其深刻性集中体现于善于深入审思思维对象，抓住客观事物的本质与规律，揭示其思维内核。其深刻性还表现于形成概念的深入、构成判断的深度、开展推理与论证层面上的深邃等。

（4）间接性。概括思维的间接性是思维主体凭借自身的知识与经验对客观事物所进行的间接反应。即思维主体在其思维过程中，凭借已有的知识经验不仅能对没有直接作用于自身感觉器官的客观事物属性加以反应，还能对根本不能直接感知到的客观内在联系进行反应，进而使思维者能揭示其本质和规律。同时也可凭借自己的思维认知及经验，发挥联想与想象对现实事物进行拓展式的概括性认识，凸显其思维的间接性特质。

此外，概括思维有助于人们记忆、理解和运用知识，呈现出一定的目的性特质；又是建立在一定的思维素材基础之上，对事物信息进行思考而得出抽象判断，具有一定的抽象性；它是人类主观思维能动地作用于客观对象的思维过程，故又体现出其主观性。

（三）"概括思维"功效

概括思维是思维者实现从内容到观点、从观点再到概念的概括，它是人类思维抽象化程度的反映，其抽象化程度越高，概括思维的强度就越高。综合概括思维的性质、特点，其主要功效在于：

1. 概括思维能提升人类的智能水平

人类在概括思维过程中，不断地通过概括获取知识与信息，为大脑逐步储备智力技能，循序渐进地提高他们处理问题的能力和效率。概括思维需要人类经过大脑对各种事物、具体内容、相互关系或种种现象进行比对、取舍和筛选，抽取一般的、本质的、相似的、有价值的信息或知识，作为概括的结论。此概括思维过程糅合了观察、感知、分析、归纳、综合、判断等多种思考智能，促进了人类思维智能水平的发展与提升。

2. 概括思维能提升人类的迁移能力

概括思维有利于人类学习知识与技能的迁移。心理学家贾德认为，概括思维是产生学习知识、经验迁移的关键元素，迁移能力的提高广泛存在于学习各种知识、经验、技能及社会规范的概括思维之中。思维主体只有对学习内容进行了概括，获得了反映客观事物的一般原理，才能达成学习者"举一反三"而"触类旁通"的学习情景的思维迁移，从而极大提升其学习效率和迁移能力。迁移能力的提高又可促进学习者知识经验的丰富与积累，发展他们的逻辑思维能力。

3. 概括思维能提升人类的综合能力

概括思维反映出一个人的综合实力，因为无论什么类型的人才，都需要具备概括思维能力，尤其是从事创造性学习活动，概括思维及其能力发挥着极为重要的作用。概括思维过程中，须有多种技能、方法、策略等思维要素的参与，它是综合反映人类思维及其能力的重要指征。概括思维经过长期训练与积淀而形成一种稳定的思维范式，将有助于人类学习力、思维力、创造力的发挥，有利于人类构建信息化、知识化、综合化和能力化的思维体系。

4. 概括思维能提升语文学习者的概括思维能力

语言文字是概括思维的外在形式，语文学习可丰富学习者的语言，提高他们的审美鉴赏水准。在语文学习中，学习者需要借助概括思维方法，筛选文章信息、整合文本内容、归纳段落大意、提炼全文旨意等，是对概括思维的极好锻炼，也是提升学习者概括思维的有效方略。概括思维的核心价值就在于从个别认识到普遍意义把握事物内涵。各种各样纷繁复杂的文本解读，都须经过学习者的归纳与概括才能实现其认识上的共通性，从而不断促进学习者从整体上提升他们的概括思维能力。

二、语文文本与"概括思维"

概括思维及其方法广泛应用于语文文本之中，使其意蕴更深刻、更透彻、更突出要义。语文文本要有丰富的思想内蕴，才能使人得到其情感体验与熏陶，从中获得真、善、美的洗礼。概括思维方法常常运用于语文文本的创作与鉴赏之中，让人们从感觉到知觉、从现象到本质地深入考察客观事物，唤醒内心精神力量，深刻把握现实世界，升华自身的语文核心素养。如诗歌文本《春江花月夜》就通过联想与想象，把自然宇宙中的客观事物与人的主观情思充分融合、感知与内化，进而抽象概括出含蓄蕴藉的美妙意境、人生体悟及思想情怀。文本将形象转化为抽象，将客观景物生命化、情感化、人性化，从宏观上的整体出发概括出游子思妇的孤寂之苦、别离之愁，表现了诗人深重的惆怅之情和凄美的孤独之怀。这正是文本中的"我"对"春"的热情、对"江"的向往、对"花"的陶醉、对"月"的拥抱、对"夜"的审思的高度概括。同时，亦令读者的思绪随着诗人的创作运思意脉入景、入情、入理，从而更深刻、更透彻、更准确地鉴赏之、提炼之和概括之。

语文文本中的概括思维，不仅体现于文本字里行间所流露出来的思想情感，而且还蕴涵于文本的中心句、主旨句、名句等文眼之中。比如，曹操《观沧海》中的"日月之行，若出其中；星汉灿烂，若出其里。幸甚至哉，歌以咏志"；李白《梦游天姥吟留别》中的"安能摧眉折腰事权贵，使我不得开心颜"；李清照《声声慢》中的"这次第，怎一个愁字了得"；毛泽东的《沁园春·长沙》中的"'问苍茫大地，谁主沉浮''到中流击水，浪遏飞舟'"；朱自清《春》中的"春天像刚落地的娃娃，从头到脚都是新的，它生长着。春天像小姑娘，花枝招展的，笑着，走着。春天像健壮的青年，有铁一般的胳膊和腰脚，领着我们上前去"；诸葛亮《诫子书》中的"夫君子之行，静以修身，俭以养德"；彭荆风《驿路梨花》中的"驿路梨花处处开"；刘禹锡《陋室铭》中的"山不在高，有仙则名。水不在深，有龙则灵"；周敦颐《爱莲说》中的"予独爱莲之出淤泥而不染，濯清涟而不妖"等。文本中这些充溢情感、哲理的妙句，是创作者对自然、对社会、对人生、对生活、对未来的高度概括与凝练，无不彰显作者鲜明的概括思维。

概括思维是囊括作者思想情怀的核心思维方式，是文本内容要义的思维之花。从文本的结构考究，它无疑是语文文本思想结构的中流砥柱，承载着构建文本篇章、疏通文本意脉的积极效应。从文本的意蕴审视，它不仅肩负着归纳文本句段的重任，而且还寄托着整个文本意旨的抽象与提炼之思，进而使文本在字词句段篇的各个环节都得以贯通，构建了文本的概念体系、思想体系、情感体系和思维体系。或诗歌中的意象、意境、情感；或散文中的景物描写、感人之事、情怀意绪；或小说中的人物形象、曲折情节、复杂环境；或戏剧中的舞台形象、矛盾冲突、心理刻画……都凝聚着作者对生命的概括思考，对人性的概括洞见，对世界的概括认知。只要有语文文本的存在，就有概括思维的身影，概括思维熔铸于语文文本。

三、语文教学与"概括思维"

高中语文新课标亦颇重视概括思维及其能力的培育，在语文阅读与鉴赏中强调"从整体上把握文本内容，理清思路，概括要点，理解文本所表达的思想、观点和感情。"其中的"整体把握""概括要点"就是凸显概括思维在语文教学中的重要性。语文教学中的阅读与写作都离不开概括思维，发展与提升学习者的概括思维是提高他们语文能力的基石。概括思维是一个人能力和智力的核心，培育学习者的概括思维品质有助于其思维能力的提升。心理学家林崇德认为，思维最显著的特征是概括，概括是一切思维品质的基础。没有概括思维学习者的思维品质就不可能有效发展。学习者的语文素养、语文修养、语文能力亦是如此。

首先，在语文教学中训练学习者的概括思维而培育其语文学科素养。概括思维是学习者语文学科素养与能力的基础，而语文学科素养又是语文学科智力活动与能力素养的融合与统一。学习者的语文学科素养关键决定于其概括思维能力，是学习者在听说读写交互作用中形成和发展的。学习者对语文知识的准确掌握，对语文概念的正确理解，对语文形象的贴切分析，都是概括思维能力的体现。无论是默读、朗读、细读、研读或精读等阅读方式，还是对文本中字、词、句、段、篇、主旨思想及表现手法的解读等，都有概括思维、逻辑思维能力的参与。如采用"意象概括法"训练学习者的概括思维，在语文诗歌教学中，引导学习者把握诗歌意象特点，让他们进行分析、整合与归类，最终概括出某一意象的象征意味。诸如让学习者找出语文文本中以"柳"为意象的诗歌，并进行意象归类解析，得出"柳"在诗歌中表达"留念""惜别""思念"之意，从而培育学习者的语文审美素养。就学习者的语文写作素养培育而言，亦是一个概括性思维活动的过程。学习者由读到写、由说到写、由观到写、由学到写的习作过程，都需经过他们在感知客观事物和社会生活的基础之上，进行分析与综合、比较与归纳、抽象与提炼的概括思维过程，才能实现写作目标，达成作文内容。由此，语文教学中，要提高学习者的语文学科素养，须将学习者概括思维的训练贯穿语文教学始终。我们只有遵循学习者的身心发展规律，注重对他们概括思维及其能力的有效训练，学习者的语文学科素养才能得以高质量培育。

其次，在语文教学中锻炼学习者的概括思维而培养其语文概括能力。语文教学中要发展学习者的语文概括能力，提升其概括思维。概括思维是学习者科学掌握语文知识、提升概括能力的重要基础。语文教学中，执教者须启迪学习者对文本内容多加概括，生成语文知识整体性、系统性的认知与把握，使学习者能总揽全局而触类旁通地获得语文知识的滋养，进而培养他们的语文概括能力。不同的作者可写同一题材，而同一个作者也有不同题材的作品。教学中可让学习者运用"题材概括法"针对某类题材作品进行其内容和艺术的概括分析与类比，而获得对该类作品思想情感和表现手法的"共性"与"异性"的把握，培养其语文概括能力。如诗歌中的咏物诗、咏史诗、爱情诗、哲理诗、边塞诗、山水田园诗等；散文中的叙事类、抒情类、写景类、哲理类等；小说中的乡村小说、革命小说、爱情小说、都市小说、武侠小说等。语文课堂上，执教者要善于创设问题情境，启发学习者从总体层面深入思考，理解文本内涵，洞悉文章旨意，揭示课文本质。要引导学习者多角度、多方向、多结构地分析文本、综合内容、探究问题，提高语文概括能力。如执教苏轼的《赤壁赋》，要求学习者概括苏轼词的表现风格，可激发他们联系苏轼的词作进行解析，学习者自然会联想到苏轼的《后赤壁赋》《念奴娇·赤壁怀古》《水调歌头·明月几时有》等文本，通过分析与比较、归纳与演绎、抽象与概括，最终获得对苏轼词风"思想深邃、隽婉流畅、慷慨豪放、乐观旷达、格调高远"等特征的了解与把握。由此，学习者的语文概括能力得到了充分锻炼与培育。诚然，应尽可能教给学习者一些概括思维的基本方略，譬如，阅读中要善于抓住文本特点筛选整合关键信息（关键词、中心句、名句、诗眼、文眼等），深入解读文本中的语言文字信息，准确概括其段意与主旨、归纳写作特色与风格等。如鲁迅《故乡》中"我想：希望是本无所谓有，无所谓无的。这正如地上的路；其实地上本没有路，走的人多了，也便成了路"。此信息富有哲理性，其深刻含义在于：一个人若空有希望而不去勇敢追求和努力奋斗，希望就"无所谓有"；若有了希望并持之以恒地去努力、去奋斗、去拼搏，希望便"无所谓无"。只有沿着希望之路锲而不舍地努力奋斗，定然实现美好理想。执教者就应科学指导学习者善于挖掘主要信息，深入解读其言外之意，正确概括其意外之旨。而写作中须让学习者通过给故事写梗概、给短文拟标题、给信息写提要、给文题编写作提纲等形式训练分析、归纳、综合、抽象性思维能力，进而培养其语文概括思维能力。

再次，在语文教学中提升学习者的概括思维而增强其语文感知能力。语文教学中要善于提升学习者的概括思维，增强他们的语文感知能力。吕叔湘认为，语文教学的首要任务就是培养学生的语感能力。在语文教学中，一方面要加强学习者语言文字概括积累与运用能力的培养。语感就是比较直接而迅速地感知、体悟语言文字的能力。它对概括分析、理解语言文字信息意义重大。语言的概括积累与运用是学习者语文概括思维的基本过程，在此过程中学习者从感性认识到理性认识，对过去的知识与经验在心理结构中概括积淀形成思维理念，并通过大脑皮层的多重语言文字刺激，逐渐生成自身的语文感知能力。学习者在阅读中能快速概括捕捉文本丰富的内涵，并对语言文字材料加以概括理解与领悟体味其旨意，这样的概括思维过程其实就是学习者语文感知训练、增强的过程。语文教学中，学习者语文概括思维能力的提升，使他们在语文学习中不断积淀语感，获得对阅读文本更全面、更深刻的概括认识和整体感知与体悟，进而激发学习者课外阅读的浓厚兴趣，培养自身的语文感知能力。如在诗歌教学中，可让学习者根据其流派的异同概括其风格特点，以《诗经》为代表的现实主义流派，通常是客观反映社会生活，精细描绘现实，真实刻画典型人物形象。而以《楚辞》为代表的浪漫主义流派，则善于抒发自身的理想追求，以奔放的语言、奇特的想象与大胆的夸张等手法来塑造形象，表达内心情怀。另一方面须调动学习者的联想与想象思维。语文教学中，学习者对语言文字的概括感悟须借助联想与想象才能实现。这是一个由此及彼、由近及远、由现象到本质的概括思维过程，正如夏丏尊先生认为的"见了'新绿'二字，就会感到希望……见了'落叶'二字，就会感到无常……"学习者通过联想与想象对过去的经验与知识概括呈现的思维过程，从中获得对语言文字感知的锻炼与培养，便使之更具体、更生动、更真切地概括认知语文世界，提升语文概括思维，增强语文感知能力。

最后，在语文教学中发展学习者的概括思维而提高其语文探究能力。语文教学中要注重发展学习者的概括思维，逐步提高他们的语文探究能力。因为语文概括思维的过程蕴涵着丰富的探究思维，就阅读教学而言，学习者对语文文本概念的分析、归纳、综合、判断与抽象，其实就是一个认知探究的思维过程。在语文课堂教学中，执教者要科学地引导求知者走进文本与语言对话、与文字对话、与思想对话、与情感对话、与作者对话、与观点对话、与时代对话、与形象对话、与手法对话……用概括的眼光审视文本，用概括的思维考察文本、探究文本、体会文本、追问文本等，从而提高学习者的语文探究能力。由于文本带有作者的个性色彩和精神品性，同时反映作者独特的人生观、价值观与世界观，教学中要针对不同的语文文本施以不同的教学，开展不同的探究，表现不同的概括思维方式。同一作家的不同语文文本的思想内容、艺术特色不尽相同，同一体裁的不同语文文本亦不尽相同，这就需要执教者善于抓住文本特点引导学习者灵活运用概括思维方法准确解读文本而探究文本的能力。就作文教学而言，语文课里应充分激发学习者的写作兴趣，采用多种多样的训练方式，让学习者学会运用概括思维的方法积极写作，提高他们的语文探究能力。譬如，可让学习者针对自己最熟悉的一本书，用最简练的文字概括叙述一下该书的主要内容，要求意旨明确、层次清晰、条理清楚、逻辑严密即可；亦可给学习者提供一篇范文，让他们快速浏览全文内容，在理解和把握的基础上给此文拟一个标题；还可让学习者观看一段视频，看完后要求他们用不超过 150 字概括总结所看视频内容的主要信息等。像这样启发、指导学习者运用概括思维方法强化其写作训练，学习者的语文探究能力应然得以着力提升。

概括思维反映学习者语文思维能力的综合表现，阅读教学与写作教学都有助于发展与提升学习者的概括思维能力及其品质，概括思维贯穿于语文教学的每一环节，随着学习者概括思维能力的培育与提高，其语文学科核心素养及相关语文能力自然得到相应提升。

第八章 语文与聚散思维

知识，只有当它靠积极的思维得来，而不是凭记忆得来的时候，才是真正的知识。

——托尔斯泰

语文中的发散思维

一、"发散思维"概说

（一）"发散思维"意涵

发散思维亦称放射思维、辐射思维、扩散思维、求异思维或多向思维，是指人脑在思维过程中，沿着多种方向、角度和途径去思考问题，达致探寻多种答案的一种扩散性思维模式。发散思维总是指向一个目标，其思维呈现视野广阔而多维辐射之势，这与聚合思维、集中思维相互对立。诸如生活中所谓的"一题多解""一事多论"等思维方式，都是发散思维的体现。

发散思维是一种多向性的思维模式，它之所以对思维客体从不同的视角或层面进行剖析与探究，旨在实现圆满解决问题之目的，思维表现活跃、独特而具有创新性。从认知心理学的角度考察，发散思维是人们认识解决客观问题过程中，表现出来的大脑认知发散体系的思维活动，其思维视野是开放的，思维形式是多样的，思维活动是自由的；其观念是多元的，结论是多重的，创见是全方位的。如有立体式的思维模式，有平面式的发散形式，有侧向式解决问题的思维方式，有横向式寻找问题答案的思维样式，也有组合式的基于某一问题逐步向四周辐射探寻新观点的思维方略等。发散思维实质上就是多路思维，它能多渠道、多途径、多方面、多角度思考问题，揭示事物本质规律。从方法论视角观之，发散思维的基本方法大多见于材料、结构、功能、形态、因果等发散法，其中"材料"思考其多种用途，"结构"考虑其多方组合，"功能"设想其多种用途，"形态"构想其多种存在方式，"因果"分析其产生的多种可能性等。当然，发散思维也还有一些特殊的发散方法，如假设推测和集体发散，前者采用先假设后推测的方法，思考与客观事实相反的多种情况，从而获得一些科学的、合理的、适用的思想理念；而后者则是充分调动集体的思维力量而集思广益、达成共识，最终实现解决问题得出结论的思维目标。从哲学的观点来看，发散思维通常是相对于固定思维而言的，是联系的、发展的、运动的、变化的思维范型，是基于人类已有知识经验而建构起来的辩证的、有机的思维形式，其思维场必将促使人们生发更多想法、更多创意、更多智慧。

（二）"发散思维"特质

著名心理学家吉尔福特认为，发散思维具有流畅性、独创性、灵活性、精致性品质。这主要侧重于时间、空间、创新维度考察其思维品性。发散思维基于其"发散"之特性，或畅所欲言、或天马行空、或放飞梦想……于是凸显出其流畅性、独特性、变通性、新颖性及多感官性特质。所谓流畅性即指其思维主体的思想、观念、理念乃至方法上的自由发挥。是思维主体在极短的时间内通过对思维客体的认知与理解，生成并表达出较多的思维理念或观念，以便较快地适应新形势下的思维意识和思想理念，彰显其机智、快速、多元的思维特征。独特性反映出发散思维的新奇与特异品性，是思维主体在发散思维中表现出有别于他人的独特反应能力，是发散思维的终极目标。发散思维的变通性是人类在克服自身头脑中的一些机械的、僵化的、陈旧的思维理念、思维框架和思维体系，以新的设计、新的方向、新的建构来思考问题、探究答案的思维过程。其变通性是灵活的、多样的、变化的、触类旁通的，故它是沿着不同方向或方面放射、辐射、扩散、求异的思维范式。发散思维的新颖性突出地表现其创新性，它是发散思维活动、理念、结论的最高层次，也是思维主体求异创新的本质所在。新颖性是发散思维者提出新观点、探索新知识、建构新理念的思维模式和思维体系。而多感官性则不仅反映了发散思维者善于运用听觉、视觉积极思维，而且还体现出充分利用其他多种感官筛选信息、接收信息、整合信息并进行加工、改造与提炼，进而激发自身兴趣，调动内在激情，尽情发散思维，提升思维速度，丰富思维成果。

（三）"发散思维"功效

心理学研究认为，发散思维是创造思维、创新思维的核心所在，不仅是检测创造力的重要标志之一，更是科学发明的关键要素。基于此，发散思维一方面具有核心引领作用，即在思维活动中能启迪人们发挥丰富的联想与想象，激活人脑的创新思维活动，从而提高思维的活跃性、能动性、创造性和科学性；另一方面，发散思维在思维过程中具有基础奠定作用，人类对客观物质世界的认知，总是从低级到高级、从现象到本质不断深入进行的，无论针对什么样的思维对象或问题，都离不开发散思维方法的运用，它是其他诸多思维的基本元素，尤其是在创新思维中具有积极的奠基性功效；再次，发散思维具有一定的保障性功效，其主要作用就是为之后的聚合思维或集中思维提供尽可能多的科学性解题方案或方略，这些方案或方略以足够的数量保证人们解决问题的正确性、合理性和价值性，并且能针对所思考的问题从不同的角度或层面进行分析与探索，从而产生许多独特的新理论、新观点、新思想、新方法。此外，发散思维在人类的思维实践中还具有"迁移"的功效，它能将一种思维材料迁移到另一种思维材料，将一种知识迁移到另一种知识，将一种思维方法迁移到另一种思维方法，甚至将一种思维成果迁移到另一种思维成果等，其迁移性越大标志着它的灵活性越强，就更能体现发散思维的特殊功效。正如心理学家吉尔福特研究表明，发散思维是从给定的材料与信息中产生新的材料和新的信息，其着重点是从同一来源中产生各种各样为数众多的输出，这些输出则会发出转换作用，即迁移功效。尤其在许多科学研究过程中，发散思维所产生的功效毋庸置疑。

二、语文文本与"发散思维"

发散思维在语文文本内容中依然留下它厚重的印迹。中国人喜欢哲学地、思辨地看待问题，即所谓的"情人眼里出西施""一千个观众眼中有一千个哈姆雷特"。譬如新春来临到处山花烂漫、万紫千红，不同的人眼里看到同样的鲜花有着不同的感悟与认知。开心的人会说：花儿对我笑。（歌词）伤心的人会说：感时花溅泪。（杜甫《春望》）憔悴的人会说：人比黄花瘦。（李清照《醉花阴》）而欣喜的人会说：人面桃花相映红。（崔护《题都城南庄》）有人说花是有情的：落红不是无情物，化作春泥更护花。（龚自珍《己亥杂诗》）而有人则说花很无情：颠狂柳絮随风去，轻薄桃花逐水流。（杜甫《漫兴·其五》）这是因为：年年岁岁花相似，岁岁年年人不同。（刘希夷《代悲白头翁》）从客观上说：花自飘零水自流。而人们的主观感受则是：一种相思，两处闲愁。（李清照《一剪梅》）等等。这同样的鲜花在不同诗人眼里就有着不同的认识与体悟，其实质则是发散思维的结果。

在语文文本中，同样的题材在不同作家眼里或不同文本中的发散思维表现亦不尽相同，如以"革命文化"为题材的有毛泽东的《沁园春·雪》《沁园春·长沙》《人民解放军百万大军横渡长江》；陈毅的《梅岭三章》；闻一多的《红烛》等。他们从不同的角度、不同的方面发散思维，表达了自己的雄心壮志和革命豪情。《沁园春·雪》由冰天雪地的自然美景联想到江山多娇的祖国大地，再勾起对历史人物的回忆和对当代英雄的颂扬，融写景、议论及抒情为一体，表达了作者为国建功立业的豪情壮志；《沁园春·长沙》运用了另一种思维方式，将五彩缤纷的自然美景与积极向上的社会美融为一体，通过描绘长沙的灿烂秋景和对青年时代革命生活的追忆，抒发了自己的乐观精神和担负天下的壮志豪情；《人民解放军百万大军横渡长江》以新闻的方式展开思维，真实地再现了人民解放军横渡长江而锐不可当的英勇斗志，论述了敌方在政治上、军事上的失败之因，同时也宣告了国民党反动派必将灭亡的历史命运；《梅岭三章》立足于独特的战争环境发散思维，表达了诗人献身革命的决心以及对革命胜利充满信心的乐观主义精神；《红烛》则是诗人运用发散思维将自己比作红烛，希望用那微弱的一点点光与热照亮前行的路，表现了作者对祖国光明前景的执着追求和献身于民族解放事业的伟大抱负。其中，《沁园春·雪》与《沁园春·长沙》这两首词属同一作者而主题相近，但描写对象及其内容的构思方式有别，发散思维的角度都不一样。

其他文本亦分别从不同的方面发散思维，反映革命故事，表达革命情怀等。以"春景"为题材的有李白的《春夜洛城闻笛》；杜甫的《春夜喜雨》《春望》；白居易的《钱塘湖春行》；韩愈的《晚春》；朱自清的《春》等。其中同是写春景，可思维层面、视角及表达方式多种多样，有春夜闻笛思乡的，有春夜赞雨抒怀及触春生情忧国思家的，有描写西湖春景抒发热爱之情的，有赋予春景以生命之力告诫人们珍惜时光的，有描绘春天美景表达赞颂情怀的等。

以"荷花"为题材的有周敦颐《爱莲说》、朱自清《荷塘月色》等，前者从托物言志而以莲喻人的层面发散思维，通过描写荷花形象而赞颂其高洁品格，表达自己不慕名利而洁身自好的生活态度；后者则是作者调动多种感官从多个角度展开发散思维，以真实而细腻的笔触描写了多姿多态的荷花之美，真诚地坦露了自己面对暴行愤怒而无奈的心路历程，同时也表达了作者对光明前景的向往以及对美好未来的追求之情。

以"秋景"为题材的有杜甫的《登高》、郁达夫的《故都的秋》等，同是秋景却在不同作者的眼里有着异样的感悟，杜诗认为秋景是凄清的，借此可抒发自己年迈多病、寄寓异乡、感时伤世的悲苦之怀；而郁文则以不同地域的秋景做对比，表达自己对北国之秋深切的眷念和向往之情等。

以"母亲"为题材的有朱德的《回忆我的母亲》、冰心的《荷叶·母亲》、史铁生的《秋天的怀念》等，这些文本都是歌颂母亲的，但作者发散思维的角度各有千秋。《回忆我的母亲》旨在突出母亲勤劳俭朴、仁慈宽厚的美德；《荷叶·母亲》重在借景抒情，托荷叶之生长形态抒发和赞美母亲的伟大情怀；而《秋天的怀念》则意在通过回忆自己与母亲生活的点滴往事，表达对母亲深深的感激与怀念之情等。

以"赤壁"为题材的有杜牧的《赤壁》、苏轼的《前赤壁赋》和《念奴娇·赤壁怀古》等，文本中虽都以赤壁为题材，但发散思维的方式亦不尽相同。《赤壁》是诗人即物感兴而托物咏史之作，由近及远联想到国家的存亡安危，表达有志难酬之情；《前赤壁赋》描写作者由乐到悲又由悲转乐的情态变化过程，表现了作者面对逆境乐观旷达的思想情怀；而在《念奴娇·赤壁怀古》中则以另一种思维方式将景、史、情熔于一炉，达致借古抒怀而表达感慨之目的等。

以"童年生活"为题材的有鲁迅的《从百草园到三味书屋》和《社戏》等，同一题材同一作者，其思维发散的视角也不一样。《从百草园到三味书屋》表现作者热爱大自然，向往自由、快乐的美好生活，同时也理性地批判了当时的社会现实；而《社戏》则选取了童年时代与小伙伴们看社戏的全过程，从而表达自己对童年浪漫生活的怀念以及对人生理想境界的憧憬与追求等。作者针对同一题材，运用发散思维表达不同思想，抒发不同情感。

以"故乡"为题材的有鲁迅的《故乡》、余光中的《乡愁》等，他们都是描写"故乡"题材，可其中一个以小说的形式，叙写了自己回故乡、在故乡、离开故乡的活动情景、心理感受和情感世界，表达自己对现实的强烈不满以及改造旧社会、创造新生活的强烈愿望；而另一个作者则以诗歌的形式，择取了邮票、船票、坟墓与海峡四个典型意象，形象而热烈地抒发了自己思念故乡的情怀。充分体现了发散思维在文本创作中的灵活运用。

以"月"为题材的有李白的《峨眉山月歌》、张若虚的《春江花月夜》、苏轼的《水调歌头·明月几时有》、朱自清的《荷塘月色》等。这些文本有诗、有词，也有散文，可他们的思维角度、方向、层面以及理念等都千差万别，反映了发散思维在语文文本中的表现与运用。《峨眉山月歌》托峨眉山的上空高悬的半轮秋月以及平羌江水中流动的月影之景，表达自己对家乡山水的依恋以及对友人的思念之情，语言流畅、意境朗秀、构思新颖；《春江花月夜》主要以"月"为主体，运用清丽之笔描绘幽美之景，抒写自己思妇的真挚动人之情，富有哲理而境界寥廓；《水调歌头·明月几时有》是词人面对中秋明月思绪万千而感慨颇深，联想到久别的弟弟苏辙与自身的政治处境，惆怅之感油然而生，则随即又以超然旷达之思表达对人间美好生活的热爱之情；《荷塘月色》则将发散思维的视角直击荷塘之上的朦胧月色，委婉细腻地描绘了月色的恬静之美，抒写了自己反对黑暗现实、憧憬光明未来的彷徨苦闷心境。诚然，这是从宏观的领域考究发散思维在语文文本题材、主题等方面的表现及存在方式。

从微观的层面审视，在语文文本中，作者基于所要表现的旨意，积极运用发散思维试图从各个方向、角度、侧面、结构描写景物、刻画形象、叙述故事、营造氛围、抒发情感等。比如，语文诗歌文本在语言的应用、意象的选择、意境的创造、表达的创新乃至手法的运用上，同一体裁的文本或古体诗、或近体诗、或现代诗等，在不同诗人创作过程中的发散思维各具千秋；散文文本中的景物描写、感人事件以及抒情方式等，凸显了每个创作者发散思维的深度、广度和高度；小说文本在人物形象刻画、典型环境塑造及完整的故事情节描写诸方面，充分彰显了作者的发散思维方式、思维理念、思维体系和思维视界；戏剧文本中的舞台形象创塑、人物对话特色、矛盾冲突揭示等，也透视出作家在发散思维方式上的精心运用。此外，在一些常用文体诸如记叙文、说明文、议论文的文本中，亦不乏发散思维模式的运用，如说明文文本中的说明对象的确定、说明方法的选择、说明顺序的安排、说明语言的应用和说明结构的设计等，无不反映作者发散思维的运用；议论文文本中的中心论点与分论点的构思、论据，材料的选择与加工过程、论证方法层面的择取与展开、论证语言与结构的应用及设置等，都是作者发散思维之功。由此可见，发散思维熔铸于语文文本，为丰富语文内涵、突出文本要义、再现艺术创造、增强文章魅力等，带来了勃勃生机。

三、语文教学与"发散思维"

爱因斯坦认为，发散思维是创造性思维的核心，是科学发明的重要基石。发散思维在世界各国语言或母语教学中得到了高度重视，如德国就建构了自由而宽松的教学环境、机制和氛围体系，让学习者的发散思维受到了充分训练。在德语教学中注重"留白"，并择取易于引发学习者发散思维的客观性材料，启发他们积极思维。诸如课文中的注释都比较少，教学中鼓励学习者主动查阅相关书籍、搜索有价值的资料，训练他们动手动脑的能力等。课堂上，教学内容比较贴近学习者的生活实际，易于让他们结合直接经验感知所学知识，助力新知识的直观性、具体性和形象性。通过学习者的思维发散，促进了他们对新知识、新经验的深刻感知与记忆。而在我国的语文教学中，从学习生活到经验积累、从阅读理解到写作表达、从感性思维到理性思维、从主观意识到共识默认、从个性体验到创新实践等都与发散思维密不可分。通过发散性思考，可活跃学习者的语文思维，使他们的语文认知体系凝练成自身观点并进行合理论证，以期达成语文共识。面对以往禁锢学习者语文思维的课堂教学现实，学习者的主观能动性和创造性思维得不到应有的发挥，为此，语文教学中亟须对其进行发散思维的训练与培育。

（一）在语文阅读教学中培育学习者的发散思维

语文阅读教学中培养学习者的发散思维及其能力尤为重要，因为发散思维能促进学习者创造性思维的发展，即没有发散思维就没有其创新思维，显然学习者的语文阅读能力及语文思维乃无从谈起。由此，语文教学中培育学习者的发散思维，具体可用质疑激思法、联想想象法、求异思维法和假想推测法等进行教学。

1. 质疑激思法

语文教学中培育学习者发散思维，应鼓励他们从文本信息中提出质疑，然后激发思维训练。课堂上运用质疑激思法能不断发展学习者观察问题、发现问题和解决问题的能力，从而培育他们勤于观察、善于思考的发散思维品性。孔子在《论语·为政》中云："学而不思则罔。"明代学者陈献章曾说："前人谓学贵有疑，小疑则小进，大疑则大进。疑者，觉悟之机也。一番觉悟，一番长进。"他们分别论述了在学习中要善于思考、长于质疑才能提升自己的学习观、思维观。不言而喻，教学中要启发学习者寻到文本的质疑发散点，即学习者在学习过程中发现的知识点、质疑点。语文教学中会经常遇到一些语意隐晦而有歧义的词或句，它们蕴含着作者丰富的情感意绪，需要学习者与作者的思想情感产生共鸣，才能理解其本质内涵。这就要执教者注重把握其发散点，抓住发散思维之契机，引导学习者筛选与捕捉信息开展思维。尽可能联系作者的时代背景、思想脉络大胆地、多方位地发射，进而得出更多可能的结论或答案，达成从已知领域探索未知世界。语文课堂上，执教者须多激励学习者质疑，为他们的思维萌芽提供帮助。教学设计中就应充分利用文本蕴涵的丰富信息，注意深入挖掘文本里的创新素材、发散元素，如词语重复处、标点不同处及段落精彩处等，依据具体的教学实际和学情，对学习者提出易于发散思维的相应问题，并启发、诱导他们从不同角度对疑问进行剖析而充分表达自己的独特见解，使他们学会摆脱以往的定势思维，逐步提升自己的发散思维及能力。朱熹认为："读书无疑者，须教有疑，有疑者却要无疑，到这里方是长进。"教学中须多鼓励学习者不迷信权威，要敢于质疑、勇于质疑、善于质疑。譬如，在《木兰诗》教学中训练学习者的发散思维，可以结尾处写到的"同行十二年，不知木兰是女郎"质疑，在一起生活了十二年的好伙伴，怎么都不知道木兰的性别呢？让学习者讨论，要求言之成理地回答。有的说是为了赞扬木兰的女英雄形象，有的说是为了证明谁说女子不如男，还有的同学说是为了有意突出木兰的高贵品质……这些回答都体现着学习者独立思考、深入解读文本的发散思维。教学中就应经常鼓励学习者大胆突破陈规、另辟蹊径而标新立异，学会发散、学会思维、学会探索、学会创新。诚然，教学中执教者还须注意设疑的角度及方式，应善于从不同角度、不同层面启发学习者，使他们拓宽思维空间，涵养发散思维。如执教《爱莲说》时，可设疑："莲"的高贵品质可与社会现实生活中哪些人相互联系、形成对比？于是激活学习者思维：一部分学生认为其高贵品质与不同流合污、清正廉洁、踏实工作、兢兢业业的人相似；有另一部分同学则认为"莲"的高贵品质与社会上那些不学无术、弄虚作假、跑官要官、追名逐利的小人及腐败分子形成鲜明的对比等。总而言之，执教者须善于运用发散思维"质疑"，激励学习者"深思""广想""善探"，将质疑与激思、发散与思维紧密联系而环环相扣，有效促进学习者发散思维的培育。

2. 联想想象法

语文教学中应运用联想与想象开拓学习者的求知思路，发散思维须通过语文学习者的自由联想而拓宽思路，锻炼其语文思维的灵活性、多元性。如教学《再别康桥》时，可启迪学习者发挥联想与想象解析，感受其中的云彩、夕阳、金柳、青荇、水草、柔波、夏虫、星辉等意象之美，以及这些意象所赋予的更多独特而新颖的意境之美。经过如此训练，学习者的思路更加开阔，其联想之体会更加深切，其想象之延伸亦更加丰富。教学中执教者须注重文本内容，启发学习者放眼世界、放飞想象，把他们的思维从课内延伸至课外，促使其产生新颖独特的见解或观点。要让学习者多开展一些思维实践活动，使他们能有更多思考和解决问题的机会，尽可能为他们多提供一些联想与想象的依据或素材。比如执教曹雪芹《林黛玉进贾府》之后，可启发学习者对林黛玉的心理活动进行合理想象；教学《故乡》之后，可针对"假如我是文本中的闰土，我将会怎么办"让学习者进行联想与想象；教学古典诗词时可立足于其文本内容，让学习者展开充分的、合理的联想与想象，填补其艺术空白，完善其召唤结构等。由此，将发散思维的培育，贯穿于语文教学联想与想象的实践活动训练之中。

语文教学中运用联想与想象培育学习者的发散思维，还应做到课内与课外教学训练相结合，课内通过阅读文本引领学习者分析、体悟、品味、联想作者意旨、谋篇布局以及锤字炼句诸方面的精妙之处，并想象与之相关的文本中人物形象的塑造、社会现实的反映等。如教学《孔乙己》一文，可启发学习者联想与想象其中的人物"孔乙己"与《范进中举》中的"范进"以及《故乡》中的"闰土"的形象和命运等，他们都是封建礼教的深度受毒害者，然而其结局都不同。像这样通过对比联想、相似联想的思维方式即可达成训练学习者发散思维之目的。在课外可组织一系列的语文教学活动来训练学习者的联想思维，培育其发散思维能力。比如，积极开展演讲比赛、辩论赛、诗歌朗诵比赛，参观校史馆、博物馆及组织课外读书活动、办报活动等，从而开阔学习者的思维视野，拓展其知识面，丰富其语文阅读内容，提升其发散思维。此外，应在文本解读中引导学习者创造想象，充分利用语文文本中蕴涵的丰富想象内容，训练学习者的发散思维。如诗歌文本中的意境想象、散文文本中的情感表达、小说文本中的情节发展、戏剧文本中人物的矛盾心理等，这些内容中都蕴涵着丰富的想象，教学中就需要执教者善于发掘诸如此类的想象要素，引导学习者不断联想而再造想象，锻炼他们的发散思维能力。总之，语文阅读教学中须充分发挥学习者的联想与想象，多角度、多层次、多方面拓宽其思维空间，鼓励学习者积极开展发散性思维，让发散思维之火在语文课堂上绽放燎原之势，对文本进行全方位的解析与探求，从而有效提升学习者的发散思维及其能力。

3. 求异思维法

语文教学中培育学习者的发散思维，应重视其求异思维的锻炼。正如鲁迅谈读《红楼梦》所云："一部《红楼梦》，经学家看见《易》，道学家看见淫，才子看见缠绵，革命家看见排满，流言家看见宫闱秘事。"真是众说纷纭而莫衷一是，形象地体现了文本解读中求异性发散思维之特质。语文阅读教学中，应充分利用语文课堂，拓展学习者思维，让他们敢想善说，重视其求异思维的锻炼。作为一门具有浓厚的思想性、思维性、人文性的语文学科，执教者须树立大语文的教学观，给学习者营造民主、和谐、宽松的语文课堂氛围，让他们敢于阐述内心的真知灼见，并鼓励学习者有不同想法、不同观点、不同见解、不同答案、不同思维方式，也就是人们常说的"一千个读者眼中有一千个哈姆雷特"，只要言之成理即可。文本解读所产生的认识差异与学习者的知识储备差异、生活阅历差异等密切相关，真可谓"横看成岭侧成峰"，这就是一种求异思维之体现。如执教《愚公移山》时，学习者的解读真是千奇百怪，有的认为移山不如移家，有的认为移山不如修路，有的认为移山不如打隧道，有的认为移山破坏生态平衡，还有的学生认为愚公太愚蠢而不懂科学……但本文主题旨在表现愚公大智若愚之精神，激励人们做事须持之以恒才能成功。虽然学习者的解读认知五花八门，但都言之有据、言之有理、言之有物等。此外，要积极鼓励学习者在语文阅读学习中，尽可能别出心裁而标新立异，合理解读文本而获得审美陶冶。教学中应注重培养学习者的创新意识，给他们提供广阔的发散思维空间，引导其突破常规思维的桎梏，从不同视角、不同层面去思考、去探析、去洞见文本内容，阐发自身独立见解与观点，在语文阅读学习中闪现发散思维的火花。譬如，教学霍金《宇宙的未来》时，可让学习者收集有关宇宙的资料，了解人类对宇宙奥秘的认知，并进行小组讨论，张扬学习者个性，拓展其思维。执教者可设疑启迪学生思考：宇宙的未来应该是怎样的才最理想？利用此问题激活学习者思维，他们的答案真是丰富多彩。有的说宇宙的未来会更大，因为客观事物都在发展；有的说宇宙的未来会更小，因为宇宙中的一些物体会不断消失；有的说宇宙的未来会改变结构组织，因为宇宙中的物质世界都是不停地运动着的；有的说宇宙的未来会彻底灭亡，因为宇宙万物的寿命是有限的……一个个生动的思维场清晰而鲜活地浮现于学习者脑海，再现于语文课堂，执教者因势利导而步步释疑，给学习者营造了自由而平等的学习氛围，激励他们多层次、多方面地思考问题，大胆想象而放飞自我，勇于创新而言之成理，其发散思维定然在语文教学的求异思维锻炼中获得滋养。语文课堂上，执教者要注重引导学习者捕捉疑点，遵循其认知规律而启发他们勇于思维、善于思维、创新思维，发展求异思维，循序渐进地提升其发散思维能力。

4. 假想推测法

语文教学中培养学习者的发散思维，还可以运用假想推测的思维方法对其进行训练。所谓假想推测法是一种以假设甚至是反常规的方式，激励学习者发挥丰富联想而假想出无限多样不常见的现象、事物或情况时，将如何对应处理的思维方法。譬如，教学曹操的《短歌行》，可启发学习者假想，若曹操的确招到贤才之士，他真的会爱惜并重用他们吗？执教《声声慢》时，假想李清照的丈夫没有去世，她还能这样写《声声慢》吗？教学《离骚》时，假想屈原没有跳江自尽，他的人生命运将会怎样？执教鲁迅的《祝福》时，假想祥林嫂没有在大年夜悲惨死去，故事的结局又该如何？教学《皇帝的新装》时，假想如果那个小孩没有说"可是他什么衣服也没有穿呀"这句话，人们会怎样看待"皇上"呢？等等。语文教学中通过假想推测的方法，可促使学习者展开他们创造性想象的翅膀，在语文与生活的世界里自由驰骋，从而实现对学习者发散思维的科学培养。

（二）在语文写作教学中培育学习者的发散思维

阅读思维与写作思维是一个学习者语文思维之体现，而发散思维又是写作思维的重要组成部分，没有发散思维作为基础，学习者在写作中的创新思维将无法进行。因此，语文写作教学中亟须重视对学习者发散思维及其能力的培育。这不仅要具体落实到写作要素中主题的把握、材料的选择、结构的安排、语言的锤炼及表达方式的精准运用上，还要合理指导学习者在行文中，须注意发散思维的正确运用与培养。为此，我们在教学中：

首先，要立足文本引导学习者进行拓展性写作，训练其发散思维。语文文本中有许多可引发和拓展学习者发散思维的艺术空白，执教者应善于捕捉和抓住这些思维空间启发他们积极联想而展开写作，有意识地训练和培育学习者的发散思维能力。比如，陶渊明《饮酒》中的"采菊东篱下，悠然见南山"，诗中的南山之景如何作者并未写出，这显然就是一个艺术空白点。执教者可抓住此思维空间，积极引导学习者联系自己的生活体验与切身感受，运用发散思维展开合理想象，将南山之景加以拓展描绘，写一段不少于 100 字的短文。又如朱自清的《背影》中，作者在文末写道"唉！我不知何时再能与他相见"，蕴涵着丰富的内心情感，可是作者再也没有写下去了，这就给读者留下无限的遐想。执教者可要求学生联系全文内容展开合理想象，将作者此时此刻的心理活动，以不少于 150 字的内容进行描写。诸如此类，在文本中这样的艺术空白点很多，语文教学中只要能善于抓住这些"期待域"，合理引导学习者发挥联想与想象进行拓展性描写，就能有效训练其发散思维。

其次，可启迪学习者根据教学文本的某一思想观点开展发散写作，锻炼发散思维。孔子云："不愤不启，不悱不发。"叶圣陶先生曾认为"教是为了不教"。其本质理念在于教学中须注重启发诱导和知识迁移，使学习者思维灵活多变。语文写作教学就应引领学习者多角度思考问题，开展发散思维的训练与培养。教学中可针对文本中的某一思想观点，启发学习者发散思维写出自己的见解与感受，将观点从思想中流淌而变成文字表达，要求有分析、有理解、有归纳、有总结、有论证等思维过程，为学习者的主体思维建构再度发散之平台。比如，依据鲁迅的《记念刘和珍君》中"真的猛士，敢于直面惨淡的人生，敢于正视淋漓的鲜血"让学习者联系文本内容和自身阅读感受发表议论，以 150 字左右的文字阐发自己的解读认知，要求观点明确、思想深刻、逻辑严密而言之成理。文本《孟子·富贵不能淫》中有"富贵不能淫，贫贱不能移，威武不能屈，此之谓大丈夫"，要求学习者在阅读理解文本意旨的前提下写一段短文，谈谈自己对这句话的看法，要求观点鲜明、层次清晰而论证合理。课文《庄子·北冥有鱼》中"至人无己，神人无功，圣人无名"，请学习者根据文章背景及内容要义，用不少于100字的短文阐述自己对这句话的解读和思考，要求有自己的思想观点，表达合理、论述恰当即可。等等。通过此方式由教学文本之某"思想点"而"发散写作"锻炼学习者思维，使他们的发散思维得到逐步培育。

最后，应引导学习者针对给出的某一标题进行发散性联想，培育其发散思维。执教者在作文教学过程中，可事先拟定某一标题，然后引领学习者对给出的标题展开发散性联想并写作。譬如，给学习者一个抽象的"坐标图"，让他们观察思考进行发散性联想，用文字表达自己对该"坐标图"的诠释与理解。学习者定然不能停留在定势思维的层面上来思考这类问题，一个"坐标图"可表达更为丰富的内涵及抽象性概念，如人生坐标、生活坐标、为人坐标、道德坐标、理想坐标、法律坐标、做人底线、底线思维……执教者在教学中应为学习者提供一定范围的思维跳板，极力打开他们思维拓展的大门，引导学习者从纵横视角不断地发挥想象，勇于冲破传统思维模式的牢笼去大胆联想，探寻最能适合自身表达此标题的思路。在培育学习者发散性思维的写作过程中，所给标题的预设应紧密联系学习者的日常生活实际，尽可能围绕他们最为熟悉的客观事物及其生活环境，遵循他们更易形成惯性认知的现实情景，促使其更大发散性联想空间的展现。只要将学习者从固定的、陈旧的思维模式中解放出来，他们必将催生发散的联想火花而放射出耀眼的思维光芒，从而写出独具匠心的文章来。训练学习者的主题发散性联想思维，不仅能提升学习者的发散思维及能力，而且更能培养他们的写作兴趣、升华其写作水平。作文教学中应让学习者着眼于客观生活实际，促使他们突破现有知识的局限，畅游于发散思维之洋而大胆想象，激发其创造潜能，提升他们写作的趣味性、灵感性和生动性。由此，让学习者的发散思维既源于现实又高于现实，腾飞想象、超越自我，极力创作出新颖、独特、生动而颇具感染力的文章。给定标题让学习者训练其发散思维，其实就是使用限定主题思想的方式，让学习者自由选择文章写作题材、内容、语言、表达及手法等，鼓励他们放飞想象阐发观点，以发散的眼光打开视野，用缜密的思维表达思想，培养其发散思维能力。

诚然，在语文写作教学中培育学习者的发散思维，执教者应引导学习者树立刘勰《文心雕龙》中"文之思也，其神远矣。故寂然凝虑，思接千载；悄焉动容，视通万里；吟咏之间，吐纳珠玉之声；眉睫之前，卷舒风云之色；其思理之致乎！故思理为妙，神与物游"的创作理念。他虽强调了文章的写作构思重在想象力的运用，但也从时间、空间角度展示了一种多向性的发散思维。唯有通过"思理之致",方可达成"其神远矣"。曹雪芹撰写《红楼梦》批阅十载而增删五次,不愧"字字是血",可见其思之苦、其情之真,乃是作者运用发散思维精心提炼生活而多方构思之果。没有发散思维,就没有多层次、多角度、多方位的探讨,亦不可能有创新的、更好的构想。正如刘勰所言"思接千载"而"视通万里"。由此,执教者须引领学习者运用多维的、立体的、放射性的、富有创意与创新的进行发散思维,才能使文章瑰丽多彩而新颖奇特。

总之,在语文阅读与写作教学过程中,要大力培育学习者的发散思维及其能力,激发其学习兴趣,训练其思考和解决问题的多元性、灵活性及创新性品质。执教者应敢于创新教学思维,以新的教法、新的内容、新的理念和新的视角,引导学习者以新的方式、新的观念、新的思维去诠释概念、领悟形象、把握意旨而解读文本,以新的角度、新的方式、新的想象去观察事物、透视规律、张扬个性而表达思想。让学习者在广阔的认知域境里驰骋想象,使他们从多角度、多方向、多结构、多层面的发散探索中升华思维。

语文中的聚合思维

一、"聚合思维"概说

(一)"聚合思维"意涵

聚合思维亦称集中思维、求同思维、同一思维或辐合思维等,是指把各种相关信息聚合起来进行思考,向着同一个目标寻求正确结论的思维范式。聚合思维是相当于发散思维而言的,它把广阔的思维内容聚焦于一个层面,是一种有内涵、有方向、有条理、有组织、有范围的收敛性思维模式。从字面意义上看,聚合思维是把分散的思维方式及其内容聚集在一起而构成的,它是从不同的思维材料、思维来源、思维结构、思维元素中探寻正确结论的一种思维方法。聚合思维也是创造性、创新性思维的基础和基本思维形式,是思维主体聚焦问题相关信息,并对其进行筛选、整合、重组、分析、推理与判断,最终获得正确结论的收敛式思维样式。如学习者通过对文本的多方面分析而确定文章主旨;科学家经过广泛的深入研究而归纳出对宇宙万物某一现象认识的结论等。聚合思维方式通常遵循着相关信息材料的收集到对该信息的分析与理清,然后再按逻辑规范得出科学结论的过程。聚合思维与发散思维方式刚好相反,发散思维是从某一问题出发，想尽解决该问题的多种办法或方式；而聚合思维则是为了获得某种结论，从众多的材料、现象、信息、线索、元素中朝着结论方向思考，而最终达成结论的思维方式。聚合思维常见的基本方法有归纳与演绎、比较与类比、抽象与概括、定性与定量等。归纳法是从特殊现象推出一般性结论的思维方法，即从诸多个别现象或事实中概括出一般原理的思维策略。如日常生活中人们对太阳、月亮和地球都较熟悉，科学家通过对它们反复观测，就认识到太阳大、月亮小，而地球的体积在其中居第二，再经过分析推理就会获得一个一般性结论：月亮绕着地球转、地球绕着太阳转的天文现象。此过程就是一个归纳性的思维过程。而演绎法的思维方法刚好与归纳法相反，它是从一般现象推演出特殊结论的思维方法。如从生命科学哲学的视角审视，宇宙间一切有生命的物质最终都要消失，依据这个原理，则可引申出：动物也是有生命的物质，所以动物最终都要消失。这就是由演绎推理而获得的结论。从认识论的观点考察，归纳与演绎二者是相互联系、相互促进、互为补充而相得益彰的。比较与类比是一种相辅相成的联动性思维方法，是思维者通过对相关现象、知识、经验、材料等进行比较与类比，并对其作出分析及综合，遵循从感性认识到理性认识，再到具体实践的认知过程，旨在培育思维主体的创造性思维能力。抽象是人类的一种思维方式，即指在思维过程中通过分析与归纳，抽取出具有独特本质属性的原理、原则、规律或方法等的思维样式。而概括则是人类的另一种思维方式，源于抽象又超越抽象。如对梨树、山楂树、梧桐树、苹果树等植物进行分析与归纳后，抽象出其共同特征是"木质、有叶，通常生长于温带"，进而在头脑中形成"落叶乔木"的基本概念等。定性与定量是对思维主体质的分析与量的积累的思维过程。就定性分析而言，它是运用分析、综合、归纳、抽象与概括等思维方法，获得对各种思维材料的加工与改造，进而揭示其内在本质及规律的思维过程。而定量分析则是应用所收集的数据资料，进行统计整合、精确分析和检验判断而得出结论的思维过程。以上这些基本方法反映了聚合思维最基础、最本质、最具活力的思维特性。

（二）"聚合思维"特质

聚合思维源于不同方向、不同材料、不同层次，由多个已知信息聚焦某一思维目标而探求正确结论。其主要思维特质表现为：

（1）聚焦性。聚焦性是聚合思维最基本的思维特质。其思维方式主要聚焦关键问题进行不断思考，使思维对象的各个组织、结构及其要素向着思维目标浓缩聚拢，于是突出思维的深度、力度、高度和强度，一切思维方法、策略都指向解决问题的终极目标和焦点，并实现由量变到质变的飞跃，而获得顺利解决实际问题的结论。

（2）同一性。聚合思维其实是一种求同性较强的思维形式，它是思维者依据所要解决的某一问题，将从四面八方集合起来的许许多多思维材料进行加工、改造、分析、比较、抽象与综合，以求同的思维方式探寻解决问题的根本方法，从而得出一个合理答案的思维过程。

（3）程序性。聚合思维在解决问题的思维过程中，从目标确定、材料收集、筛选整合、比较分类、解析概括、抽象提炼、问题解决到获得结论，都遵循着一定的逻辑程序而进行思维，彰显出一定的阶段性和程序性。

（4）集中性。聚合思维在整个思维环节上，都体现出鲜明的集中性。诸如思维主体对思维客体在探究问题方向上的集中性，在收集思维信息层面上的集中性，在思考各要素之间关联上的集中性，在寻求问题合理解决方法途径上的集中性，在获取最佳答案或结论上的集中性等。

（三）"聚合思维"功效

聚合思维是集中思考、收敛思想、探求同一的思维范式，它是根据已有材料信息而聚焦一个问题进行探索、追问、寻找正确答案的思维体系。因此，聚合思维在解决问题的思维活动中，具有其他思维方式难以拥有的思维功效。

首先，聚合思维有利于问题的解决。根据聚合思维的基本特质，它不仅掌握着大量的信息材料及关键要素，而且还专心致力于某一个目标，并朝着一个方向去思考问题、分析问题、探究问题而达成解决问题之目标。为此，相对于其他思维形式而言，聚合思维比较容易实现对问题的解决。

其次，聚合思维有利于获得科学的结论。聚合思维的最终答案或最后结论，来源于思维主体对众多原始信息、关键材料和重要元素等的研究，并且又是通过反复思考与探索而达致深思熟虑之后，才从诸多备选答案中不断比对精选出来的。因而，通过聚合思维所获得的结论，应然具有一定的科学性、合理性和真实性。

最后，聚合思维有利于创新思维的发展。聚合思维的过程，是一个由感性到理性、由具体到抽象、由现象到本质、由众多到唯一，且在不断否定与肯定中循环前进的思维模式和思维范型。由此，思维主体易于从已知的信息材料中获得新的信息和新的启示。它是创新思维的基础，创新思维过程中需要聚合思维综合已有的各种相关信息，纳入未来的创新活动序列之中，极大地促进了创新成果的生成。聚合思维对创新成果通常都要进行严格的逻辑论证，才能最后得出正确的具有创新性的结论。毋庸置疑，聚合思维在创新思维中发挥着极为重要的功效。

聚合思维的运用要想获得较好的功效，还须注意收集与思维对象密切相关的各种信息资料，并注重其材料的真实性、可靠性。与此同时，也要重视对各种信息的辨别、分析、筛选、归纳、抽象和概括。这样才能得出客观的、合理的、正确的科学思维结论，达成理性的、辩证的思维目标。

二、语文文本与"聚合思维"

聚合思维以集中、辐合、求同的思维方式归纳、抽象和概括研究对象或思维客体，它既是一种收敛式的思维方式，又是一种创造性的思维过程。这样的思维方式及其表现，在语文文本中亦比比皆是，如就语文文本内容而言，或段首、或段末、或文本开头、或文本结尾处，这些地方通常都是文本"中心句"或"主旨段"的集中表现，反映了作者在文本构思、行文、创作过程中的"聚合思维"。概言之，聚合思维大多体现于文本首末，它是创作者辐合式的心路历程再现。

（一）语文文本语段中的聚合思维

在语文文本语段中，常常发现其段首或段末的句子有统领本段意涵、归纳该段旨意的作用。这些句子集中表现了创作者的聚合思维，如老舍《济南的冬天》中的第四自然段："最妙的是下点小雪呀。看吧……树尖上顶着一髻儿白花……山尖全白了……山坡上，有的地方雪厚点……更美的山的肌肤……就是下小雪吧……那些小山太秀气！"这段话集中描写济南冬天的雪景，其中首句"最妙的是下点小雪呀"就具有统领本段意蕴、归纳此段意旨的作用，无疑是作者聚合思维之集中体现。又如贾谊《过秦论·上篇》中的第三段首句："及至始皇，奋六世之余烈，振长策而御宇内，吞二周而亡诸侯，履至尊而制六合，执敲扑而鞭笞天下，威振四海。"在本段中总写始皇灭了六国而以武力统治各国，并用严酷之刑奴役天下百姓，其威风震慑四方八面。起到了总领全段内涵的功效，是作者聚合思维之反映。再如恩格斯《在马克思墓前的讲话》中的倒数第二段最后一句："而我可以大胆地说：他可能有过许多敌人，但未必有一个私敌。"这不仅是对马克思无私奉献的高度评价，而且也是作者对马克思深切悼念的委婉表达；既是该段意涵的浓缩提炼，又是作者聚合思维的完美呈现。语文文本语段中诸如此例的聚合思维句子或句群，真是不知凡几，它无疑为统领全段、概括段旨奠定坚实基础。

（二）语文文本语篇中的聚合思维

在语文文本的语篇中，也经常出现其开头或结尾处的语段或句群，有总领全文内容、概括文章主题或要义之作用。这些语段或句群集中反映了作者的聚合思维理念，如朱自清《春》的结尾处："春天像刚落地的娃娃，从头到脚都是新的，它生长着。春天像小姑娘，花枝招展的，笑着，走着。春天像健壮的青年，有铁一般的胳膊和腰脚，他领着我们上前去。"作者在盼春、绘春的基础之上，巧妙地运用三个比喻构成排比句式，表达了自己对春天"新""美""力"的高度赞美。在整个语篇中鲜明地突出了全文的主旨，这正是作者聚合思维之结晶。又如，张若虚《春江花月夜》中的最后一句："不知乘月几人归，落月摇情满江树。"诗人沉浸于那美好的春江花月之夜，不知有几人能趁着月光回到自己的家乡，唯有那西落的残月之光摇荡着离情洒满了江边的树林。诗人把自己的思念之情寄托于春江之月，将游子情怀、月光情怀与诗人情怀完美交织而熔于一炉，情韵袅袅而摇曳多姿，怎一个"醉"字了得？这既是诗歌全篇的主旨和要义所在，又是诗人情感的集中浓缩与升华，岂不是作者胸罗宇宙而思之唯一之聚合思维精神。再如，劝学的《荀子》第一段："君子曰：学不可以已。"开宗明义强调有学问有修养的人认为，学习是不能停止的。以"学不可以已"贯穿全文意旨，论述了学习的必要性和重要性。它是该语篇内容的着眼点和落脚点，同时亦是作者聚合思维之灵魂等。基于上述例文，充分反映了"聚合思维"在语文文本中的存在与意义，它们相辅相成而相得益彰，构筑了语文文本的生命世界。

三、语文教学与"聚合思维"

任何一门科学的创新都离不开聚合思维，语文教学亦不例外。聚合思维是语文思维不可或缺的重要元素，语文教学中运用聚合思维能引领学习者集中指向某一角度、朝着某一方向、聚焦某一视点、紧扣某一题旨或意蕴思考疑问，进而形成整合统一的思维样式，凸显其思维的指向性、集中性和深刻性特质。语文课堂上，执教者要长于引发学习者聚合思维，让他们通过聚集、整合、辨析、重构与语文问题相关的基本信息，思考并概括出较为客观、科学的唯一正确答案，从而提升其聚合思维能力。

（一）聚合思维在语文阅读教学中的运用

语文阅读教学中，思维主体须聚焦语文问题而直面阅读信息，学会在思考中比较，在比较中推理，在推理中求真，涵养与厚植其收敛式的思维范式。语文阅读课上，要着力培育学习者的聚合性思维能力，夯实训练他们的综合、概括、抽象、推理及判断能力。教学中，执教者不仅应要求学生从形式上明确阅读意旨，还应为他们提供多样化的阅读材料和多种解决问题的方案，使其在多种假设中集中思维进行辨析与判断，不断生成理性思考问题、优化思维结果的良好思维品性，提升学习者的聚合思维能力。譬如，可结合阅读材料中有关字、词、句的解读，训练学习者准确分析、推理、判断意涵的聚合思维；可联系文本语段或语篇进行分析与整合、比较与鉴别，而归纳和概括出最具科学性的观点及要义等。尤其在文学文本解读中往往倡导多元解读，在"多元"的基础上应注意有"放"有"收"才能达成阅读思维上的"聚合"。诚然，语文阅读教学中，须充分调动学习者的知识储备与经验沉淀，胸罗中外而思接古今，基于文本而融通课外，将与文本解读有关的诸多信息和解惑方略融入其中，促成学习者敏锐的联想和深度的思考，达致产生还本开新而又合乎逻辑规范的体悟、认知与结论。对文本的独识与解构亟须依据特定的标准聚合全息而化知成智，透过语体表象而揭示文本要义，力求从多视角、多层面、多方向、多结构、多元化的语文阅读思维中探寻、归纳、筛选最佳答案与策略。聚合思维在阅读教学中，往往先发散后聚合，令学习者立足于自身的期待视野对文本的旨意、形象、情志、语言、结构及艺术表现手法作出开放解读，进而斥伪返本、弃劣择优，揭示课文创作的本来面目而达成思维上的"聚合"。课堂上，执教者定然要将学习者的思维由开放走向集中、由发散趋向聚合，植根题旨，直面语篇，寻求真知灼见的新向度、新视野、新境界，营构语体的灵魂与精髓。

语文阅读教学中培育学习者的聚合思维，一方面可善用组文阅读的方式为学习者建构聚合思维的训练平台。如以某一"主题"或"议题"组文，或以"酒"为主题让学习者阅读思考曹操《短歌行》、李白《将进酒》、孟浩然《过故人庄》、苏轼《念奴娇·赤壁怀古》、李清照《声声慢·寻寻觅觅》等文本，让学习者通过比较阅读，体悟诗人笔下的相似之"酒"与别样之"情"；或以"思乡"为议题让学习者比较阅读王安石《泊船瓜洲》、张九龄《望月怀远》、李白《静夜思》、杜甫《月夜忆舍弟》、王维《九月九日忆山东兄弟》、范仲淹《渔家傲·秋思》等语篇，使学习者洞见和感受看似不同的诗人却有着相似的思乡情怀等。这种"归一式"或"归类式"的组文阅读方式，能使学习者的在"主题"或"议题"的学习中紧密结合组文的相似点或共同点，通过分析与综合、比较与概括，探析共性而聚合思考，有效锻炼他们的聚合思维能力。另一方面可采用整合名著阅读的思维训练形式锻炼学习者的聚合思维。或整合一部名著中的同类信息进行阅读；或整合多部名著间的同类信息开展阅读等。在名著的阅读教学中，须引领学习者对同类文本信息进行筛选与整合，促进其由表及里、由浅入深、由点到面地阅读名著、品赏意蕴而获得聚合思维的锻炼。譬如，让学习者阅读《红楼梦》时，应引导他们通过完成表格内容的方式，对该书中的同类信息进行整合阅读而训练其聚合思维。

表 8-1　《红楼梦》之"林黛玉"

阅读篇目	内容呈现	形象概括

表 8-2　《平凡的世界》《边城》《红高粱》中的"乡村印象"

阅读名著	精彩片段	感悟启示

通过这样的整合阅读，使学习者可聚焦某一"话题"有效阅读名著，并分析、思考、综合、概括、提炼自己的阅读体会，从而达成有深度、有力度、有厚度、有温度、有高度、有新度的聚合思维。

（二）聚合思维在作文教学中的运用

曹丕在《典论·论文》中说："盖文章，经国之大业，不朽之盛事。"鲜明地揭示了文章的社会价值和生命意义。在语文教学视域，不言而喻学习者的作文训练乃是重中之重，亦不乏聚合思维之用。教学中，执教者应灵活融入聚合思维，让学生深入探究作文的审题、立意、选材、谋篇、布局以及表达等，促进其聚合式思维能力的发展。

首先，就"原则性"而论，在审题立意上，要遵循"聚意原则"。苏轼倡导"作文先有意"[1]，而清代的王夫之在《姜斋诗话》中则指出："意犹帅也，无帅之兵，谓之乌合。""审题"意在解题，而"立意"则重在确立文章要旨。作文的审题立意是写好文章的前提，也是构思选材的关键。学习者须通过对现实生活素材的具体感知与体验、理解与思考、综合与提炼，才能生成明确的思想题旨和完整的思维聚合。因此，教学中指导学习者运用聚合思维开展审题立意，务必遵循"聚意"或"宗旨"原则。所谓"聚意"即指将思维聚焦审题立意材料的关键信息和中心内容，探寻其表意上的基本点、共同点、核心点。所

① 周辉、刘永翔：《清波杂志校注》，中华书局，1994，第299页。

谓"宗旨"是指审题立意的聚合思维须集中指向某一"点",或表达某种"情感",或阐述某种"要义",或传达某种"思想"等。整合多种元素而聚合共同旨意,切实彰显聚合思维在审题立意上的思维功效。在谋篇布局上,要遵循"需要原则"。教学中要充分引导学习者运用聚合思维理念进行谋篇布局,它是决定文章最基本的思维框架和逻辑结构的重要一环。基于整个篇章结构,不同文体的谋篇布局则千差万别,如记叙文强调时序及事情发生发展的顺序设置结构;说明文强调时间、空间及逻辑顺序;议论文通常按总分式、对比式、并列式、递进式安排其结构;散文则提倡"形散神聚"构建篇章等。作文教学中,执教者应善用聚合思维指导学生进行谋篇布局,达致文章结构要素与立意题旨的融会贯通,真正实现谋篇布局与行文立意的"聚合"。由此,作文教学中运用聚合思维开展谋篇布局应遵循文体特征和旨意表达的"需要原则"。因为不同的文体写作对其行文结构安排皆有不同的要求,在具体内容上的旨意表达亦不尽相同,即谋篇布局之"形式"总是服务于"内容"表达之需求。在选材取舍上,要遵循"主题原则"。作文的选材与取舍是文章主题表达的关键,即材料须服务于主题。所选材料应真实、典型、生动而新颖,有利于增强文章的说服力、表现力、感染力、吸引力和魅力。课堂上,执教者须灵活运用聚合思维紧扣所要表达的"主题",诱导学习者注重取舍而精心选材,做到素材与主题的统一,凸显聚合思维在作文选材取舍上的科学性与必要性。如行文中无论针对何种作文题型,都需运用聚合思维来进行选材与取舍,达成材料与主题的高度"契合",内容与题旨的完美"同一"。在语言表达上,要遵循"精当原则"。语言表达是反映学习者作文水准的重要指标,它不仅标志写作者积累语言、组织语言、驾驭语言和运用语言的基本能力,而且也是彰显其文学文字、遣词造句、表现手法、文艺审美等语言修养的重要元素。所谓"精当",即指在行文中写作者语言运用的精炼性、准确性、恰当性、鲜明性以及生动性的综合体现。普通高中语文新课标明确要求学习者要"能推敲、锤炼语言,表达力求准确、鲜明、生动"[①] 为此,教学中指导学习者运用聚合思维进行语言表达时,要遵循"精当原则",恰当运用语言而准确表达思想,尽可能说清楚、说明白、说实在、说生动、说形象,充分体现表达思维的聚合性、集中性和融通性。

其次,就"方法论"而言,在审题立意上,须善用"求同法"。作文教学中,指导学习者运用聚合思维对作文进行审题立意,须善于运用"求同法"。所

---

① 中华人民共和国教育部:《普通高中语文课程标准(2017年版,2020年修订)》,人民教育出版社,2020,第33页。

谓"求同法"亦称"契合法"，是判断事物现象间因果联系的一种逻辑方法，也是揭示研究对象共同特征的基本方法。在作文的审题立意上，运用"求同法"可从众多的材料元素中寻找表意方向而聚合其共同的意涵指向，做到弃异求同聚焦某一共同"元素"，并引导学习者归纳、概括与提炼标题中所给材料内容的"共同点""契合点""焦点"，即"聚合点"，最终实现运用聚合思维特质对其审题立意。比如，2015 年湖南高考作文题："有一棵大树，枝繁叶茂，浓荫砸地，是飞禽走兽们喜爱的休息场所。飞禽、走兽们说着自己去各地旅行的经历。大树也想去旅行，于是请飞禽、走兽们帮忙。飞禽说，你没有翅膀，于是拒绝了。大树想请走兽帮忙。走兽说，你没有腿，也拒绝了。于是，大树决定自己想办法。它结出甜美的果实，果实里包含着种子。果实被走兽们吃了后，大树的种子传播到了世界各地。"对此，执教者可引领学习者运用聚合思维的"求同法"对其进行审题立意：先梳理关键词准确概括其内容"一棵树想请飞禽走兽帮忙实现自己的旅游梦想，结果被拒后通过自身努力而实现梦想"；然后正确解读材料意涵而明确其情感倾向（高下、善恶、美丑、自强、自立等）；再聚焦"大树自己想办法实现了梦想"的可贵品质和崇高精神而确定立意视角即可。在谋篇布局上，须善用"统揽法"。作文教学中指导学习者谋篇布局运用聚合思维，须善用"统揽法"，即整篇文章的布局需总揽全局而统摄全文，着眼于内容与形式的完美统一。应根据不同的文体"聚合"特点进行谋篇布局，如对议论性文章要考虑其论点、论据、论证三要素之间的逻辑关系而统揽谋布；对记叙性文章要谋划其人物及事件的发生发展而统摄安排；对抒情类文章要考虑其描写素材与思想情感间的必然联系而统揽聚合等。既要注重文章结构上的总揽全局，又要关照内容材料与表现形式上的融合性、协调性和一致性。因此，作文教学中引导学习者谋篇布局，应然考虑文章内容与材料意涵间的内在关联，其谋篇布局须集中指向其观点、思想、情感，聚合全篇而统揽全文。如鲁迅的《拿来主义》聚焦论述"我们要运用脑髓、放出眼光，自己来拿"的观点时，作者总揽全篇聚合其逻辑顺序设置结构：先表明"运用脑髓，放出眼光"有思考与判断的拿来主义态度；再论述"自己来拿"的正确性、合理性和科学性；最后概括总结拿来主义的重要性及必要性。巴金的《小狗包弟》集中叙述自己与小狗的故事，整体上依据时间的先后顺序统摄行文结构。聚合故事情节的开端、发展、高潮、结局谋篇布设，即抽丝剥茧式的按小狗的来历—相处—解剖—送走—忏悔的情节发展顺序来统揽文章结构，突出思想意蕴。朱自清的《荷塘月色》聚合情感基调"颇不宁静"统揽全文而谋篇布局，文章的情感发展脉络便是作者思想情感的再现等。诚然，作文教学中，亦须注重培养学习者善用聚合思维的"统揽法"对文章的局部结构进行安排,妥善处理好段落内部间的结构关联,使文章从总体到局部、从宏观至微观既协调统一,又相辅相成而相得益彰。在选材取舍上,须善用"类比法"。所谓类比法,指的是由未知与已知对象进行归类比较,通过推理而确定事物某种属性的思维方法。它是将某类事物的某些相似或相同方面或领域进行比较,进而确证某类事物"对"或"错"的一种类比推理方法。在作文的选材取舍上,执教者须善用类比法指导学习者聚合丰富多样的生活素材,通过"类比"提炼出符合主题意涵的写作材料,这样的写作材料便是构成文章题旨的典型要素。作文教学中引导学习者运用聚合思维进行类比选材,能多方面、多层次、多角度地表达思想,增强文章表达力。譬如,鲁迅《记念刘和珍君》一文的选材,作者将在"三一八惨案"中遇害的诸多烈士进行类比,最终以点带面聚合选取了以刘和珍为典型代表的爱国学生作为描写与刻画的对象,并以此痛悼为祖国而献身的爱国青年,颂扬其"虽殒身不恤"的勇毅精神和宽广胸襟,歌咏了她们追求真理、从容善良的爱国形象。郁达夫《故都的秋》聚焦悲凉之秋,将南秋与北秋之景进行类比,着力描写北秋浓烈的人生的感受。表现了作者的主观情感和审美取向,同时也体现了他的文学气质及人生态度。作者选取了蕴含深沉之恋、故国之爱的故都之秋,唤起人们的爱国之情以及对美好未来的无限憧憬。聚合秋中之故土情怀与爱国情思,反映出作者落寞心境之写照,表达了对国运衰微之喟叹。文章在类比中又进一步选用了故都的秋晨、秋槐、秋蝉、秋雨、秋果五个典型素材,紧扣"故都"与"秋"两个重要元素,表现其"清、静、悲凉"之特点。随后又以江南之秋的"慢、润、淡"作类比,而要体察到秋味、秋色、秋意、秋姿只有北方才能"看得饱,尝得透,赏玩得十足"。文章通过聚合类比,将自己对北秋的认识与情感烘托得淋漓尽致,传达出一种深沉而厚重的生命形态和心灵感悟,这无疑不是作者聚合思维在写作中之妙用。在语言表达上,须善用"主题法"。主题法通常指的是直接以表达主题内容为要旨的基本方法。就作文教学而言,其语言表达应聚合文章的主题思想,直接为文章题旨服务。执教者亟须引领学生不断积累语言、沉淀语言、建构语言,从而学会运用语言。要从文章的写作主题出发,凝聚表达要义而灵活运用语言阐发思想,呈现作者的情感意绪。作文教学中运用聚合思维指导学习者将语言表达聚焦主题、直面主题,让语言之河融汇主题之海,这就需要写作者善于凝练遣词造句,涵养沉淀语言表达,学会组织语言、构建语言和驾驭语言,懂得灵活运用各种语言表达方式和表现手法。能做到合理应用语言准确表达文章关键信息,使语言服务于主题,让表达表现出旨意,进而突出主题、深化主题、升华主题。行文中须充分调动语言要素（字、词、句等）"聚合"主题涵义，或描写、或记叙、或说明、或抒情、或论述……极力表达主题思想，彰显语言表达的聚合力、感染力及表现力。比如，施耐庵的《林教头风雪山神庙》一文，作者聚合"官逼民反"这一主题，运用丰富多彩的语言刻画了鲜明生动的人物形象——林冲。然而，作者并非笼统地描写人物，而是通过颇具代表性的语言来表现其性格。如林冲冒着风雪之夜出门沽酒时，作者在语言表达上运用了"挑""戴""盖""拽""拿"等一系列动词，生动细腻地刻画了林冲谨慎安分、唯恐出事的复杂心境，为下文的杀敌报仇埋下伏笔，从而形成照应。在环境和细节的描写上，其语言表达真是炉火纯青。如在环境描写上，紧扣主题关键词"风雪"，描写了林冲初到草料场的"彤云密布、朔风渐起、纷纷扬扬卷下一天大雪"之景，到草料场之后的"朔风吹撼、摇振得动"之境；又出门沽酒时的"那雪正下得紧"之情境，沽酒返回时的"看那雪，到晚越下得紧了"等。这些语言表达，或直接，或间接，或正面，或反面，或侧面……既用墨如泼，又惜墨如金，将故事情节有力推向了高潮，给读者留下了具体而深刻的印象。同时亦渲染了气氛，烘托了人物，突出了主题。张若虚的《春江花月夜》中，运用聚合思维紧扣"思妇真情与人生感慨"这一主题，采用自然隽永的语言表达和富有生活气息之清丽文笔，描绘了一幅惝恍迷离而幽美邈远的"春江月夜图"，传达出诗人迥绝的人生观、世界观和宇宙观，同时也创造了一个寥廓、深沉、高远而宁静的艺术境界。就语言表达而言，字字扣"主题"，句句显"主题"，无愧于字斟句酌而字字珠玉、句句珠玑，畅抒胸臆而惟妙惟肖，大气磅礴而又酣畅淋漓。通篇语言表达融诗情、画意与哲理为一体，其极高的审美价值则不言而喻，实为"孤篇盖全唐"之美誉。

聚合思维与语文教学有着千丝万缕的必然联系，无论是阅读教学还是作文教学，都可运用聚合思维方法开展教学实践，让学习者从鲁迅所言的"一部《红楼梦》经学家看见《易》，道学家看见淫，才子看见缠绵，革命家看见排满，流言家看见宫闱秘事"的多元解读中理性走出，博采众长而探寻语文世界的真谛。语文教学中的阅读与写作思维，有"发散"亦有"聚合"，如果说"发散"是"个性"，那么"聚合"则是"共性"。语文教学思维理应既有"发散"又有"聚合"，"发散"是"聚合"的前提和基础，"聚合"则是"发散"的结果与升华。语文教学的方方面面离不开聚合思维的有效参与，亟须科学而恰切地运用之、发展之、培育之。

第九章　语文与顺逆思维

逆向思维是手背，顺向思维是手心，可别忘了他们同属于一只手。

——山水斋士

语文中的顺向思维

一、"顺向思维"概说

（一）"顺向思维"意涵

所谓顺向思维，亦称"正向思维"或"顺序思维"，是指人们思考和解决问题时，按一般的、传统的、常规的思维理念、思维习惯及思维方法，从问题的正面、正向出发寻找其解决方案的思维范式。顺向思维具有明显的、表面的、易于人们接受的思维倾向和思维视野，它是一种极为常见的思维活动方式，或由上及下、或由近及远、或由小及大、或易及难、或由点到面、或由左到右、或由东到西、或由前至后、或由低至高、或由简至繁、或由古至今……表现出普遍的、常用的、序列化、顺序化的思维模式、思维层次、思维方向及思维方法。顺向思维沿着所提问题的正向思路及其走向对问题进行思考，并按一定的逻辑规律展开推理与判断，以期实现预定的理想目标，从而获得问题应有的答案或结论。有研究者将顺向思维称为"条件导向法"，旨在基于现有的问题条件，遵循常用的、必要的原则自然寻求其思维结果。毋庸置疑，顺向思维莫过于建立在人类已有的思维成果基础之上，以人类已有的思维成果作为其原点，不断推动人类已有的思维成果向前迈进。学界亦有人将此视为"同向思维"，并与"反向思维"或"逆向思维"相对立，而认为它是一种大众思维，是从已有的思维成果或原有的客观事物发展状况出发，逐步继承、发扬、完善及深化的创造性思维样式。从思维的逻辑起点考察，顺向思维也创造性地不断发展了人类已有的思维成果，其思维形式理应是创造性的、发展性的、创新性的。追本溯源，顺向思维凝聚着人类对自然宇宙和生命世界的认知视野，它是一个长期酝酿沉淀的渐进过程，是人们约定俗成的认识常规铸就而成的思维方式，必将引领后人在思维的轨道上上下求索，任重而道远。

（二）"顺向思维"特质

顺向思维赋予了正向、正面且依据客观事物常规顺序发生发展的方向，对所提问题进行思考的思维方法。故具有以下主要特质：

（1）顺序性。由于顺向思维是按照事物的发展顺序及其方向进行思考的，其思维方法是按部就班而遵从一定的时间、空间、逻辑顺序原则思考问题、分析问题、解决问题的，是人们在生产生活中最为习惯亦是最常运用的一种思维方法，因此具有明显的顺序性特质。顺向思维的应用频率较大、使用范围甚广，在人类社会生活的每个领域诸方面，通常都离不开顺向思维方式或方法的具体运用。比如，从语文教育的角度看，先有识字教育，后有遣词造句，再有阅读训练，最后有语言表达的思维顺序；从科学研究的层面观之，先要选题，然后进行论证，再后开题研究，最终成果问世并验收；从宇宙万物的视角考察，有演变、有进化、有发展、有存亡……都是大千世界客观事物的发展变化顺序在人脑顺向思维中的真实反映。

（2）创新性。顺向思维虽然是以维持人们既定的思路，按照人们已发现或提出的实际问题从正面方向去思考解决，但它也是在不断向前探索而创新发展的。由此，具有创新性特质。顺向思维遵循以往的思维理念、思维方法和思维成果，力求从已有的思维方向及固有的客观事物发生发展情形出发，不断地运用、继承、完善和深入探究，而创造性或创新性地生成新的思维成果，升华新的思维方法。不言而喻，顺向思维依据一定的逻辑起点，创新性地促进和发展了人类社会已有的思维成果，并在此基础上得到更好的创新发展，因而凸显其创新性特质。

（3）肯定性。顺向思维是一种实证思维，它对人们的认识对象以及已有的思维成果，一般采取肯定性的思维态度和思维方式进行思考，并以此证明它的真实性、正确性及科学性，显然，这样的思维方法具有一定的肯定性，故属于肯定方向上的思维形式。譬如，我们通过故事的开端、发展、高潮、结局的情节顺序思考与叙述故事经过，描写和刻画人物形象，其叙写之目的不在于否定人物，而在于肯定人物性格、人物形象的真实性、现实性和意义性；通过论点、论据、论证三个要素顺序，层层深入地论述某一观点的基本原理及社会价值，这亦是在肯定其见解的正确性、合理性与科学性之前提下，从而揭示其论点的时效性，彰显其论证的逻辑性。在语文及其他思维学的研究视域里，顺向思维无疑具有肯定性的思维特质，它将丰富和完善思维学研究的生命内涵。

(三)"顺向思维"功效

基于顺向思维的根本特质，人类在创造性的思维活动视野里，可运用某些思维常规去分析问题和解决问题，同时亦可按照事物发展的基本进程进行思考、推理与判断。顺向思维能使人从已知到未知从现象到本质，逐步揭示客观事物的内在联系与规律。坚持顺向思维能帮助人们审时度势，正确分析各种外界因素及其自身能力，洞见客观事物发生发展的内在逻辑、社会环境、自然条件和基本品性等。顺向思维是一种开放的、接受变化的思维形式和思维方法，具有促进问题解决而推动事物不断向前发展的生长性、超前性功效。由于顺向思维是依据客观事物的产生、发展与灭亡的思维过程而构建的，因此能预见事物的未来发展与走向，助力人们把握事物特性，洞悉事物发展的基本规律。

顺向思维能激活心智而启迪人们积极思维，充分发挥丰富的联想与想象，使人产生憧憬之情，进而调动人类潜意识中的认知思维，有效探究现实问题，提升自身的联想力、创造力和创新力。顺向思维所具有的创造潜能，不仅成为人们创造自己生命实践、生命气息、生命品性、生命情态、生命活力、生命内涵以及生命质量的载体，而且也是创造周围世界良好环境、和谐社会、生存状态和卓越生活的思想之壤。顺向思维仿佛一江春水顺流而下，将人类对客观事物的认知逐步逼近，继续沿着先人开凿的思维之路向前迸发、拓展和创新，这不仅深化了人们对客观事物的认识，同时也促进了人类思维的不断发展。顺向式的思维运动既是对前人思维的继承与发展，又是对未来思维的提炼与升华，永远在循序渐进中创造与创新。诸如人类千古延续的春耕秋收、夏炎冬寒、早出晚归以及人们思维意识中的春花秋月、清风细雨、沧海桑田等，无疑不是人类顺向思维之功效。它是人类思维发展史的有力见证，也为逆向思维的产生提供可能。顺向思维能使人们运用归纳的方法去探索事物规律，由简到繁、由表及里、由浅入深地去考察自然宇宙和人类社会的各种现象，揭示客观事物本质与矛盾关系，进而获得对客观世界万事万物的深刻洞见与阐发。依据顺向思维的基本特质及品性，其思维指向总是面向未来，聚焦事物内在原点，追问事物生命底色，并着眼于客观事物的核心要素和高级形态，有条不紊地透察事物本性，呈现其思维逻辑意蕴。顺向思维在一定程度上还能有效预防来自伪科学的奇思幻想，抵御诸多逆向思维的随意膨胀与无限臆造。其思维过程、思维序列、思维进展、思维演替、思维变换及思维创造等，无不焕发思维理性的光辉与智慧的魅力。

二、语文文本与"顺向思维"

语文文本与"顺向思维"有着千丝万缕的联系。语文文本记叙文中的顺向叙事或写人，就是按照事物或事件发生发展及人物行踪的基本过程写人叙事而突出主题的。如鲁迅的《故乡》紧紧围绕作者回故乡—在故乡—离开故乡的先后顺序顺向叙述故事情节，反映辛亥革命后受压迫、受剥削的农村凋敝、农民生活悲苦不堪的社会现实，揭示封建思想对劳苦大众的精神禁锢，表达作者对黑暗现实的强烈愤慨以及憧憬美好生活的强烈愿望；曹雪芹的《林黛玉进贾府》按时间推移和事件发展的先后顺序安排情节，以人物（林黛玉）进贾府的行踪（黛玉来府—黛玉初进贾府—黛玉见众人—黛玉住下）为线索展开故事，并顺向描写林黛玉在不同场合给人的印象：众人眼中"体弱风流"、熙凤眼里"标致气派"、宝玉看来"美貌多情"……如此精心设计与巧妙安排的故事情节，蕴涵作者顺向思维之理念。说明文中的顺向阐明事物原理，即依据客观事物的外在形态—内部结构—功能意义—注意事项等方面的顺序说明其特性。比如，茅以升《中国石拱桥》按从一般到特殊，先总说其特点：历史悠久、形式优美、结构坚固，后分说：以赵州桥和卢沟桥为例，最后又概说中国石拱桥在人类文明史上的地位及科学含量等。文本从整体到局部、以时间先后为序说明了中国石拱桥的总体特点、历史意义、艺术价值和未来发展。竺可桢《大自然的语言》一文，遵从物候学研究的对象—决定物候现象来临的有关因素—研究物候学的意义与知识的逻辑顺序加以说明，突出强调物候观测和研究可促进农业丰收的价值所在。该说明顺序体现了顺向思维的基本特质。议论文中的顺向论证过程，即遵循其论点（中心论点及分论点）、论据、论证三要素层层深入地论述事物的基本原理。譬如，毛泽东的《中国人民站起来了》分三部分展开讨论：先回顾历史（论述革命取得胜利的历史必然性）；后立足当下（指出当前面临的问题与对策）；再展望未来（描绘振兴民族大业的宏伟蓝图）。层层深入而逻辑严密。鲁迅的《记念刘和珍君》一文，作者首先提出纪念刘和珍君这一中心论点，并交代了其写作目的；然后分别具体论述，展现其纪念的主要内容；最后再归纳论证，阐述其纪念的重大意义。文章穿针引线而环环相扣，层次井然而富有逻辑性、严谨性、艺术性和顺向性，充分凸显其顺向思维之品性。散文中的顺向叙事与写景，即通过故事的前后叙述或景物的空间描绘来抒发作者的思想情感，表达其意旨等。例如，朱自清的《背影》就是按照故事发展的前后顺序，叙述作者离开南京到北方求学，父亲一路送他到浦口火车站，无微不至地照料与关怀他上车的情形。全文以时为序：先述说自己思念父亲而开篇点题；再回忆往事（家境悲凉而伤心流泪—父亲买橘而感动流泪—父亲走后而惜别流泪），追述自己与父亲在车站离别的情景，表现父亲的爱子真情；最后写别后对父亲的无限思念（父亲来信再现"背影"而流泪），直抒胸臆而表达深切的怀念之情。王羲之的《兰亭集序》是一篇朴素、自然而优美的散文。文本从东晋的习俗写起，按修楔事—游兰亭—观美景—抒幽情的逻辑顺序，从人至己，先横后纵，由普通到特殊，用理想照现实，叹古情悲今怀……于情于景于理而熔于一炉。文如行云而思似流水，文本环环相扣而自然天成，洋溢着作者的生命观、生死观、人生观、价值观、世界观和宇宙观。不言而喻，正是作者顺向思维所致。诗歌文本中也不乏顺向思维的基本元素，叙事抒情诗中的顺向叙事和写景抒情诗中的顺向描写，都是顺向思维方式的反映。如叙事诗《木兰诗》就是按时间及事件发展的先后顺序来写的，主要叙述了木兰：替父从军—征战沙场—立功受赏—辞官回乡的事迹，故事情节集中而完整，有详有略而详略得当。全诗结构严谨而层次清楚，热情颂扬了木兰勤劳善良、勇敢坚贞的优秀品质及不慕名利、爱国爱家的高尚情操，饱含浓郁的顺向思维特质。毛泽东的借景抒情诗《沁园春·长沙》按由远及近、由动到静、由高至低、由点到面的空间转换顺序写景抒情：远眺群山重林如画—近观江中秋水碧澈；仰视长空雄鹰展翅—俯见水底鱼儿畅游；目睹江、山、林、鹰、鱼、舸—博览自然、宇宙、生命、万物……抒写了词人为改造旧中国英勇无畏的革命精神与豪情壮志。其远近、动静、高低、点面的描写思路，无疑打上了作者顺向思维之烙印。

三、语文教学与"顺向思维"

语文教学中培养学习者的思维能力和思维品性是多方面的，在此"顺向思维"也不例外。语文新课标在教学实践层面，极力强调语文新课改理念与语文课堂教学实践的高度契合，我们不能忽视在"理念"和"实践"中，也同样需要"顺向思维"予以突破，因为学习者语文思维的发展与提升要通过字词句段篇的阅读和写作训练，甚至是口语交际及学习实践活动的锻炼才能达成。从学科逻辑和心理逻辑的角度审视语文顺向思维，其研究呈现多元视野态势，就学科逻辑而言，语文的课程性质、内容、功能以及知识的内在联系等都蕴含顺向思维的基本特质，而就学习者的心理逻辑而言，其身心发展规律、特点等也同样具有顺向思维的品性。这些多元逻辑思维的顺向整合，无疑给语文教学中学习者的顺向思维培育提供帮助。顺向思维的要质是逻辑思维，逻辑思维能对学习者的语文思维起规范作用，进而促进其顺向思维品质的科学、全面、深邃的发展与提升。面对多维的语文要素，须整合语言的、文学的、逻辑的、美学的、心理的、哲学的等各种语文思维资源，构建宏大的理论视野和思维空间，使执教者紧紧围绕学习者的顺向思维发展，去探究语文教学的思维规律和创新策略，学习者的顺向思维在丰富多样的语文世界和汪洋恣肆的文本论说中得到凝练与升华。

在阅读教学中培养学习者的顺向思维，一方面执教者应树立语文思维多元视野的阅读教学理念。世界的多极化，文化的多元化，教育的全球化，教学的多维化。语文阅读教学应以文化的多样性为基点，尊重学习者的个性差异，综合语文学科本身客观存在的复杂性。须有大语文的阅读观、教学观，以语言文字的解读为原点，辐射自然宇宙、沧桑岁月、生命视界、人情世故等多元文化领域。将文学、史学、哲学、美学、社会学、生命学、人类学、阐释学等众多属性，熔铸于语文阅读教学顺向思维的多元视野里。让学习者的语文阅读思维既聚焦课内又辐射课外，使学习者的顺向思维训练与培育植根于多元视野之沃壤，以更多、更快、更好、更科学的思维范式思考与解读文本。譬如，教学《天净沙·秋思》一文，可先让学习者阅读文本并感受词中意向、意境画面信息，然后依据所理解的词意勾画出作者笔下的"秋思图"，再让学习者归纳概括其文本意旨。该教学环节采用绘画创作与审美陶冶的阅读教学手段，使学习者顺向思考文本意蕴，诱发他们解读文本而训练顺向思维，此阅读过程既开阔了学生视野，又培养了他们的思维能力。学习者感受文本—想象文本—再创文本—洞见文本的思维过程，其实就是一个多元视野的顺向阅读思维过程，既培养了学习者的顺向思维与审美情趣，又锻炼了他们的批判精神与创造能力。阅读教学中打通学科逻辑、文本逻辑、心理逻辑与教学逻辑的内在联系，全方位整合语文阅读教学元素，科学探究有助于学习者顺向思维发展与提升的语文教学规律。顺向思维是人类理性思维的基础，是中国传统思维重感性、重洞悟、重继承、重联想的一种思维样式，同时也不乏其逻辑与思辨色彩。语文阅读教学须高度观照学习者顺向思维的锻炼，应从语文教学实际出发楔入多元阅读视野，着眼于学习者的顺向思维发展与提升，去统领语文学科思维、文本思维和阅读思维等，探寻学习者的语文顺向思维发展革新之路，立足新课标、新课改的基本理念，在语文阅读教学的多元视野中不断训练、涵养、厚植学习者的顺向思维。

另一方面执教者须持有语文阅读教学思维的"矛盾论"观点。语文教学是一个复杂的思维过程，整个阅读教学环节都处在思维矛盾的交叉中，执教者应牢牢抓住其主要方面展开阅读教学，培育学习者的顺向思维。阅读教学中，须以学习者的顺向思维发展为逻辑视点，考虑其可接受性、可分析性、可思考性诸因素，以获取学习者顺向思维发展的最佳阅读效果为宗旨。抓住语文阅读教学中的主要矛盾，引导学习者顺向思考、解析语文文本问题，提升顺向思维能力。如执教苏轼的《记承天寺夜游》一文，可从文本标题入手，遵从诗人"记什么—为何记"的逻辑顺序，抓住作者内心深处主要表达的矛盾心理引导学习者进行解读，诗人怀才不遇而屡遭贬谪，坎坷一生而乐观旷达，为后世留下诸多名篇佳作，阅读中须引领学习者着力抓住文本里的一个"闲"字顺向思考其深刻意涵，追问作者复杂的内心世界和人生态度，洞悟诗人从容应对苦难现实的人格魅力。由此，学习者的顺向思维亦应然得到锻炼与提升。课堂上须以人为本、以生为本、以学习者的顺向思维发展为本，变"要生思"为"生要思"，抓语文文本之要义，揭语文文本之内核，练语文阅读之思维。执教者只要善于抓住语文阅读教学矛盾的主要方面，引领学习者依据一定的语文阅读规律深入探讨其本质内涵，方可有效培养他们的顺向思维品质及能力。只有将语文阅读教学中的顺向思维训练上升到一种"矛盾论"观点的学术思想境界，学习者的顺向思维培养才能成为现实。

再一方面执教者要具有顺向思维教学的针对性。语文阅读教学要面对纷繁奇异的教学困境，走向丰富多彩的阅读实践，应善于反思、省察或警醒，深入透识阅读教学中的每一个环节，尤其是文本背后蕴含的深刻意涵，须做到有针对性地进行深入解读，洞见其底色。比如，教学《纪念白求恩》一文时，执教者可让学生在文本中找出叙写白求恩事迹反映其精神的语句，然后有针对性地展开讨论，毛泽东为什么要纪念白求恩？启发学习者根据文中所论述的有关信息，按一定的逻辑顺序分析思考毛泽东纪念白求恩的原因所在，从而训练学习者的顺向思维能力。由此，执教者在阅读教学中须植根文本以一种新的教学思维开展教学实践，突出其针对性、指向性、顺向性和时效性。阅读教学中应遵循文本的叙事经过、说明顺序、论证缘由以及情感表达的内在逻辑，有针对性地引导学习者初读文本、细读文本、精读文本、研读文本、品读文本、赏读文本，并有个人的新思考与新见地。用语文阅读教学培育学习者的顺向思维，以学习者顺向思维的提升折射语文阅读课堂，既要有"阅读课堂"的"大概念"意识，又要有"思维课堂"的"针对性"理念；既要体现阅读教学的开放视野，又要突出顺向思维的强化训练。一切从语文阅读教学实际出发，构建语文学科顺向思维阅读教学体系，全面而深刻地揭示语文阅读教学中顺向思维发展的本质内涵，真正达成学习者语文顺向思维的扎实培养。

此外，还可鼓励学习者加强课外阅读，充分利用名著阅读方式提高学习者的顺向思维能力。诸如小说《红楼梦》中贾、史、王、薛四大家族的衰落败亡；《西游记》中唐、孙、猪、沙四师徒一路到西天取经；《水浒传》里108位好汉前后上梁山的经过……其情节的开端、发展、高潮、结局的逻辑体系，其中蕴涵丰富的顺向思维元素，可启迪学习者通过阅读顺向思考和解析名著，训练和涵养其顺向思维品性。

语文阅读教学中，学习者顺向思维的培育是语文学科思维教学的目标之一，课堂上师生应开启阅读解析与顺向思维的探索，着眼于语文核心素养，从思维的一元到多元、平面到立体顺向思考，促进学习者思维的提升与发展。阅读教学中，执教者须充分发掘语文文本内容的思维价值，精心设计有顺向思维含量的教学活动，积极引导学习者寻求阅读从文本内容到语言表达的"顺向思维"，让他们置于其中而深度学习，并通过阅读思考而凝练顺向思维范式，让有限的语文阅读课堂成为学习者丰富的顺向思维锤炼之阵营，最终实现语文教育即思维生长，营构中国化、本土化的语文阅读思维共同体。

在写作教学中培养学习者的顺向思维，学习者的顺向思维培育同样可在写作教学中得以实现。顺向思维的基本特点是"从条件思起"，学习者根据写作要求，对已有生活阅历、社会体验、知识储备、涵养沉淀的进一步挖掘、深化、提炼与撰写，就是一种顺向思维铸炼的过程。顺向思维的基础是"前提条件"，"前提条件"是达成顺向思维的关键要素。写作教学中执教者须立足于作文要求、材料内容，再结合自身实际顺向审题、立意、选材、谋篇、行文等，诸如议论文的写作需从文题出发，依据其论点、论据和论证三要素，并恰切运用一定的论证方法加以论述而得出其结论即可。尤其是行文中讲究文章脉络清晰、逻辑结构严密、思想意旨明确、情感表达畅快等。因此，理应根据学习者顺向思维发展的特质，结合文体要求来安排顺向思维训练的基本环节。使学习者的顺向思维由描写真人真事的再现性思维向具有某种文学性的创造性思维发展，由一般的形象逻辑思维方式向高级的辩证逻辑思维范式迈进。安徒生写作《皇帝的新装》一文，紧紧抓住皇帝"爱新装—做新装—看新装—穿新装—展新装"顺向行文，生动形象地塑造了一个自欺欺人、虚伪、奢侈、昏庸而愚蠢的皇帝形象，同时也生动地揭示了封建统治阶级腐朽不堪的本质。文章以"骗"起笔、以"骗"作结，首尾呼应而富有顺向思维方式。在作文教学中，顺向思维遵循着表达的直接指向去思考，如写"读《白杨礼赞》有感"，可从文本《白杨礼赞》所提供的素材出发进行思考，然后从不同视角展开论述得出各种不同的思想论点与启示等，都可谓顺向思维之结果。写作教学中引领学习者写出既切合题旨又立意深远的文章，须着力培养其顺向写作思维的品质，提升他们准确审题、快速立意的能力，努力推动写作教学顺向思维的素养化、生态化。

首先，应着力培育学习者的顺向思维品质，提升其准确审题的能力。写作本质上是一项极为特殊的高级思维活动。作为写作者理应对文题及写作要求有一个较为清晰的逻辑认知和准确判断，这就取决于写作者顺向思维品质的积极互动。语文教学中，执教者须引导写作者明确具体的写作任务，即对文题内容的准确解读、审视和判断，对写作要求的领悟与把握等，这些都需要写作者顺向思维活动的有效伴随。比如，2021 年全国高考语文乙卷作文题："阅读下面的材料，根据要求写作。古人常以比喻说明对理想的追求，涉及基础、方法、路径、目标及其关系等。如汉代扬雄就曾以射箭为喻，他说：'修身以为弓，矫思以为矢，立义以为的，奠而后发，发必中矣。'大意是，只要不断加强修养、端正思想，并将'义'作为确定的目标，再付诸行动，就能实现理想。上述材料能给追求理想的当代青年以启示，请结合你对自身发展的思考写一篇文章。要求：选准角度，确定立意，明确文体，自拟标题；不要套作，不得抄袭；不得泄露个人信息；不少于 800 字。"教学中，执教者须引领学生逐字逐句认真阅读、理解与推敲，注重厘清材料顺序及其关系，筛选材料关键词，准确把握材料内涵，并明确其要求中的限定范围等，做到心中有"题"、脑中有"序"、手中有"限"。让写作者在脑海中真正构建文题意涵的逻辑体系，从而达成准确审题。这样的思维过程，其实就伴随着学习者顺向思维活动的参与，既提升了他们准确审题的思维能力，又培育了学习者良好的顺向思维品质。又如以"缘分"为题作文，执教者可启迪学生发挥丰富的联想与想象，思考人与人之间相遇是缘、相知是缘，相亲相爱亦是缘……唤起写作者对心灵、生命及人生意义的无限思考，使"缘分"二字赋予生活、文学和精神之意义等，这无疑不是写作者顺向思维品质的结晶与体现。由此，教学中应注重训练写作者的顺向思维，发展与提升他们的顺向思维品质与能力，使之能正确运用顺向思维精准审题而奠定写作基石。

其次，须极力提高学习者的顺向思维写作素养，凸显其写作立意的深刻性。教学中，应努力强化学习者顺向思维写作素养的锻炼，促成其写作立意向更深、更广、更高境界迈进。可激励写作者以题意为原点、以生活为原型、以经历为源头，展开想象的翅膀，胸罗宇宙而思接千载，情怀天下而浩然乾坤，立足当下而放眼世界。熔生活、感悟、启迪、新知于一炉，聚语言、文化、审美、哲思为一体，使其由"点"到"面"、由"近"及"远"、由"象"至"质"、由

"浅"入"深"地走向写作立意的深刻性、独特性境界。教学中可多指导学习者对文题进行立意训练，将顺向思维的思维范式、思维理念、思维方法融入其中并恰切运用之，让写作者不断步入有深度、有广度、有厚度、有新度的顺向思维过程之中，其顺向思维写作素养自然得到相应提高。在此，执教者应基于关键在于培养语文新课标、新课程、新高考的基本理念，强化学习者的立意意识和顺向立意思维，达成写作立意深刻的知识与经验储备，并不断总结、积累和丰富深刻立意的基本经验，进而有效提高学习者在写作实践中的顺向思维素养。要想提升学习者的顺向思维写作素养，写作者针对文题脉络，做到正确立意、表达思想、抒发情感、彰显其积极向上的价值取向等，使他们能立足题意放飞想象而确定要旨、统率全文，增强其写作立意的深刻性。如以2007年的四川卷作文题"一步与一生"为范例来训练学习者的顺向思维立意素养，可引导其从"一步"开始展开顺向思维，"一步"可理解为人生或生命历程中的某一点、某一阶段、某一环节、某一过程，甚至是某一时期。而"一生"则视为一个人完整的生命历程，亦泛指一个单位、一个集团、一个国家、一个民族、一个世界甚至是整个人类的前途与命运。标题用"与"将"一步""一生"联系起来，旨在启迪写作者紧扣二者关系展开立意。比如可思考：人的生命历程由每一步构成，须谨慎走好其中的每一步；尤其要走好生命历程中最重要的一步，因为一步有时直接决定一生；生命历程中也难免走错某关键一步，但只要善于总结经验教训，也能柳暗花明重达成功彼岸，一步有时也不能决定一生……当然"一步与一生"亦可用哲学的观点和理念来顺向思考而确定立意，如论"小与大""少与多""低与高""量与质""细节与成败""个人与国家""国家与民族""民族与人类""地球与宇宙"等。毋庸置疑，这不仅能有效提升学习者的顺向思维写作素养，亦能凸显其写作立意的深刻性。

最后，要科学运用顺向思维谋篇布局，增强文章的逻辑性。作文教学中，执教者在指导学习者审对题和立好意之后，要科学引导他们运用顺向思维进行谋篇布局，为文章合理搭建框架，精巧布局语言。不少写作者在行文中，往往缺乏对文章谋篇布局的认知和意识，而导致作文的整体结构松散、主次不明、详略不当、逻辑性不强。若科学运用顺向思维进行谋篇布局，能使写作者清晰把握一篇文章先写什么、后写什么，怎样开头、如何结尾，才能使文章在内容上脉络分明、条理清楚、首尾照应、一气贯通，在语言表达上则井然有序，仿佛行云流水而自在从容。要使文章独具匠心，必须具备其结构的精巧新颖和思路上的清晰把握，讲究全文的逻辑体系和思维结构，并注重恰当处理文章材料各部分间的内在关系，使文章主题鲜明而意旨突出，彰显顺向思维特质。如议论文的写作，可顺向思考其论点、论据和论证的谋篇布局，做到立论自然、观点明确、材料丰富而论证有力，使文章有层次感、立体感、时空感，且有深度、力度、厚度、新度和亮度。写作中灵活运用顺向思维谋篇布局，可使整篇文章组织架构严密，层次明了而流畅自如。还有利于锻炼写作者思维的整体性与综合性，它要求写作者在文章主旨的引领下，让内容素材构成一个有序、有理、有机的整体。从文章学的视角观之，谋篇布局是写作者训练思维的基础，亦是顺向思维锻炼的最佳方式，写作者思维的掌控能力直接关乎文章的整体形态与格局。换言之，文章谋篇布局的精巧设计，可促进写作者顺向思维能力的发展与提升。写作中科学运用顺向思维谋篇布局，须遵循思维规律，凸显思维过程。即对文章进行谋篇布局时，要考虑能正确反映作者对客观事物发展规律及内在必然联系的清晰认知与把握，要符合人类或人们的思维习惯和思维过程。如记叙文写作中的时间、地点、人物及事件发展的起因、经过与结果；议论文写作中提出问题、分析问题和解决问题的基本思路；散文写作中的先叙事后抒情或一边写景一边抒情等思维历程，无不蕴涵顺向思维的基本理念和基本规律。诚然，运用顺向思维谋篇布局，还须引导写作者学会多角度、多层面、多方向、多结构地观察社会生活，逐步丰富他们的生活经历与情感体验，加强他们对自然宇宙、生命世界、社会现实及人生体验的感悟、思考和洞见。尽可能在作文命题中多引导学习者关注社会，把握时代，思考人生，贴近生活。如2013年上海高考作文命题："生活中，大家往往努力做自己认为重要的事，但世界上似乎总还有更重要的事。这种现象普遍存在，人们对此的思考也不尽相同。请选取一个角度，写一篇文章。谈谈你的思考。题目自拟，全文字数不少于800字，同时要求不要写成诗歌。"这就要求写作者立足现实生活合理思考而谋篇布局，既丰富了学习者对现实生活的感性体悟，又提高了他们对时代社会的理性追问、认知与洞悉，其顺向思维也得到有效锻炼。

语文中的逆向思维

一、"逆向思维"概说

（一）"逆向思维"意涵

逆向思维的概念最早由英国哲学家卡尔·波普尔率先提出。所谓"逆向思维"，亦称"求异思维""反常思维""反向思维"或"异向思维"，是相对于"顺向思维"而言的一种特殊思维样式。它是从客观事物的反面或侧面来分析思考问题，是一种发散性的思维范式。逆向思维通常是从人们既定问题的反向、反面或否定的视角展开思考，探寻解决问题方略的思维方法。它往往能发现常人不易发现的问题，获得出人意料的思维成果。即反其道而思之，对人们司空见惯而又似乎已成定论的客观事物或理论、理念及观点，用相反的思维方式来进行思考，使思维向对立的方向延伸和发展，深入探讨问题相反、相对的领域，重树新的思想、新的理论、新的见解和新的形象等。逆向思维，从语义的角度考察，指的是不按正常路径思考问题的方式，其核心是"标新立异"或"背道而驰"，显然是另辟蹊径发现问题、提出问题、思索问题、解决问题。其思维取向也总是与常人恰恰相反，当然这样的思维模式不是绝对存在的，若被人们公认、掌握且应用，亦就成了正常或正向的思维模式。其实，逆向思维并不主张人们在思考问题时违逆常规，去做一些无休止的或毫无边际的胡思乱想，而是训练一种多层次、多视野、多元化思考问题探索未知的思维观念和思维模式。它是人们发现、分析、思考和解决实际问题的重要门径，有利于人类克服自身所固有的思维定式，并作出理性意义上的决策思维方式，而取得应有的理想的思维成果。逆向思维在顺向思维的基础上，开辟了一片极为广阔而崭新的思维天地，其基本方法有：对立法（从思维对象的对立统一规律出发，寻求解决问题的方法）、质疑法（以敢于质疑的精神，打破常规思维模式思考解决问题的方法）、想象法（在脑中抛开原有事物形象，而创造性地构建能深刻反映该事物本质属性新形象的思维方法）、移植法（将某一领域中的原理、方法等移植到另一领域中去，从而产生解决问题的新思路和新方法）、批判法（通过对某言行进行辨析和判断，进而找到解决问题的科学方法）等，正如哲学家黑格尔所言："采取一种观念，容纳它的反面，然后试着把两者融合成第三种观念，即变成一种独立的新观念。"

（二）"逆向思维"特质

"逆向思维"视为一种"求异思维"，它打破了人们司空见惯的思维模式，引领思维者向着更深、更广、更新的思维领域迈进，促进了人类思维科学的发展。其主要特质见于：

（1）反向性。这是逆向思维最突出、最重要的特点，亦是逆向思维最根本、最基础的特质。没有"反向"就没有"逆向"，逆向思维离开"反向"则不复存在。

（2）创新性。逆向思维克服了旧有的思维定式，抛弃了由习惯和经验酿成的僵化的思维认知方式，打破了以往人们循规蹈矩式的思维模式和思维体系，独辟蹊径探寻出一条出人意料而给人耳目一新感觉的新思路、新方法、新策略，彰显其创新性特质。

（3）普遍性。逆向思维的哲学基础是对立统一规律，逆向思维适用于各种领域、活动、事物等问题的解决之中，在对立中统一，又在统一之中形成对立，有对立统一的基本形式就有逆向思维的基本方式，因而呈现出较适用的普遍性规律。

（4）多元性。逆向思维的形式多种多样而无限宽广。有性质上的对立转化：生与死、软与硬、轻与重、低与高等；有结构上的对立互换：窄与宽、细与粗、圆与直等；有位置上的正反对照：前与后、左与右、上与下、高与低等；亦有过程中的相互转变：液态变固态或固态变液态等。无论以何种方式的对立运转与思考，都表现出逆向思维的多元性特质。

（5）批判性。逆向思维是与正向思维恰恰相反的思维形式，是对过去传统的、惯例的、常识性的思维方式的反叛、否定和挑战，具有强烈的批判色彩和批判意识，凸显其批判性。

诚然，逆向思维因其总是采用特殊的方法来思考解决实际问题，故具有异常性；又因它常常置于"反向"与"异常"的思维"悖论"态势之中，故亦具有悖论性特质等。

（三）"逆向思维"功效

逆向思维从根本上颠覆、突破和抛弃了人类某些既定的思维样式，克服了一些保守性的思维形式，改变了人们的思维方式，亦激发了人类的创新思维，提升了人们的创造性潜能，亦有力地推动了人类思维科学的发展。其功效主要体现于：

1. 助力人们逻辑思维能力的培养

人们常常习惯于沿着客观事物发生发展的正向去思索问题的来龙去脉，并寻求解决问题的方法与途径。事实上，针对纷繁复杂的一些特殊问题，从结论到原因、从未知到已知反向思考，或许能使问题化难为易、化繁为简而柳暗花明，达致迎刃而解。现实生活中，常规思维很难解决的实际问题，通过逆向思维的方式却能得到轻松破解，逆向思维促使人们别开生面而独辟蹊径，在常人定势的思维世界和认知领域里探寻真知灼见，获得出人意料而又出奇制胜的思维成果。逆向思维能使人们在多角度、多层次、多方位解决问题的过程中，取得最佳方法与途径。社会生活中若能自觉灵活地运用逆向思维分析解决问题，则可收到事半功倍之效。"逆向思维"的最佳功效，亦莫过于能挑战人类的认知视野及其思维方法，催化了人们对客观事物认识与透射的不断深化与深入，助力于人们逻辑思维能力的培养与升华。

2. 促进人类创新思维能力的提升

逆向思维在人类创新中发挥了极其重要的功效。从理论创新的视角考察，它推动了社会的进步。由于逆向思维打破了传统的常规思维模式，故往往能创造出崭新的理论与理念。而新的理论或理念又能促进社会变革和时代发展，因此逆向思维所创造的新理论、新理念、新观点、新方法等，能极大地推动人类社会的不断前行。如唐代诗人刘禹锡《酬乐天扬州初逢席上见赠》中的"沉舟侧畔千帆过，病树前头万木春"之哲思，就运用了逆向思维的基本方法。从科技创新的视域审视，科技的创新是人类进步的重要基石，在科学技术发展中运用逆向思维，则能有力创新科技，推动了科学事业的突飞猛进。中世纪意大利著名的经院哲学家、神学家托马斯·阿奎纳的"逻辑类比理论"；近代法国著名哲学家、数学家、物理学家笛卡尔提出"怀疑一切"的哲学观点；英国著名物理学家、数学家牛顿发现的"万有引力定律"；德国古典哲学创始人康德的《纯粹理性批判》和《实践理性批判》以及《判断力批判》等著作所构建的"批判哲学体系"，给人类带来了哲学科学上的革命；德国19世纪唯心主义哲学家黑格尔的"逻辑学"和"辩证法"理论；以及现代物理学家爱因斯坦所创立的"相对论"等一系列科学观点，无疑不是逆向思维的结果，为人类的科技创新做出了辉煌业绩和巨大贡献，同时也促进人类创新思维能力的提升。

3. 推动人类思维科学的发展

从思维科学的角度巡视，人类的一切伟大发明创造，都不同程度地运用了逆向思维。打破了以往的思维定式，著名生物学家达尔文，否定了"唯心神造论"及"物种不变论"的定势思维，逆向思考"物种起源"而鲜明地提出了"生物进化论"学说，对人类学、哲学及心理学等思维科学的发展产生了积极的影响；马克思在《资本论》中运用逆向思维"从事后开始"追溯"人类生活形式"，进而科学分析把握资本的最初形态；英国物理学家、数学家麦克斯韦尔，以逆向思维的科学理念及其方法，大胆背离传统的"超距理论"，总结出对后世产生深远影响的"电磁理论"；奥地利精神分析学家、心理学家弗洛伊德，从逆向思维的视角开创了人类"潜意识研究"的新领域等，他们都不同程度地推动了人类思维科学的蓬勃发展。

4. 丰富文学批评的审美内涵

逆向思维不仅创造了科学史上等诸方面的奇迹，同时亦开辟了文学批评的新领域、新天地和新境界，塑造了一座座不朽的文学审美丰碑。如结构主义文学批评往往借助逆向思维的创造力，用系统的结构方法来考察、评析各种文学现象，将作家、作品、思潮、流派等文学元素视为一个审美整体，打破了传统中孤立看问题分析文学现象的文学批评思维，把各种文学现象肢解成若干层次、要素等，并力图探索其中的复杂关联，从而揭示其深层意蕴，极大地拓展了文学批评思维的新领域，开辟了文学批评思维的新视界。这种批判思维刚好与顺向思维路线背道而驰并逆流而上，大胆探索文学批评审美的新路径、新模式和新思维，然后层层深入挖掘文学作品诸方面的差异，进而透视其本质内涵。这种逆向式的文学批评思维，极大地丰富了文学批评的审美内涵。故可谓没有逆向式的文学批评思维，其结构主义的文学批评理论则难以存在。换一种思维批评，就收获一种别开生面的审美体验。逆向思维突破了顺向思维的定势，而别出心裁、独辟蹊径地反弹琵琶，开辟了一条思维的新航线，如接受美学的理论家们就主张反其道而思之，逆向考察文学创作及其作品影响，试图探寻文学创作、文学作品、文学批评、文学审美之本真。他们在逆向思维的航线上，洞见了读者对文学创作的积极影响，认为读者的真诚批评正是深化文学创作、提升作品质量和丰富其审美内涵的关键要素。由此，运用逆向思维进行文学批评，可为文学理论及其创作实践注入源头活水和新鲜血液，既催化了文学的更新与发展，又丰厚了文学批评的审美内涵。

二、语文文本与"逆向思维"

文学创作离不开逆向思维，而逆向思维在语文文本中皆有呈现。比如：《愚公移山》中的愚公为何要搬山。按人们的习惯思维是搬山不如搬家、搬山不如修路、搬山破坏自然生态……可文本偏要反其道而思之，极力描写和歌咏愚公搬山的决心、勇气和精神，其写作思路彰显"逆向思维"。李商隐的《夜雨寄北》"君问归期未有期，巴山夜雨涨秋池。何当共剪西窗烛，却话巴山夜雨时"，诗人身处"巴山"而临"夜雨"，却心驰神往而与君"共剪西窗"之"烛"，从未来反观现实，折射出诗人逆向思维的创作智慧和艺术魅力。苏轼的《赤壁赋》叙写了诗人与友人月夜泛舟赤壁之所见所感，全文贯穿作者的主观感受，以主客问答表现作者月夜泛舟之畅快，由喜至悲、由悲到喜，本是怀古伤今之悲咽，却运用逆向思维抒精神解脱之达观，情韵深致、景味浓郁而理意透辟。如描写夜游赤壁情景，突出江水之浩瀚、胸怀之洒脱；述写饮酒放歌之欢与客人箫声之悲，抒发诗人的失意、怅惘之情；叙写主客问答，形成客人无常之消极人生与作者豁达、乐观、超脱的宇宙情怀的鲜明对比，正是作者逆向思维所致而深化之。秦观的《鹊桥仙·纤云弄巧》充分运用逆向思维方式，借神话故事牛郎织女的悲欢离合之情，讴歌了人间诚挚、纯洁、细腻、坚贞的美好爱情。文本悲喜交织，熔议论与抒情于一炉，融天上与人间为一体，聚优美形象与深沉情感之一席，用情深挚而跌宕起伏，自然流畅而缠绵蕴藉，境界高远而又余味无穷。尤其是"两情若是久长时，又岂在朝朝暮暮"，境界至尚。全词以乐景写哀、以哀景写乐，岂否倍增其哀乐？乃为词人逆向思维所造。关汉卿的《窦娥冤（节选）》亦洋溢着逆向思维的色彩。作者采用浪漫主义的表现手法，将文本的思想艺术提升至极高境界。窦娥的三桩誓言感天动地而果显冤情，有力地鞭策和揭露了官场的腐败和封建制度的罪恶本质，整个文本字里行间无不闪烁着作者的逆向思维之光。毛泽东的《卜算子·咏梅》："风雨送春归，飞雪迎春到。已是悬崖百丈冰，犹有花枝俏。俏也不争春，只把春来报。待到山花烂漫时，她在丛中笑。"全词运用了逆向思维的方式，反陆游之思而创作之。体式及题材皆相同，唯反其意而写之，变消极萎靡为积极乐观，化格调低沉为慷慨激昂，转孤芳自赏为高风亮节。不愧堪称逆向思维立意之典范！鲁迅的《祝福》中描述了祥林嫂的悲惨人生，表达了作者对旧中国受压迫妇女的深切同情，以及对封建思想及礼教的无情揭露。如此这般悲情的故事，可作者采用逆向思维，择取了"祝福"一词为题，使文本意蕴深邃而回味隽永。朱自清的《荷塘月色》一开始就直抒胸臆"这几天心里颇不宁静"，按常规的思维模式，后面应重点续写作者的惆怅与苦闷情怀，可作者没有直接叙写，而是巧妙运用逆向思维，将自己对现实的不满寄托于优美绝伦的荷塘丽景之中，借仙子般的荷花、流波溢彩的荷叶、如痴如醉如歌的荷香，以及和谐清雅、朦胧柔谧的月色，含蓄而委婉地表达了自己不满现实、憧憬光明而渴望自由的怅惘之情。等等。

　　语文文本中的"逆向思维"，是作者创造性思维的重要体现，它彻底打破了以往人们单一的、定向的、机械的、线性的，甚至是被同化了的思维方式，其特有品质在于求异求新。清人赵翼的《论诗》其二云："李杜诗篇万口传，至今已觉不新鲜。江山代有才人出，各领风骚数百年。"诗人主张创新，反对和批驳机械模拟，字里行间呼唤和高扬着逆向思维的创新精神，给人一种全新的思维境界。诗人刘禹锡极力倡导："请君莫奏前朝曲，听唱新翻杨柳枝。"的文学创作革新理念，他在《秋词》中的"自古逢秋悲寂寥，我言秋日胜春朝"正是其逆向思维创作之典范。可见，把富有创造性的逆向思维引进文本创作之中，定然迈出求同思维之误区，拓出新意而创出奇美，走向更高层次的文本创造性思维之广阔视野。

三、语文教学与"逆向思维"

语文教学的过程，是一个促进学习者思维发展与提升的过程。无论阅读或写作，逆向思维能从读者角度、批判者角度展开思维，相对于顺向思维而言，更生动、更思辨、更富于创新性。语文教学中运用和培养学习者的逆向思维，则有助于涵养其批判意识和创新精神。

（一）在阅读教学中训练和培育学习者的逆向思维

长此以往，在语文阅读教学中，执教者皆习惯于采用顺向思维引导学习者解读文本，而忽视了他们逆向思维的训练，致使其在思维发展阶段陷入思维定式，得不到有效培育，极大地影响了他们思维品质的提升。由此，逆向思维的训练与培育，在语文阅读教学实践中尤为重要。课堂上，须强化对学习者逆向思维的培养，不断启迪他们从新的视角探究文本、形成质疑、突破常规而生成新的思维认知，进而深化学习者的阅读思考，培植其逆思素养。

1. 在文本内容中启发学习者逆向思考

文本内容是语文阅读教学的核心要素，执教者须注重文本内容的剖析，善于启发学习者逆向思考。语文文本中有生动的语言、优美的语段、鲜明的主题和精妙绝伦的篇章结构，能激发读者而启迪思维，促使学习者去质疑、去思考、去解答。

一方面可植根于字、词、句、段在文本中的作用，启发学习者逆向思考而训练其逆向思维。如或从语词中改变用字，或从语句里更换词句，或从语段上做删减，或从结构上做调整……然后启发学习者逆向思考这些做过改变、更换、删减和调整的字、词、句、段内容会产生怎样的表达效果，进而训练他们的逆向思维及其能力。如在王安石的《泊船瓜洲》中的"春风又绿江南岸"一句，教学时可将其中的"绿"改为"到"或"过"，引导学习者逆向思考改后的表达效果。显然，"绿"是生命的象征，将无形而温暖的春风化为生机盎然而鲜明之形象，极其传神而耐人寻味，同时亦寄寓着诗人重返政治舞台而施展才能的强烈欲望；而用"到"或"过"字既不形象生动，又缺乏深意，颇失"境界"。教学朱自清的《春》时，可把"小草偷偷地从土里钻出来，嫩嫩的，绿绿的"一句更换成"小草从土里出来，又嫩，又绿"，引领学习者逆向思考换后的阅读感受。诚然，前者巧妙运用了"拟人"和"叠音"的修辞手法，将普通而平凡的小草所具有的顽强生命力，传神而形象地表现出来，真是"野火烧不尽，春风吹又生"之写照。同时亦象征了生生不息的人类社会，生机勃发而积极向上的精神。而后者则纯属写实，平淡无奇，完全没有春的生机与活力，读之色彩不浓而回味不永。教学杜牧的《阿房宫赋》时，执教者可有意删除该文本最后一段"呜呼！灭六国者六国也，非秦也；族秦者秦也，非天下也……后人哀之而不鉴之，亦使后人而复哀后人也"，启迪学生逆向思考删减之后的意蕴表达。不言而喻，此文本是通过对阿房宫的兴衰描写，形象生动地总结了秦王朝统治阶级骄奢腐化而亡国害民的历史教训，并向唐王朝统治者发出警告，抒写了作者匡世济俗而忧国忧民的正直情怀。显然最后一段就是总结六国及秦灭亡之历史教训而向当朝统治者发出警告的重要语段，它的存在使文本内容主题突出而意旨鲜明，增强了文章的说服力。若删除则使文本语意不完整，其思想题旨得不到凸显和升华，亦大失文章感染力。当然，教学中若对文本的结构上做调整而启发学习者逆向思考，亦能使他们从文章内容的主次、详略、首尾等方面进行逆向思考而获得自身逆向思维及其能力的训练与培育。

另一方面可在课堂教学中，有意即兴引发、锻炼学习者的逆向思维能力。在平时的语文教学课上，执教者应紧密结合文本内容，善于抓住其中富有哲理和深层意蕴的关键词、中心句及核心语段等，即兴提问而引发学习者逆向思考，进而锻炼他们的逆向思维能力及其品性。比如，教学《范进中举》一文，执教者可即兴提问：如果文本中的范进是生活在我们今天的社会里，他的命运将会怎样？此问题的提出，能充分调动学习者逆向思维的积极性，加深他们对文本题旨的理解：作者借范进由屡试不中到一鸣惊人后的异常表现及其悲惨遭遇，深刻地揭露了封建科举制度对读书人的毒害，同时也生动地刻画了封建社会世态的炎凉和人们精神思想的麻木，从而更加珍惜我们今天来之不易的美好社会和幸福生活。又如，指导学习者解读《愚公移山》时，可即兴提问引发其逆向思考：愚公为何不搬家？他为什么姓"愚"？执教者如此引导学生逆向思考，极易激发他们解读文本的求知欲与探索欲，对文本进行逆向性解读分析，而涵养其质疑品质。这样的逆向解读分析，有助于训练与培育学习者的逆向思维及其能力。再如，教学《祝福》一文时，执教者可有意即兴反问：如果祥林嫂的丈夫没有死，她的婆婆会出卖她吗？假如祥林嫂的儿子阿毛没有被狼叼走，祥林嫂的命运又将如何？这一系列逆向问题的引发，不仅加深了学习者对文本要旨的洞析与透悟，亦锻炼和培育了他们的逆向思维。

2. 在激发想象中张扬学习者逆思个性

爱因斯坦把想象力与知识做比较，认为知识有限而想象力无限，它概括世界而推动进步，且是知识进化之源。想象能促进学习者逆思个性的张扬，它通过对文本内容要素的发散性反思，能对学习者逆向思维能力的形成施以良好的影响。语文阅读教学中训练和培育学习者的逆向思维，可不断激发他们的想象力，张扬其逆思个性而培养其逆向思维。教学中，执教者应多激发和鼓励学习者换位思考，打破常规思维习惯，从新的角度多层次、多方面、多结构激发他们想象，拓宽文本解读的思路，张扬其逆思个性而提升其逆向思维能力。如教学《林教头风雪山神庙》时，结合文本对林冲这一人物形象的刻画以及"官逼民反"意旨的体现，拓展讨论环节，引导学习者从反面发挥想象，思考：如果林冲忍辱负重放弃了对陆虞候等仇人的报复，继续过着流放生活，那接下来的故事情节会怎样发展？若没有山神庙，林冲的命运又将如何？学习者通过阅读文本，并联系当时官场的黑暗与险恶展开逆向思维：或高太尉等人会再一次谋划陷害林冲；或林冲暂时忍气吞声待时机成熟再报仇雪恨；或林冲将被活活烧死；或林冲……就这样在激发学习者想象中张扬其逆思个性的阅读教学方式，能极大地促进学习者从反面进入文本故事，通过丰富而合理的想象和逆思个性的张扬，既加深了他们对文本意涵的品析与鉴赏，又训练和培育了其逆向思维。又如，执教苏轼的《念奴娇·赤壁怀古》，教师可结合作者被贬时的心境逆向激思，充分调动学习者发挥想象、张扬个性，培养其逆向思维。此词上片描绘了赤壁雄奇壮观的景象，创造出一种极其高尚隽美的意境，寓情于景而情景交融；下片深情怀念古代英雄人物，塑造和再现了栩栩如生的豪杰形象，怀古叹今而有志难酬。壮丽之江山，英雄之业绩，激荡着词人爽迈奋发之情，亦加深了他内心的苦闷与矛盾之感。该词雄浑苍凉、思接千载、大气磅礴而昂扬郁勃，把读者带入了奇伟雄壮、江山如画之景以及深邃厚重之历史沉思中，穿越时空，横贯中西，无不唤起学习者对人生的无限感慨与思索。尤其是文中怀古伤己，叹"人生如梦"，与清风明月举杯消愁，正是词人政治失意而怀才不遇之写照。教学时，可启迪学习者思考：如果苏轼没有被贬居黄州而仕途一帆风顺，他的心境又将如何？他在词中会流露出怎样的感情？学习者通过想象并结合词人旷达的情怀进行逆向思维：或苏轼不一定游赤壁，亦不一定描写赤壁而怀古伤今；或词人在文中定然表达轻松愉悦、志存高远的思绪；或作者在词中会流露乐观自信、昂扬进取的情怀……如此教学，在激发学习者想象中张扬其逆思个性，不仅加深了学习者对文本的理解与鉴赏，同时亦锻炼和培养了他们的逆向思维。正如伽利略所言："科学是在不断改变思维角度的探索中前进的。"在语文阅读教学中，应有意识地运用逆向思维，不断改变思维视角，激发学习者的想象力，张扬他们的逆思个性，培养其逆向思维能力。

3. 在矛盾对立中拓展学习者逆向思路

辩证唯物主义认为，任何事物的存在与发展都是矛盾的对立与统一。语文阅读教学中，如果我们能从矛盾的不同角度、不同方面、不同层次、不同结构去引领学习者逆向思维文本内容，往往能拓展他们的逆向思路，科学认知事物的诸多领域，开阔思维视野，增强其思辨力、理解力和鉴赏力。如教学《生于忧患，死于安乐》一文，执教者可启发学习者思考：如何理解文本标题中的"生"与"死"、"忧"与"乐"？让学习者联系文本内容在矛盾对立中拓展其逆向思路，思考：逆境可磨炼意志，使人成才，而顺境则更利于成就一个人，予人更多成才机遇。"生"与"死"、"忧"与"乐"并非绝对，世间万物都是不断向前发展的、生生不息的，从这个意义上"生"与"死"并非绝对；而人生在世"忧"中有"乐"、"乐"中有"忧"，忧忧乐乐、乐乐忧忧伴随终身，亦并非绝对化。以此类推，个人、国家、民族、社会、人类乃至世界的发展，也不一定要有绝对的"忧患"，我们今天所倡导的和谐发展、和平共生、合作共赢、人类命运共同体岂不更好吗？由此，没有绝对的"忧"，亦没有绝对的"乐"。诚然，学习者的逆向思路在文本的矛盾对立中得到了多方位拓展，其逆向思维受到了较好的训练，加深了对课文内容的解析与洞见，涵养了他们的思辨力，也有效发展与提升了他们的逆向思维能力。又如，执教《墨子·兼爱》一文，文本中的"兼爱"是墨子人文学说的精髓，是人类平等相爱与互助的纲领。"兼爱"既是为别人也是为自己，正如《诗·大雅·抑》云："投我以桃，报之以李。""兼爱"成了墨子仁义学说之核心。墨子认为"爱人"便是"利人"，"兼爱"则是"贤人"高洁品德之象征。"兼爱"是朴素平等互爱的理论升华，体现了华夏民族的优秀传统美德。显然，兼爱是思想家墨子的一种道德愿望和道德理想。教学中，执教者可启发学生思考：墨子之爱是无差别的，而我们实际生活中的"爱"真的没差别吗？"爱"与"恨"是矛盾的对立，那么"恨"难道也没差别吗？有学习者认为，现实生活里"爱"并非无差别，有亲情之爱，有友情之爱，有民族之爱，亦有国家之爱……不同的人际关系、民族情感、国际交流之间有着不同层次的情缘根脉，体现出不同的"仁爱"；而与之相对立的"恨"也是如此，世上没有无缘无故的"爱"，亦没有无缘无故的"恨"，"爱"是有条件的，"恨"也是有原因的……不言而喻，我们应该用立足文本、把握当下、面向未来的人文精神和人道思想，批判地继承与弘扬墨子的兼爱思想及其学说，将先贤之美好愿望与理想，辩证地化为新时代的生动现实。学习者通过在这一矛盾对立关系的概念中拓展其逆向思路，既深化了对文本内容的解读，又培养了自身的逆向思维及其能力。

（二）在写作教学中训练和培育学习者的逆向思维

写作教学是一种充满创造性、表现性的语文思维活动。传统的作文教学，通常是单一的、定向的、线性的和机械的思维方式。多年来的写作教学，几乎忽视了学习者思维能力的培养，以致造成其作文思维的简单化、文章结构的公式化、语言表达的模式化、思想要旨的浅薄化以及情感意绪的虚假化、匮乏化。文章乃思维之果，而思维的革新则离不开逆向思维。理论家陆机倡导："谢朝华于已披，启夕秀于未振。"（《文赋》）诗人刘禹锡高呼："请君莫奏前朝曲，听唱新翻杨柳枝。"（《杨柳枝词》）故有了他"自古逢秋悲寂寥，我言秋日胜春朝"（《秋词》）的反古哀秋悲秋之景之情的清词丽句，立意高远而成为千古绝唱。

1. 在审题拟题中培养学习者逆向思维

审题拟题是写作的前提和基础。无论是材料作文、话题作文、看图作文，还是标题作文等作文题型，都需要写作者认真审题，有的还需要按要求精心拟题。教学中，若恰当运用逆向思维进行审题拟题，可拓宽学习者写作思路和视野。审题须"双向"展开，既要明确题目材料所限定的内容，也要弄清题目所涉猎的范围，否则容易偏离主题。纵观历年高考语文作文试题，都呈现出开放性、多元性、灵活性、自由性等特点。它们皆立足学习者生活情境，关注社会现实，聚焦热门话题，反映时代主流。让学习者有所思、有所想、有所悟、有话可说、有语可表……如以"好人"为话题写作时，按常规思维写作者自然会联想到"好心人""善良之人""君子""有道德的人"……从这些角度审题固然不错，但没有创意、缺乏新意和引力。若运用逆向思维审题，则可突破传统思维束缚，换个角度从客观事物的另一面审思题意，确定写作范围及其对象而达成拟题。针对这样的话题，运用逆向构思可命名为《他（她）真的坏吗?》《激动的泪花》《清风》等，通过逆向审题与拟题，学习者的逆向思维得到了有效训练和提高。又如以"愚"为话题要求学习者写作。在常人看来，若从字面角度审题，"愚"往往是形容人愚昧、愚笨、愚蠢，属贬义，拟题有难度。但若能从另一视角逆向思考，则别出心裁而柳暗花明。诸如以《愚者不愚》《愚的力量》《大智若愚》为题，就显得别致新颖而不落俗套。写作教学中，教师可引领学习者基于题意巧用逆向思维标新立异，在逆思中审题，在逆向中拟题，审出新意而拟出新意。再如全国高考卷看图作文题，（如图所示）从场景看：有小孩跌倒，周围分别代表家庭、学校和社会的三个大人，异口同声说"出事了"。按常理审题认为：呼吁人们应该多多关心青少年的成长，可拟题为《关爱》《保护》《助力成长》等。但若从此现象相反的方面进行逆向审题，就不难看出：这是个教育问题（社会问题），家庭、学校、社会对孩子不应该太溺爱，应培养孩子从小养成自强自立、克服困难、勇于吃苦、积极进取的良好习惯和勇于拼搏的精神，由此，可拟题为《溺爱》《责任》《压力与逃避》《挫折与懦弱》等，启发人们关注和深思未成年人教育的种种弊端及问题。当然，这样的逆向审题拟题也要特别注意图示所表达的确切意蕴，谨防偏离题意，科学培养学习者逆向思维。

图 9-1 看图作文

2. 在主题立意中涵育学习者逆向思维

主题是文章的灵魂，立意是确立作文主题的基石。作文教学中，执教者须正确引导学习者运用逆向思维，反其意而思之进行逆向立意，则会立意新颖、别致而主题深刻。诚然，逆向立意确立主题源于写作者思维的独创性、灵活性、深刻性和批判性，它需要丰富的知识与智力的参与，因为逆向立意的达成须由表及里、由浅入深、从现象到本质而循序渐进。比如，2007 年高考四川卷作文题"一步与一生"，从题的结构上看应将"一步""一生"联系起来立意确定主题，顺向思维者认为要走好生命历程中的每一步，即"一步决定一生"，但若逆向思之则认为人生历程中亦难免会走错，甚至会走错极为关键的某一步，即"一步不能决定一生"，只要善于不断总结经验教训，阔步重来，仍会柳暗花明。又如，2011 年江西高考作文题：孟子曰："君子有三乐……父母俱存，兄弟无故（灾患），一乐也；仰不愧于天，俯不作（惭愧）于人，二乐也；得天下英才而教育之，三乐也。"请选择"三乐"中的一乐作文。依据材料信息可知：孟子"三乐"谈的是父母兄弟安康、和睦、正直，即身体健康、家庭和谐、为人正直，能融于世事发挥才干而展现才华。从顺向思维考察，只要围绕这三乐，择其一立意确定主题即可。但考生如果能逆向思之、逆向分析、逆向立意，从不仁爱、不和谐、不积极入世的害处来反面揭示其主题，也许会使文章主题更深刻、更新颖、更富有说服力和创造力。再如，《红楼梦》诗句"花谢花飞飞满天，红消香断有谁怜"，以落花立意伤感、凄惨和悲苦之主题，催人泪下。而龚自珍则摆脱那种凄凉、惆怅、悲惨的基调反其意而用之，独辟蹊径而颂扬落花，以诗句"落红不是无情物，化作春泥更护花"来确定立意，从而表达积极向上、无私奉献和奋然崛起的主题。毛泽东的《卜算子·咏梅》反其意而用之，确立了以描写赞美梅花的美丽、坚贞、顽强的性格和精神之主题，立意高远并与陆游笔下的寂寞、孤芳之梅形成鲜明对比，寓意深邃而境界宏伟，堪称逆向思维主题立意之典范。以"不经风雨，怎见彩虹"为题作文，大多学习者会先以苦难的生活描写来表现快乐、幸福的主题。但学习者也可采用逆向思维的方式去思考题目内涵，从相反的角度立意，由安逸舒适的生活描绘，进而揭示出人生需有奋斗、有抗争、有苦难之历程。诸如前述之文题，执教者在语文写作教学中，应注重借助逆向思维培养学习者的立意能力，打破惯性思维的束缚，不断变换对写作题材的思考视角，使文章主题正确、深刻而新颖，正如理论家李渔的《闲情偶寄》中所云："新也者，天下事物之美称也。而文章一道，较之他物，尤加倍焉。"教学中，执教者须拥有新的思想、新的观念指导学习者发现新问题、启迪新思路，用新的理念、新的观点、新的方法、新的途径准确立意而把握其主题，使文章富有独特性与创造性，科学培养学习者的思维能力，涵育其逆向思维品质。需要指出的是：运用逆向思维立意确定主题，千万不能不顾文题意蕴而随心所欲，否则难免造成所写内容与文题内涵不搭界。逆向思维本是一种富有创造性的思维活动，如果在作文教学中加以强化训练，这不仅可有效提升学习者的作文水平，还能培养他们的逆向思维品质及创造能力。

3. 在选材谋篇上训练学习者逆向思维

法国作家司汤达曾说："一个具有天才禀赋的人，绝不遵循常人的思维途径。"作文的选材谋篇也需要"反其道而选之""反其道而谋之"，使学习者的思维向对立的方面发展，从问题的反向深入探究，树立新思想，建构新理念，创造新形象。逆向选材能增强文章的生动性、可读性及趣味性。鲁迅文章之所以博大精深，其成功原因之一莫过于选材新颖、生动而独特，极力运用逆向思维，如他笔下的阿Q、闰土、祥林嫂、孔乙己等形象塑造，取材新奇、典型而别具一格，令读者易于产生情感共鸣。比如，《祝福》中选取的不是"好事"，而是选择祥林嫂悲惨遭遇的一生经历来描写，深刻反映辛亥革命后期旧中国社会矛盾及农村的真实面貌，有力揭示封建礼教吃人之本质，同时亦指出了彻底反封建的必然性。小说家欧·亨利的《麦琪的礼物》中，择取的是德拉与吉姆得不偿失的错事，却折射出两人间纯洁美好的爱，具有极其强烈的感染力。以"谎言"为话题进行作文，若按传统思维选择说谎、撒谎的题材来谋篇，定然不能打动读者，如果换个角度反面选取"善意说谎"的有关题材来表现主题，则将使真诚的谎言变得有价值、有意义。宋徽宗时代的全国绘画大赛考题是"踏花归来马蹄香"，画家们或以"花"为材，或择"马"描摹，或从"蹄"落笔，唯有一画家另辟蹊径，选取了画蝴蝶围着马蹄翩翩起舞的材料来表现主题，意旨鲜明而境界深远。作文教学中，执教者应注重引导学习者采用逆向思维的方式选材谋篇，打破客观事物的正向发展顺序，从反面选材、反向谋篇，应然达成事半功倍之效。比如，以"我生活的世界"为题作文，正常情况多数学习者会选择洋溢温暖、快乐、幸福的材料来表达和谋划他们生活世界的主题，若执教者能引导他们逆向思考，择取富有典型意义而充满贫穷、战乱、黑暗等的负面题材来表现"我生活的世界"这一要旨，岂不令文章更深刻、更新颖。以"向不合法的行为说不"为题作文，依常规大多学习者会以"恶意破坏法律"的事件作为材料谋篇布局，但执教者可指导他们反弹琵琶而独树一帜，用合法的行为来弘扬正气而捍卫法律的尊严，以示形成鲜明的对比而突出"向不合法的行为说不"！倡导人们要遵纪守法并与违法犯罪行为做斗争，题旨明确而内涵深邃。值得注意的是选材上的逆向思维并非完全意义上的"逆"与"反"，而是巧取别人未取之材，以独特而鲜为人知的材料谋篇唤起读者新的体悟与洞见。由此，逆向选材谋篇可以小见大、以弱胜强、以坏衬好、以劣显优等，获得意想不到之效，诸如"开卷不一定有益""近墨者未必黑""知足者亦未必常乐""老调可新弹"……都能揭示客观事物的对立面，无声胜有声，使文章富有新意。

　　选材是解决文章言之有据的根本问题，而谋篇则是对作文篇章结构谋划安排的思考。谋篇的逆向思维亦并非与常理相悖，而是在反对程式化布局的情况下出奇制胜创作出独特新颖的文章形式，从而体现出谋篇上的新奇巧妙。执教者在作文教学中须教会学习者合理选材谋篇，将逆向思维方式巧妙融合，引导他们精选素材恰切谋篇，创造富有生气的文章结构，挖掘作文更深层次的表达样式，着实训练学习者的逆向思维。

4. 在表达评价上升华学习者逆向思维

逆向思维在作文表达评价上，不仅能使文章内容灵活多变而生动曲折，而且可使文章富有新意而别出心裁，让学习者真正得到逆向思维品质及其能力的升华。就逆向表达而言，大多数学习者的作文囿于某种固定模式，难以超凡脱俗，要想使作文生动有趣而扣人心弦，可在作文表达上采用逆向表达方式，别出心裁地获取作文表达的切入点和行笔口。如人物描写中的"未见其人"而"先闻其声"之逆向写法、先叙其事而后道其理之个性化逆向表现方式，让读者能以事悟人、以人透象、以象明理。逆向表达以逆向思维为基础，执教者应启导学习者在表情达意中注重逆向思考，树立逆向意识，秉持"横看成岭侧成峰"的思维方法，写出与众不同的逆向思维之文，力求有个性、有新意、有创见。比如，陆机的《文赋》云"谢朝华于已披，启夕秀于未振"，指出文章表达需要推陈出新。苏洵的《六国论》摆脱了陈旧的思维束缚，阐述了六国灭亡之根本原因。而诗人杜牧的《阿房宫赋》又与苏洵之表达大相径庭，表明"灭六国者，六国也，非秦也。族秦者，秦也，非天下也"。二者在针对秦灭亡的历史缘由方面各抒己见，令人耳目一新。可见，这种表达方式其实就是逆向思维之功。执教者在作文教学中就应合理运用逆向思维指导学习者表情达意，比如，可紧扣文本内容，充分利用优秀范文，让学习者采用逆向思维法另辟蹊径训练作文表达。如鲁迅的《祝福》、朱自清的《荷塘月色》、郁达夫的《故都的秋》等都采用了逆向思维法表情达意。执教者可灵活运用文本内容，运用逆向思维法指导学习者以仿写的方式进行表达训练，写出"我"来，写出新来。因此，紧扣教材，结合文本内容，采用逆向思维法引导学习者表情达意，是提升他们作文表达逆向思维能力的有力途径。诚然，我们倡导逆向思维表达，应遵循有理有据、标新立异和针砭时弊的基本原则，谨慎避免片面化、绝对化和形式化。

就逆向评价而言，在作文教学中，不仅要指导学习者学会表达，还要让他们懂得不断反思、总结与评价。评价应改变传统的思维模式，引导和鼓励学习者逆向地、辩证地看待问题，多角度进行思考，培养他们的逆向思维习惯。正如文学家张潮的《幽梦影》中所言："少年读书如隙中窥月，中年读书如庭中望月，老年读书如台上玩月。"虽然他谈的是读书之本质莫过于关注人生、丰富人生，在极为有限的生命中拓展那无限的发展空间，但从一个视角反映了思维的多元性、探究性、创新性，这也同样离不开逆向思维的评价与追问。语文新课标指出："写作活动是运用语言文字进行表达和交流的重要方式，是认识世界、认识自我、进行创造性表述的过程。"写作能力是学习者语文综合素养的集中体现，是学习者思维活动的认知过程。写作教学中，应多鼓励学习者换位思考，尤其要从客观事物相反或对立的方面打开思路，用批判的眼光去伪存真，从逆向的角度去粗取精，探寻作文之本质规律，才能催生创新作文之萌芽，真正落实语文核心素养的思维发展与提升。如 2007 年高考语文全国卷 II 是有关"帮助"的材料作文，其材料为：

（1）丛飞节衣缩食，为一贫困企业捐款 300 万，但当他生病后，该厂员工竟无一人探望，其中一名受助者还说："这让丛飞很没面子。"丛飞很伤心，但他说："我现在已经无须钱来治疗了。"

（2）华南农大学生小李通过卖废品捐款给一所希望小学，但不久他被查出来患了白血病。该校师生纷纷捐款，其中一位小学四年级女孩捐了 10 元，当被问到为什么把自己的压岁钱都捐出来的时候，这位小女孩说，我们要记得李姐姐说过的一句话："要学会帮助那些需要帮助的人，要帮助别人。"

有学习者聚焦此两则材料中的其一：没有获得别人"帮助"构思写作，亦有学习者却从其二：得到很多人"帮助"展开作文。可正面肯定和赞扬助人之行，亦可反面否定和批评不肯助人之为。这样，就能让学习者在行文中获得逆向评价思维的锻炼，从而升华其逆向思维。思想家卢梭认为，大自然希望儿童在成人之前，就像儿童的样子。我们既要遵循学习者的思维发展规律，又要在作文教学过程中，积极融入逆向评价，激发写作兴趣，促进学习者逆向辨别、逆向评判思维能力的科学培育与提升。

综上之述，培育学习者逆向思维是语文新课标改革的风向标，亦是提升学习者思维发散能力和创新能力的重要方略。在语文阅读与写作教学中，执教者亟须树立新观念反其道而思之，深入钻研教材，精心设计教学环节，潜心营造课堂教学氛围，基于学习者的实际学情优化教学策略，制定最适宜的教学方案，做到思之有度、思之有法，方可豁然开朗、柳暗花明而获得别出心裁之艺术情韵，进而科学而有效地提升学习者的逆向思维能力。

第十章　语文与意识思维

知识的每次扩充都源于使无意识变成有意识。

——尼采

语文中的显意识思维

一、"显意识思维"概说

（一）"显意识思维"意涵

显意识思维是人类认识客观事物过程中所表现出来的直接的、具体的、形象的，且可用言语加以描述或呈现的思维形式和思维范畴，亦是与潜意识思维相反或相对的思维样式。所谓"显意识"，是思维主体面对思维对象所意识到的外显于大脑思维阈限上的场化性信息，是思维主体对外部世界产生的一种"显性效应"。在显意识的控制下，思维主体能在自我意识中直接而自觉地反映、整理、辨析、加工、提炼外部信息，并得以实现其预期的思维目标。从现代认识论视角来看，认识是思维主体通过大脑认知、识别、洞见和再现客体世界的心理过程，它是思维主体与思维客体间交互作用的一种观念形态和心理机制，从而试图实现其主体与客体在思维理念上的融合与统一。显然，这种相互影响之下的反映形式和表征状态即是意识，它是思维客体作用于思维主体的产物，是客观事物和现实世界在人脑中的主观映像及反映形式。从逻辑学的角度考察，人类认知思维的演进需要工作记忆的持续伴随，并且人们会按一定的顺序方式用言语表述出来，使之清晰、明确地呈现每一环节及步骤，而自觉深化其显意识思维活动，这便是内隐的心理活动过程转变成外显的言语表达形态的显意识逻辑思维范式。诚然，它是一种较为有目的、有计划而自觉的意识思维，即是思维主体感知、整合、推理、辨别、判断、再现客观事物的显现性意识思维活动。显意识思维贯穿于人类认知世界的发生、发展历程始终，不仅反映事物概貌，而且彰显其社会属性与自然属性融为一体的本质属性，它是人类大脑整体思维活动不断演化的思维成果和思维效应。由此，受到了信息论、构造主义、建构主义、格式塔理论、多元智能理论、描述心理学以及符号论美学等学派的高度关注，不愧为思维主体反映思维客体不可或缺的兴奋点或引力阈。

（二）"显意识思维"特质

显意识思维区别于潜意识思维，它再现了人类自觉认知事物的意识现象及心理过程。显意识思维，作为思维主体意识到的外显于大脑思维阈限上的客体场化信息，它是人类大脑高级中枢神经系统有机条件反射之产物，凸显其逻辑性、自觉性、他觉性、言语性、外显性、普遍性以及常规性等理性思维特质。

（1）逻辑性。显意识思维总是按照一定的心理认知顺序，呈现事物状貌，突出事物特点，反映事物本质，并循序渐进地达成预定的思维目标。其中有记忆的持续伴随，有时间的逐步跟进，亦有动作技能的不断完善等。如初学书法的人，首先得练习字的基本笔画、结构等，然后再进行持之以恒的训练，当理解并掌握了这些基本的书法常识和技能之后，每个字的书法形象就会自然而然地通过书写形成作品而呈现于书写者眼前，这一活动过程其实就是显意识思维的逻辑发展过程，彰显其思维的逻辑性特质。

（2）自觉性。显意识思维的活动过程是一个自然而然的发展过程。它是思维主体处于极其自觉的心理状态下，反映客观事物的外部形象或较自觉地与他人进行信息交流的思维过程。譬如，课堂教学中，学习者有意识地针对老师提出的问题自觉地、主动地举手回答，这一行为说明学习者的思维是显性的，同时亦反映出执教者的课堂提问是自觉的、显意识的，凸显其思维的自觉性特质。

（3）他觉性。显意识思维所产生的思维成果，不仅为自我所用，而且亦可为别人在生产、生活、学习及研究中所用。比如，一个人所获得的学习经验、生活体悟、研究成果、劳动技能等，既可以自己享用，也能供别人了解、学习、评价、选择、吸纳和运用等。从这个意义上看，显意识思维无疑具有独特的他觉性特质。

（4）言语性。显意识思维常常以言语暗示、言语描述、言语表达为载体来进行信息交流，传播思想、表达观点、再现形象，进而实现显意识控制下的指示性目标。如学习开车的人会在大脑里时常伴有一些这样的自我言语提示，"安全带系好了""车速快了""要注意把握方向盘""上坡是否加油门"等,不言而喻,这些都表明了显意识思维的言语性特质。

（5）外显性。显意识思维是外在的、直接的、表象的思维形式,是思维主体有意识地把注意直接指向外界刺激物的动作表现,如人乐观、外向、擅长交际的性格特点;人的大脑对知识的背诵、理解、记忆、回忆、复述、识别、再认以及应用等;人们对技能的独立操作、完成、表现、转换、迁移、灵活运用以及触类旁通等;人类情感态度的认可、同意、接受、反对、重视、关心、欣赏等;人的价值观形成、树立、养成、保持等,无不透视显意识思维的外显性特质。

（6）普遍性。显意识思维普遍反映客观事物共同的、常见的、本质的、必然的性质或状态,揭示事物间彼此相互关联的共同属性,如人类对物质基本结构的理性认知、生存与死亡的理解、万事万物矛盾对立的普遍认识、个性独立存在于共性之中的把握以及对同类事物性质、原理的普遍存在反应等,都说明显意识思维的普遍性特质。

（7）常规性。显意识思维是人们在通常情况下持续的、共有的、重复性的分析、理解、判断及认知事物基本属性和共同属性的思维范式。比如,人们经常实行的一般规矩、规定、规章、制度等规则,日常工作、生活中经常需要处理或解决的一般性实际问题或例行性的决策问题等,无不折射出显意识思维所拥有的常规性特质。

（三）"显意识思维"功效

由于显意识思维所具有的主体意识较强烈,呈现出特有的外显性、自觉性、逻辑性、言语性、普遍性和常规性等思维特质。因此,显意识思维一方面为人们认识客观事物提供了分析、理解、辨别、判断、抽象及概括的基本材料和相关要素,有力促进了人们深入认知事物本质以及解决问题的可能;另一方面也推动了包括潜意识思维在内的其他思维及思维学的发展,因为显意识思维是人们所能认识和控制的有关情绪、认知、意志、推理等能力的基础,是人类认识世界、改造世界的最具直接性、自觉性、启迪性、开放性、习惯性及普遍性的思维方式和思维源泉。可以说,没有显意识思维的作用,其他一切思维活动也许就无法产生与运行,它无时无刻不在影响、支配和决定着人类的思维发展。

二、语文文本与"显意识思维"

语文文本是通过运用语言描述事物、表达思想所呈现的产物。无论是诗歌、散文、小说、戏剧、报告文学，还是应用文等，皆蕴涵着丰富的显意识思维元素。比如，诗歌中的意象、意境、语言、表现手法以及主旨句、名句等；散文中的写景状物、借景抒情、叙事寓情等；小说中典型的人物形象、完整的故事情节和具体的环境描写等；戏剧中的舞台形象、矛盾冲突、语言特色等；报告文学中的真人真事、艺术形象、现实生活等；应用文中的事务说明、信息传递、情况处理、情感交流等。既是作者显意识思维在语文文本中的反映，亦是文本自身所拥有的显意识思维载体。以马致远的《天净沙·秋思》"枯藤老树昏鸦，小桥流水人家，古道西风瘦马。夕阳西下，断肠人在天涯"为例，其中前面三句的"枯藤""老树"等景物描写与后面两句中的"夕阳""断肠人"构成了生动形象的画面，这些极为普遍常见的客观景物栩栩如生地呈现于读者面前，岂不正是诗人显意识思维在文本中的再现。朱自清《荷塘月色》中真切的语言描绘、真实的景物描写和真挚的情感表达，营造出极为深邃而清幽的意境，如文本中层层的莲叶、袅娜的荷花、绵绵的细雨、朦胧的月色、淡淡的清香……都是人们在日常生活中常见的最外在、最直接、最表象的客观自然景物，亦正是作者的显意识思维所造。曹雪芹《林黛玉进贾府》中林黛玉、贾宝玉、王熙凤、迎春、探春、惜春等人物形象的再现及人物性格的准确简洁描写；既链式又网式，百面相通、高潮迭起而纵横交错的动人情节；典型的环境——贾府的描绘，如外观的宏伟、布局的讲究、陈设的华贵等，都通过林黛玉那双柔亮有神的眼睛而得以展现。其人、其境、其事、其语……既司空见惯，又独树一帜，焕发作者显意识思维之光。曹禺《雷雨》中舞台人物鲜明的性格形象，如周朴园的一副虚伪丑恶封建资本家的嘴脸等；多重的戏剧矛盾冲突，如侍萍与周朴园的情感冲突、繁漪与周朴园间的冲突、周萍与周冲的情感冲突等；典型而复杂的环境氛围烘托，如郁热的屋中、低压的空气、将落的暴雨……毋庸置疑，乃是作者显意识思维之体现。在语文文本中，无论是文学文本，还是应用文本，显意识思维的表现随处可见，它不仅丰富人物形象、照应文章主题，而且充溢着思维的无穷魅力，闪烁着思维学的璀璨光芒。

三、语文教学与"显意识思维"

基于显意识思维的基本特质及其功效，在语文教学中，应立足于文本解读和作文训练，科学培育学习者的显意识思维能力与品质。学习者的语文思维能力及其品性的训练和培养方式是全方位的，在此也离不开"显意识思维"的参与。新时代、新课标、新课程、新高考及新的人才培养模式，同样需要"显意识思维"的涵育。从信息论、系统论和协同论视野观之，显意识思维能丰富学习者的言语信息，构建其语言文字体系，夯实其语言表达及运用能力等；从人本主义、建构主义及后现代主义理念来看，语文教学中培育学习者显意识思维，可开阔其阅读与写作思路，建构其人本的、唯物主义的语文知识观、学习观、价值观、发展观，凝练其语文思维的多角度、多元化、多层次、多结构、多方向看待问题的思维方式等；从格式塔理论、多元智能理论的层面考察，语文教学中训练学习者的显意识思维，不仅可从宏观上培养他们学习语文阅读与写作的整体观，亦可从微观上锻炼他们的结构观，使学习者养成总揽全篇的语文阅读思维和写作思维，提升他们的创造力以及解决问题的实际能力，如语言能力、认知能力、表达能力、创新能力等全面的、多元的、多样化的语文智能思维；从接受美学、符号论美学的方面追问，语文教学中培养学习者显意识思维，能使他们在阅读与写作中接受信息、接受知识、接受审美，丰富其审美经验，培植其审美感知，训练学习者对语言艺术、语言情感、语言形式的理解与评价、审美与创造；从蒙太奇手法和发现法的角度审视，语文教学塑造学习者的显意识思维，可加深他们对文本结构层次、内在联系和本质内涵的理解与把握，促进其发现问题、分析问题和解决问题的辩证思维能力提升，培养其积极思索、主动探究、揭示原理、科学认知的精神。当然，语文教学中培养学习者的显意识思维，还亟须意义阐释学、精神辩证法以及理性主体论的融入，才能更加全面、自然、深入地刷新学习者的显意识，扫描其思维之码。

在阅读教学中训练和培育学习者的显意识思维，首先应从宏观上植根于语文文本的整体部分，注重结构分析，厘清开头、中间、结尾的段落层次意蕴，把握整体、透视题旨、洞见涵义，训练学习者的显意识思维。如教学朱自清的《春》时，执教者可引导学习者整体感知和分析该文本整体结构中的盼春、绘春、迎春和赞春语段，让学习者从宏观上把握和领会其整体内容（该散文以诗之笔调，描绘了百花盛开、万紫千红、生机盎然的春天景象，讴歌和赞美了春的创造力以及给人带来的无限希望，进而激励人们不负韶华、奋然前行），存储该文本的显意识形象，构筑自身的显意识思维学习理念，为进一步解读该文本奠定基石。其次要从微观上立足于文本语言表达，重视其字里行间信息的筛选、整合、剖析、对比、归纳、判断和提炼，使文章内容的思想情感符号栩栩如生地呈现在学习者眼前，浮现于他们的脑海，最终达成其显意识思维的培养。在此，我们就以上文中的《春》为例，教学中可引领学习者从微观上深入文本内容的字里行间解读、鉴赏进而达成其显意识思维的训练与培育。如文本开头对"盼春"的描写："盼望着，盼望着，东风来了，春天的脚步近了。"一个"盼"字、一个"近"字，道出了人们对春的热切期盼，为全文奠定了轻松、愉悦的情感基调。于是，作者笔锋一转以白描手法勾勒了春天的"山""水""太阳"形象，用了"朗润""涨""红"，聚焦春之特征极力点染，创造出动人之意境，唤醒了读者对春的美好憧憬。文本中间以五幅优美动人的画面描绘春之景：春草图（"偷偷地""钻出来""嫩嫩的""绿绿的"）描绘春草嫩绿及顽强的生命力，展现绿草如茵之景；春花图（"不让""开满""赶趟""像火""像霞""像雪"）突出花之争奇斗艳，画出春花盛开之象；春风图（"杨柳风""抚摸""泥土的气息""酝酿""呼朋引伴""清脆""婉转""应和""嘹亮"）着力刻画春风送暖之境；春雨图（"像牛毛""像花针""像细丝""密密""斜织""稀稀疏疏"等）渲染春雨之柔、之润……绘出了春雨里的绚丽画卷；迎春图（"天上风筝渐渐多了""赶趟儿""舒活舒活""抖擞抖擞""工夫""希望"）勾画了一幅美妙绝伦的迎春欢乐图景，虽着墨不多，却景象别致，并与春草图、春花图、春风图、春雨图之景交相辉映，绮丽多姿而耐人寻味。在文本的尾声部分，作者面对生机勃勃的春光明媚之景而引吭高歌"像刚落地的娃娃""像小姑娘""像健壮的青年"，颂扬了春之"新"、春之"美"、春之"力"！令人余味无穷而神往无限美好。通过教学，一幅幅生动活泼、春意盎然之景深深地映入学习者之心田，再现于他们的眼帘，其显意识思维能力及品性自然而然得到了训练、培育与升华。

语文阅读教学有助于学习者显意识思维的训练与培育，课堂上执教者应充分调动学生的学习积极性、主动性和创造性，深入挖掘文本中的显意识思维元素，巧妙设计教学环节，灵活运用显意识思维理念，开启学习者的思维智慧和思维视野，放飞其想象，让他们在阅读中再现文本语言、结构、思想、意旨、表现手法等，从中得到显意识思维的锻炼与培养。

在作文教学中训练和培育学习者的显意识思维，执教者一方面可植根于显意识思维的本质内涵、基本理念、主要特质进行作文教学设计，开展作文教学实践；另一方面还应结合具体的主要写作文体如记叙文、散文、议论文、应用文等施以教学，才能实现其教学目标。

其一是在记叙文写作教学中训练学习者显意识思维。信息化新时代，记叙文显意识思维的写作训练，教学中可采用线上线下混合式教学模式进行，能有效地打破传统的教学思维以执教者、教材及课堂为中心的陈旧理念，变革作文教学模式。首先，应整合教学资源并拓展学习者思维空间创设写作情景。可运用线上智慧课堂（学习通），合理安排音乐及视频为学习者创设写作情境，引导他们观察、体验、思考、感受其中的显意识形象，进而促进其写作。如抓住线上媒体中人物特点作语言、神态、肖像、外貌、动作等的语言描写、形象描写和动作描写；聚焦人物活动线索或轨迹进行情节叙写等。与此同时，鼓励学习者联系线下生活情境，发挥丰富想象，开阔思维视野，描写和刻画身边的人和事，让一幅幅感人至深的人物形象、生活画面及现实状态栩栩如生地呈现在学习者眼前，使他们能在线上线下混合式写作过程中真正得到显意识思维的锻炼。其次，激励学习者积极参与课外活动，充分获取显意识思维素材。如引导学习者走出课堂、走出校园，结合课内课外、校内校外感性经验及信息，记叙所见、所闻、所感，描写所思、所想、所悟……让学习者不仅能记我思叙我想，亦能表吾心而达其意。立足现实而敞开心扉，畅所欲言而写出我来。从而，在生活中学会观察，在作文中碰撞思维，生成显意识思维。此外，启迪学习者在记叙文写作中须树立显意识的思维观。比如，记叙文写作中有关人物描写或事件叙述，师生双方在教学中就要有关于人物肖像（身材、服饰、容貌、仪容等）的描写观念，事件过程（时间、地点、起因、经过、结果等）的叙写意识，通过强化人物描写和事件叙述来训练学习者的显意识思维观，是提升他们显意识的思维的一个有效途径。这里有人物的外在特征与性格的显现，亦有事件的整体状态和前因后果，诸如"面若中秋之月，色如春晓之花。鬓若刀裁，眉如墨画，面如桃瓣，目若秋波"（曹雪芹《红楼梦》第三回）之描写、"第二日清晨我到了我家的门口了。瓦楞上许多枯草的断茎当风抖着，正在说明这老屋难免易主的原因。几房的本家大约已经搬走了，所以很寂静。我到了自家的房外，我的母亲早已迎着出来了，接着便飞出了八岁的侄儿宏儿"（鲁迅《故乡》）之叙述等。一方面鼓励学习者抓住人物外貌特征并联系人物的生活阅历及社会地位；另一方面指导学习者掌握人物及故事叙写顺序和恰当运用语言。尽可能做到准确、生动、有序地塑造人物形象和反映现实生活。由此，执教者需要引导学习者有意识地阅读相关范文，如鲁迅的《从百草园到三味书屋》、朱德的《回忆我的母亲》等，让学习者通过阅读由内而外、触类旁通联系身边熟悉的人或事，探寻和把握写作的兴奋点及关键点，写出真切感人而富有显意识思维理念的记叙性、现实性文章，从而有效促进学习者显意识思维写作能力的提升。诚然，教学中理应亟须指导学习者，熟练把握记叙文显意识思维写作的知识点、能力点和亮点，透视其要素及逻辑形式等，方可在作文教学实践中有效铸牢学习者的显意识思维。

其二是在散文写作教学中训练学习者的显意识思维。散文写作是语文作文教学的重要构成部分，亦是训练学习者显意识思维的有力手段。执教者应注重在散文写作教学中，更新其教学方法，启迪学习者的散文显意识写作思维，激发他们的写作兴趣，有理、有度、有效地训练和培育学习者的显意识思维能力。

首先，须更新语文散文写作教学方法，开启学习者的散文显意识写作思维。散文写作是中学语文作文教学不可或缺的重要元素。要切实提升学习者的散文显意识思维写作能力，关键在于执教者须更新教学方法，启迪学习者的散文显意识写作思维。比如，可利用优美散文中的典型片段引导学习者仿写，训练他们的显意识思维。如朱自清的《荷塘月色》中"层层的叶子中间，零星地点缀着些白花，有袅娜地开着的，有羞涩地打着朵儿的；正如一粒粒的明珠，又如碧天里的星星，又如刚出浴的美人"，执教者可引导学生针对此语言片段作仿写，要求另选一种景物，采用比喻、排比、拟人修辞手法均可。经学习者仿写后请他们展示交流，执教者进行点评并示范："远远的群山之间，缥缈地散发着些霞光，有璀璨地闪着的，有温柔地笑着的；正如一头头的雄狮，又如奔驰中的骏马，又如洞房里的新娘。"与学习者分享，供他们参考。又如陆蠡的《囚绿记》中的"绿色是多宝贵的啊！它是生命，它是希望，它是慰安，它是快乐。我怀念着绿色把我的心等焦了"，基本要求同上，让学习者先仿写交流，然后执教者点评示范："红色是多亲切的啊！它是心灵，它是理想，它是奋斗，它是精神。我憧憬着红色使我的情怀博大了。"通过这样的仿写活动，学习者受益匪浅，其散文显意识写作思维获得有效锻炼。

其三是在议论文写作教学中训练学习者的显意识思维。在议论文写作教学中，大多数研究者和执教者善于从中训练和培养学习者的逻辑思维、辩证思维和批判性思维能力及品质，鲜有从显意识思维的角度考察、研究、提炼……我们依据显意识思维直接、具体、形象的基本特性，一方面可采用图像作文教学法训练学习者的显意识思维。海德格尔认为"图像将成为人类理解和把握世界的一种方式"。可见，读图已成为人们了解和接受外界信息的主流思维途径。图像的形象性、直观性能帮助学习者拓展写作视野、开阔写作思路、丰富作文素材，为他们提供海量的显意识思维表象。学习者能在读图过程中享受审美愉悦、激发写作兴趣与热情，并在纷繁复杂的图像信息中筛选有价值的论证信息，进而形成有深度、有力度、有厚度、有亮度、有新度的论证观点。如充分利用真实的新闻题材图片信息，激励学习者对社会现实生活的关注，对当下时政内容的解读与领悟；恰当借助有关专家对新闻事件的评论与解说，引导学习者树立正确的人生观、价值观、世界观和审美观等；运用思维导图或拟定看图作文题诱导学习者联想与想象，构建相关知识、现象、理论、理念、观点、原理之间的内在联系或体系，促使他们观察生活、关注社会、分析现实、思考人生、展望未来，积极阐发自己的思想见解，探其因、寻其理、论其道……由此，正如黑格尔所云："形象思维是人类思维的原始起点，是理性思维的基础。"语文议论文写作教学中，采用图像教学法训练学习者思维，定然既能有效提高他们的议论文写作水平，又能切实训练他们的显意识思维能力。诚然，适当读图可培养学习者对生活的热情，对知识的沉淀，对思想的洗礼，对议论文显意识写作思维的凝练与发展。因为图像直接作用于学习者的感官视觉，将一切形象信息都呈现于学习者眼前，执教者还须引领写作者判断对错、辨别真伪、知晓善恶、洞悉美丑，做到正确理解和认知图像信息，辩证应用图像内容，恰切论证自己观点，科学阐述主题思想。

另一方面可强化语言表达训练学习者的显意识思维。语言是思维的物质外壳，亦是思维的载体。古语云："情欲信，辞欲巧。"哲学家莱布尼茨认为，语言是最能反映人心灵的镜子。清晰的思维活动离不开准确的语言表达，语言与思维相互依赖而密不可分。语言不仅是一种符号，更是一种显意识思维载体。学习者在议论文写作时通过语言表达思想，阐发对生活的独特感受、理解与领悟。因此，首先，教学中应引导学习者善用典型素材而丰富语言内容。议论文的写作素材及其内容包罗万象，关键在于合理选择，并用巧妙灵活的方法对其加以组织和建构，既能使文章内容充实，又能使论证深刻有力。比如以《科学的春天》为题，学习者择取了祖冲之、张衡、李时珍、钱学森、邓稼先、袁隆平、牛顿、爱因斯坦、弗洛伊德、达尔文等典型人物素材，横贯中西而穿越古今，极力论证了科学需要不断创新与发展的深刻道理，同时也展示出学习者语言表达的显意识思维个性。其次，教学中需引领学习者善于遣词造句而增强语言魅力。议论文的语言表达一方面需要善用修辞，既可增强其说服力，又能倍增其趣味性。课堂上要指导学习者学会借助修辞优化语言，来展现议论文说理的生动性、形象性，增强其语言魅力。如活用比喻、排比、对比、反问、引用、反语、衬托等修辞手法，可增强议论文语言艺术表现力、感染力及其魅力，促进学习者的显意识思维发展。另一方面需要善用词句，写作中应重视斟词酌句，学会精准择词而严谨造句，使词汇贴切，让句式灵活，令表达有力，显文章深刻。譬如，形容词、动词等的巧用，长短句、反问句等的妙用，词汇丰富多彩，句式灵活多样，无疑给文章增添显意识思维的趣味感和魅力。

其四是在应用文写作教学中训练学习者显意识思维。应用文适用于具体的社会实践活动，是人们在长期的日常工作、生活实际中形成的一种应用性文体。其特点是真实性、针对性、实用性、时效性、规范性和工具性。作文教学中，执教者须引导学习者针对不同的应用文体，运用不同的写作技巧和方法展开写作。尤其要树立主题意识、目的意识、格式意识及结构意识等显意识写作思维，规范、正确地传递信息、处理事务和交流情感。显意识思维的外显性、普遍性、常规性特点，决定了它必须要用多向、动态的思维方式或思维策略解决实际问题、优化思维目标、达成思维结果。教学中要指导学习者坚持立体多元的应用文写作思维，才能抓住事物的本质联系，对表述对象和使用层面进行全方位综合考虑。如写"通知"就应该对通知的对象、时间、地点、人物、事件、注意事项以及格式（标题、称呼、正文、落款）等，都要全面思考，做到万无一失；写"调查报告"，针对复杂的写作对象（调查研究对象），须从不同的角度展开思考而总揽全局（主题材料的确定、结构形式的安排、观点材料的结合），聚焦问题实质，探寻解决问题的新思路、新方法、新举措，还须做到调查客观、材料真实、语言朴实等。教学时，执教者就应有意识地结合这些写作特点引领学习者，建构应用文的显意识写作思维，厘清不同形式的应用文写作要求，掌握共同规律，洞悉注意事项，从不同角度、不同方位、不同因素训练学习者的显意识思维及其能力。

　　语文作文教学是训练和培育学习者显意识思维的良好条件，执教者应具体结合不同文体的写作特点及相关要求，巧妙运用显意识思维方略，诱导学习者准确解题、精心选材、恰当立意、合理布局、科学谋篇、规范写作，在培养其形象思维、逻辑思维、辩证思维中训练他们的显意识思维，使他们在写作中切实得到显意识思维的陶冶。

语文中的潜意识思维

一、"潜意识思维"概说

（一）"潜意识思维"意涵

　　潜意识思维是人在不自觉状态下的思维活动，是相对于"显意识思维"的一种思维范式。潜意识思维是一种反映形式、认识方法和思维方法。弗洛伊德认为，潜意识是人类的原始思想，即遗传基因、童年经历、心理印迹以及喜怒哀乐往事等各种矛盾和情结被压抑到意识深层之中，当受到外界刺激或触动时，就会发生其作用的一种心理活动（无意识活动）及心理现象（无意识现象）。巴甫洛夫指出，处于较低兴奋状态的心理活动就是人们主观上的无意识自动性活动。在思维主体反映思维客体的过程中，由于人的大脑皮层细胞的兴奋度不同，兴奋度较高的部分形成感觉、知觉、概念、表象、判断、推理等意识或显意识思维。兴奋度较低的部分则形成潜在的感知、识记、再认、注意、意向等各种意识形式。它们是意识的预备阶段或准备元素，亦是人类认识事物的重要组成部分。心理学家阿沙吉欧力，基于和融汇东西方思想及心理学体系视野，全面系统地揭示和阐释了人类意识与潜意识的心理结构。其低层潜意识（记忆仓库）主要作用于人类的生理机能，无逻辑、无理性、较强烈；其中层潜意识（前意识）主要负责回忆、思考与表达；其高层潜意识是灵感、直觉、思想、情感、信仰、智慧及神圣的思维活跃世界。所以，马斯洛将此称为"高级电路"，极富灵性及创见性。人是具有生命力的高级动物，其生理欲望和自然属性影响着人们的思维理念、思维视野、思维方法和思维发展，成为潜意识思维的一部分。从这个意义上说，潜意识思维是人类发展中被遗传和记录下来的内在本能，它们在大脑的作用下形成潜意识思维，而转化、凝练成为拥有潜意识性的社会属性、思维属性。潜意识思维是人们在长期的社会实践中形成的自然反映形式。它是将内化刺激物转变成自身思想的组成部分。其生理基础是无条件反射和条件反射的第一信号系统在脑中失控状态下的思维活动，弗洛伊德把它称之为"潜意识学说"。它是人类固有的一种与理性对立并存的本能和动力，如人们头脑中对衣食住行、享乐幸福等的追求意识，在生活中不知不觉控制着自己的言语行动等。弗洛伊德在探究人的潜意识精神领域，科学运用了"决定论"的基本原理，指出人类的一切行为都是由大脑中潜在思维意识决定的，并将意识划分为意识、潜意识、无意识三阶段，层层深入地揭示了潜意识思维的基本内涵及本质特性。潜意识思维没有显意识思维所具有的逻辑理念，而是无规则地、不断地、自然而然地流动、弥漫、跳跃、交融及渗透。

从现代思维科学的研究理论观之，人们可运用潜意识思维处理一些显意识思维无法解决的现象或问题，许多显意识思维过程中未能组合加工的元信息，潜意识思维过程可加工形成有机的结合块。因此，潜意识思维常常在人类的创造性活动中发挥重要作用。可以说，潜意识思维是显意识思维的基础和前提，显意识思维是潜意识思维的成果与升华，没有潜意识思维的参与，显意识思维也无法实现其创造性思维目标。

（二）"潜意识思维"特质

（1）不自觉性。潜意识思维活动或现象常常在不自觉、不经意中产生和进行。如言谈时的无意说错或走嘴、书写中的无故写错或漏字、特殊情况下人们会毫不犹豫地立刻采取措施……都是潜意识思维作用的结果。从它的种种具体行为表现来看，潜意识思维本身存在着固有的不自觉性特质。

（2）偶然性。潜意识思维的产生是突如其来的，它是人们长期积累而偶然得之的一种思维模式和思维现象。此思维产生之前就掌握了大量的元材料，在进行了艰苦卓绝的探索之后，人们对所思问题已在头脑中做好了极其充分的准备和解决相关问题的基本条件，一旦时机成熟便妙手偶得。因此，潜意识思维从组合方式而言具有偶然性特质。

（3）合目的性。潜意识思维尽管有偶然性，但它却是经过持续探索和酝酿过程的积累与沉淀，且对预定目标的指向不断强化后才得以产生。整个思维过程是合目的性的心理活动过程，故具有合目的性特质。潜意识思维通过意外的心理途径，将混乱的思维素材转化为有机的充满生机与活力的整体，以求其目标的达成。它是在某种无序、无规中进行的合目的性的崭新的认识与排列组合，是合目的性与意外性的有机统一。

（4）感性性。潜意识思维对纷繁复杂的生活现象的组织与构建，是基于感性经验的。潜意识思维的发生，并非对生活现象的本质意蕴有一个深刻的领悟与把握，它通常没有通过理性的思考和深入的研究与加工，而是最直接地将杂乱的元材料组合而成总体图像，及时反映客观社会生活现象之涵义。由此，从它的发生、发展、结果而论，潜意识思维是感性的、冲动的、性情式的思维现象和思维方式。

（5）无限性。潜意识思维活动来源于无限宽广的生活现象，它需要占有丰富多样、姿态万千的元材料，而且这些素材是与日俱增、无穷无尽的。这就给潜意识思维的生成创造了无比良好的客观条件，同时亦催生了它的勃然生机。从这个意义上，潜意识思维拥有无限巨大的思维潜能，只要生命存在，就无时无刻不伴随潜意识思维的身影，焕发潜意识思维之光彩。

（三）"潜意识思维"功效

潜意识思维是一种非自觉的内隐式意识思维，我们尚且不能无视或忽略它在认识发生过程中的潜在作用。基于其上述基本特质，它在人类的生产、生活、工作、学习及科学研究中，发挥着独树一帜的功效。

1. 潜意识思维具有储存信息的功效

人类信息的储存需要记忆，而记忆有瞬时、暂时和长时之分。瞬时记忆保持时间极短，暂时记忆属于显意识性的，而长时记忆保持时间较长。但无论是哪种记忆，它们所储存的信息都是极为有限的，更多的或者所有的信息事实上都储存在人们的潜意识思维之中。这是外部信息通往人类意识认知的"前储存"阶段，亦是人们整个思维过程中的信息过滤机构和储备库。现代心理学及脑科学研究表明，潜意识思维在整个意识思维场中拥有大量的数据信息源，这都是潜意识思维储存、加工、整理的结果。诸如潜意识的表象思维、注意思维、认知思维、感知思维、识记思维、形象思维及再认思维等，都是潜意识思维信息储存的多元样式。

2. 潜意识思维具有辅助转化的功效

潜意识思维是思维主体认知事物不可或缺的反映形式，它能丰富人类的认知结构、形成自身观念性的主体认识，起到了积极的辅助作用。研究表明：潜意识思维处理的信息量远远超过显意识思维，而且大多时候辅助显意识思维活动的正常进行。如我们偶尔见到一个熟人，便一目了然得以辨认，这就是潜意识思维的辅助效应。其基本原理在于，潜意识思维受到外部刺激的需要时则转变为显意识思维，让显意识思维领域变得更清晰、更明朗，而达成其思维目标。潜意识思维作为思维主体在未知觉到客观事物具体形象的情况下，将内隐于自身思维阈限下的场化信息以本能的方式随机转化出来，再通过长期的元材料整合与加工，而成为思维主体自觉的意识思维场发生潜效应。由此，弗洛伊德从精神分析学视角，充分肯定了潜意识思维场域的幕后之功。潜意识思维在整个人类认知思维体系的转化过程中，其功效可想而知。换言之，潜意识思维是人类认识与掌握客观事物不可或缺的思维形式，它是思维主体对思维客体不自主、未自觉的思维认知方式，亦是思维主体对思维客体信息辅助和加工转化的完美统一。

3. 潜意识思维具有优化情绪的功效

情绪是人类特有的一种心理能量形式，通常具有自我宣泄与保护作用，用以平衡和调节其个体内心世界。潜意识思维与整体潜意识思维是密切联系的，潜意识思维中通常能自然反应而维护自身思维系统的平衡，它要求个体的思维须符合系统的思维规律，才能维护和保持系统思维的稳定。诸如弗洛伊德的精神分析理论观点，潜意识思维具有自动排列组合分类的功能和自动解决问题的思维功能等。潜意识思维储存于记忆领域，在一定的条件下使其中的元信息材料得以加工处理，并释放或彻底清除思维主体经历中所形成的负面情绪，从而达致"优化""平衡"或"合理化"。譬如，当人们遭遇或受到一些让自身难以接受或忍受的事件之时，也许第一反应就是"事出有因"的"合理化"心态，即"精神胜利法"；人在催眠状态下的自然觉醒；人在不安全条件下的自我保护等。这其实就是潜意识思维的自我优化、自我调节情绪之功。潜意识思维随时经营思维主体的身体运作，掌管和控制着个体生命状态的情绪、情感脉搏，维护和保持着其身心的完整性，使人们的情绪实现优化而达成最佳状态。

二、语文文本与"潜意识思维"

语文文本大多属于文学作品或文学文本之类，而这些作品或文本源于作者的内心世界，从心理学的视角考察，随着弗洛伊德潜意识学说的传播和国内现代心理学派的崛起，人们越来越关注文艺与心灵的联系，探讨文学文本与人类内心活动及其思想变化的关系。从古希腊诗的灵感说到尼采的文艺创作观，再到中国古代的诗学理论观，较多体现文学文本与人心灵世界的潜意识关联。这种天然的联系便揭示了一个深刻的道理，即文学是"人学"。依本质而言，文学文本所表现的内容皆是以人的行为、状态、思想、本质及其变化为主的。文学文本中人物形象的塑造、思想情感的流露、主题意旨的表达乃至艺术手法的运用等，都与作者的个人成长经历、生活体验、社会阅历及其性格的无意识的本能息息相关，才能形成文本中真实感人、形象生动而影响读者的期待视野和召唤结构。

语文文本中蕴涵着丰富的潜意识思维元素。在具体的语文文本中，以巴金的《小狗包弟》为例，其笔下的"包弟"形象，正是巴金表达自己潜意识观念与思维指向最集中、最形象的代言者或寄托物，"包弟"的经历就是作者社会生活的切身体验，同时也是他表达自己对于本能、欲望、理想的思维态度。书中关于"包弟"的描述，仿佛在听巴金老人用心说话，如对自己舍弃小狗包弟的深深愧意，从"包弟"的送走、解剖至死亡都悔恨不止等。这正是作者"十年浩劫"中逆来顺受的苦难生活之写照，更是自己人生观、价值观、伦理观、道德观的潜意识思维再现。巴金先生在文本中对"包弟"形象的塑造，亦反映出他本能上的潜意识思维欲望和潜意识思维宿命感，这与亚里士多德《诗学》创作中的"灵感闪现说"有异曲同工之妙。毛泽东的《沁园春·长沙》中，通过对长沙缤纷灿烂秋景的描绘和对朝气青年革命斗争生活的追忆，抒写了对祖国命运的深切感慨和以天下为己任的宏大抱负，表达了自己蔑视反动统治而力挽狂澜改造旧中国的豪情壮志。词中勃勃生机而多姿多彩的湘江寒秋图、朝气蓬勃而昂扬向上的峥嵘岁月景，道出了词人内心深处的雄心壮志与博大胸怀，折射出作者潜意识中为改造旧中国而英勇无畏的革命精神和豪迈气概。关汉卿的《窦娥冤》（节选）一文，描写窦娥对神权的愤恨与谴责，实质上是作者心灵之底对封建统治者的强烈控诉与否定，她的觉醒意识和反抗精神，折射出包括作者在内的劳苦大众潜意识的反抗斗争精神。尤其是窦娥临刑前的三桩誓愿，正是作者潜意识思维观、民族观、世界观的一种反映。在作者关汉卿的潜意识深处就饱含着关心民情、同情疾苦、洞察现实的思维理念等，他通过窦娥形象的塑造深刻表达自己对封建官吏的憎恨和对被压迫人民的无比同情，以及期盼变革现实、憧憬幸福的时代精神。契诃夫的《装在套子里的人》，文本中作者塑造了一个胆小、孤僻、怕事、恐惧变革的别里科夫形象，在潜意识中旨在讽刺那些害怕新事物、维护旧秩序、阻碍变革、反对发展的堕落者，有力抨击和揭露了腐朽的沙皇专制制度，表达了自己向往新生活的热烈情怀。恩格斯的《在马克思墓前的讲话》一文，恩格斯发自肺腑、激情洋溢地代表全世界无产者，表达了自己对马克思逝世的深切哀悼，并对马克思一生所做的伟大贡献进行了崇高评价和热情赞颂。从潜意识思维的角度审视，文章字里行间透射着恩格斯灵魂深处对马克思的为人、为学、为业诸方面的了解、理解、支持与赞美之意，阐发了对他的崇敬、拥戴和悼念。恩格斯与马克思的交往密切而成为挚友，对于马克思的了解与逝世，潜意识思维中最深刻、最悲痛的人莫过于恩格斯，因此在这篇悼词之中，恩格斯从潜意识中迸发出呐喊，高度总结了马克思奋斗的一生、伟大的一生、不朽的一生，深切地表达了全世界无产者对马克思的无比敬仰和哀悼之情。等等。语文文本凝聚着作者浓郁的潜意识思维，正是潜意识思维的存在，文学艺术才生生不息，语文文本亦才富有生命力、影响力和感召力。概言之，语文文本是作家潜意识思维创造的硕果，潜意识思维在语文文本中发挥着独特的创造性审美作用，不仅能使作者构思出新事物而创造新形象，而且还可促进作者揭示事物的内在本质。有了潜意识思维的启迪，才唤醒了作家们的创作灵感，如"李白斗酒诗百篇""王勃酒酣卧笔文""灵运寤寐成佳句"等说，实为潜意识思维之经典。语文文本中所创新的艺术生命，正是作家潜意识思维的呈现与张扬。通过对潜意识思维的激活、扫描与刷新，赋予了语文文本的丰富性与多彩性。潜意识之火既点亮作者之思，又倍增文章之新，使文本情感强烈、形象清晰、语言畅达而意蕴深邃。

三、语文教学与"潜意识思维"

潜意识思维是人脑中的一种特殊思维范式，贮存于大脑深处，调动、辅助和处理人类在社会实践活动中未被显意识思维呈现的某些信息及意象，构建潜意识运行的新集合、新关联和新体系，进而为显意识思维的涌现奠定基石。

（一）在阅读教学中训练和培养学习者的潜意识思维

现代阅读学、阐释学及解读学认为，文本阅读不能只是简单而机械的信息获取与输入，关键在于读者对文本信息的筛选、整合、重组、加工与提炼，并使之与学习者头脑中已储存的材料信息建构逻辑联系，让潜意识思维敲开学习者心扉，引领他们走进文本与其对话，探寻文本之真谛。

首先，营造问题氛围，引领学习者思考。在阅读教学中，执教者一方面应创设良好的学习情境引导学习者思考。课堂上执教者须注重启发学习者不断善于发现、分析、归纳、探究和解决问题，尤其需重视课堂教学情境的创设，要营造一个较为轻松、愉悦的语文阅读课堂教学环境，激励学习者的潜意识思维，促进其学习习惯、思维习惯的养成。另一方面应通过营造问题氛围让学习者与文本内容对话，体悟其中所蕴含的思想意旨。在此需要执教者将课前引导纳入具体的阅读教学之中，唤醒学习者的潜意识，开启他们的思维之门。如在《林教头风雪山神庙》的阅读教学中，执教者须紧扣"山神庙"这一环境设置问题启迪学习者思考，"山神庙"作为标题关键词，不论是环境氛围还是典型人物形象性格的塑造等，都是围绕山神庙而展开描写的，其人、其事、其景、其象、其情、其理……真是包罗万象。这些阅读元素有助于学习者正确理解山神庙的典型环境与林教头人物形象间的内在关联，故执教者可在此巧设问题引领学习者思考：环境描写的作用、林冲人物形象的特点、文本主题的意蕴等。因此，在阅读教学中合理营造问题氛围，积极引领学习者走进作者、走进文本思考，不仅有力调动学习者的潜意识思维，还能有效训练和培养他们的潜意识思维能力。

其次，总揽全文内容，激励学习者思维。阅读教学中，执教者须从总体上把握文本内容而总揽全文，激励学习者开启潜意识中的思维元素，有针对性地准确把握文章教学内容，正确解读文本。如在阅读教学中引导学习者洞悟文本情感，激发其解读热情，促使他们在亢奋的情绪中萌生潜意识思维的嫩芽，自然释放其心灵深处的思维能量，畅适袒露其心语之思。从文章背景信息的了解、全文线索的明确、文本结构的把握到思想要义的概括等，充分调动脑海里的潜意识元材料，全面领悟文本内容，达致"披文入情"而透视文本精神内核，体悟作者在文本中所流露出的意、象、情、志。因而，让学习者的潜意识思维与全文内容形成心理上的和谐共振，激起他们的情感共鸣，总体把握文本主题，真正实现文中有我、我中有文，涵养学习者的潜意识思维。诚然，执教者在阅读教学活动中还应灵活运用教学方法对学习者进行有效指导，要以学习者为本立足学情把控课堂，既要做到全文阅读知识的洞悉与引导，又要突出文本重点内容的掌握与启迪，还有聚焦学习者潜意识思维的强化训练与提升等，力求在总揽全文内容的前提下，激励学习者的潜意识思维，从而使之得到真正的潜意识思维锻炼。

最后，自主合作探究，培养学习者思维。语文新课标一贯积极倡导学习者自主、合作与探究性学习。阅读课堂上，执教者应不断革新教学模式，重构多层次、多元化的教学理念，注重培育学习者自主学习、合作学习和探究学习的良好求知习惯，让师生、生生主动参与、共同协作，深入挖掘自身潜意识中的思维要素，自觉主动利用所积淀在头脑里的相关知识独立解读文本内容，踊跃配合他人讨论辨析课文，正确鉴赏文本艺术等。如教学《老人与海》一文时，执教者可先让学习者利用潜意识元经验自主预习课文，了解文本相关写作背景知识等，然后在课堂上汇报自主学习心得与体会，这其中学习者已获得了潜意识思维的自我锻炼。于是，教学中合理安排学习者以小组形式，针对文本重要信息展开合作讨论并作交流分享，使学习者进一步调动自己长期储存的潜意识学习经验，参与并应用于文本解读之中，其潜意识思维亦得到了发展。最后再引导学习者探究其文本的深刻内涵，如桑地亚哥的形象意义、如何看待桑地亚哥的失败？等等。以此教学，既培养了学习者自主、合作与探究的学习精神，又训练了他们的潜意识思维，还张扬了他们的思维个性，升华了他们的阅读思维能力。

在语文阅读教学中，执教者不能单纯地依据自身预设的教案或教学计划机械地开展教学，而应结合具体的课堂阅读教学实际灵活机动地实施教学，充分调动学习者潜意识思维的积极性和主动性，鼓励他们善思维、敢思维、能思维、会思维。尤其是在新课标、新课改理念下，语文阅读教学应要实现其教学模式的多元化、当代化，就需将潜意识思维教学法引入课堂阅读教学体系，构建科学的思维。

（二）在作文教学中训练和培养学习者的潜意识思维

写作源于生活积累、源于知识储备、源于情感沉淀、源于阅读感悟……作文教学中，执教者要善于挖掘学习者潜意识中的写作灵感，鼓励他们以己之思抒己之情、言己之志。

首先，注重生活积累，丰富学习者潜意识写作思维的元素。黑格尔指出："最伟大的艺术作品也往往是应外在的机缘而创造出来的。"这道出了潜意识写作思维源于生活积累的偶然性、机缘性特点。潜意识思维的产生并非无本之木、无源之水，离不开社会现实生活土壤。数学家华罗庚认为，潜意识思维属于那些善于独立思考具有锲而不舍精神的人。只有积累丰富的社会生活经验，才能孕育得之俄顷而积之平日的神灵之感。在作文教学中，要使学习者获得潜意识思维的提升，须深入到社会现实生活之中，让他们用心观察生活、体验生活、感悟生活，积累丰富的创作素材，并灵活运用生活中的点滴信息碰撞出潜意识思维的火花，以求世事洞明，实现人情练达。学习者生活中的亲身经历才是完成写作的潜意识思维之源。要激发和鼓励学习者在生活中多多仔细观察，潜心储备知识与经验，如家庭生活中与父母及其他亲人相处的点点滴滴；学校生活中与师生共处的琐琐碎碎；社会生活中与形形色色人群交往的甜酸苦辣等。而生活的积累需要学会观察，讲究观察方法，如可从不同方位、不同层次、不同动态、不同时段、不同角度等去观察，并做好观察记录，获取丰富的思维素材。学习者将生活中千姿百态的经验素材铭刻心间，为写作中潜意识思维的呈现提供良好保障。由此，在平时的作文教学中，需要善于引导学习者联系现实、捕捉直觉、诱发思维。其实，学习者作文来源于其生活，他们的生活多姿多彩而充满烂漫，应有话可说、有事可记、有景可描、有意可达、有情可抒……如果执教者在作文教学时，注重引导学习者捕捉直觉，联系现实生活，写我之思、述我所想、阐我其理等，那他们的作文质量定然柳暗花明而更上一层楼。学习者若有了生活的潜意识积累，其思维元素亦得到了丰富，他们就能运用海量的素材，长期积累而偶然得之，品生活之妙而悟人生之道，写作时也自然能联系自身生活积累展开潜意识思维，写出自我真情实感。所以，执教者须积极引领学习者投入实际生活，鼓励他们全景式地扫描生活、刷新视野，用自己的眼睛审视世界，以内在的心灵解构现实、体悟生活，挖掘精神之源，积淀生活之品。同时让他们在重视观察、关心社会、关注生活的过程中，广泛吸纳间接知识，为潜意识写作思维构建起一座宏大的信息库，秉持读万卷书而行万里路的思维理念，在写作中绽放潜意识思维的奇异光芒。

其次，深化文本解读，提升学习者潜意识写作思维能力。在语文文本解读中训练和培养学习者的潜意识思维及其能力，实现读与写的有机结合，既是语文学科教学革新的需求，亦是提升学习者潜意识写作思维品质的良好途径。教学中开展文本解读，不仅需要传授语文文本的解读方法与技巧，也须指导学习者将解读中所学到的语文知识、情感认知、思维方式等运用到写作中，厘清解读与写作存在的内在关联，获得语文潜意识写作思维能力的有效升华。语文课堂上要创设解读情境，激发学习者情感，为他们的潜意识写作思维提供驱动力。在此可依托语文文本中的意境美为学习者创设解读情境，充分发挥其情境的教学优势，训练和培养学习者的潜意识写作兴趣。以郁达夫的《故都的秋》解读为例，执教者可借助多媒体以图形、文字、影像的形式，将文本主要内容形象、直观地展现给学习者，将他们引入文本所描绘的情境中，使之身临其境，加深对文本的理解，获得情感共鸣，并激发学习者生发对题为《故乡之秋》《家乡的秋天》《秋色》等写景抒情散文的潜意识写作思维兴趣。教学中应立足文本解读内容，并将其转化为作文素材，丰富自己的作文内容，拓宽其写作视野。对此，执教者须善于利用读写关系，促进读写训练的有机融合，让学习者在写作中有话可说、有情可诉。为此，执教者视为作文教学活动的设计者、引导者和组织者，须注意精心选择解读内容，为学习者提供优质的写作素材，以保证他们能充分调动潜意识思维进行写作，提升其作文质量；做好文本解读指导工作，使学习者能在解读中掌握写作技巧，学会运用潜意识思维素材展开写作等；强化学习者在作文中的潜意识思维情感表达，写真人、谈实感、叙真事、诉真情。如朱自清的《背影》作为优美的叙事抒情散文，在学习者叙事抒情的指导中可视为范本。执教者须善于将此类优秀文本转变为学习者的写作素材，让他们学会叙事抒情，提升叙事散文的潜意识写作思维能力。作文教学中，应引导学习者注重解读文本语言，掌握各类文本的写作技巧与方法，然后读写结合提升表达能力。语言是构成文本的基本要素，对学习者潜意识写作思维的训练与培育产生积极影响。由此，执教者可立足文本语言，落实具体的解读方略，指导学习者进行潜意识写作思维的培养。如鲁迅的《记念刘和珍君》中"真的猛士，敢于直面惨淡的人生，敢于正视淋漓的鲜血……惨象，已使我目不忍视了；流言，尤使我耳不忍闻。我还有什么话可说呢？我懂得衰亡民族之所以默无声息的缘由了。沉默呵，沉默呵！不在沉默中爆发，就在沉默中灭亡……苟活者在淡红的血色中，会依稀看见微茫的希望；真的猛士，将更奋然而前行"，让学习者品味其表达铿锵而论证有力的语言特色，感悟其语言之精、之美、之力、之情等。并在此基础上，激励学习者发挥联想，能以现实生活中某一现象为主题，展开论述而阐发见解，让他们在议论文写作中，提升语言表达能力，进而锻炼其潜意识思维而涵养品性等。

最后，鼓励课外多读，厚培学习者潜意识写作思维素养。潜意识思维需要学习者在课堂之外多多阅读，不断强化个人体验，其思维素养才能得以厚培。学习者的阅读量不够，则文化根基不牢，缺乏对潜意识思维的滋润，亦激发不了自己的写作灵感。为此，执教者应引导学习者多读书、会读书、读好书，通过博览群书汲取知识营养，培育阅读智慧，活跃创作潜能，提升潜意识思维。多读是培养学习者潜意识思维的重要途径，为进一步培植学习者的潜意识思维素养，执教者须注重引导学习者利用课外时间进行广泛的阅读积累，获取丰富的阅读知识养料。无论阅读名著还是期刊，其中蕴含的丰富艺术形象和知识元素，都给读者留下无限广阔的思维空间，能有效培育学习者的潜意识写作思维。鼓励多读可拓展学习者的写作思维视野，尤其是潜意识思维的写作视野，让学习者的情感得到丰富，思维得以训练，写作兴趣获得增强，从而丰富潜意识思维素养。可以说，多读是潜意识写作思维之创作源泉，这与王夫之《姜斋诗话》

中的"神理凑合"、叶燮《原诗·内篇》中的"触兴"有异曲同工之妙，虽然他们旨在论述"灵感"之见，但潜意识思维与灵感的关系密不可分，都需要多读之沉淀、之涵养、之培植等，方可在作文中状其景、述其事、言其理、铭其句、达其意而表其情。学习者广泛阅读而获得思维体验，为写作积累素材而厚积薄发，既丰富了潜意识思维的写作元素，又为思维素养的提高奠定基础。要想在作文中发展与提升学习者的潜意识思维能力，则须广泛阅读。既要鼓励学习者多阅读，同时亦要给他们科学的阅读方法指导。如略读、泛读、跳读、精读、速读和通读等，学习者可根据自己的阅读时间长短进行方法选择，从而提高阅读效率。诸如对于报刊、网络上的新闻类文章只需速读即可；对于经典名著的重要篇章要精读……而针对不同的文体应采取不同的阅读方法，抓住不同的要素去读，并有意识地收集和摘录阅读中遇到的丽词妙句、精彩语段、巧用手法等。读书破卷而下笔有神，积细流而汇为江河，只要锲而不舍地坚持阅读体验，量的变化引起质的飞跃，就会在不知不觉中获得丰富潜意识写作思维素养的陶冶，使多读真正发挥增强个人体验、培植思维素养、提升潜意识思维写作能力之功效。

　　在作文教学中，我们不但要鼓励学习者注重生活积累，丰富他们的潜意识思维写作元素，还须引导他们深化文本解读，提升自己的潜意识思维写作能力，同时也要合理强化其课外多读，夯实写作素材，着力训练自身的潜意识写作思维，真正得到潜意识思维的训练与培育。

第十一章　语文思维的特殊性

> 人们乐于接受别人接受的观点，而不是停下来思考是否有理由支持该观点。

> ——布鲁克·诺埃尔·摩尔

语文中的系统性思维

一、"系统性思维"概说

（一）"系统性思维"意涵

系统性思维是将客观事物的认知对象作为一个独立的整体或系统来加以考察的思维范式。所谓"系统"，是反映人们对客观世界及现实人生等的一种认识论和世界观，即由两个或两个以上的基本要素有机融合的整体，而系统的整体并不等于各部分间的简单相加。系统概念反映了客观事物的某种本质联系及其属性，既有丰富的内涵，亦有无限广阔的外延，其基本内容则是系统学说或系统理论，它是人类探索客观世界发展变化极为普遍的思维模式和方法论体系。所谓"系统性"，是指人们在研究或看待客观对象或问题时，把它当作一个独立的系统，然后根据这个系统的相关特质及内在联系进行探究，从点到面、从局部到整体、从个别到一般、从片面到全面、从微观到宏观等方面来剖析事物本质联系，揭示事物本质规律，进而达成其研究对象系统的综合认知。系统性思维的认知对象，是从总体上把事物要素与要素间的相互联系及其作用，全面综合地进行考察与追问的一种思维方式。系统性思维是以系统理论为基本理念的思维形态和思维模式，它能最大限度地简化人们对客观事物的认识，促进人类思维的全局意识及整体性视野，建构了人类对客观事物认知的整体观、世界观和宇宙观。掀开人类文明史的扉页，不难发现最早诞生的系统性思维莫过于古代的模糊系统综合思维。恩格斯认为它是古代人类思维的共同特征，即混沌的整体性。古希腊哲学家和科学家的思维方式就惯于追求客观事物统一的系统性原则，极力从系统角度去考察思维对象世界的本原，将宇宙作为一个系统整体去探索。如亚里士多德就把诸多学科系统化，提出了整体大于部分总和的著名观点，视为古代模糊系统思维理论的典范。随着现代科技的进步，人类不断开辟系统性思维的新思路，试图跨越时空界限，更加注重从整体系统上考察客观事物之间的本质联系与核心规律，如牛顿的力学定律、卢瑟福的核模型说等，为人类现代系统思维学的确立奠定了坚实的思维科学基础。

从认识论的观点看，系统性思维对客观世界的认知与传统的先部分后综合的思维方法有别，它是从事物整体出发，采取先总后分、由大及小的思维方式，全面综合地看待问题、分析问题和解决问题，突出其思维的综合性、整体性及宏观性特质。从结构论的角度考察，系统性思维注重了从结构及其功能的有机统一上去把握客观事物的整体意蕴与效应，从事物结构系统内部诸要素出发，不仅探讨它们的相互联系、基本功效和本质规律，还进一步透视它与外部世界的相互关联，以洞见客观物质系统的整体结构。从历史学的层面审视，系统性思维方式的演变与发展，可分为古代的整体系统思维方式（人类传统思维方式萌芽与发展的最初阶段）、近代机械系统思维方式（近代孤立的、单个的、线性的、僵化的、机械的思维方法）、辩证系统思维方式（以变化发展的视角，坚持整体全面的观点认识客观事物的思维方式）、现代复杂系统思维方式（现代建构理解和认识世界普遍规律复杂性系统的整体论理念及系统论方法）。它们相互联系、相辅相成、相得益彰而承前启后，丰富和发展了系统性思维的本质内涵。系统性思维将人类传统对客观事物的认知由片面理解转为整体认识，运用系统的观点及方法来解决现实问题，增强了人们认识的准确性、客观性、完整性和辩证性。系统思维模式的存在，源于客观物质世界的存在。它将人类的认知对象视为一个系统工程，或思考、或领悟、或辨析、或把握、或运用，并按一定的思维程序和步骤不断展开，以确保系统思维在各部分中的效应。概言之，系统性思维是系统性原理在人们头脑中的反映形式，是人类认知客观世界全貌或整体的理论体系和思维范式。

（二）"系统性思维"特质

系统性思维是人类认识和把握事物对象的思维范型，是认知对象的客观性与人们思维系统性的有机统一，亦是人类现代思维方式特质的再现。

1. 整体性

系统性思维作为思维学领域里的思维样式之一，其思维对象、思维角度、思维视野和思维属性等，都取决于客观事物的整体性、全境性和世界性。整体性是系统性思维样式最基本的特质，它贯穿于人类的系统思维运动之始终，亦反映于其系统思维成果之列。系统性思维的整体性基于局部又高于局部，它是整体的思维属性、思维理念、思维效应、思维方法及思维特征等在相互作用与联系前提下的辩证统一。秉持整体性的系统性思维方式，一方面须把认知对象视为一个"系统"来探究和把握，既要全面透视本系统的认知对象及其构成要素，亦要洞悉其中的每一元素，做到小中见大、大中窥小、大里有小、小里有大。比如，解决语文作文问题，不仅要把语文作文问题当作一个由若干语文要素（字、词、句、段、篇等）构成的系统来思考，还应探讨其炼字、其用词、其造句、其构段、其谋篇等运用情况。只有从语文作文问题的整体方面去考察解决作文这个子系统问题，才能达成其教学目标。倡导系统性思维的整体性，还须把其整体作为人们认知客观事物的出发点与归宿，即应遵循"提出整体目标—依据现实条件—优选解决方案—完成预期任务"的逻辑规则进行综合思考，整体统摄而全面研判，总揽全局而综合考察，从而达致系统上的整体效应。

2. 建构性

系统性思维的建构性，即把系统科学的建构理念作为思维方法的内核，力求从系统的建构层面去探究其系统的整体属性，并建构最佳思维方法，发挥该系统的最佳作用。系统建构与系统效应密切相关，建构是系统内在要素的科学重组，效应则是系统组织的外在表征，它们相互制约、相互补充、相得益彰。系统的建构具有一定的方法论意义，它体现了系统性思维方式的建构性和创新性，要求树立系统创构的理念，从宏观角度认知对象要素、把握事物本质，实现系统最佳功效。如在语文课堂教学中，应将课堂作为一个系统，精心设计语文教学内容，优化教学环节，创造性地建构新型语文课堂，进而提升整体语文教学质量。系统的基本要素与建构功效的关系极其重要，建构必须以要素为基石，系统要素是系统建构的重要组成部分。系统建构将作用于系统功能，如语文教学体系的建构将影响和决定语文教学效率与教学质量的提升。系统性思维范式的建构性，有助于人们考察客观事物内部要素与基本结构功能间的相互关系，优化系统构件，完善系统布局，升华系统功能。

3. 开放性

系统性思维是一个开放性的思维样式。它横贯中西、穿越古今，以来自四面八方、古今中外的科学知识为思维体系，关注思维过程，考察思维对象，审视思维结果。系统性思维将思维对象作为一个整体来把握，从不同侧面、不同方位、不同结构、不同领域思考问题、剖析原理、提炼成果，呈现出多视角、多要素、多元化的思维态势和思维理念。系统性思维能全面准确地把握思维对象、揭示事物规律，以开阔的视野看待科学知识，以博大的胸襟拥抱人类智慧，以豪迈的情怀吸纳崭新思想，以浩然的姿态运用思维成果……因此，系统性思维能把握人类认知对象的开放领域、开放结构、开放层次及其总体效应，不但可多维度地探究系统运动的外部状态，亦能全面考察系统变化的内在实质，它是一种辩证综合的思维方式。系统性思维的开放性突出地表现为系统内部各要素间的协调性、共享性，以及各要素与外部信息之间的共通性、互补性和迁移性等，它们互相补充、相互转化、互为基础而有机统一。比如，我们在语文教学中解读某一文本，既要考虑该文本内容各要素间的联系，亦要关注其文本内涵所涉及的其他学科领域的相关知识理念，把该文本内容与其他学科理论知识形成网状结构，方可较为准确地实现该文本解读的终极目标。系统性思维的开放性表现于其思维的多向性、全面性和综合性，在具体的思维过程中，其思维的整体指向是开放的、多面的和彻底的，以最终达成思维主体从整体上全面把握思维客体之本质。

4. 灵活性

系统性思维方式的形成与发展，是其内部诸要素之间及该系统与外部信息之间相互联系、相互作用、不断运动变化的过程。由此，系统性思维并非一成不变，而是相互转化、灵活应变的。其灵活性主要表现为：该系统内部结构元素的灵活应用，本系统与外界信息的开放活动，以及此系统自身每时每刻处于整体上的动态、演化之中等。系统性思维方法的灵活运用亦是随着思维对象的运动规律不断发生变化的，其变化性正是系统性思维灵活性的反映。为此，人类对客观事物的认知须打破旧有的思维结构，灵活构建新的思维认知体系，使系统处于动态自如的思维状态。同时，把客观事物的发展置于无限多样的可能、方法、方向、层面及其途径的系统思维中，举一反三而又举三反一，洞彻思维对象之本质。

5. 综合性

综合性是人类思维的基本特性。系统性思维也不例外，其思维方法是全面的、综合的，正是因为系统性思维本身就是一个由许多思维要素构成的综合体，其成分、结构、层次、功能等，与内外环境形成了全面的、综合的网状格局，使人们能从总体上把握系统全貌。系统性思维范式的综合是一种非线性式的综合，是"整体大于部分相加之和"的综合，它要求人们须从整体上综合思考对象、把握对象，秉持"综合—分析—综合"的思维理念，将"综合"贯穿于思维逻辑进程之始终。坚决摒弃孤立、静止看问题的旧有思维习惯，让分析与综合相互渗透而相得益彰。由此，才能使人们以全局系统之眼光综合巡视客观对象，洞见事物内在联系，达成最佳终极目标。系统性思维能综合地洞析和考察客观事物，亦是当代科学研究中普遍采用的思维范式，其综合方法的运用，助力于人类揭示宇宙万物、开发现代产业的共同属性及其本质规律。

（三）"系统性思维"功效

系统性思维基于系统观点的基本理念，主要从客观事物的整体与部分、结构与功能、系统与环境、信息与建构之间的相互联系及其效应出发，综合考察与探究思维对象，从而实现对客观事物本质规律的最佳认知与洞见。系统性思维解决的是原点性问题，能多角度打开人们思考问题之门，创设各种可能性并择取最有效的解决方法和灵活机动的思维方式，抓住思维对象的整体与核心要素，系统化、整体化地认识客观事物，揭示其根本内涵与属性。系统性思维之功效，主要表现于：

首先，系统性思维可帮助人们思考和研究任何关于"系统"的基本问题。爱因斯坦认为，要解决人们面临的主要问题，无论是绝对思维或相对思维，应站在全面综合的高度加以审视，避免片面化、单一化和狭隘化。系统性思维，其思维核心是"系统"，是一个整体性、多样性、协调性相统一的思维系统。它总是从系统性原则出发，帮助人们思考整体问题，统筹多样事物，把握全部规律。系统性思维能让人们发现整个系统，从整体角度思考问题的方方面面。只要把客观世界的万事万物视为一个整体"系统"来加以追问与透射，就能从中获得对它们的全部认识和洞见。以"系统"的方式思考问题将有助于人们不断发现问题的根本原因，寻到多方面的可能性及规律性，从而让人们更好地适应复杂情况而勇敢地迎接挑战。人类只有发现和掌握思维对象的整个系统，以及系统中各要素间的必然联系，才能主动实施思维策略，以系统性思维方式观察了解世界，获得对客观世界的深刻洞悉。不言而喻，系统性思维能使人们以系统理论为基础，透过"系统"全面认知世界、把握世界、改造世界，丰富整体思维内涵，提升综合思维素养。

其次，系统性思维有助于人们更客观地反映事物本质。系统性思维的整体性源于客观事物、客观现实乃至客观世界的整体性。"整体性"是系统思维方法最基本的特质。它贯穿于一切系统思维活动之始末，亦反映于系统思维之成果中。它是一种开放而立体的思维形式，既有纵横交错的科学知识内涵，也有穿越古今的人类文明记忆。在人类具体的思维旅程中，系统性思维总是把思维对象作为一个系统来整体关照和客观反映，既重视"横比"，也注重"纵比"；既观察事物"现象"，也考究事物"本质"等。极力拓展人们的思维空间，做到全面准确、科学客观地把握思维动态、认识事物本质、揭示事物规律。如在构建和谐社会方面，我们可以将此视为一个整体系统，运用系统性思维方式，秉持人与人、人与社会之间相互依赖、相互尊重的和谐社会关系，关注社会阶层的集体利益，反映社会行为与国家发展的整体相关性与顺应性。力求从系统论的角度客观分析和正确认知社会与国家之间的本质联系，既主张社会发展的个性化，又注重其发展中的融通性与兼容性，坚持鲜明的求同存异思想原则，积极推动和谐社会的构建等。

再次，系统性思维有利于提升学习者分析问题、解决问题的能力。系统性思维的目标莫过于人才的培养，即一方面指人的人生观、价值观和世界观的培植；另一方面指人分析问题、解决问题、创造才能、创新能力等方面的涵育。其中，分析问题和解决问题的能力是一个人创新发展的关键要素，也是其思维品质的综合反映。系统性思维有利于人们用科学的理念来解决现实生活中的诸多问题，如语文课程内容涉及了大量的文学内涵和科学理念，亦涵盖了学习者相关的学校生活、家庭生活及社会生活现象，通过教学可使他们从整体上整合学习资源、掌握相关知识，提高他们在实际生活中分析问题和解决问题的思维能力。在此，学习者系统地学习语文知识的过程，其实就是帮助他们理解知识、整合知识、掌握知识，进而培养其系统思维且升华其分析问题、解决问题能力的重要环节。只有通过系统思维才能从整体上构建全面的知识体系，在语文教学中应用系统性思维方法，使学习者在掌握知识的过程中与各门知识建立联系，同时运用所学知识从不同角度分析解决问题。学习者通过系统性思维方法的灵活应用，不仅发展了他们的系统性思维，也提升了他们分析和解决实际问题的思维能力。

最后，系统性思维还致力于当代科学的蓬勃发展。系统性思维是当下最重要的思维范式。当代新科技革命的浪潮激励人们须学会系统性的思维方式，用系统性思维优化自己的思维结构，营构当代科学思维理念，进而科学考察对象世界整体结构中的本质规律。正如西方科学家爱因斯坦的相对论、牛顿的万有引力定律、皮亚杰的认知发展理论一样，他们都运用了系统性思维方法探索事物原理、揭示宇宙奥秘、洞彻认知规律等，既铸牢了当代科学的蓬勃发展，亦提升了人类的系统性思维品质。

二、语文文本与"系统性思维"

系统性思维是整体性的思维方式，是把认识对象作为一个独立的整体来看待和思考，并注重从结构与功能的统一层面，把握客观事物的运动变化及其发展规律，视整体结构和综合效应的考察为要义，彰显其开放、动态而全面的思维特性。语文文本中，无论是文学文本里的诗歌、散文、小说、戏剧，还是常用文体领域的记叙文、议论文、说明文等，各自都有一个完整的系统。而这个系统从结构上看由标题、开头、中间、结尾组成；从内容方面审视由字、词、句、段构成；从文体分类及其特征来看，诗歌主要有写景抒情诗（情、景）和叙事诗（事、情）；散文主要有写景抒情散文（景、情）和叙事散文（事、情）；小说按篇幅有长篇、中篇和短篇小说，按题材有历史、科幻、武侠、言情、讽刺小说等，按流派有古典主义、浪漫主义、现实主义、表现主义、意识流小说等，它们都具有人物、情节和环境三要素；戏剧按容量大小有独幕剧、多幕剧和小品，按表现形式有歌剧、舞剧、话剧、戏曲等，按题材有历史剧、神话剧、传奇剧、家庭剧等，按戏剧矛盾冲突的性质及效果有悲剧、喜剧及正剧，它们都有舞台人物形象、矛盾冲突和情节发展几个关键要素。而常用文体中的记叙文由时间、地点、人物以及事件的起因、经过和结果六要素构成；议论文由论点、论据和论证三要素组成；说明文由说明对象、说明方法、说明顺序、说明结构、说明语言等要素构成。这些语文文本的文体分类及其特征，构成了各自完整的独立文本系统，都是作者系统性思维的反映和再现。

语文文本运用系统性思维方法写人叙事、描景状物、说理论证……其文本思想观点是综合的、整体的、全局式的，我们应然将每一个语文文本视为一个"系统"，从整体的篇章结构到文本的主题意旨进行系统性考察，进而揭示其结构与意旨的相互联系及其本质规律。语文文本的系统性思维发端于语文思维学的研究，其文本系统的构成要素是相互依赖、相互作用的，具有特定意蕴的有机整体，而这个有机整体又从属于其系统的组成部分。一个文本就是一个系统，系统性思维要求文本具有整体性和综合性，要有系统性的思维方法和思维理念，而不是单一地、片面地、局限性地反映生活和抒发情感。语文文本系统的辩证性、开放性和逻辑性，决定了作者系统性思维的辩证思想、开放视野和逻辑理念。系统性思维建构了语文文本篇章，丰富了语文文本内涵，塑造了语文文本形象，凸显了语文文本要义，使学习者能全面正确地认识事物、透视原理、拓宽视野、升华境界、培植思维素养。比如，曹雪芹的《林黛玉进贾府》一文，作者将典型的人物形象、完整的故事情节和具体的环节描写凝成一个整体系统，通过主人公林黛玉进贾府的所见所闻所感，展示了一幅钟鸣鼎食之家和诗书簪缨之族相统一的贾府奢华生活图景，栩栩如生地再现了林黛玉、贾宝玉和王熙凤的形象性格，同时也为下文故事情节的发展做铺垫。鲁迅的《从百草园到三味书屋》，全文聚焦"百草园"和"三味书屋"两场景为一系统，从整体上通过对百草园及三味书屋的回忆，表现了作者童年时代憧憬自然而追求自由的美好理想，也反映了他对封建腐朽教育的批判。毋庸置疑，作者运用系统性思维方式从文本整体框架出发又回归文本整体意旨，将文本认知对象作为系统，从文本系统中探寻各语文要素与系统的必然联系，从而综合考察文本认识对象的本质特性及内在规律。语文文本的系统性思维折射出中华民族"天人合一"的传统思维观、宇宙论。文本思维可以说就是一种人本思维，因为它是人的综合性、系统性思维之反映。一方面从综合分析上看语文文本思维，它是重整体、重综合的。另一方面，从语文文本的思维过程考察，其主题思想、艺术形象和表现手法等，都存在着天然的统一性。从语文文本的思维结构巡视，字不离词、词不离句、句不离段、段不离篇，材料与主题、语言与思想、手法与意义等浑然一体而系统天成。语文文本的系统性思维与西方母语的单一性、跳跃性、发散性思维形成鲜明对比。但二者又是辩证统一的，本质上是相通的，其最终目标都是要达成对客观事物本质规律的认知。语文文本的系统性思维是以"主题"为终极目标，重视归纳、综合与概括，强调思维认知结果，突出其系统性。

三、语文教学与"系统性思维"

在语文教学中，要把握思维对象的整体效应，则须从系统性思维理念及其方式出发，训练和培养学习者从整体上看问题的思维习惯、思维方法、思维品质和思维能力。课堂上，应将语文教学诸要素作为一个系统的整体来进行教学设计、实施教学方略、构建评价体系，发展与提升学习者的系统性思维。

（一）在阅读教学中训练和培养学习者的系统性思维

语文阅读教学中培养学习者的系统性思维，其语文阅读思维的训练不仅要注重知识的整合，即把诗歌、散文、小说、戏剧等教学文本，分别作为一个整体进行有机组合并开展教学与探究，还应根据不同的层次要求及分类原则将教学文本组成有机整体进行教学和研究。由此，我们一方面可在单篇阅读中训练与培育学习者的系统性思维。单篇阅读教学中的系统性思维培养应当贯穿于文本阅读教学全过程，须体现于阅读训练的每一个环节。首先，在文本的词语教学上，应把每个词语作为一个整体概念，引导学习者准确领会与体悟，真正理解和掌握其含义。或从词性（名词、动词、形容词、数词、量词、代词、介词、副词、连词、叹词、拟声词等）上理解；或从词语的感情色彩（褒义词、贬义词、中性词）上透析；或从用法上洞悟……不同的词语有不同的词性、感情色彩及其用法，执教者须以之为系统正确指导学习者注意区分词性，厘清词语的感情色彩，整体把握词语的基本概念及其运用对象、范围等。通过教学，学习者既懂词又会用词，其系统性思维也得到了有效训练。其次，在文本的句子教学中，执教者可将句子当作一个整体，引导学习者考察句子的结构、组合、内涵、语言特点以及句式的变换等，并结合句法进行教学，尤其是要启发学习者善于筛选文本中的关键句和中心句，引领他们探究其深刻意蕴及表现技巧，逐步训练学习者对句群的综合解读能力，培养他们对句子和句式的整体分析、归纳与判断能力，从而提升其系统性思维能力。最后，在文本的段落教学方面，我们也应把文本的段落看成一个独立的系统，让学习者理清段落层次、理解段落意涵、归纳段落要义。执教者须引导学习者抓住段落特点，遵循一定的思维规律，并灵活运用多种思维方法恰切划分段落、全面深入分析、高度概括段意、科学合理综合而揭示文本本质。比如，教学鲁迅《故乡》中的段落："我在朦胧中，眼前展开一片海边碧绿的沙地来，上面深蓝的天空中挂着一轮金黄的圆月。我想：希望是本无所谓有，无所谓无的。这正如地上的路；其实地上本没有路，走的人多了，也便成了路。"执教者可把这个语段当作一个"系统"，指导学习者从整体上解读它所包含的三层意蕴："我在朦胧中，眼前展开一片海边碧绿的沙地来，上面深蓝的天空中挂着一轮金黄的圆月。"这句话可视为第一层，以写景为主，展示了美丽的图景，表达了作者对未来美好新生活的憧憬。"希望本是无所谓有，无所谓无的"可视为第二层，它告诉人们如果只空有希望而不去努力奋斗，希望便"无所谓有"，反之，若有了希望并锲而不舍地追求，希望便"无所谓无"。抒发了作者开创新生活的真挚情感。"这正如地上的路；其实地上本没有路，走的人多了，也便成了路"可视为第三层，句中的"路"既指自然界之路，亦指理想之路，含蓄地突出自己所追求的美好新生活之路，并号召人们为美好新生活而共同奋斗，实现美好理想。通过这样的段落教学，可循序渐进地培养学习者的系统性思维能力。此外，我们也可在文本的语篇教学上训练和培育学习者的系统性思维。执教者应将文本的"语篇"作为一个有机"整体"进行教学，如执教安徒生的《皇帝的新装》一文，可诱导学习者从标题中的关键词"皇帝""新装"着手分析二者间关系，综合把握皇帝"爱新装—做新装—看新装—穿新装—展新装"的整体思路，深刻地揭露了皇帝昏庸无耻以及那些大小官吏们的虚伪、愚蠢和奸诈的丑恶本性。同时亦褒扬了无私无畏而天真烂漫的美好童心。让学习者从语篇整体入手，层层深入地挖掘文本主题，涵养其系统性思维。

另一方面可在群文阅读中训练与培育学习者的系统性思维。系统性思维是高阶思维的一种样式，若将它应用于群文阅读，则会获得事半功倍之效。群文阅读理念打破了传统意义上的单篇文本阅读思维范式，以议题统摄群文，充分发挥系统性思维的积极效应，助力学习者系统性思维的塑造与生成。系统性思维能立于群文阅读的全局高度，以宏观的视角辩证分析文本问题，把握问题的根本要素与内在关联，确保问题得到高效解决。首先，可以单元教学的形式，整合群文阅读训练学习者的系统性思维。人教版初中语文新教材改变了过去按文体编排的方法，转而基于主题或话题编排教材，每单元所选文本都有一个统摄话题，如七年级上册第一单元以"亲近自然、热爱生活"为话题，选取了不同作家、不同文体的作品《春》《济南的冬天》《雨的四季》《古代诗歌四首》构成一个单元（一组群文），所选文本展示了对同一话题不同角度的思考。人教版高中语文新教材必修（上）以"青春的价值"为主题，择取了《沁园春·长沙》《立在地球边上放号》《红烛》组成单元（群文），文本话题均指向"青春的价值"，或感时忧国，或体悟人生，或思考未来……都表达了作者对青春的吟唱，对理想的追求，对未来的展望。在群文阅读教学中，单元教学就是一个整体、一个系统，执教者可引领学习者考察话题或主题与各文本思想观点的相互关联，透视不同文体及语言风格对表达同一话题的效果差异，体现了单元教学的系统性思维意识，不仅能更加全面地了解文本的创作特色，也可更好地感悟作者的思想情怀。学习者通过单元教学的整体思维训练，激活了他们的系统性思维，提升了他们的思维能力。每个单元的主题或话题，仿佛一个个辐射点，聚焦每一篇课文。教学中，使学习者以单元为整体系统，让他们带着同一话题或主题在每个文本里来回穿梭探疑解惑，发掘单元关于话题或主题的各种认知间的相关性与逻辑性，综合文本要义，开阔思维视野，获得思想启迪，在解读训练中培养其系统性思维。

其次，可以同一作者的不同文本组成群文，综合阅读训练学习者的系统性思维。从宏观而言，一个作者就是一个"系统"，若把同一作者的不同文本组成群文进行阅读，训练学习者的系统性思维，则会产生别样的效果。同一作者的不同文本组成群文阅读能有效弥补单篇阅读的短板，有利于学习者系统性思维的形成。如我们以李白诗歌的群文阅读为例，可以"孤独的李白"为议题，引导学习者对李白诗歌《行路难（其一）》《月下独酌》《早发白帝城》《独坐敬亭山》《夜宿山寺》《宣州谢朓楼饯别校书叔云》这一组诗歌文本展开阅读。对

"孤独的李白"这个议题进行探究，在此，执教者需引领学习者全面系统地思考议题内涵，把握认知规律，建构系统思维。随后让学习者以议题为原点对群文进行综合解读，逐步生成本议题的语义场，深化对文本的探究。学习者通过群览李白之诗，筛选其有关"孤独"的信息，发掘李白诗中表达其"孤独"的意象、意境、意旨、手法等，再运用整体分析、综合比较的方式，归纳李白诗中表达"孤独"情怀的基本特点及其艺术效果，达成学习者对"孤独的李白"这个议题的共识，从而实现阅读目标。因此，教学中，须有条不紊地启引学习者在系统思维的统率下，融通文本与议题的内在联系，充分调动阅读要素，达成思维共识。同一作者的不同文本所组成的群文阅读以议题统摄和支撑群文，应把每一文本置于议题的理解结构系统之中加以观照，并恰当筛选、整合与加工每一文本要素信息，探寻议题的普遍规律和综合结论。学习者只有准确把握文本与议题的关联性，以议题驱动文本解析，通过视野融合达成与群文的开放对话，并以文本的召唤结构不断整合信息而达成议题共识，建构文本意义而生成学习者思维，才能绽放系统性思维之花。

再次，可以同一主题的不同作者文本组成群文，阅读训练学习者的系统性思维。"同一主题"可视为一个"议题"，而不同作者的文本组合可视为一个有机的"系统"。把不同作者的文本按"同一主题"组成群文实施阅读，能有效训练和培养学习者的系统性思维。比如，以"思乡情怀"为主题，将不同作者文本：李白的《静夜思》、杜甫的《春望》、王维的《九月九日忆山东兄弟》、王湾的《次北固山下》、贺知章的《回乡偶书》、李商隐的《夜雨寄北》、王安石的《泊船瓜洲》、马致远的《天净沙·秋思》、余光中的《乡愁》等组成群文，引领学习者进行阅读，使他们明确不同作者表现同一主题的语言、题材、表现手法、思考角度等，从中得到系统性思维的训练。又如，以"抱负与使命"为主题，将不同作者文本：马克思的《在<人民报>创刊纪念会上的演说》、恩格斯的《在马克思墓前的讲话》、李斯的《谏逐客书》、林觉民的《与妻书》等构成群文，执教者可将该组群文当作一个系统，引导学习者加以阅读，让他们感受同一主题统摄下的不同作者文本所构成的群文内涵。通过阅读文本，加深学习者对"抱负与使命"的认识，激励他们弘扬勇于担负时代使命的精神，同时也促进其系统性思维能力的提高。

最后，还应强化学习者知识的全面性，鼓励他们博览群书获得丰富学识，助力于其系统性思维的培育。因为学习者系统性思维的发展需要拥有丰富而全面的知识作为基础，才能在群文阅读中发散思维整体关照每篇文本的关键信息，建构各门知识与群文文本之间的辩证联系，形成整体性的多维知识链，并熟练运用系统思维理念分析之、解读之、判断之、概括之、提炼之……锻炼学习者的系统性思维，强化他们知识的全面性及其应用能力，使学习者在群文阅读中系统地把握文本意蕴，归纳文本要义，获得思维涵育。诚然，亦可采用思维导图法指导学习者系统掌握知识，形成其知识体系，提升其认知能力，进而塑造其系统性思维品性。

（二）在作文教学中训练和培养学习者的系统性思维

语文作文教学中培养学习者的系统性思维，执教者需指导学习者应把每篇作文的写作当作一个"整体系统"，厘清整体与局部的关系，既要注重总体上的布局谋篇，又要把握部分与部分间的相互联系。首先，应坚持整体的写作原则，训练学习者的系统性思维。整体的写作原则是把写作对象作为一个整体来统摄和思考，即总谋全文而全面构思，对整篇作文结构及其内容有一个清晰的把握，才能意在笔先、胸有成竹地完成该写作。应引导学习者从系统的观点出发，着眼于作文整体与部分的相互联系及相互作用，要探究其写作的规律性。整体的写作思维应重视作文部分与部分之间的相互关联与功能，须将作文整体思维贯穿于部分写作认知的各个阶段。从整体系统上规划和建构写作体系，洞彻作文篇章结构、素材构成、语言组织、形象塑造及表现手法等，既要拓展学习者的写作视野，又要让他们把握作文全局。由此，学习者的系统性思维在整体性作文训练中得以升华。

其次，应培养写作者系统性的认知思维，促进其系统性思维的发展。作文教学中，学习者不论遇到怎样的作文题型，都要把它视为一个系统或整体，或记一件事，或写一个人，或论一种现象，或说明一种事物，或描绘一处景象……用系统的思维审题、立意、谋篇、布局乃至遣词造句等。如教学时可指导学习者运用系统的思维，建构作文语篇的认知语境，让他们准确审题和立意。因为每个写作者头脑中总的认知领域由其自身所有的一系列感知信息而建构，形成了一个完整的思维系统。这所有沉淀的内在认知信息对写作者而言是鲜明的、具体的、可利用的，有助于促进写作者系统性思维及其能力的发展。因此，在语文作文教学中，一定要充分发挥学习者的系统性认知思维功能，秉持系统性思维理念，较好地建构他们的认知语境，并把握写作节奏和谋篇布局的系统方略，理性写作，系统行文，达成写作目标。学习者若没有认知思维领域的信息积累，就没有系统性思维行文写作的整体把控，更谈不上运用系统性思维提升作文水准的能力。要在写作中建构元认知语境，锻炼学习者的系统性认知思维，才能助力其系统性思维的发展。比如，以 2021 年的北京高考作文题"这，才是成熟的模样"为例，我们可分别把其题型特点、题目含义、写作思路、写作方法看作一个系统来审题、立意、谋篇和行文。就题型特点而言，该题型为命题作文，要求写成记叙文。命题把握了学习者的成长规律，让他们思考成熟及成人的意义，进一步思考人生，并联系社会生活，培养其社会责任感，落实了立德树人的根本任务。本命题从整体上强调了对考生的思维品质、家国情怀、文化修养、理想追求、责任担当和世界眼光等层面系统的考查，引领学习者树立正确的人生观、价值观和世界观，激励他们积极思考、张扬个性，发展和培养其语文核心素养。从题目内涵考察，在语料上，大自然的瓜熟蒂落、羽翼丰满象征自然成熟。而对于人类而言，真正的成熟应是生理之外的心理成熟，是个人之外的群体成熟，是群体之上的社会成熟等。从总体上看旨在考查学习者既要关注自然，也要关注社会、关注现实、关注人生……依写作思路及其方法观之，我们也可视为一个系统来进行探究，锻炼学习者系统性思维。题目中的"这"可泛指某件事中人物的举止、言行、思想、态度、理念等，需要考生通过记叙某件事来体现其人物的成长和转变。或写自身成长及成熟的感悟，或叙他人成长、成熟故事，或述社会的发展与成熟……从系统性思维的角度，写作中不仅须有完整的记叙事件（时间、地点、人物、事情的起因、经过和结果）或故事情节（开端、发展、高潮、结局），也能合理运用多种表达方式（记叙、描写、议论、抒情），将人物或事件的发展变化及其相互关系呈现给读者，使读者一目了然。此外，还要灵活运用形象生动的语言和表现手法，将作文中的人、事、景、物的存在与变化状态精心描绘，增强艺术感染力，使读者身临其境、耐人寻味而彰显文章要旨。这样的写作过程其实就是系统性思维的认知过程。由此，运用系统性思维方式来进行写作，不仅使文章思路贯通、结构完整、语义畅达，而且凸显其系统性、逻辑性和全面性。

最后，应在作文教学中培养学习者的概括能力，提升其系统性思维品质。"概括能力"是写作中最基本的表达能力，亦是作文教学中学习者系统性思维品质提升的集中表现。在写作中，学习者作文的深刻感人、有表现力、有创新性等，都源于写作时的概括能力，概括能力的高低决定了作文质量的好坏，亦取决于学习者系统性思维品质的优劣。无论是命题作文、半命题作文、材料作文、话题作文还是看图作文等，在行文中都需要归纳与概括、抽象与提炼，才能完整叙述故事情节、深刻塑造人物形象、鲜明阐述个人观点、理性抒发思想情感、突出文章表达意旨。作文教学中，执教者要精心指导学习者从整体（篇章）到部分（语段）都要有概括的意识，有综观全局的行文思想，可把篇章或语段分别视为一个系统，注意概括其记叙、其说明、其描写、其抒情、其议论，培养学习者的概括能力，不断提升他们的系统性思维品质。譬如，以 2011 届海南一考生的作文为例：

<h1 style="text-align:center">中国的崛起</h1>

从小学起，我们耳边就时常响起老师们这样的谆谆教诲："中国是一个地大物博、历史悠久的伟大国家，作为一个中国人，你们应该感到十分地骄傲。"可是当时的中国在我们眼里可能不是这样的，那种老师说的"自豪感"很难油然而生。尤其是在学习中国近现代史的时候，课堂上听的都是些割地赔款、丧权辱国、民生凋敝等的历史；课堂外又是农村经济发展只是有起步，家里看的是黑白电视机，常听的都是"假如生在美国就好了"之类的话，从心底来说对中国作为一个现代超级大国，对中国的崛起，对作为一名中国人的自豪的确感触不深。

然而，随着千禧之年钟声的敲响，中国，这条东方的卧龙终于真的苏醒了，并且即将腾飞。中国在二十一世纪的伟大复兴，大国崛起不再是一句空话。无论是从宏观上回顾新世纪这十年中国走过的路程，发生的大事记，还是从微观上体会我们日常生活变化发展的点点滴滴，我们真真切切地体会到中国的崛起，并享受着中国的崛起，感谢中国的崛起。

2003年，随着酒泉卫星发射中心一声惊天动地的巨响，"神舟"五号载人飞船拔地而起，直冲九霄。这是中国历史上一次不同凡响的发射，它标志着中国从此成为世界上第三个有能力完全依靠自己的力量将航天员送入太空的国家。航天英雄杨利伟的名字与美国宇航员阿姆斯特朗、奥尔德林的名字写在了一起，中国圆了自己千年的飞天梦。

相信大家对2008年一定有独特或深刻的记忆。在这大喜大悲的一年里同样突出了中国的崛起，甚至说正是在这大喜大悲中让我们为中国的崛起感到骄傲和自豪。喜的是北京成功举办了奥运会，设想没有雄厚的经济实力、稳定的政治环境、先进的科学技术等条件能够办到吗？5·12大地震除了带给我们伤痛外，也让我们看到中国应对大灾大难水平的提高，还有多难兴邦，在灾难中站起来的中华民族更加的坚强、勇敢、成熟。这难道不也是从侧面反映了中国的崛起吗？

近来中国发展的势头更是蒸蒸日上。经济上我国GDP总量直踩日本，位居世界第二。世博会、世锦赛、国际诗歌节等具有国际性质的事项越来越频繁地花落中国。

俗话说"没有国，哪有家"，国兴则民富，国强则民强。中国政治经济、科技教育、文化外交等突飞猛进的发展对外不仅传达出崛起的声音，对内也体现在我们日常生活的变化之大，不可不畏之大。十年前，手机还算是较"高等"

的电子产品，而今天早已普及到大多数人。信息化、网络化、电子化已经深入了日常生活，我们也早已不必羡慕美国之类的欧美国家是如何的繁荣强盛。

相信中国在未来的道路上必将迎来更大的发展，但大国崛起之路还很漫长。我们不仅要唱着赞歌昂首向前，更要居安思危。

此例文中，考生在文章开头首段从小时候的印象写起，概括表达了自己的切身感受，为后文作铺垫；紧接着在文章中间部分通过一系列的具体事例证明"中国的崛起"，并在每段结尾处都有概括阐发自己对"中国崛起"的思想体会；而考生在文章最后部分则概括点明了自身对"中国崛起"的看法，观点较为明确。作者从总体上围绕"中国崛起"这一主题展开论述，在整个篇章及其段落的表达中都有归纳概括自己观点的体现，从一个侧面反映了该考生的语言与思想观点的概括能力，折射出其系统性思维品质的涵养。由此，作文教学中，执教者应有意识地培养学习者的概括能力，其系统性思维品质定然柳暗花明。

语文学科教学理应遵循系统性原则，妥善处理好语文教学活动的诸多环节，使其能连贯、持续而系统地进行，并在其教学过程中极力构建语文学科知识体系，使之整体化、综合化和系统化。执教者须树立系统性的思维理念，将整体思维与语文教学融为一体，引领学习者以系统性思维的方式学语文、赏语文、用语文、创语文，在系统化知识涵育过程中使他们的系统化思维能力得到和谐发展。

语文中的批判性思维

一、"批判性思维"概说

（一）"批判性思维"意涵

批判性思维是一种具有合理性与反思性的思维，是对命题作出理性审思和科学评判的思维范式。批判性思维的理论根基、逻辑起点和生命底色乃是思维的批判性。批判性思维是学科教学思维的基本品格，是 21 世纪学习体系之一，亦是 21 世纪国际公认的人才核心素养之一。批判性思维（Critical Thinking）则古已有之，如我国《礼记·中庸》倡导的"博学、审问、慎思、明辨、笃行"，激励人们慎重思考、明辨是非；古希腊哲学家苏格拉底的"反诘法"，将一切知识的产生归因于疑难之中，其思想被柏拉图、亚里士多德等后世众多学者所推崇。而最早明确讨论批判性思维的应首推哲学家约翰·杜威。他开宗明义提出"反思性思维"（reflective thinking）。这种思维方式乃是对某个疑难问题进行严肃的、反复的、持续不断的反思过程。他主张培养儿童的系统化思维，摒弃碎片化思维，倡导反思性的批判思维。批判性思维离不开逻辑的推理和思辨的论证，它善于辨析逻辑性谬误，区分事实与偏见、观点与证据、判断与推理等理念的存在与合理性。旨在明确概念的内涵与外延，分清命题的事实和观点，使求知者思维缜密，从而揭示客观事物的本质内涵。因此，批判性思维须应用反思性（反省性）、批判性（质疑性）及合理性（逻辑性）来审视命题，才能获得科学的论断。自20世纪20年代至今，诸如英国、美国等西方教育界就将培育和提升学习者的批判性思维视为教育改革之重，美国批判性思维开拓者恩尼斯认为要"进行合理的、反省的思维"，他们对概念的剖析、评价、归纳、推理和判断力求析之有理而推之有据，并合理应用智力技能，强调批判的精神等。批判精神是批判性思维的根基，即能将客观实际问题展开独立探究、理性反思和科学判断，这种反思与判断是建构在问题意识基础上的合理的思维过程。故，"批判性思维"可视为一种对命题或问题作出理性审思和科学评判的思维形式及思维范型。我国诸多学者则将批判性思维看作"解决问题和创造性思维的重要组成部分"，并认为批判性思维是构成21世纪能力型的核心要素之一。2016年发布的"中国学生发展核心素养"，其中的"科学精神"部分就指出了要发展学习者"批判质疑"的批判性思维。可见，批判性思维所具有的合理性与反思性，便是全球教学领域中极为重要的核心素养之一。批判性思维在学科教学中，是对各种知识现象进行了辨析、评价、推理与判断，进而揭示其本质规律，由此而生成独特的思维理念、思维见解、思维方法和思维视野。批判性思维是人类技能与思想态度的反映，它超越了一切学科边界，既是一种思维智慧与人格魅力，亦是一种思维水平和人文精神。批判性思维是建立在人们对命题或问题审视与考察基础之上的一种思维方式，其思维认知、思维理念和思维信念彰显了批判性的世界观和方法论。

（二）"批判性思维"特质

批判性思维作为一种具有合理的、反思性的思维样式，并对客观物质世界或社会现实生活中的命题或问题作出理性审视、科学评价及价值判断，凸显其反省性、合理性、理性性、主动性和创新性特质。

1. 反省性

"反省性"是批判性思维最突出的特质。"反省性"概念的提出最早源于教育家杜威的"反省性思维（reflective thinking）"，它是批判性思维探究的基本模型。批判性思维其本质上就是一种反省性思维，它是对任何理念或被假设的知识概念与结论，依据其支撑理论而由此指向新的知识结论，从而催生其持续的、能动的思考。批判性思维善于探寻某个理念的缘由、事实以及证据等，以求获得论证结果。概言之，批判性思维所探索的过程，是一种反思（反省）的思维过程。批判性思维的反省性，其本质上就是对假说的系统审视与检验，它是思维主体定性定量分析和实践检验的结果。批判性思维关注思维的因果关系，基于客观世界的元认知（对认知的认知或对思考的思考），试图通过不断反省探求事物本质与规律。因此，批判性思维拥有浓厚的反省性特质。

2. 合理性

合理性是批判性思维的基本特质。批判性思维是通过感官来认知思维对象的，从感性认识的初级阶段到理性认知的高级阶段。现代科学的研究表明，批判性思维是人脑借助一系列感性认识对客观事物本质属性及内部规律性的间接的、概括的意识反映，这种反映是审之有据、思之有理的。批判性思维发生的过程总是遵循一定的内在规律，历经观察、分析、归纳、判断、抽象及概括的逻辑推理与演绎，即从已知到未知，又从未知到已知，合理把握事物发展规律，增强概念的正确性。批判性思维不是简单的思维和批判，而是客观的、辩证的、恰切的思考与评判，即按一定的思维标准和认知理念去探讨、去评论、去求真而达成共识，其所为是积极性的、建设性的、正能量的。故，合理性成为批判性思维的基本特质。

3. 理性性

批判性思维是一种具有理性性的思维或思维方式。它不以人的任何意志为转移，科学地看待和研究客观世界，揭示客观事物发展的本质规律。科学的发展要求研究主体须具有探求真理的理性精神，需要思维主体在长期的科学理论研究与实践中获得理性的思考和有价值的判断。诸如科学就是一种理性的存在，人类力图用批判的思维和理性的方法，洞悉客观世界中可感知的一切现象及其相互联系。因为科学的发展过程就是一个理性信念基础上的精神探索与批判发现的过程，批判性思维就集中体现了科学的理性精神。批判性思维不仅表征着科学研究主体必须理性地对待其研究对象，还要有科学的好奇心和想象力，才能引领人们打开科学之门、探索未知之秘。批判性思维主体须透过客观事物现象，把握其本质规律的理性内涵、理性精神，若离开批判性思维，则无法达致客观世界之彼岸。诚然，批判性思维还表征着思维主体须理性地对待前人之见，以理性的态度和科学的精神批判性地揭示事物真理。批判性思维用理性的态度审视一切，并以逻辑的推理与实践的验证来考察科学理论。理性贯穿于批判性思维全过程，犹如议论文中的论点与论据间的关系一样，须以"理"为前提来进行辨析，只有借助理性才能完成对未知思维对象的认知与把握。批判性思维莫过于人类理性认知的再认知、再审视，具有独特的理性性。

4. 主动性

批判性思维是一种主动性思维。我们从批判性思维的整体活动过程来看，它是思维主体对思维对象的一种积极的、主动的思维活动。主动性亦是批判性思维的基本特质，是批判性思维保持科学思维顺利进行的根本品性。批判性思维的主动性既表现在独立地提出假设、检验假设上，还反映于思维主体的视野开阔和大胆思考上，即思维主体能独立而敏锐地发现、提出、分析和解决问题等。批判性思维由思维主体积极主动地提出新的问题与新的可能性，从新的角度审视旧问题、旧理念、旧观点和旧方法等，并作出合理的想象与科学的论断。这一切靠的是思维主体对思维对象的积极、独立和创造性的思考，即最根本的是靠思维主体的批判性思维力。由此可见，批判性思维的过程离不开"主动"二字，否则就无法进行。它是批判性思维主体主动地运用自身的知识与智慧去分析、去判断、去综合、去提炼的结晶。批判性思维具有主动批判的思维意识，须弘扬科学的批判精神，培养与提高自身的批判性思维能力，才能始终保持其思维的独立性与主动性。

5. 创新性

苏格拉底曾说："浑浑噩噩的人生不值得过。"批判性思维的创新性常常表现在其思维的新发现、新理念、新境界、新观点和新方法等。批判性思维具有创新的精神，善于怀疑、善于否定、善于打破传统，超越迷信权威，即批判性思维的创新性则主要表现于对自己、对他人、对传统理念或理论敢于怀疑、质疑、否定及超越等。哲学家笛卡尔认为"我思故我在"，阐明了只有思想或思维的存在，人的价值才有意义。批判性思维敢于推陈出新，主张怀疑与创新，彰显出它本身所具有的思维特质。批判性思维积极倡导科学怀疑的精神与方法、创新的理念与效应，它的怀疑精神和思维态度是建设性的、创新性的，是探寻客观真理的世界观和方法论。批判性思维能理智地思考问题，创造性地洞彻客观世界，进而获得崭新的思维成果，由此凸显其创新性。

(三)"批判性思维"功效

杜威认为，一个人若具备应有的常识和判断力，就是一种能从已有经验中学习的宝贵的能力素质。批判性思维能锻炼和培育人对事物的鉴赏能力和评价能力，尤其能提高人的科学思维能力。首先，批判性思维能准确判断和评估信息。批判性思维可帮助人们重新建构自己独立思考的知识体系、逻辑结构和学术信念。批判性思维主体对思维客体中的某些判断或已接收到的有关信息，通过自身的观察、分析、比较、综合、评价及判断，最终明确其正确性。这些思维成果的可信度及其效度，须通过批判性思维过程中的不断实践与验证，在反复比较与判断中得出正确结论。其次，批判性思维能揭示和批判谬误。批判性思维可帮助人们揭示和纠正错误，进而做出合理的决策及正确的抉择，使人们的思想或思维更加清晰、严谨而缜密。批判性思维以自己的知识经验、思想素质、学术视野及理论修养为根基，采用各种归谬法揭示、反驳和批判谬误，其目的是力图探寻正确的思想方法和科学的理论体系。再次，批判性思维能激发人类的创造活力。罗斯扎克指出："任何缺乏苏格拉底批判精神的教育理论都不可能达到激励年轻人寻找新思想、争做新人和最终更新文化的目的。"可见批判性思维的重要性和必要性。批判性思维有助于发展和提升人们发现问题、提出问题、分析问题、归纳问题、演绎问题、辨别问题和判断问题的能力。批判性思维能决定人们的思想信念及其行动目的，从而进行合理的、科学的、反思性的思维。这样的思维过程及思维能力，有利于人们不断产生新的思想、观点、方法、理论、理念等，进而创造出新成果。批判性思维是人类创造性思维的前提和基础，它有助于提升思维者的认知能力和创新思维能力。批判性思维与人类的创造活力是相互促进且相辅相成的，而人类的创造活力和创新思维又是批判性思维追求的终极目标。

二、语文文本与"批判性思维"

语文学科教育的传统思维理念反映了一定意义上的批判性思维观，基于中国传统思维重"象"，故中国的哲学精神在某种程度上塑造了语文文本的思维性格，亦孕育了不同的语文文本批判性思维理念。文学是人学，文学是哲学，语文文本承载着浓厚的文学观、哲学观及人学观，显然亦蕴含着丰富的批判性思维元素。语文文本与批判性思维具有一以贯之的内在思维主线，从思维学的角度看待语文文本，语文文本中亦富含批判性的思维特征和思维倾向，这将语文文本的批判性思维研究推向了新的高度。

语文文本中的诗歌、散文、小说、戏剧等，都蕴涵着极为丰富的批判性思维元素，它们对反映社会现实、抒发个人情感、揭示文章题旨等都产生了积极的影响。比如，诗歌以高度凝练的语言反映社会生活，表达个人情感。语文文本的诗歌内容反映了当时社会精神面貌和价值取向，体现了一个民族的审美情趣和生活态度，能给予人们更多的生活勇气和崇高精神。语文文本精选了《诗经》《楚辞》、汉乐府诗、魏晋南北朝民歌、唐诗、宋词、元曲、明清诗歌、现代诗及新诗等，它们都蕴涵着宏富的批判性思维色彩。比如，《诗经·硕鼠》中的"硕鼠硕鼠，无食我黍"，屈原《离骚》中的"长太息以掩涕兮，哀民生之多艰"，曹植《七步诗》中的"本是同根生，相煎何太急"，高适《燕歌行》中的"战士军前半死生，美人帐下犹歌舞"，杜甫《自京赴奉先咏怀五百字》中的"朱门酒肉臭，路有冻死骨"，白居易的《观刈麦》中的"家田输税尽，拾此充饥肠"，王昌龄的《出塞》中的"秦时明月汉时关，万里长征人未还"，杜牧《泊秦淮》中的"商女不知亡国恨，隔江犹唱《后庭花》"，李白《梦游天姥吟留别》中的"安能摧眉折腰事权贵，使我不得开心颜"，等等。这些诗歌内容都深植于民族文化之沃土，或铺陈比兴、或宏博丽雅、或朴素真挚、或粗犷刚健、或气象恢宏、或豪放婉约……无不直接或间接地表现了诗人讽刺或批判现实的思维意识。

　　散文形散而神聚，语言自然优美，重视内心世界的情感表达与宣泄。语文文本中的散文内容运用丰富的联想与想象，以优美的意境与形象，寄寓着作者宏阔的内涵，揭示了极为深邃的道理，同时也彰显出一定的批判性思维。如鲁迅的《从百草园到三味书屋》一文，通过对自由快乐而充满童趣的百草园和枯燥无味的三味书屋生活的描写，表现了作者热爱大自然、向往和追求自由快乐幸福生活的强烈愿望，深刻地批判了封建教育制度对少年儿童的束缚与伤害。周敦颐的《爱莲说》借对莲花品格的高度赞美，表现了作者不与黑暗现实同流合污而洁身自好、坚贞正直的崇高节操，有力地批判了当时那些趋炎附势、追名逐利的恶俗世风。陶渊明的《桃花源记》通过对桃花源平等自由、安宁和乐生活的勾画与描绘，表现了作者对美好理想社会的憧憬与追求，同时也流露出作者对当时社会现实生活不满和批判。等等。这些散文文本无不扎根于社会现实生活土壤，或叙事、或写景、或直白、或含蓄，都蕴涵着作者对当时社会世风和现实生活的批判意识及批判思维。

　　小说以完整的故事情节、逼真的环境描写、典型的人物个性、深刻的主题思想以及精巧的构思反映社会生活、揭示现实本质，颇具浓烈的批判性思维。语文文本中不少的小说文本淋漓尽致地批判了当时的社会弊端，如鲁迅的《孔乙己》就是通过塑造孔乙己这一鲜明的人物形象，揭示了封建社会世态的炎凉、人情的麻木和思想精神的昏昧，暴露了当时黑暗社会对不幸者的残忍与冷酷，深刻地批判了封建社会的腐朽与病态。他的《祝福》揭露了当时的旧社会制度下人吃人的丑恶现象，抨击和批判了旧中国社会民众的麻木与不仁。契诃夫的《变色龙》栩栩如生地刻画了见风使舵、虚伪逢迎的奥楚蔑洛夫形象，有力地嘲讽和批判了沙皇专制下封建卫道士卑躬屈膝的丑陋嘴脸。吴敬梓的《儒林外史》

（节选）真实地揭示了人性被腐蚀的根本原因，从而深刻地批判和讽刺了当时吏治的腐败、科举的弊端以及礼教的虚伪。等等。这些小说文本深入社会底层，直面现实人生，再现生活本质，酣畅淋漓地鞭策了当时的不堪社会、丑恶世风及变态人性等，深切批判了形形色色的种种社会弊病与流毒，富含浓烈的批判性思维。

戏剧通过鲜明的人物形象、尖锐的矛盾冲突和独特的语言艺术，直观而集中地综合反映现实生活，揭示人物的内心世界，表现人物性格。或以悲剧形式将人生中有价值的东西毁灭给人看，批判社会现实生活之罪恶，进而激起观众之愤，提高思想情操；或以喜剧形式把丑陋的东西撕破给人看，批判或讽刺丑恶，肯定美好理想与人生，意蕴深邃而滑稽幽默……语文文本中有不少戏剧作品痛快淋漓地批判了生活中丑陋的人物心灵和当时腐朽黑暗的社会现实，如关汉卿的《窦娥冤》（节选）塑造了一个孤独无依而被贪官迫害斩首示众的寡妇窦娥形象，揭露了官吏们混淆黑白、颠倒是非而无心正法的丑恶原型，强烈地控诉和批判了封建制度残民以逞、视民为敌的罪恶行径。曹禺的《雷雨》（节选）通过描写一个富有浓厚封建色彩而具代表性的资产阶级家庭悲剧，揭露了地主资产阶级的腐朽灵魂，批判了他们压制人性、残害妇女及压榨剥削工人阶级的罪恶。莎士比亚的《哈姆莱特》（节选）通过描述哈姆雷特与奥菲莉亚的爱情悲剧，生动地展现了哈姆雷特的两种命运观，暴露了时势的逼迫和人性的懦弱，反映了英国黑暗的封建现实与人文主义理想之间的尖锐矛盾，深刻地批判了英国王权与封建邪恶势力的丑恶作为。等等。诸如此类的语文戏剧文本，或揭示人物肮脏心灵，或反映黑暗社会现实，或痛诉歪曲人性自由，或暴露腐朽王权罪恶……无不蕴涵浓郁的批判性思维元素等。

语文文本中的批判性思维是关于文本所反映和表现的社会现象、现实问题、人物形象、思想理念等的批评与鉴赏意识及其思考，是作家对种种描述对象进行分析、阐释、评价的一种理性认识活动。语文文本的批评性思维决定了语文文本独特的批评意识要素的构成，诸如文本批评意识中的审美意识、主体意识、思想意识及个性化意识等。语文文本的批判性思维标志着批评主体对文本原理的不断思考与追问，其主体意识直接影响着批评理念的科学性、客观性、针对性和现实性，决定着作者的批评视野及其理论独立的可能性存在，它是作家的一种智力思考，其批评的进行则是批判主体抽象与概括的思维活动过程，彰显了批评主体个性鲜明的理念追求、审美见解和语言风格。

三、语文教学与"批判性思维"

学习者的批判性思维得益于语文教学的训练与培育，它是提升其语文核心素养的重要基石。阅读与写作是语文教学的核心，亦是锻炼学习者语文批判性思维的关键环节。

（一）在阅读教学中训练和培养学习者的批判性思维

1. 在文本细读中训练和培养学习者的批判性思维

首先，深入文本而梳理结构，训练学习者的评价能力。文本细读中要想深入剖析文本内容，须正确引导学习者清晰梳理文章结构。比如，教学毛泽东的《纪念白求恩》，执教者应引导学习者厘清文章结构"总（学习白求恩同志的共产主义精神）—分（学习白求恩同志毫不利己专门利人、对技术精益求精的精神）—总（阐述学习白求恩同志的深刻意义）"之后，再紧扣文本内容设疑：毛泽东为什么要纪念白求恩同志？为何要号召每一个共产党员都要学习他的精神？由此达致深入解读文本而训练学习者的批判性思维。教学安徒生的《皇帝的新装》一文，执教者想要让学习者掌握该文本的深刻道理，在开展教学时，得先让学习者把握此文章的基本结构："爱新装—做新装—看新装—穿新装—展新装"，然后执教者再结合文本内容，精心设计相关问题：皇帝为什么爱新装？骗子怎样为他做新装？大臣们是如何观看新装的？皇帝是怎么穿新装又如何展新装的？引导学习者走进文本、深入文本洞悉文意而培养他们的批判性思维。

其次，细读关键词句而透射文意，培养学习者的阐释判断能力。语文文本中的关键词句意蕴丰富，细读之能使学习者准确解读文本、把握作者情感、领悟文本要义。如在教学朱自清的《春》时，执教者应鼓励学习者筛选出文本中的关键词句"'欣欣然''朗润''轻悄悄''软绵绵''酝酿''清脆''宛转''应和''嘹亮''红的像火，粉的像霞，白的像雪''像牛毛，像花针，像细丝''春天像刚落地的娃娃、像小姑娘、像健壮的青年'"等，指导他们品词析句并展开深入赏析与讨论，这些词句鲜明地描绘出田园牧歌式的清新与欢快，讴歌了一个朝气蓬勃的春天景象，抒发了作者对春的企盼与眷恋之情，文中有画而画中有文，展示出春的生机和魅力。由此，让学习者能体会到文本中这些词句的妙用之处，培养其阐释判断能力，从而使他们在鉴赏文本精词妙句的过程中得到批判性思维的切实锻炼与提升。

再次，细品文本留白，培养合理推断之能力。语文文本的留白是作者实现"言已尽而意无穷"表达效果的必然追求。阅读教学中若能正确引导学习者细心品味文本留白，不仅能提高他们的合理推断能力，还能培育其批判性思维品质。譬如，教学白居易的《琵琶行》时，其中的"东船西舫悄无言，唯见江心秋月白"一句的音乐描写，既引发了学习者的情感共鸣，又表现出琵琶女独特高超的演奏才华，其"留白"艺术利于训练学习者的批判性思维；教学陶渊明的《饮酒（其五）》一诗，诗中的"采菊东篱下，悠然见南山"诗句的描写，其"南山"之景不得而知，执教者可引领学习者发挥丰富的联想与想象，再结合诗人那种恬淡闲适、热爱自然而超脱尘世的情趣与心境，多元品读其内涵深邃而耐人寻味的意境，进而体悟作者追求自由、崇尚自然而鄙厌黑暗官场的人生理想。细品此"留白"，方可训练和培养学习者的合理推断能力及批判性思维。教学柳永的《雨霖铃》，词人与恋人惜别之际，道出了"执手相看泪眼，竟无语凝噎"的诗句，感情真挚而形象逼真，寥寥几字凝练有力而力敌千钧。教学时，执教者可引导学习者植根这一"留白"合理推断词人凝噎在喉的缘由所在。让学习者联系全文内容，调动自身的生活经验发挥想象而填补"留白"。诚然，学习者的感受定然是多元的，其批判性思维亦应然得以训练与提升。

最后，语文课堂上我们还可积极倡导学习者细读文本矛盾之处，敢于质疑而善于思辨，在文本细读中辨伪存真而培养其提出问题的能力，这样也有助于培育学习者的批判性思维。本文细读无论是结构梳理、关键词句解析、留白艺术推理及矛盾之处探究等，都能有效训练和培养学习者的批判性思维能力。

2. 在群文阅读中训练和培养学习者的批判性思维

首先，立足主题引入文本而拓展阅读，培养学习者的批判性思维。语文阅读教学中，应立足单元主题适当引入较为丰富的课外语文文本，并结合其文本施以对比阅读教学，当然亦可恰切开展一些课外阅读专题教学，拓展学习者的阅读视野，培养其批判性思维。课堂上，执教者可将班级学习者分组而开展拓展阅读活动，立足阅读主题及文本主要内容创设教学情景和疑难问题，让学习者自主阅读与探索，执教者可适时进行指导和启发而达成培养目标。如教学人教版高中语文必修（上）的第一单元，其主题是"青春的价值"，有《沁园春·长沙》《立在地球边上放号》《红烛》《百合花》，在开展本单元阅读教学中，执教者可适当引入对应主题的相关文本，进行多文本主题性对比阅读教学，以此让学习者针对不同文本特点进行比较分析、鉴赏与评价，培养他们的批判性思维品性。《沁园春·长沙》是近代诗人毛泽东通过对长沙勃然生机秋景的描绘及对青年时代革命斗争生活的追忆，抒写了诗人以天下为己任对国家命运的关怀，改造旧中国的壮志豪情及革命精神。《立在地球边上放号》通过反映真实的自然景观，展示了大自然雄奇壮丽的景象，同时也体现出鲜明的时代精神。

《红烛》是诗人追求光明的象征，是诗人表现自己赤诚之心与奉献精神的寄托，亦是诗人表达自己献身祖国的强烈愿望和远大抱负。而《百合花》则以解放战争为描写背景，将政治主题与人性审美意蕴巧妙融合，表现了战争年代人与人之间真挚而崇高的友情，讴歌了小战士的崇高品格，亦传达出人们对人性的回归及真善美的呼唤与追求，彰显其人性美和人情美。它们虽各有千秋，但都展现了"青春的价值"这一中心主题。像这样通过立足主题而拓展对比阅读教学，学习者的批判性思维定然能得到训练和提高。

其次，根据议题组合文本而辩证解读，培育学习者的批判性思维。语文课堂上，应将学习者的批判性思维渗透于群文阅读教学设计之中，由此透视文本的批判性内涵而训练其批判性思维。教学前可确定一个具有思辨性的"议题"，然后围绕此议题组合相关文本展开阅读教学，可采用讨论式、辨析式、推理式的教学方式，激发学习者的探索兴趣，启发他们跳出惯性思维之圈，多反思、多审视而辩证阅读，锻炼其批判性思维。如教学初中语文八年级（上）汪曾祺的《昆明的雨》时，可以"我心中的雨"为议题组合其他文本：余光中的《听听那冷雨》、余秋雨的《夜雨诗意》、汪国真的《雨的随想》构成群文展开解读，这四篇散文，四位作者对雨的感悟各有千秋。或突出多雨特点而表达对雨的深切怀念与热爱之情；或通过雨声的描写流露出浓浓的思乡情怀；或面对夜雨不但没有孤寂与失望，反而更富精神与力量；或心晴则雨晴、心雨则晴雨，故曰"一切景语皆情语"！给学习者提供了多维度、多视角的思考空间，显然助力于其批判性思维的训练与培养。

再次，秉持求同比异原则开展群文阅读教学，涵养学习者的批判性思维。传统的单篇文本阅读教学模式指向求同目标，重在培养学习者的辐合思维，强调思维对象及思维结果都统一到既定的原有解读观念上来，导致学习者思维能力的欠缺和思维品质的低下。而群文阅读教学模式既涵盖了对学习者辐合思维的充分训练，亦重视了对其发散性思维和创造性思维的培育。群文阅读本质上就是一种求同比异的阅读范式，学习者可以在多文本中，对多种语文要素进行识别、比较、分析与整合，区分文与文之间的异同、优劣和高低，进而深化自己对文本的理解与品味，也有助于学习者形成较强的思维张力和批判意识。比如，以"不同诗人眼中的昭君出塞"为话题，选择杜甫的《咏怀古迹》其三和王安石的《明妃曲》组成群文，这需要学习者充分发挥丰富的联想与想象去思考对比两首咏史诗的异同点，让他们学会从不同角度、不同层面、不同结构、不同立场去审视同一问题，涵育其辩证思维，提升其思维的批判性。

另外，在群文阅读中要善于激励学习者质疑反思，合理开展批判性群文阅读活动。应改变学习者不擅长批判性阅读与思考的旧习惯，要鼓励他们主动发现问题、思考问题和解决问题，并进行多元化解析及开放性讨论。在群文阅读与鉴赏活动中不断张扬个性、完善人格，提升批判性思维境界。逐步深化自己与他人、国家、社会、自然宇宙及生命世界的批判性思维认知与辨识，重视其当代性与批判性思维解读，从而培植学习者的批判性思维素养。

3. 在整本书阅读中训练和培养学习者的批判性思维

首先，合理运用思维导图，启迪学习者发现问题而培养批判意识。整本书阅读是一个庞大的系统工程，执教者需指导学习者合理运用思维导图的基本理念，整理书本各种信息，梳理文本结构，激发学习者的灵感，促使他们提出问题而引发思考。比如，在阅读罗贯中《三国演义》时，执教者须紧扣一个"才"启发学习者积极思考，分析其典型人物诸葛亮、曹操、周瑜等的英雄形象，并有意设疑：刘备为何三顾茅庐？诸葛亮怎么七擒孟获？此小说刻画这些人物形象有何目的及意义？引发学习者批判性思考。通过思维导图式的解析、鉴赏、评价与反思性阅读，或对其德治仁政理想的洞悟，或对其英雄豪杰建功立业的评判，或对其民族思想的反省。使学习者不仅明确整本书阅读的逻辑框架和主要内容，也让他们从中获得批判性思维的锻炼与提高。阅读施耐庵的《水浒传》时，执教者应引导学习者围绕"忠义"二字展开思考，尝试分析其中的主要人物生活轨迹，探寻他们逼上梁山时的真正缘由并阐述自己的见解与看法：鲁智深"大闹五台山"的原因所在？宋公明"三打祝家庄"的目的探析？武松"景阳冈打虎"的行为评价？武松"斗杀西门庆"的社会影响？武松"醉打蒋门神"的现实意义？鲁智深"倒拔垂杨柳"的个性解读？让学习者结合思维导图更好地领略书中英雄豪杰逼上梁山的前因后果，并提出和阐发自身见解与判断，做到客观辨析与评价"忠义"之内涵，进而明确整本书揭露封建社会之黑暗与统治阶级之罪恶，突出"乱由上作"而"官逼民反"的社会现实，歌颂了农民革命英勇斗争的正义性和必然性。学习者能利用思维导图厘清整本书的主要故事情节，将文字信息及阅读思路用图示方式凸显出来，既提升了学习者的阅读兴趣而促其思考，又构建了完整的批判性思维体系，其批判性思维的发展则自然达成。由此，学习者在整本书阅读过程中，通过合理运用思维导图的方法筛选、整合书中信息，并对此进行推理、归纳、判断，生成独特观点而全面提升自己的批判性思维能力。

其次，强化辨析而涵养思辨，培植学习者的批判性思辨能力。强化辨析是培植学习者批判性思辨能力和思维品质的良好方略，亦是整本书阅读的最佳方式。执教者应诱导学习者在整本书阅读过程中养成思辨的习惯展开探究，通过缜密的辨析与论证后方可寻到答案。比如，在诱导学习者阅读曹雪芹的《红楼梦》时，执教者须指导学习者针对此书中的某一诗词进行深度辨析，鉴赏其审美意蕴及主题意义。如书中的《好了歌》："世人都晓神仙好，惟有功名忘不了！古今将相在何方？荒冢一堆草没了。世人都晓神仙好，只有金银忘不了！终朝只恨聚无多，及到多时眼闭了。世人都晓神仙好，只有娇妻忘不了！君生日日说恩情，君死又随人去了。世人都晓神仙好，只有儿孙忘不了！痴心父母古来多，孝顺儿孙谁见了？"执教者可让学习者谈谈作者为什么要用跛足道人的这首七言古诗来表达自己的思想，这对表现主题有何意义？学习者认为：虽然诗中描写人们建功立业、贪恋妻妾、发财致富、顾念儿孙都是情欲所致而尚未"觉悟"之缘，宣扬了一种冷静观照与思考人生的现实主义思想，带有浓厚的宗教色彩。但结合整本书的主题意旨审视，这是作者借此表达对封建统治阶级荒淫、糜烂、腐朽生活及种种黑暗现实的揭露与批判，揭示其必然走向崩溃灭亡的历史命运。全诗虽用语极浅，却意蕴深刻而富有人生哲理，真不愧俗中见雅。阅读中，学习者若能紧扣主题进行辨析而涵养思辨，其批判性思辨能力及思维品质则能有效提高。阅读莎士比亚的《哈姆雷特》一书时，执教者须引导学习者抓住作品中的关键语句展开深度辨析，思考其独特的美学特质和象征意蕴，尝试挖掘其文字背后所隐含的精神实质。如"而且他这一艘满帆的快船，也绝不是我们失舵之舟所能追及"一句，执教者可让学习者说说作者为什么要用"快船"作比，在此，学习者可先思考"船"的象征意味，再引导他们思考其中应用"快"的修饰作用，最后再让其辨析"失舵之舟"的深刻内涵。阅读的辨析训练，使学习者学会思辨，发展思辨能力，提高他们整本书阅读的功效，并在整本书阅读中全面提升他们的批判性思维。

最后，倡导个性解读，培育学习者的批判性思维能力。对整本书进行个性解读，培育学习者的批判性思维能力，能构建和树立他们正确的思维观、价值观和宇宙观。执教者应利用语文课激励和指导学习者对整本书的内容进行个性解读，让他们从不同角度思考问题，并以客观科学的态度来看待书中的人物、事件及环境等。比如，在指导学习者阅读《红楼梦》时，执教者可先利用多媒体播放一些该书的主要内容，运用声音、图片、动画形式激发学习者的阅读兴趣，并请他们讨论观后感，让他们谈出"我"来、谈出新来。执教者可为学习者适当补充一些有关阅读《红楼梦》的体悟，诸如鲁迅所言"同是一部《红楼梦》，单是命意，就因读者的眼光而有种种"。它阐明了阅读鉴赏中的个性化特征。学习者阅读《红楼梦》的鉴赏活动，不是被动而消极地接受，而是一种积极主动的审美创造。阅读过程中总是伴随着学习者个性化的生活经验、兴趣爱好、语文素养、思想情感及审美理想，对书中的艺术形象进行加工改造而丰富，实现审美再创造。使学习者针对书中同一阅读对象，做到仁者见仁而智者见智。如对书中林黛玉、贾宝玉或王熙凤等人物的出场、言语、动作诸方面性格特征，进行个性化解读而获得清晰认知，开启批判性思维之门，获得批判性思维之见。学习者通过阅读整本《红楼梦》，能从不同维度照见不同世界，批判有理而评说有据，读出"我"来，读出新来，读出个性来。这样的个性解读，无疑催生了学习者批判性思维能力之培育。又如，在指导学习者阅读曹禺的《雷雨》整本书时，可先播放其主要情景片段，让学习者在理解这些故事情节与人物矛盾关系的基础上，进一步思考并讨论周朴园与鲁侍萍的爱情真伪，让学习者各抒己见、各阐其理。尤其对该整本书的戏剧情节及舞台矛盾冲突进行个性化解读，则更有助于学习者批判性思维之花的绽放。通过这样的阅读教学模式，学习者不仅对《雷雨》整本书进行了个性解读，亦能提高求知欲及阅读兴趣。学习者带着自己的求知欲及阅读兴趣走进整本书，张扬个性而陶冶心灵，在阅读中反思，在反思中批判，在批判中升华，培养其批判性思维。因此，在整本书阅读教学中，执教者须指导学习者掌握不同的阅读方法，引导他们形成自身的阅读经验与体悟，并将批判性思维方式融入其中，促使学习者全面提升整本书的批判性阅读能力。

概言之，语文阅读教学中培养学习者的批判性思维，执教者需根据语文阅读教学的主要内容，结合学习者的阅读基础，有意摄入丰富的阅读教学资源，合理组织学习者开展个性化的阅读教学活动，注重从多方面训练和培养学习者的批判性思维，发展其语文核心素养。

（二）在作文教学中训练和培养学习者的批判性思维

1. 读写结合有效训练和培养学习者的批判性思维

作文教学不是单一的、孤立存在的，而是与学习者的阅读经验与积累紧密相关的。因此，我们可将作文教学置于学习者的阅读情景之中，让他们在阅读中想写作、能写作、会写作，亦能顺利写作、体验写作、享受写作，进而训练和培养自己的批判性思维。比如，阅读《林黛玉进贾府》之后，执教者可引导学习者针对文本中的林黛玉、贾宝玉、王熙凤等人物性格谈谈自己的看法，写一篇不少于800字的"人物形象分析"或"人物评论"，要求须立足文本，有理解、有分析、有辨别、有推理与判断而言之成理。如对林黛玉而言，有学习者在作文中写道：林黛玉性格极其特别，既很自卑又十分自尊，既显坦荡又不失敏感，既宽厚有理又尖刻烦人。有时给人谦和之感，有时让人觉得孤高自傲，柔中带刚而刚柔并济。生活中处处表现林黛玉生性孤傲而憎恨繁文缛节，在蔑视功名权贵的眼里透射出内慧外秀的性格特质，正如"两弯似蹙非蹙罥烟眉，一双似泣非泣含露目。态生两靥之愁，娇袭一身之病。泪光点点，娇喘微微。闲静似娇花照水，行动如弱柳扶风"之写照。林黛玉的迷离、病态与柔弱让人担心，而她动静交融的美丽及才华横溢的诗人气质则又不得不令人叹服。又有学习者在作文中写道：林黛玉是一个自卑多于自尊、敏感大于呆板、尖刻胜于宽厚、孤傲强过谦和、柔弱超过刚强之人……真是百花齐放百家争鸣！对贾宝玉的人物评论，有写作者见于：他很叛逆，不喜欢读书识字，且对读书而追求功名利禄的世俗男人十分蔑视和憎恶。他非常亲近和爱慕那些与他情投意合、品性相近而出身寒素及地位微贱之人。他平易近人、性情温和而平等待人，具有极其平等自由的内在精神品格……又有写作者认为：贾宝玉脆弱、多情善良，尊重女性而向往美好事物。尤其是特别欣赏一些才貌双全的少女，并对她们的不幸命运表示深切同情。他的思想性格是反封建、反压迫的，体现出民主主义之色彩，彰显了新的时代特征……真不愧众说纷纭！执教者通过这样的作文教学方式，让学习者读写结合，既深化了他们对文本内容的理解和人物形象的赏析，又锻炼了他们的评价能力、鉴别能力、判断能力，即批判性思维能力。

2. 在论文写作中充分训练和培养学习者的批判性思维

《普通高中语文课程标准》（2017 年版，2020 年修订）学习任务群中明确提出"要注重对学生思维过程和思维方法的引导，注意发展学生的批判性思维"。在论文写作教学中，执教者应指导学习者通过对各种写作素材信息进行理解、分析、辨识、比较、综合与判断等，并在行文中学会推理和论证，鼓励他们要敢于批评、善于批判，将批判性思维理念熔铸于论文写作。须要求写作者在文中凸显其理性的怀疑、追问、审视、反思及判断，做到合理论证与审慎断言，突出自身的批评意识与思维视野。如以材料作文为例：唐代杰出文学家韩愈在《师说》中通过古今学风、师风的对比，论述了教师的作用和从师求学的重要性，同时也批判了士大夫"耻学于师"的不良风气。作者在本文中的这些精辟见解与观点，相信会对你有所启发。请结合我们今天在学习中遇到的某些问题，立足材料内容，自拟题目，自定立意，写一篇不少于 800 字的议论文。从学习者的作文情况来看，他们都已具备一定的批判意识，这为锻炼他们的批判性思维奠定了基础。有学习者以《"从师求学"新说》为题批判了那些好高骛远而不虚心从师学习的不良现象；有学习者以《也谈"从师求学"》为题批判了有些既不从师也不勤奋学习的"厌师恶学"坏习惯及恶劣品性；还有的学习者以《"从师求学"的是与非》为题进行对比论述，批判了一些鼓吹所谓的"自学成才"而忽视"从师求学"的重要性的极端行为……写作者都基于所给材料并联系实际从不同视角、各个方向展开论述，大胆地提出了他们自己的不同观点，亦一针见血地批判了那些不从师求学的乱象，其精神可贵。学习者通过写作训练，学会了运用批判意识正确审视"从师"与"求学"的辩证关系，并用批判的眼光客观看待那些不从师、不求学，或盲目自学而鄙视从师的种种不科学现象，其批判性思维自然得到了训练与培养。

3. 在思辨性写作中训练和培养学习者的批判性思维

普通高中语文新课标学习任务群在强调"思辨性阅读与表达"的同时，亦强调了学习者思维发展的重要性与必要性。在语文作文教学中，思辨性写作是发展学习者批判性思维能力的重要阵地，应强化其训练。首先，应让学习者充分认识到思辨性写作在作文训练中的重要性，尤其是对培育学习者批判性思维及其能力的关键所在。其次，需要执教者和学习者都明确思辨性写作中训练与培养学习者批判性思维的基本原则与方法。写作中须秉持求真、客观、开放、反思的基本原则，树立科学的、辩证的世界观和方法论，或批判质疑，或客观评判，或多元解读，或理性反思，做到求真循理而慎思谨言。其对比阐述，其正反论证，其推理判断，其综合评价等，皆蕴涵批判意识，彰显批判性思维方法。再次，寓辨于文，将思辨理念熔铸于作文教学之中，铸牢学习者批判性思维精神。作文教学中，执教者应鼓励学习者运用逻辑推导的方式进行一些纯理论、纯概念的辩证思考，即在理性思维的引领下，对写作素材进行全方位思考，并按一定的逻辑结构组织语言，展现自身的思维过程和价值取向。比如，以湖南高考作文题《诗意地生活》为例，有考生将"诗意生活"与人的内在"精神世界"结合思考，认为"诗意"是人们的一种社会生活态度，即一种健康的心理、和谐的生活、积极向上的人生态度……他们抓住了客观事物的内在联系与规律，透过生活现象揭示事物本质。这种思辨性的作文构思方式，意味着写作者批判性思维的萌芽与催生。诸如陶渊明笔下"采菊东篱下，悠然见南山"的闲适悠然；苏轼笔下"唯江上之清风，与山间之明月"的旷达人生；李白笔下"仰天大笑出门去，我辈岂是蓬蒿人"的豪情洒脱……无疑都是诗人诗意生活的真实写照，当然亦透视出诗人对生活的思辨性诠释和批判性思考。也有考生在作文中能将当代现实生活与古代生活情境紧密联系，阐述不同时代有着不同内容的"诗意生活"，体现其进步的思想与发展的观点，充溢着思辨色彩与批判精神。再如高考全国卷作文题"答案是丰富多彩的""一步与一生""水的灵动，山的沉稳"等，皆能引发学习着思辨与批判，尤其是高考江苏卷作文题"水的灵动，山的沉稳"，能启迪考生深思：水之性格莫过于灵动，而山之性情则寄托者沉稳。水的灵动予人以聪慧之感，山之沉稳则给人以敦厚之情。然而，灵动的海水却常保蔚蓝一色，沉稳的高山却在四季更替中变化出异样的色彩，反映考生的思想认知水平和批判意识，彰显其辩证思维的两面性与批判性。语文教学中像这样精心设计具有思辨性的作文题，让学习者在写作中学会辩证分析、理性思考和价值判断，他们的批判性思维应然得以升华。

　　语文教学中学习者的批判性思维训练，有赖于执教者民主、和谐的教学氛围的营造，尊重和信任学习者的精神世界及个性而充分开展认知活动。教学中执教者定然要引导学习者批判地接收前人的思想与思维成果而形成自身的独立判断，以浩然之心胸洞穿时事而理性评价，以批判之思维看待语文而升华智慧。执教者不仅要启迪学习者批判地审视教材，还应积极引领他们批判地思考生活、思考人生、思考未来。

参考文献

学术著作

［1］［英］罗素．西方哲学史［M］．马元德，译．北京：商务印书馆，2004.

［2］［古希腊］柏拉图．文艺对话集［M］．朱光潜，译．北京：人民文学出版社，1983.

［3］［古希腊］亚里士多德．诗学［M］．罗念生，译．北京：人民文学出版社，1982.

［4］［德］叔本华．叔本华论意识与品德［M］．石磊，译．北京：中国商业出版社，2016.

［5］［德］爱因斯坦．爱因斯坦文集（第三卷）［M］．徐良英，赵中立，张悬三，译．北京：商务印书馆，1979.

［6］［德］海德格尔．存在与时间［M］．陈嘉映，译．北京：生活·读书·新知三联书店，2016.

［7］［英］怀特海．教育的目的［M］．徐汝舟，译．北京：生活·读书·新知三联书店，2002.

［8］［瑞士］皮亚杰．结构主义［M］．倪连生，王琳，译．北京：商务印书馆，1984.

［9］［瑞士］皮亚杰．发生认识论原理［M］．王宪钿，等，译．北京：商务印书馆，2017.

［10］［美］吉尔福德．创造性才能［M］．施良方，沈剑平，唐晓杰，译．北京：人民教育出版社，2006.

［11］［德］马克思．马克思恩格斯全集（第三卷）［M］．北京：人民出版社，1960.

［12］［苏］列宁全集（第38卷）［M］．北京：人民出版社，1972.

［13］［德］恩格斯．自然辩证法［M］．于光远，等，译．北京：人民出

版社，2015.

［14］［德］黑格尔.美学［M］.贺麟，译.北京：商务印书馆，1979.

［15］［德］黑格尔.小逻辑［M］.北京：商务印书馆，1980.

［16］毛泽东选集（第2卷）［M］.北京：人民出版社，1991.

［17］［德］卡尔·雅斯贝尔斯.哲学思维学堂［M］.梦海，译.上海：同济大学出版社，2012.

［18］冉正宝.语文思维教学论［M］.桂林：广西师范大学出版社，2005.

［19］董毓.批判性思维原理和方法［M］.北京：高等教育出版社，2017.

［20］陈慕泽，于俊伟.逻辑与批判性思维［M］.北京：中国人民大学出版社，2011.

［21］宋怀常.中国人的思维危机［M］.北京：高等教育出版社，2010.

［22］谢小庆.审辩式思维［M］.上海：学林出版社，2016.

［23］汪安圣.思维心理学［M］.上海：华东师范大学出版社，1992.

［24］钱学森.关于思维科学［M］.上海：上海人民出版社，1986.

［25］郅庭瑾.为思维而教［M］.北京：教育科学出版社，2007.

［26］卫灿金.语文思维培育学［M］.北京：语文出版社，1997.

［27］［美］杜威.我们如何思维［M］.伍中友，译.北京：新华出版社，2014.

［28］张掌然，张大松.思维训练［M］.武汉：华中科技大学出版社，2005.

［29］［美］阿恩海姆.视觉思维［M］.滕守尧，译.北京：光明日报出版社，1987.

［30］［美］韦特海默.创造性思维［M］.林宗基，译.北京：教育科学出版社，1987.

［31］谢小庆.审辩式思维［M］.上海：学林出版社，2016.

［32］谷振诣，刘壮虎.批判性思维教程［M］.北京：北京大学出版社，2006.

［33］［美］斯泰宾.有效思维［M］.吕叔湘，李光荣，译.北京：商务印书馆，2008.

［34］陈龙安.创造性思维与教学［M］.北京：中国轻工业出版社，1999.

［35］彭华生.语文思维教学论［M］.南宁：广西教育出版社，1996.

［36］覃可霖.写作思维学［M］.南宁：广西人民出版社，2002.

［37］冯契.逻辑思维的辩证法［M］.上海：华东师范大学出版社，1996.

［38］武宏志，张志敏，吴晓蓓．批判性思维初探［M］．北京：中国社会科学出版社，2015.

［39］朱智贤，林崇德．思维发展心理学［M］．北京：北京师范大学出版社，2002.

［40］［苏］维果茨基．教育心理学［M］．龚浩然，等，译．杭州：浙江教育出版社，2003.

［41］［美］亨利·吉鲁．教育中的理论与抵制［M］．张斌，等，译．北京：教育科学出版社，2016.

［42］［美］亨利·泰勒．课程与教学的基本原理［M］．罗康，张阅，译．北京：中国轻工业出版社，2014.

［43］［法］卢梭．爱弥儿—论教育（上卷）［M］．李平沤，译．北京：人民教育出版社，2001.

［44］［美］布鲁纳．布鲁纳教育论著选［M］．邵瑞珍，等，译．人民教育出版社，1989.

［45］金岳霖．形式逻辑［M］．北京：人民出版社，2001.

［46］周义澄．科学创造与直觉［M］．北京：人民教育出版社，1986.

［47］孙时进．心理学概论［M］．上海：华东师范大学出版社，2002.

［48］赵鑫珊．科学·艺术·哲学断想［M］．北京：生活·读书·新知三联书店，1985.

［49］王策三．教学论稿［M］．北京：人民教育出版社，1985.

［50］叶圣陶，中国教育科学研究院．叶圣陶语文教育论集［M］．北京：教育科学出版社，2015.

［51］张志公．张志公语文教育论集［M］．北京：人民教育出版社，1994.

［52］吕叔湘．吕叔湘论语文教学［M］．济南：山东人民教育出版社，1987.

［53］朱绍禹．中学语文教学法［M］．北京：高等教育出版社，1988.

［54］孙绍振，孙彦君．文学文本解读学［M］．北京：北京大学出版社，2015.

［55］刘永康．语文教育学［M］．北京：高等教育出版社，2005.

［56］刘永康．语文课程与教学新论［M］．北京：高等教育出版社，2011.

［57］刘永康，等．高中新课程的理论与实践［M］．北京：高等教育出版社，2008.

［58］刘永康．语文创新教育研究［M］．成都：四川大学出版社，2000.

［59］倪文锦，谢锡金. 新编语文课程与教学论［M］. 上海：华东师范大学出版社，2006.

［60］曹明海. 语文新课程教学论［M］. 济南：山东人民出版社，2007.

［61］曹明海. 语文教学本体论［M］. 济南：山东人民出版社，2007.

［62］于漪. 于漪语文教育论集［M］. 北京：人民教育出版社，1996.

［63］周庆元，王松泉. 语文教师职业技能训练教程［M］. 北京：高等教育出版社，1996.

［64］钱梦龙. 导读的艺术［M］. 北京：人民教育出版社，2000.

［65］刘国正. 我和语文教学［M］. 北京：人民教育出版社，1984.

［66］裴娣娜，等. 现代教学论（第一卷）［M］. 北京：人民教育出版社，2005.

［67］王世堪. 中学语文教学法［M］. 北京：高等教育出版社，1999.

［68］潘新和. 语文：表现与存在［M］. 福州：福建人民出版社，2004.

［69］王荣生. 语文科课程论基础［M］. 上海：上海教育出版社，2003.

［70］张鸿苓. 语文教育学［M］. 北京：北京师范大学出版社，1993.

［71］谢象贤. 语文教育学［M］. 杭州：浙江教育出版社，1993.

［72］陈菊先. 语文教育学［M］. 武汉：华中师范大学出版社，1994.

［73］王尚文. 语感论［M］. 上海：上海教育出版社，2000.

［74］潘庆玉. 富有想象力的语文课［M］. 广州：广东教育出版社，2019.

［75］刘淼. 当代语文教育学［M］. 北京：高等教育出版社，2005.

［76］张朝昌. 语文课程教学散论［M］. 桂林：广西师范大学出版社，2017.

［77］饶尚宽. 老子［M］. 北京：中华书局，2016.

［78］司马迁. 史记［M］. 上海：上海古籍出版社，2011.

［79］皎然. 诗式［M］. 李壮鹰，注. 北京：人民文学出版社，2010.

［80］刘勰. 文心雕龙注［M］. 范文澜，注. 北京：人民文学出版社，1962.

［81］欧阳修. 六一诗话［M］. 北京：中华书局，2014.

［82］严羽. 沧浪诗话［M］. 普惠，孙尚勇，杨遇青，评注. 北京：中华书局，2014.

［83］王夫之. 姜斋诗话笺注［M］. 戴鸿森，注. 北京：人民文学出版社，1981.

［84］王国维. 人间词话［M］. 徐调学，注. 北京：人民文学出版

社，1982.

［85］张朝昌．红叶诗话［M］．北京：中国文联出版社，2018.

［86］黄宗羲．明儒学案［M］．北京：中华书局，2008.

［87］杨伯峻．论语译注［M］．北京：中华书局，2017.

［88］王国轩．大学·中庸［M］．北京：中华书局，2016.

［89］鲁迅全集［M］．北京：人民出版社，1981.

［90］郭绍虞．中国历代文论选［M］．上海：上海古籍出版社，2001.

［91］袁行霈．中国文学史［M］．北京：高等教育出版社，2005.

［92］全唐诗［M］．北京：中华书局，1960.

［93］唐圭璋．全宋词［M］．北京：中华书局，1965.

［94］朱熹．孟子［M］．上海：上海古籍出版社，2013.

［95］许慎．说文解字［M］．徐铉，校定．北京：中华书局，2013.

［96］陈澔．礼记［M］．上海：上海古籍出版社，1987.

［97］陆德明．经典释文［M］．北京：中华书局，1983.

［98］沈德潜．古诗源［M］．北京：中华书局，1963.

［99］孔凡礼．苏轼文集［M］．北京：中华书局，1986.

［100］罗国杰．伦理学［M］．北京：人民出版社，1989.

学术期刊

［1］核心素养研究课题组．中国学生发展核心素养［J］．中国教育学刊，2016（10）.

［2］钱学森．系统科学、思维科学和人体科学［J］．系统工程和科学管理，1980（3）.

［3］潘庆玉．试论语文教育的存在论方式［J］．教育研究，2008（1）.

［4］张浩．思维发展心理探源［J］．中国社会科学，1994（6）.

［5］王干才．灵感思维与矛盾思维［J］．学术界，1990（3）.

［6］郭斌．思辨性写作入门课的实施策略［J］．中学语文教学，2021（2）.

［7］徐林．思辨写作：从分析具体概念入手［J］．中学语文教学参考，2018（4）.

［8］丁晓燕，褚树荣．思辨写作何为［J］．语文学习，2017（12）.

［9］吴妍．我国批判性思维课堂转化的问题与反思［J］．课程·教材·教法，2018（5）.

[10] 钟启泉. 批判性思维: 概念界定与教学方略 [J]. 全球教育展望, 2020 (1).

[11] 郭戈. 西方教育中兴趣学说的探索历程 [J]. 教育史研究, 2019 (1).

[12] 裴娣娜. 中国教学论学科的当代形态及发展路径 [J]. 教育研究, 2009 (3).

[13] 李怡明. 教学论研究问题的方法论审视 [J]. 课程·教材·教法, 2011 (10).

[14] 董奇, 赵德成. 发展性教育评价的理论与实践 [J]. 中国教育学刊, 2003 (8).

[15] 中国教育科学院课题组. 扭转教育功利化倾向 [J]. 教育研究, 2020 (8).

[16] 李秉德. 对于教学论的回顾与前瞻 [J]. 华东师范大学学报 (教育科学版), 1989 (3).

[17] 武宏志. 批判性思维与逻辑教育教学 [J]. 延安大学学报 (社会科学版), 2003 (1).

[18] 潘家明. 批判性阅读教学与批判性思维能力培养 [J]. 教育探索, 2009 (3).

[19] 武宏志. 论批判性思维 [J]. 广州大学学报 (社会科学版), 2004 (11).

[20] 叶澜. 重建课堂教学过程观: "新基础教育" 课堂教学改革的理论与实践探究之二 [J]. 教育研究, 2002 (10).

[21] 刘儒德. 批判性思维及其教学 [J]. 高等师范教育研究, 1996 (4).

[22] 郭华. 深度学习及其意义 [J]. 课程·教材·教法, 2016 (11).

[23] 董毓. 角逐批判性思维 [J]. 人民教育, 2015 (9).

[24] 卫灿金. 积极进行语文思维培育的教改实验 [J]. 语文教学通讯, 1995 (12).

[25] 孙萍茹, 安连锁. 创新教育与创新人才培养研究 [J]. 河北大学学报 (哲学社会科学版), 2000 (2).

[26] 张娟. 初中作文教学中学生的逆向思维的培养策略 [J]. 现代农业研究, 2018 (8).

[27] 张萍. 群文阅读教学: 概念、范式与价值 [J]. 上海教育科研,

2016（4）.

[28] 张朝昌. 语文思维范式的建构 [J]. 课程·教材·教法, 2020（9）.

[29] 张朝昌. 发展与提升学生语文思维能力的策略研究 [J]. 语文建设, 2018（7Z）.

[30] 张朝昌. 试论语文思维范式的重构 [J]. 教学与管理（理论版）, 2020（9）.

[31] 张朝昌. 论语文思维范式的重建 [J]. 教学与管理（理论版）, 2021（2）.

学位论文

[1] 孙素英. 初中生写作能力及相关因素研究 [D]. 北京：北京师范大学, 2002.

[2] 陈思雨. 初中语文阅读教学中运用思维地图提升学生思维能力的研究 [D]. 上海：华东师范大学, 2017.

[3] 李莉. 小学语文教学强化学生联想思维训练研究 [D]. 苏州：苏州大学, 2018.

[4] 崔锦萍. 语文思维训练对语言表达能力的牵动 [D]. 大连：辽宁师范大学, 2008.

[5] 汤淑颖. 高中古诗文教学中的思维能力训练研究 [D]. 桂林：广西师范大学, 2019.

[6] 姜倚芦. 钱梦龙语文教育思想探究 [D]. 锦州：渤海大学, 2014.

[7] 段华明. 初中语文主题式单元阅读教学设计研究：以"统编"七年级语文教材为例 [D]. 成都：四川师范大学, 2018.

[8] 梁雯雯. 统编本初中语文议论文的逻辑论证分析 [D]. 上海：上海师范大学, 2019.

[9] 王朝阳. 小学语文阅读教学中的思维能力培养 [D]. 青岛：青岛大学, 2018.

[10] 夏红梅. 高中语文阅读教学中思维品质培养研究 [D]. 南京：南京师范大学, 2017.

[11] 田甜. 知识的多元化表示与学生创新思维能力培养的研究 [D]. 扬州：扬州大学, 2007.

英文文献

［1］ *Partnership For 21st Century Learning. Framework for 21st Century Learning* ［EB/OL］．2018-04-07．

［2］ Facione P. The disposition toward critical thinking：Its character，measurement，and relationship to critical thinking skill ［J］．*Information logic*，2000，20 （1）．

［3］ FISHER A. *Critical Thinking*：*Its Def-inition and Assessment* ［M］．Point Reyes，CA：Edge Press and Norwich，1997．

［4］ Normadhi et al.．*"Identification of Personal Traits in Adaptive Learning Environment*：*Systematic Literature Review."* Computers in Education 130，168－190 ［M］．2019-03．［2019-10-05］．

［5］ Romanish. B. Critical Thinking and the Curriculum：A Critique ［J］．*The Educational Forum*，1987，51 （1）．

［6］ s. P. Norris （Ed.）．*The generalizability of critical thinking* ［M］．New York：Teachers College Press，1992．

［7］ Paul，R.，Elder. L. *The miniature guide to critical thinking*：*Concepts and tools* ［M］．Foundation for Critical Thinking Press，2003．

［8］ Siegel. H. Not by skill alone：The centrality of character to critical thinking ［J］．Informal Logie，1993，XV （3）．．：16—35．⑦ Ennis. R. H. Critical Thinking：A Streamlined Conception ［J］．*Teaching Philosophy*，1991，14 （1）．

［9］ Ennis. R. H. Critical ʻFhinking：Reflection and Perspective （Part II） ［J］．*Enquiry*，2011，26 （2）．

［10］ R. A. Talaska （Ed）．*Critical reasoning in contemporatT culture* ［M］．New York：New York Press，1992．

［11］ James T. Streib. *HistmT and Analysis ot Critical Thinking* ［D］．The University of Memphis，1992．

［12］ Queensland curriculum and assess ent Authority. 21*st century skills for senior education*——*An analysis of educational trends* ［M］．South Brisbane：Spring Haill QLD，2015．

［13］ Finn，Patrick. *Critical condition*：*replacing critical thinking with creativity* ［M］．Waterloo，Ontario：Wilfrid Laurier University Press，2015．

［14］ Eileen Gambrill，Leonard Gibbs. *Critical thinking for helping professionals*：

a skills-based workbook ［M］. New York：Oxford University Press，2017.

　　［15］ *Chinese students excel in critical thinking - until university* ［EB/ OL］. (2016-07-30)［2018-07-01］.

后　记

　　语文思维学是我近些年来潜心研究的对象，它既是语文核心素养的重要组成部分，也是当下和未来的语文教育亟须重点关注的基本范畴。语文教学与研究是我多年来的初心使命，从中学到大学，从语文教学到语文教学研究，尤其是读研后得到了语文教育专家们的熏陶与涵养而受益匪浅。语文思维影响着千千万万青少年的成长与发展，更是我们华夏民族生生不息的智慧根脉和远航之帆。多少年来，我一直在这条曲折而孤寂的路上跋涉与穿梭，凭着"在途中"的一腔热血，耕耘在这块贫瘠而充满生机与希望的田野上。仅以此收获化为一株稻花或一线曙光，盼能起到抛砖引玉之效。

　　一切知识的获得都离不开思维，语文的"教"与"学"亦是如此。语文思维理应秉持科学的世界观和方法论，其研究须根植于华夏民族的母语品性和哲学思辨，站在传统与现代、历史与未来的逻辑起点上，博学之、审问之、慎思之、明辨之而笃行之，重构与重建新的语文思维观。语文思维问题既是一个教育学问题，又是一个哲学问题，如何将思维学理论与理念合理应用于语文教育之中，发展与提升学习者的语文思维能力和思维品质，这是我们语文教育研究者和教育者义不容辞的责任。

　　语文思维呼唤语文教学流淌生活的诗意、飘溢生命的诗意、呈现生态化的诗意。语文思维的灵魂凸显真诚的人格、鲜活的个性、独特的体验和生机的创造力。语文思维学亟须焕发理性的光辉和智慧的魅力，才能洞见语文内涵、彰显语文本色。其本土特色，其国际视野，其中国情怀，其民族基因，其精神命脉……铸牢当代语文学科体系、话语体系和学术体系。由此，我们不得不走出书斋，步入语文思维之源头，换一种思维审视语文，深化和创新其理论与实践研究，让语文思维在语文教学中生长，展现全新的研究生态和存在方式。融西方思维之"理性"与中国思维之"象性"折射语文思维及其教学，也许能达致语文教育者和研究者心灵的唤醒与照亮。

　　本书的顺利出版，真诚感谢恩师语文教育家刘永康教授、博士生导师孙绍

282

振教授多年对我的悉心培养、帮助与鼓励，并为本书作序；感谢优秀研究生张红娟在本书的校稿中所付出的一切努力；感谢学院及学校领导对该书出版的大力支持与协助；感谢国家级"百佳"出版社（九州出版社）在该书出版的全过程中所倾注的诸多心力。当然，也要孝谢毕生茹苦含辛养育我的爹娘，没有他们的精心培植，本书亦难以问世。该书定有不妥之处，真切希望国内外同行专家的批评指正！

张朝昌

2022 年 7 月 28 日于成都